高等学校土建类专业应用型本科“十三五”规划教材
高等学校土建类专业“互联网+”创新教材

地下工程监测方法与检测技术

主　编　李晓乐　郎秋玲
副主编　黄　非　王　伟

武汉理工大学出版社
·武　汉·

内 容 提 要

本书为高等学校土建类专业应用型本科系列教材之一，以培养学生能够全面了解和掌握地下工程监测和检测的基本知识和基本理论为目标，旨在提高学生从事地下工程监测与检测的基本技能，服务于地下工程实践。全书共分 11 章，包括 2 个部分，其中监测的基础理论、地下工程的监测仪器、地下工程监测项目及监测点布置、地下工程监测项目的实施方法、地下工程监测的信息反馈技术、地下工程现场监测的组织与施工为监测方法部分，地下工程常规检测技术、声波检测技术、地下工程的无损检测技术、模型试验为检测技术部分。

本书可作为高等学校土木工程专业、城市地下工程专业、地质工程专业及其他相关专业的教材或参考书，也可供从事地下工程研究、设计和施工的相关专业人员参考。

图书在版编目（CIP）数据

地下工程监测方法与检测技术/李晓乐，郎秋玲主编. —武汉：武汉理工大学出版社，2018. 11（2022. 5 重印）

ISBN 978-7-5629-5553-5

Ⅰ. ①地… Ⅱ. ①李… ②郎… Ⅲ. ①地下工程测量-高等学校-教材 Ⅳ. ①TU198

中国版本图书馆 CIP 数据核字(2018)第 188261 号

项目负责人：王利永(027-87106428)
责任编辑：张明华
责任校对：陈 平
封面设计：博壹臻远
出版发行：武汉理工大学出版社
社　　址：武汉市洪山区珞狮路 122 号
邮　　编：430070
网　　址：http://www. wutp. com. cn
经　　销：各地新华书店
印　　刷：武汉乐生印刷有限公司
开　　本：787×1092 1/16
印　　张：15. 25
字　　数：380 千字
版　　次：2018 年 11 月第 1 版
印　　次：2022 年 5 月第 2 次印刷
印　　数：2001—4000 册
定　　价：38. 00 元

凡购本书，如有缺页、倒页、脱页等印装质量问题，请向出版社发行部调换。
本社购书热线电话：027-87391631 87664138 87785758 87165708（传真）

高等学校土建类专业应用型本科“十三五”规划教材

编审委员会

前言
Foreword

地下工程监测方法与检测技术是一门实践性很强的工程应用型专业类课程。随着地下工程设计理论和施工技术的发展，在获得地下工程设计的基本数据、进行设计方案的试验论证以及施工过程的监测和监控中，测试、监测与检测越来越成为地下工程设计和施工的关键和必需环节，因而，地下工程测试、监测和检测的基本方法和技术在地下工程专业方向的知识结构中显得越来越重要。

地下工程专业监测和检测的重要性，主要在于地下工程设计、施工的复杂性和特殊性。地下工程的建造程序有别于一般地面工程建筑遵循的“勘察—设计—施工”的流程，在施工完成以前，地下工程的计算模型和输入参数都是变化的，因而，地下工程的设计与施工普遍采用科学化的经验方法与工程实际密切结合的信息化监控设计施工方法。它是把地下工程开挖后周围岩土和支护系统力学性态的变化作为判断其稳定性和可靠性的依据，把施工监测所获得的信息加以处理，与工程的经验方法相结合，建立一些必要的判别准则，利用量测结果及时地调整、确定支护参数并做出施工决策。由此可见，监测和检测在这个过程中起着极其重要的“眼睛”作用。

编写本书的目的是使学生在熟悉和掌握地下工程基本的测试原理和技术的基础上，提高监测技能和试验研究能力，增强试验设计和监测、检测方案制定的实际动手能力。本书分监测方法和检测技术两大部分，前者主要阐述地下工程监测的基本概念、原理和方法，后者则重点介绍检测技术的基本原理和操作。本书结合现行国家规范编写，紧密结合工程实际，突出应用性，可作为高等学校土木工程专业、城市地下工程专业、地质工程专业及其他相关专业的教材或参考书，也可供从事地下工程研究、设计和施工的相关专业人员参考。

本书除配套有多媒体教学课件外，正文部分还依托互联网技术手段，配有视频、动画等数字教学资源，扫描书中二维码即可演示，便于学生对课堂相关专业知识的学习和理解。

本书由长春工程学院、长春建筑学院、长春科技学院、廊坊师范学院教师联合编写。其中长春建筑学院李晓乐、长春工程学院郎秋玲担任主编，长春工程学院黄非、王伟担任副主编，长春科技学院郑莲婧、廊坊师范学院冷毅飞参编。具体编写分工如下：第 1 章、第 2 章由黄非编写，第 3 章、第 4 章由王伟编写，第 5 章、第 6 章由李晓乐编写，第 7 章由郑莲婧编写，第 8 章、第 9 章、第 10 章由郎秋玲编写，第 11 章由冷毅飞编写。全书由郎秋玲、黄非负责统稿。

由于各所高校地下工程专业对该门课程的要求各有侧重，也没有统一的教学大纲，本书在深度和广度两方面不一定都能满足各所高校对该门课程的要求。书中难免存在缺点和错误，敬请广大读者、同行和专家批评指正。

编　者

2018 年 2 月

目录 Contents

数字资源目录

1 绪　　论

1.1 概　　述

与地面建筑相比，地下构筑物处于岩土介质之中，使得其在变形特性、物理组构、初始应力场分布、温度和水侵蚀效应等众多方面具有明显的非均质性、离散性、非连续性和非线性特点，致使地下建筑在施工、使用阶段表现出相当独特和复杂的力学特征，其变形规律和受力特点很难以纯理论的方法、按一般封闭解的形式予以描述并获得令人满意的解答和结果。借助于现代计算机技术，数值模拟方法具有考虑各种复杂因素、描述材料非线性和几何非线性等特点，突破了经典弹塑性理论有关介质与材料连续、均质、各向同性和小变性等假定的限制，使得分析方法及其成果更加贴近工程实际。然而，由于数值方法在介质力学模型建立、材料参数确定等方面所存在的困难和问题，其分析成果在工程上的应用还有待于在实践中积累经验，其中通过将分析结果与实测数据进行对照校验是促使该计算手段日益成熟与可靠的重要途径。

在地下工程领域，监测方法和检测技术不仅对计算理论，而且对整个工程施工技术水平产生了巨大和深刻的影响。20 世纪 60 年代，首先在工程界，然后在学术界开展了以地下硐室开挖支护过程中，洞壁围岩收敛-位移量测为基础，以反分析为导向的新奥法隧道施工新技术的研究和实践，在铁道、公路、水利水电、煤炭、采矿等领域取得了成功。新奥法以局部的和实时的量测信息作为依据，通过力学分析计算确定结构和岩土介质的物理参数、所满足的本构方程，以及地层初始地应力分布，在此基础上对全局的和后期的变形及受力进行预测和估算。这里，将原先需要求算的诸如洞周围岩收敛-位移等作为输入参数，而本应该作为计算前提条件的材料参数和边界条件(初始的应力场分布等)则作为计算所谋求的结果。再正视地下工程及其周围介质复杂性和多样性，进而更多地通过工程实测数据获得准确信息，从而有针对性地提出隧洞支护方案方面，新奥法和反分析方法的思路更为清晰和明确，以致它们迅速成为地下工程计算理论和施工实践中的重要分支，在当代大型岩土工程建设中发挥着重要的作用。由于来自施工现场的量测数据中包含应力场、结构与地层相互作用等，因此具有相当的准确性，这对于认识和把握地下结构这种特殊和复杂的工程的规律性是必要的，也是可行的。与此同时，工程的顺利开展对现场量测的准确性和精确度则提出更高的要求。从此意义上说，现场量测已经远远超出原来一般工程勘察的含义和覆盖范围，而成为工程设计和施工的一部分。

1.2 地下工程特点与施工方法

1.2.1 地下工程特点

随着社会的发展，人类面临日益突出的居住、交通、环境等与有限土地资源之间的矛盾，为解决上述矛盾，国际上提出“21 世纪是人类开发利用地下空间的时代”。特别是城市地区，随着人口急剧膨胀，居住困难、交通阻塞、环境恶化，开发利用地下空间、发展地下交通系统是城市面临的主要课题之一。

随着我国经济实力不断增强，城市现代化程度不断提高，城市规模不断扩大，城市人口越来越多，交通更加拥堵，为提高土地的空间利用率，交通线路由地面转入地下是大势所趋，各大城市纷纷在筹建城市地铁工程。同时为了利用有限土地资源，大力发展城市地下管廊、地下停车场、地下商场等地下工程，大力发展地下空间。

归纳起来，城市地下工程具有以下几个特点：

(1)地质条件差，地层条件复杂多变，具有复杂性与不确定性，因此对地下工程设计合理性进行理论分析比较困难，受工程地质和水文地质等条件影响较大，通常施工难度比较大；

(2)周边环境复杂；

(3)结构埋深浅，与邻近结构相互影响；

(4)围岩稳定性难于判断。

特别是城市地下工程施工引发的周边环境问题，如地表下沉、建筑物倾斜、影响道路交通乃至地下管线正常运作等。因此，如何不引发周边环境问题是选择施工方法的重要考虑因素之一。

1.2.2 主要施工方法

随着技术的进步和科技的不断发展，地下工程的施工方法越来越丰富，根据地质条件、周边环境条件、机械设备配备情况，地下工程施工方法一般可分为三大类，即明挖法、暗挖法和沉管法，具体分类见图 1.1。

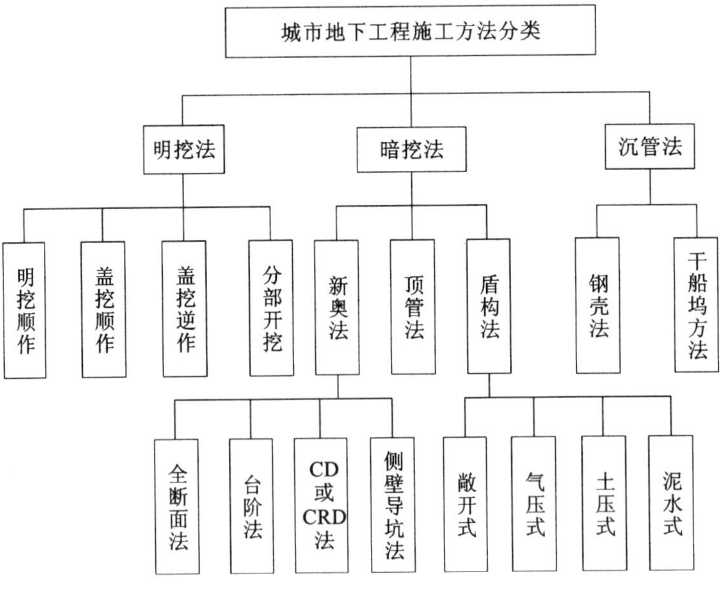

图 1.1 城市地下工程施工方法分类

1.3 监测和检测的必要性及其目的

1.3.1 监测和检测的必要性

1.3.1.1 地下工程复杂性的要求

地下工程具有隐蔽性、复杂性和不可预见性的特征。一方面，隧道周围及掌子面前方的工程地质和水文地质情况对隧道施工的质量和安全关系重大。不良的地质条件极易引起隧道坍方、涌水突泥，不仅在技术上给隧道施工带来极大的困难，也常常因突发事故导致人身伤亡、设备损失、工期延误，从而造成巨大的经济损失。另一方面，由于普通工程地质勘察手段的局限性，无法完全准确地查明洞身围岩状况，导致围岩划分不准确或偏保守，施工中如果完全照搬就有可能导致巨大浪费或安全事故。同时城市地下工程周围环境一般比较复杂，因此有必要通过信息化施工，通过分析围岩、支护的应变、应力、压力的量测数据，对隧道支护状态进行评价，预报险情，评定设计的合理性，根据反馈信息及时变更设计，从而确保地下工程施工和周围建(构)筑物的安全。

1.3.1.2 规范的要求

《铁路隧道新奥法指南》规定：新奥法设计以工程类比法为主，并通过现场监控量测进行工程实际检验、确认和修正，必要时可辅以理论计算演算法确定支护参数的方法进行隧道设计。

《岩土锚杆与喷射混凝土支护工程技术规范》(GB 50086—2015)规定：锚喷支护的工程类比法设计应根据围岩级别及隧洞开挖跨度确定锚喷支护类型和参数。

1.3.2 监测和检测的目的

城市地下工程监测和检测的主要目的有：

(1)指导施工：通过监测了解地层在施工过程中的动态变化，明确工程施工对地层的影响程度及可能产生失稳的薄弱环节，了解施工方法的实际效果，了解施工对周边环境的影响等，以便采取相应的工程措施。

(2)安全评价：通过监测了解支护结构及周边建(构)筑物的变形及受力状况，掌握施工过程中工程自身结构所处的安全状态，并对其安全稳定性进行评价。

(3)修正设计：用现场实测的结果弥补理论分析过程中存在的不足，并把监测结果反馈设计，调整相应的设计支护参数。

(4)积累资料：通过监控量测，收集数据，为以后的工程设计、施工及规范修改提供参考和积累经验。

施工过程中进行的监控量测是信息化施工的基础，具有重要作用。在地下工程施工过程中进行现场监控量测，及时获取围岩变位与地下工程支护结构的动态信息，从而修正支护参数与纠正施工措施，以期达到安全与经济合理的目的，这是信息化施工的实质。

地下工程监测方法与检测技术历来受到隧道与地下工程界的高度重视而作为工程设计和施工不可分割的重要组成部分。从场地地层水文地质和工程地质物理力学特性试验到开挖和支护过程中的施工同步监测，以及地下构筑物建成投入使用营运期的长期变形和沉降观测，监测技术在地下工程建设中起到十分重要的作用：一方面，作为工程建设预测预估的依据，保证建筑物和相邻土层的安全和稳定；另一方面，为今后的工程实践提供有价值的经验和第一手资料。

1.4 国内外研究现状

1.4.1 国内外的监测新技术

监测应贯穿于地下工程设计、施工和运营的全过程。地层力学参数的不确定性和离散性及施工的不可预见性，使得地下工程设计和施工中难免出现与实际地层条件不相符的情况，需要在施工过程中通过监测信息的反馈来修正设计和指导施工。

20 世纪 60 年代，奥地利学者和工程师总结出了以尽可能不恶化地层中应力分布为前提，在施工过程中密切监测地层及结构的变形和应力，及时优化支护参数，以便最大限度地发挥地层自承受能力的新奥法施工技术。经过长期的实践发现，地下工程周边位移和浅埋地下工程的地表沉降是围岩与支护结构系统力学形态最直接、最明显的反应，是可以监测并控制的。因此，普遍认为地下工程周边位移和浅埋地下工程的地表沉降监测是最具有价值的，既可全面了解地下工程施工过程中的围岩与结构及地层的动态变化，又具有易于观测和控制的特点，并可通过工程类比总结经验，建立围岩与支护结构的稳定判别标准。基于以上认识，我国现行规范中，有关围岩与结构稳定的判据都是以周边允许收敛值和允许收敛速率等形式给出的，作为评价地下工程施工质量、判断地下工程稳定性的主要依据。监测以位移监测为主，应力、应变监测等为辅。城市地下工程的监测内容还包括以下三类：

(1)结构变形和应力、应变监测；

(2)结构与周围地层即围岩与结构之间的相互作用；

(3)与结构相邻的周边环境的安全监测。

由于监测与信息反馈技术对技术人员专业水平要求较高，因此国内外在监测管理方面开始走专业化的道路，将监测作为一个独立的工序从工程项目中分离出来，由有资质的专业队伍来实施，以保证监测的客观性与公正性。目前，在地下工程建设中，开始引入第三方监测。监测方受业主委托，对地下工程施工影响范围内的建筑物、地下管线、地下水位等进行监测，其目的主要有以下两个方面：

(1)对施工单位的监测进行复核，以便对环境的影响进行客观、公正的评估，提供给业主或主管部门作为施工决策的依据；

(2)当发生重大环境安全事故时，监测结果是判定责任的主要依据。

因此，在地下工程建设中开展第三方监测具有重要意义。

随着地下工程施工技术的发展，地下工程安全监测技术的发展也非常迅速。主要表现为监测方法的自动化和数据处理的软件化，监测设备及传感器不断发展与完善，监测技术向系统化、远程化、自动化方面发展，从而实现实时数据采集、数据分析，监测精度不断提高，数据分析与反馈更具有时效性。目前发展的远程监测系统主要有：近景摄影测量系统，多通道无线遥测系统，光纤监测技术，非接触监测系统，电容感应式静力水准仪系统，巴赛特结构收敛系统，轨道变形监测系统等。

1.4.2 当前存在的问题及发展方向

1.4.2.1 现状及存在的问题

近年来我国相继颁布实施的有关地下工程设计和施工的规程和规范都对监控量测做了具体规定，监控量测是城市地下工程施工中必不可少的组成部分。

城市地下工程不论采用何种施工方法，都借鉴了山岭隧道新奥法有关信息化设计与施工的理念，实施过程中，不仅要考虑地下工程结构的稳定，而且要考虑地下工程施工对周围环境的影响。

目前，在地下工程设计中都有较完善的监控量测设计，包括监测管理、监测方法及监测设备等。但在实施过程中仍然存在很多问题：

(1)监控量测与信息反馈应作为重要工序编入施工组织设计，但目前实施不规范，应用效果较差。

(2)监测造价偏低。各方对于监测的重视程度虽较过去有了明显的提高，但总体来讲还仅仅是口头强调。监测造价相对于工程造价普遍偏低，尤其是施工监测价格更低。我们发现对于同一个工程，在设计单位、施工单位、监理单位、监测单位这四方里，监测单位“价时比”最低。费用过低不仅不能有效保证工程安全，制约了监测技术的发展，还在某种程度上造成了浪费，进一步恶化了监测的市场环境。

(3)监测设计与测试。目前监测设计工作只是设计图中很小的一个组成部分，设计人员往往对监测方面了解甚少。现场监测人员没能真正领会和掌握信息化设计与施工技术，实施过程中缺少专业人员。特别是信息反馈方面，很少能结合施工情况对监测信息进行合理分析，进而对工程设计和施工起指导作用。

(4)监测定位不明确。施工监测、第三方监测两者均需要同时具备，而目前有的地下工程只有两者之一。只有在这些基础体系完善后才有可能为之后进行相关咨询等技术服务提供平台。

(5)缺乏环境的评估标准。有必要就地下工程施工对周围环境影响的评估程序、评估方法以及控制标准进行研究。监测工作伴随工程始末，周期较长，但由于监测造价太低，照抄照搬现象普遍；在制定监测控制值时无据可依，目前较多监测项目并没有制定统一的控制标准，现有控制标准值来源于工程经验，仅针对个别项目，适用性较差。

(6)监测手段。目前监测手段逐步多样化，但总体来说手段较为古老和陈旧，涉及的仪器设备数量很少，实现监测项目的方法基本依赖人工静态观测。现在虽然也陆续采取一些先进监测手段，但毕竟只在少数工程里用到。监测手段需要及时更新，从而推动监测技术的发展和与时俱进。

1.4.2.2 监测的展望

以后地下工程监测应该往以下几个方面改进和发展：

(1)充分重视日常巡视监测。

(2)有充裕的经济支撑。任何地位的提升和认可归根到底是经济上的提高，否则一切都是空话。通过我们测算，将工程造价的1%～2%作为监测费用是较为合理的，对于重大工程或具有研究意义的工程还应有所提高。对于这一点亟待解决，否则监测发展举步维艰。

(3)监测设计专业化。监测设计人员必须有丰富的监测经验，监测设计同土建设计、防排水等设计要同等重视、同等对待。监控量测与信息反馈应作为重要工序编入施工组织设计。

(4)监测人员业务素质对监测工作至关重要，应建立专业队伍，并引入第三方监控量测。监测数据的测试只是监测信息化的初步阶段，通过对监测资料的分析、汇总，能够及时发现施工中存在的问题才是监测信息化的最终目标。只有具有丰富监测咨询经验、技术力量强的专业监测咨询队伍，才能满足地下工程建设信息化施工的需要，为地下工程建设的安全风险管理提供及时有效的信息服务。

目前，我国部分城市地下工程施工中已引入第三方监控量测，对促进监控量测健康发展具有一定的积极意义，但还需要进一步规范监控量测组织与实施。

1.5 本课程的特点

地下工程监测方法与检测技术是一门实践性很强的工程应用型学科，与其他课程相比无论是在内容体系上，还是教学要求上，均存在着很大差别。学生在学习过程中，必须充分注意到该课程的特点，掌握其内在的规律及其基本要领，变被动为主动。本课程在教学和学习上有如下特点：

(1)作为一门技术型和应用型课程，本课程内容不仅涉及有关地下建筑与岩土材料方面的专业知识，同时还涉及诸如材料力学、电工学、数理统计、测量学等学科的基础知识。尽管上述课程在地下工程本科教学大纲中已有设置，然而，作为现成知识的直接应用与一般了解存在很大的区别，因此，学生在学习这些知识时，应该辅以课外读物，温故而知新，这样才能更有利于掌握本课程的基本原理和基本概念。

(2)在学习过程中，必须牢固树立服务于工程、切实解决工程实际问题的思想，要求深入工程、熟悉工程，密切注意当前建筑工程，特别是地下工程监测方法和检测技术的发展动态。结合教学过程，将安排诸如室内实验操作、工地现场参观演示以及工程实地元件埋设、测试和分析等不同形式的实践内容，学生应该十分珍惜这些机会，增强参与意识，努力提高动手能力，努力将学到的理论知识应用于实际，真正达到学以致用的目的。

(3)现有的监测手段和检测技术是通过长期工程实践摸索和总结出来的方法，相对于目前的施工水平而言无疑是相适应的，具有一定的先进性和经济性，但这不等于说就不存在任何不足了。在学习和熟悉过程中，学生会发现许多问题有待进一步解决和改进，现有技术水平有待提高。比较严重的问题在于如何保证测试结果的准确度和精确度以及有效、快速、准确地获得数据，并对其进行分析等方面。当然，在目前，要求对上述问题取得十分满意的答案是不可能的，这是由地下工程及其所处环境的复杂性所决定的。学生在熟悉和掌握先进方法和技术的同时，还肩负着勇于改革、推陈出新的历史重任。在地下工程发展的进程中，确有成千上万的新生力量在不同领域敢于提出设想，通过艰苦的实践和努力取得了非凡的成绩，这是推动我们的事业不断前进的真正动力。在地下工程监测方法和检测技术方面，青年科技工作者的投入和贡献是推进该领域发展的新生力量。

2　监测的基础理论

2.1　测试系统的组成及其主要性能指标

只有对测试系统有一个完整的了解，才能按照实际需要设计或配置出一个有效的测试系统，以达到实际测试目的。按照信号传递方式来分，常用的测试系统可分为模拟式测试系统和数字式测试系统。当代测试系统中的智能式测试系统发展越来越迅速。

2.1.1　测试系统的组成

一个测试系统可以由一个或若干个功能单元所组成。通常，测试系统应具有以下几个功能，即：将被测对象置于预定状态下，并对被测对象所输出的特征信息进行采集、变换、传输、分析、处理、判断和显示记录，最终获得测试目的所需的信息，典型的力学测试系统如图 2.1 所示。由图 2.1 可知，一个完善的力学测试系统由荷载系统、测量系统、显示与记录系统三大部分组成。若要以最佳方案完成测试任务，就应该对整套测试系统的各功能单元做全面和综合的考虑。当然，根据测试目的和要求不同，可以只有其中的一两个部分，如弹簧秤，只有一根弹簧和刻度尺，它同时包含了传感、测量和显示等功能。图 2.2 所示的直剪试验计算机辅助测试系统，则是一个复杂的多单元测试系统。

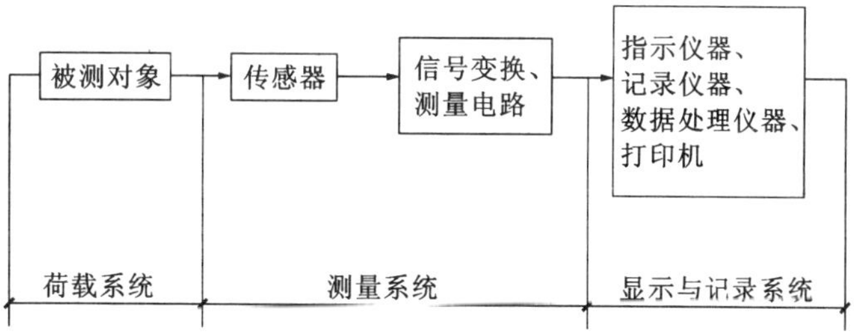

图 2.1　力学测试系统的组成

2.1.1.1　荷载系统

荷载系统是使被测对象处于一定的受力状态下，使被测对象（试件）有关的力学量之间的联系充分显露出来，以便进行有效测量的一种专门系统。测定岩石及结构面力学性质的直剪试验系统中的直剪试验架和液压控制系统就是一个荷载系统。它由直剪试验架、液压控制系统组成，液压泵提供施加到试件上的荷载，液压控制系统则使荷载按一定速率平稳地施加，并在需要时保持其恒定，从而使试件处于一定的法向应力水平下进行剪切试验。地下工程试验采用的荷载系统除液压式外，还有重力式、杠杆式、弹簧式和气压式等。

2.1.1.2　测量系统

测量系统由传感器、信号变换器和测量电路组成，它把被测量（如力、位移等）通过传感器

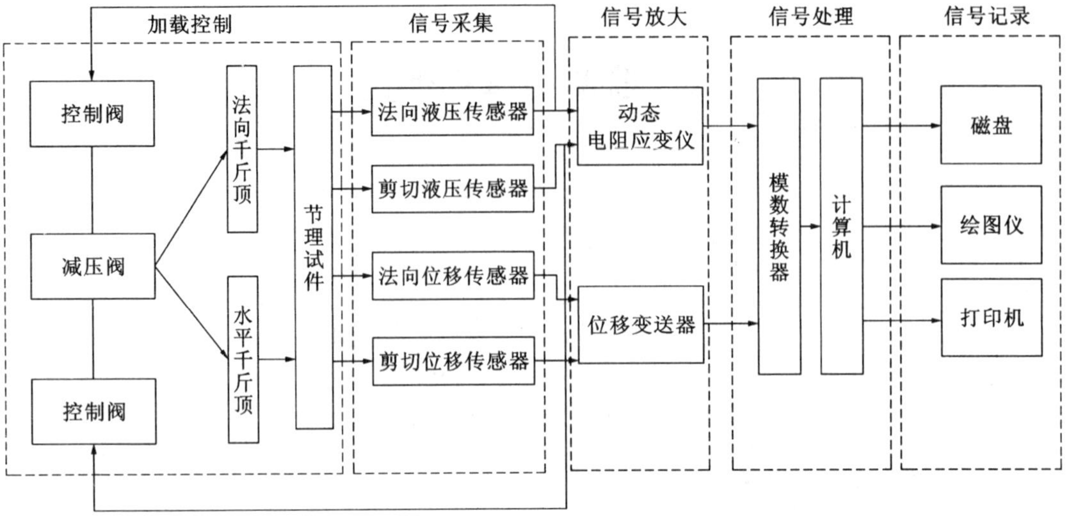

图 2.2　直剪试验计算机辅助测试系统框图

变成电信号，经过后接仪器的变换、放大、运算，变成易于处理和记录的信号。传感器是整个测试系统中采集信息首要的关键环节，它的作用是将被测非电量信号转换成便于放大、记录的电量。所以，有时称传感器为测试系统的一次仪表，其余部分为二次仪表或三次仪表。直剪试验系统中，需要观察在不同法向应力水平下，试件在剪切过程中，法向和切向的力和位移的变化。采用四只位移传感器分别测量试件在法向和切方的位移，采用两只液压传感器分别测量试件在法向和切向的荷载。其中，荷载传感器与动态电阻应变仪以及位移变送器内的中间变换测量电路通常有点桥电路、放大电路、滤波电路及调频电路等。所以，测量系统是根据不同的被测参量选用不同的传感器和后接仪器组成的系统，不同的传感器要求有与其相匹配的不同的后接仪器。

信号处理系统是将测量系统输出的信号进行进一步处理以排除干扰。图 2.2 中，计算机中需设置职能滤波等软件，以排除测量系统中的噪声干扰和偶然波动，提高所获得信号的置信度。对模拟电路，则要用专门的仪器或电路（如滤波器等）来达到这些目的。

2.1.1.3　显示与记录系统

显示与记录系统是测试系统的输出环节，它是将对被测对象所测得的有用信号及其变化过程显示或记录（或存储）下来。数据显示可以用各种表盘、电子示波器和显示屏来实现；而数据记录则可采用函数记录仪、光线示波器等设备来实现。直剪试验计算机辅助测试系统中，以微机屏幕、打印机和绘图仪等作为显示、记录设备。

在测试系统中，测试过程的全部或大部分操作、调试及计算等工作是由测试人员直接参与并取得结果的测试系统称为人工测试系统，这是传统的测试方法，当前，尤其是地下工程现场测试中，人工测试系统仍然是被较多采用的测试系统。在全自动测试系统中，所有仪器及设备都与计算机联机工作，具有程控输入和编码输出的功能，测试过程不用人工参与。

2.1.2　测试系统的主要性能指标

测试系统的主要性能指标有精确度、稳定性、测量范围（量程）、分辨率和传递特性等。测试系统的主要性能指标是经济合理地选择测试系统时必须明确的。

2.1.2.1　测试系统的精度和误差

测试系统的精度是指测试系统给出的指示值和被测量的真实值的接近程度。精度与误差是同一概念的两种不同表示方法。通常，测试系统的精度越高，其误差越小；反之，精度越低，则误差越大。实际中，常用测试系统相对误差和引用误差的大小来表示其精度的高低：

绝对误差 Δ_x：

$$\Delta_x = x(\text{仪器指示值}) - A_0(\text{真实值}) \tag{2.1a}$$

相对误差 γ_x：

$$\gamma_x = \frac{x(\text{仪器指示值}) - A_0(\text{真实值})}{A_0(\text{真实值})} \tag{2.1b}$$

引用误差 γ_y

$$\gamma_y = \frac{x(\text{仪器指示值}) - A_0(\text{真实值})}{X_m(\text{仪器的测量上限})} \tag{2.1c}$$

绝对误差越小，则说明测量结果越接近被测量的真实值。实际上，真实值是难于确切测量的，因此，常用更高精度的仪器测得的值 X_0（约定真实值）代替真实值。在使用引用误差表示测试仪器的精度时，应尽量避免仪器在靠近测量下限的 1/3 量程内工作，以免产生较大的相对误差。

相对误差可用来比较同一仪器不同测量结果的准确程度，但不能用来衡量不同仪表的质量好坏，或不能用来衡量同一仪表量程不同时的质量。因为同一仪表在整个量程内，其相对误差是一个变值，随着被测量量程的减小，相对误差是增大的，因此精度随之降低。当被测量值接近量程起始零点时，相对误差趋于无限大。实际中，常以引用误差来划分仪表的精度等级，可以较全面地衡量测量精度。

2.1.2.2　稳定性

仪器指示值的稳定性有两种指标：

(1)稳定性。它是由于仪器中随机性变动、周期性变动、漂移等引起的指示值变化。一般用精密度的数值和时间长短同时表示。

(2)环境影响。它是指仪器工作场所的环境条件，诸如室温、大气压、振动等外部状态以及电源电压、频率和腐蚀性气体等因素对仪器精度的影响，统称环境影响，用影响系数表示。

2.1.2.3　测量范围(量程)

系统在正常工作时所能测量的最大量值范围，称为测量范围，或称量程。在动态测量时，还需同时考虑仪器的工作频率范围。

2.1.2.4　分辨率

分辨率是指系统可能检测到的被测量的最小变化值，也叫灵敏阈。通常要求测定仪器在零点和 90％满量程点的分辨率。一般来说，分辨率的数值越小越好。

2.1.2.5　传递特性

传递特性表示测试系统输入与输出对应关系的性能。了解测试系统的传递特性对于提高测量的精确性和正确选用测量系统或校准系统特性是十分重要的。对不随时间变化(或变化很慢而可以忽略)的量的测量叫作静态测量；对随时间而变化的量的测量叫作动态测量。与此相对应，测试系统的传递特性分为静态传递特性和动态传递特性。描述测试系统静态测量时的输入-输出函数关系的方程、图形、参数称为测试系统的静态传递特性。描述测试系统动态测量时的输入-输出函数关系的方程、图形、参数称为测试系统的动态传递特性。作为静态测量的系统，可以不考虑动态传递特性；而作为动态测量的系统，则既要考虑动态传递特性，又要考虑静态传递特性，因为测试系统的精度很大程度上与其静态传递特性有关。

2.2 线性系统及其主要性质

2.2.1 测试系统与线性系统

为达到不同的测试目的，可组成各种不同功能的测试系统，这些系统所具有的主要功能是保证系统的输出能精确地反映输入。一个理想的测试系统，应该具有确定的输入-输出关系，其中以输出与输入呈线性关系时为最佳，即理想的测试系统应当是一个线性时不变系统。

若系统的输入 $x(t)$ 和输出 $y(t)$ 之间的关系可以用常系数线性微分方程式来表示，则该系统称为线性时不变系统，简称线性系统，这种线性系统的方程的通式为：

$$\begin{aligned} & a_n y^{(n)}(t) + a_{n-1} y^{(n-1)}(t) + \cdots + a_1 y'(t) + a_0 y(t) \\ & = b_m x^{(m)}(t) + b_{m-1} x^{(m-1)}(t) + \cdots + b_1 x'(t) + b_0 x(t) \end{aligned} \tag{2.2}$$

式中　$y^{(n)}(t), y^{(n-1)}(t), y'(t)$ ——输出 $y(t)$ 的各阶导数；

$x^{(m)}(t), x^{(m-1)}(t), x'(t)$ ——输入 $x(t)$ 的各阶导数。

$a_n, a_{n-1}, \cdots, a_0$ 和 $b_m, b_{m-1}, \cdots, b_0$ 为常数，与测量系统特性、输入状况和测试点分布等因素有关。

从式(2.2)可以看出，线性方程中的每一项都不包含输入 $x(t)$、输出 $y(t)$ 以及它们的各阶导数的高次幂和它们的乘积，此外，其内部参数也不随时间的变化而变化。信号的输出与输入和信号加入的时间无关。

在研究现行测试系统时，对系统中的任一环节（如传感器、运算电路等）都可简化为一个方框图，并用 $x(t)$ 表示输入量，$y(t)$ 表示输出量，$h(t)$ 表示系统的传递关系，则三者之间的关系可用图 2.3 表示。$x(t)$、$y(t)$ 和 $h(t)$ 是三个具有确定关系的量，若已知其中任何两个量，即可求第三个量，这便是工程测试中常常需要处理的实际问题。

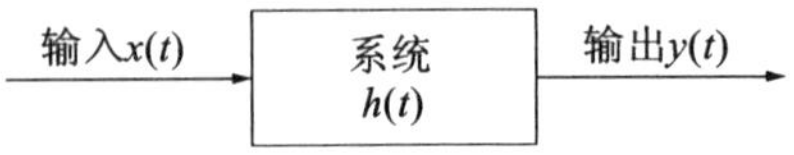

图 2.3　系统、输入与输出的关系

2.2.2 线性系统的主要特性

常系数线性系统中，假若输入函数是 $x(t)$，与其对应的输出函数是 $y(t)$，则线性系统具有以下主要性质：

(1)叠加性和比例性

若 $x_1(t) \to y_1(t), x_2(t) \to y_2(t)$ 及 $c_1 x_1(t) \to c_1 y_1(t), c_2 x_2(t) \to c_2 y_2(t)$，则：

$$c_1 x_1(t) \pm c_1 y_1(t) \to c_2 x_2(t) \pm c_2 y_2(t) \tag{2.3}$$

式中　c_1, c_2 ——任意常数。

叠加性和比例性表明，同时作用于系统的两个任意输入量所引起的输出量，等于这两个任意输入量单独作用于该系统时所引起的输出量之和，其值仍与 c_1、c_2 成比例关系。因此，分析线性系统在复杂输入作用下的总输出时，可以先将复杂输入分解成许多简单的输入分量，求出这些简单输入分量各自对应的输出之后，再求其和，即可求出其总输出。

(2)微分特性

若 $x(t) \to y(t)$，则：

$$\frac{\mathrm{d}x(t)}{\mathrm{d}t} \to \frac{\mathrm{d}y(t)}{\mathrm{d}t} \tag{2.4}$$

系统对输入微分的响应，等同于对原输入响应的微分。

(3)积分特性

若 $x(t) \to y(t)$ ，则：

$$\int_0^t x(t)\mathrm{d}t \to \int_0^t y(t)\mathrm{d}t \tag{2.5}$$

如果系统的初始条件为零，则系统对输入积分的响应等同于对原输入响应的积分。例如，为测得某物振动速度的响应函数，便可分别利用积分特性和微分特性做数学运算，求得该系统的位移和加速度的响应函数。

(4)频率保持特性

若输入为正弦信号 $x(t) = A\sin(\omega t)$，则输出函数必为：

$$y(t) = B\sin(\omega t \pm \varphi) \tag{2.6}$$

线性系统在稳态时输出的频率恒等于输入的频率，但其幅值和相位均有变化。该性质说明，一个系统如果处于线性工作范围之内，当其输入信号是某一频率的周期函数时，它的稳态输出一定也是与输入信号同频率的周期函数，只是幅值和相位有所变化。若系统中的输出信号存在着其他频率，可以认为是外界干扰输入或系统内部的噪声等原因造成的，并应设法予以消除。

2.3 测试系统的静态传递特性及其主要参数

2.3.1 静态方程和标定曲线

当测试系统处于静态测试过程中，输入量 x 和输出量 y 不随时间而变化，因而输入和输出的各阶导数等于零，式(2.2)将变成代数方程：

$$y = \frac{b_0}{a_0}x = S_x \tag{2.7}$$

上式称为系统的静态传递方程(简称静态方程)，斜率 S(也称标定因子)是常数。表示静态(或动态)方程的图形称为测试系统的标定曲线(又称特性曲线、率定曲线、定度曲线)。在直角坐标系中，习惯上，标定曲线的横坐标为输入量 x(自变量)，纵坐标为输出量 y(因变量)。图 2.4 所示是几种标定曲线及其相应的曲线方程。图 2.4(a)中输出与输入呈线性关系，是理想状态，而其余的三条曲线则可看成是线性关系上叠加了非线性的高次分量。其中，图 2.4(c)所示是只包含 x 的奇次幂的标定曲线，较为常用，因为它在零点附近有一段对称的而且近似于直线的线段，图 2.4(b)、(d)两图的曲线则不常用。

标定曲线是反映测试系统输入 x 和输出 y 之间关系的曲线，一般情况下，实际的输入-输出关系曲线并不完全符合理论所要求的理想线性关系。所以，定期标定测试系统的标定曲线是保证测试结果精确可靠的必要措施。对于重要的测试，须在测试前、后都对测试系统进行标定，当前、后标定结果的误差在容许的范围内时，才能确定测试结果有效。

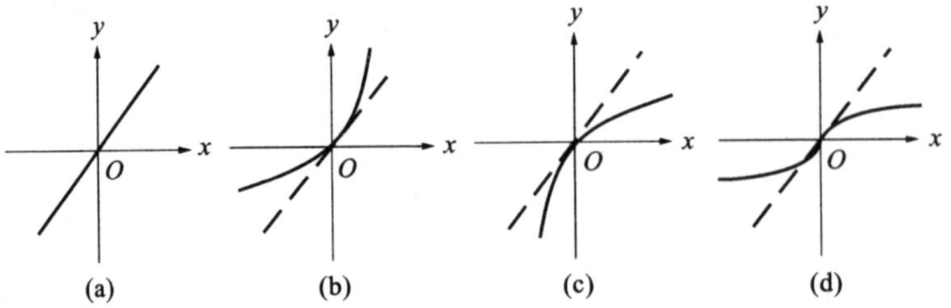

图 2.4　标定曲线的种类

求取静态标定曲线，通常以标准量作为输入信号并测出对应的输出，将输入与输出数据描在坐标纸上的相应点上，再用统计法求出一条输入-输出曲线。标准量的精度应较被标定系统的精度高一个数量级。

2.3.2　测试系统的主要静态特性参数

根据标定曲线便可以分析测试系统的静态特性。其中测试系统静态特性的参数主要有灵敏度、线性度（直线度）、回程误差（滞迟性）。

(1)灵敏度

对测试系统输入一个变化量 Δx，就会相应地输出另一个变化量 Δy，则测试系统的灵敏度为：

$$S = \frac{\Delta y}{\Delta x} \tag{2.8}$$

对于线性系统，$S = \frac{b_0}{a_0} =$ 常数，即线性系统的测量灵敏度为常数。无论是线性系统或非线性系统，灵敏度 S 都是系统特性曲线的斜率[图 2.5(a)]。若测试系统的输出与输入的量纲相同，则常用“放大倍数”代替“灵敏度”，此时，灵敏度 S 为无量纲，但输出与输入是可以具有不同量纲的。例如某位移传感器的位移变化 1 mm 时，输出电压的变化为 300 mV，则其灵敏度 S=300 mV/mm。

(2)线性度（直线度）

标定曲线[图 2.5(b)中曲线 2]与理想直线[图 2.5(b)中曲线 1]的接近程度称为测试系统的线性度。它是指系统的输出与输入之间是否保持理想系统那样的线性关系的一种量度。由于系统的理想直线无法获得，在实际中，通常用一条反映标定数据的一般趋势而误差绝对值最小的直线作为参考理想直线代替理想直线。

若在系统的标称输出范围（全量程）A 内，标定曲线与参考理想直线的最大偏差为 B，则线性度 δ_f 可用下式表示：

$$\delta_f = \frac{B}{A} \times 100\% \tag{2.9}$$

参考理想直线的确定方法目前无统一的标准，通常的做法是：取过原点、与标定曲线间的

偏差 B 的均方值最小的最小二乘拟合直线为参考理想直线，以该直线的斜率的倒数作为名义标定因子。

(3)回程误差(滞迟性)

回程误差是指在相同条件下和全量程范围 A 内，在输入由小增大和由大减小的行程中[图2.5(c)]，对于同一输入值所得到的两个输出值之间的最大差值 h_{max} 与 A 的比值的百分率，即：

$$\delta_h = \frac{h_{max}}{A} \times 100\% \tag{2.10}$$

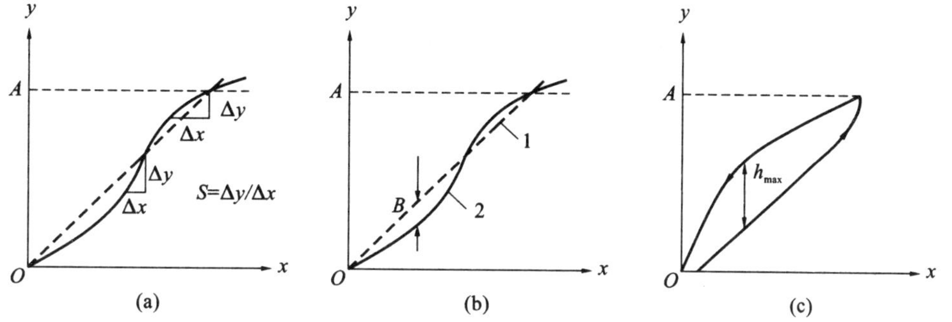

图 2.5 测试系统的主要静态特性参数图析

(a)灵敏度；(b)线性度；(c)回程误差

回程误差是由滞后现象和系统的不工作区(即死区)引起的。前者在磁性材料的磁化过程和材料受力变形的过程中产生。系统的死区是指输入变化时输出无相应变化的范围，机械摩擦和间隙是产生死区的主要原因。

2.4 测试系统的动态传递特性及其测定

2.4.1 测试系统的动态传递特性

当系统的输入量与输出量随时间而变化时，测试系统所具有的特性就称为动态特性。进行动态测试时，必须考察测试系统的动态传递特性，尤其要注意系统的工作频率范围。例如，体温计必须在口腔内保温足够的时间，它的温度度数才能反映人体的温度，就是说输出(示值)滞后于输入(体温)，称为系统的时间响应。如用千分表测量振动体的振幅，当振动频率很低时，千分表的指针将随其摆动，指示出各个时刻的幅值(但可能不同步)；随着振动频率的增加，指针摆动弧度逐渐减小，以至趋于不动，说明指针的示值在随振动频率而变，这是由于构成千分表的弹簧-质量系统的动态特性造成的，此现象称为系统对输入的频率响应。时间响应和频率响应是动态测试过程中表现出的重要特性，也是分析测试系统动态特性的主要内容。测试系统的动态特性是描述输出 $y(t)$ 和输入 $x(t)$ 之间的关系。这种关系在时间域内可以用微分方程或权函数表示，在频率内可用传递函数或频率响应函数表示。

2.4.1.1 传递函数

若系统的初始条件为零(即在考察时刻以前 $t=0$)时，其输入量、输出量及其各阶导数均为零，对式(2.2)进行拉普拉斯变换(简称"拉氏变换")可得：

$$(a_n s^n + a_{n-1} s^{n-1} + \cdots + a_1 s + a_0) Y(s) = (b_m s^m + b_{m-1} s^{m-1} + \cdots + b_1 s + b_0) X(s)$$

将输出量和输入量的拉氏变换之比值定义为传递函数 $H(s)$，则：

$$H(s) = \frac{Y(s)}{X(s)} = \frac{b_m s^m + b_{m-1} s^{m-1} + \cdots + b_1 s + b_0}{a_n s^n + a_{n-1} s^{n-1} + \cdots + a_1 s + a_0} \tag{2.11}$$

式中 $a_n, a_{n-1}, \cdots, a_0$ 和 $b_m, b_{m-1}, \cdots, b_0$ 是由系统确定的常数。式(2.11)是测试系统特性的一种表达式。

传递函数 $H(s)$ 是以复数域中的象函数 $X(s)$、$Y(s)$ 的代数式形式去代换实函数域中原函数 $x(t)$、$y(t)$ 的微分方程式，来表征系统的传输、转换特性。利用拉氏变换，就可以将实数域中求解复杂高阶微分方程的问题变换成求解复数域中简单的代数方程，这样就大大简化了运算方法。表达式中，s 仅是一种运算符号，称拉氏算子。分母中 s 的幂次代表系统微分方程的阶数。当 $n=1$ 或 $n=2$ 时，就分别称为一阶系统、二阶系统的传递函数。传递函数有如下几个特点：

(1) $H(s)$ 与输入无关，$H(s)$ 为一"比值"，由 $a_n, a_{n-1}, \cdots, a_0$ 和 $b_m, b_{m-1}, \cdots, b_0$ 等常数综合确定，对任一具体的输入，都确定地给出了相应的输出及其量纲。

(2) $H(s)$ 是通过把实际物理系统抽象成数学模型后得到的，它只反映系统的响应特性而与具体的物理结构无关，统一的传递函数可能表征着若干个完全不同的物理系统。

(3) $H(s)$ 的分母完全由系统(包括研究对象和测试系统)的结构决定，而分子则与输入方式、所测变量及测点布置情况有关。

2.4.1.2 测试系统的传递函数

前面介绍的是一个功能环节的传递函数，实际中，一台测量仪器或测试系统可能由若干个一阶系统和二阶系统通过串联或并联方式组成。

图 2.6(a)所示的系统是由传递函数分别为 $H_1(s)$ 和 $H_2(s)$ 的两个功能环节串联而成，于是系统的传递函数 $H(s)$ 为：

$$H(s) = \frac{Y(s)}{X(s)} = \frac{Y(s)Z(s)}{Z(s)X(s)} = H_2(s)H_1(s) \tag{2.12}$$

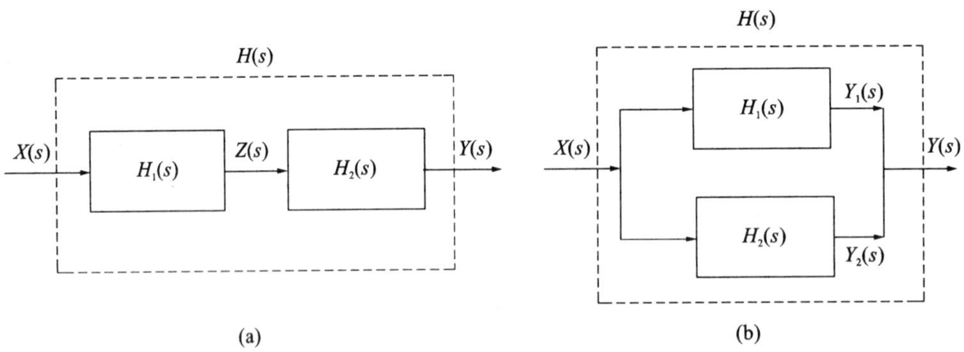

图 2.6 两个功能环节的串联和并联

(a)串联；(b)并联

同理，对由 n 个功能环节串联组成的系统，有：

$$H(s) = \prod_{i=1}^{n} H_i(s)$$

若系统由传递函数分别为 $H_1(s)$ 和 $H_2(s)$ 的两个功能环节并联而成[图 2.6(b)]，$Y_1(s)$ 和 $Y_2(s)$ 分别是该两个功能环节的响应，则因 $Y(s) = Y_1(s) + Y_2(s)$，有：

$$H(s) = \frac{Y(s)}{X(s)} = \frac{Y_1(s)}{X(s)} + \frac{Y_2(s)}{X(s)} = H_1(s) + H_2(s) \tag{2.13}$$

同理，对由 n 个功能环节并联组成的系统，则系统的传递函数为：

$$H(s) = \sum_{i=1}^{n} H_i(s)$$

由上可知，串联系统的传递函数为各子系统传递函数的积，并联系统的传递函数为各子系统传递函数的和。由数学分析可知，任何一个系统总可以看成是由若干个一阶系统和二阶系统以不同的方式串联或并联组合而成，所以，研究一阶系统和二阶系统的动态特性就具有重要意义。

2.4.1.3 频率响应函数

在式(2.11)中，若取 $s = \mathrm{j}\omega$，则相应的传递函数为：

$$H(\mathrm{j}\omega) = \frac{Y(\mathrm{j}\omega)}{X(\mathrm{j}\omega)} = \frac{b_m(\mathrm{j}\omega)^m + b_{m-1}(\mathrm{j}\omega)^{m-1} + \cdots + b_1(\mathrm{j}\omega) + b_0}{a_n(\mathrm{j}\omega)^n + a_{n-1}(\mathrm{j}\omega)^{n-1} + \cdots + a_1(\mathrm{j}\omega) + a_0} \tag{2.14}$$

式中，$\mathrm{j} = \sqrt{-1}$；$Y(\mathrm{j}\omega) = \int_0^{\infty} y(t)\mathrm{e}^{-\mathrm{j}\omega t}\mathrm{d}t$，是 $y(t)$ 的傅里叶变换；$X(\mathrm{j}\omega) = \int_0^{\infty} x(t)\mathrm{e}^{-\mathrm{j}\omega t}\mathrm{d}t$，是 $x(t)$ 的傅里叶变换。

此时，$H(\mathrm{j}\omega)$ 称为测试系统的频率响应函数或频率响应特性。

显然，频率响应函数是传递函数的特例，它是系统在初始值为零的条件下输出的傅里叶变换和输入的傅里叶变换之比。由于输入的傅里叶变换 $X(\mathrm{j}\omega)$、输出的傅里叶变换 $Y(\mathrm{j}\omega)$ 和频率响应函数 $H(\mathrm{j}\omega)$ 都是复数量，因而频率响应函数也可以写成指数形式和复数形式：

$$H(\mathrm{j}\omega) = A(\omega)\mathrm{e}^{\mathrm{j}\varphi(\omega)} = P(\omega) + \mathrm{j}Q(\omega) \tag{2.15}$$

式中，$A(\omega)$ 是 $H(\mathrm{j}\omega)$ 的模，即：

$$A(\omega) = |H(\mathrm{j}\omega)| = \sqrt{P^2(\omega) + Q^2(\omega)} \tag{2.16}$$

$A(\omega)$ 是输出、输入正弦信号振幅之比随频率的变换规律，称为系统的幅频特性，其 $A(\omega)$-ω 曲线称为幅频特性曲线。

$\varphi(\omega)$ 是 $H(\mathrm{j}\omega)$ 的相角：

$$\varphi(\omega) = \angle H(\mathrm{j}\omega) = \varphi_y(\omega) - \varphi_x(\omega) = \arctan\frac{Q(\omega)}{P(\omega)} \tag{2.17}$$

$\varphi(\omega)$ 是输出、输入正弦信号相位差之比随频率的变换规律，称为系统的相频特性，其 $\varphi(\omega)$-ω 曲线称为相频特性曲线。

$P(\omega)$ 是 $H(\mathrm{j}\omega)$ 的实部，其 $P(\omega)$-ω 曲线为实频特性曲线；

$Q(\omega)$ 是 $H(\mathrm{j}\omega)$ 的虚部，其 $Q(\omega)$-ω 曲线为虚频特性曲线。

频率响应函数的物理意义是：对于稳定的常系数线性系统，若输入为正弦信号，则稳态时的输出是与输入为同一频率的正弦信号；输出的幅值和相角通常不等于输入的幅值和相角，输出和输入的振幅之比和相位差之比都是输入频率的函数，并反映在系统的幅频特性 $A(\omega)$ 和相频特性 $\varphi(\omega)$ 中。

2.4.1.4　常见测试系统的传递函数及频率响应函数

(1)一阶系统

在工程上,一般将下式视为一阶系统的微分方程通式:

$$a_1 y'(t) + a_0 y(t) = b_0 x(t) \tag{2.18}$$

上式可改写为:

$$\frac{a_1}{a_0} y'(t) + y(t) = \frac{b_0}{a_0} x(t) \tag{2.19}$$

式中　$\frac{a_1}{a_0}$——具有时间的量纲,称为系统的时间常数,并记为 τ;

$\frac{b_0}{a_0}$——系统的灵敏度 S。

在动态分析中,不妨令 $S = 1$,则上式可写成:

$$\tau y'(t) + y(t) = x(t) \tag{2.20}$$

对上式两边做拉氏变换,便有:

$$\left.\begin{aligned} \tau Y'(s) + Y(s) &= X(s) \\ H(s) = \frac{Y(s)}{X(s)} &= \frac{1}{1+\tau s} \end{aligned}\right\} \tag{2.21}$$

上式中令 $s = \mathrm{j}\omega$,就得到一阶系统的频率响应函数:

$$H(\mathrm{j}\omega) = \frac{1}{1+\mathrm{j}\omega\tau} = \frac{1}{1+(\omega\tau)^2} - \mathrm{j}\frac{\tau\omega}{1+(\omega\tau)^2} \tag{2.22}$$

其幅频特性和相频特性分别为:

$$A(\omega) = |H(\mathrm{j}\omega)| = \frac{1}{\sqrt{1+(\tau\omega)^2}} \tag{2.23}$$

$$\varphi(\omega) = \angle H(\mathrm{j}\omega) = \arctan(\tau\omega) \tag{2.24}$$

图 2.7 所示 RC 电路(电阻 R、电容 C)和弹簧-阻尼系统(弹簧刚度 K、阻尼系数 C)都属于一阶系统。

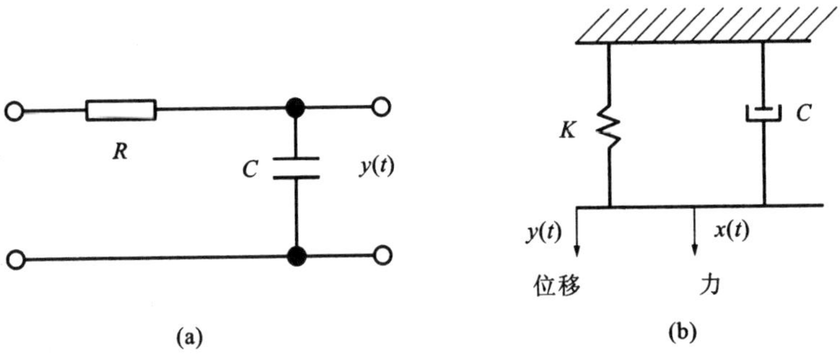

图 2.7　一阶系统实例

(a)RC 电路;(b)弹簧-阻尼系统

(2)二阶系统

二阶系统的传递关系的通式均可用如下二阶微分方程通式表示:

$$a_2 y''(t) + a_1 y'(t) + a_0 y(t) = b_0 x(t) \tag{2.25}$$

令 $\omega_n = \sqrt{\frac{a_0}{a_2}}$,为系统的固有频率;

$\xi = \dfrac{a_1}{2\sqrt{a_0 a_2}}$，为系统的阻尼比；

$S = \dfrac{b_0}{a_0}$，为系统的灵敏度。

为了讨论问题方便，可不失一般性约定 $S=1$，并代入上述参数量，用拉氏变换可求得二阶系统的传递函数：

$$H(s) = \frac{\omega_n^2}{s^2 + 2\xi\omega_n s + \omega_n^2} \tag{2.26}$$

则二阶系统的频率响应函数：

$$H(\mathrm{j}\omega) = \frac{1}{1 - \left(\dfrac{\omega}{\omega_n}\right)^2 + 2\mathrm{j}\xi\dfrac{\omega}{\omega_n}} \tag{2.27}$$

幅频特性和相频特性分别表达为：

$$A(\omega) = |H(\mathrm{j}\omega)| = \frac{1}{\sqrt{\left[1 - \left(\dfrac{\omega}{\omega_n}\right)^2\right]^2 + 4\xi^2\left(\dfrac{\omega}{\omega_n}\right)^2}} \tag{2.28}$$

$$\varphi(\omega) = \angle H(\mathrm{j}\omega) = \arctan\frac{2\xi\left(\dfrac{\omega}{\omega_n}\right)}{1 - \left(\dfrac{\omega}{\omega_n}\right)^2} \tag{2.29}$$

一阶系统和二阶系统的频率响应函数曲线见图 2.8。笔式记录仪和光学示波器的动圈式振子以及 RLC 电路和弹簧-质量-阻尼系统都是二阶系统。

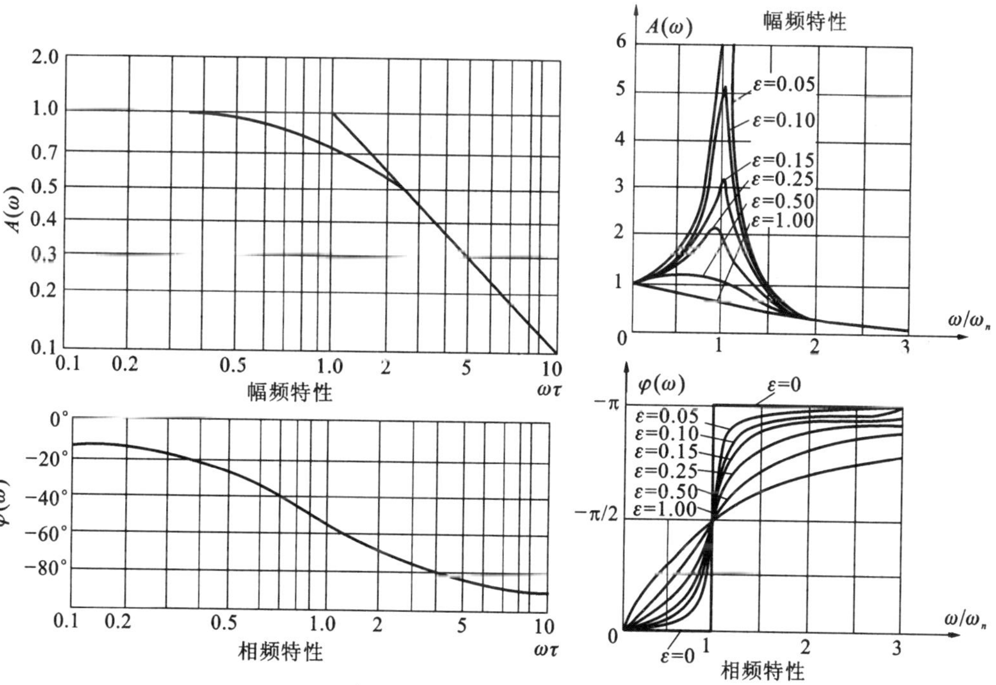

(a)　　　　(b)

图 2.8　一阶系统和二阶系统的频率响应特性曲线

2.4.2 系统在典型输入下的动态响应

工程中，在时域内分析系统的动态响应特性，常采用输入典型标准信号、实际测出输入和对应的输出(响应)的方法。

单位脉冲函数 $\delta(t)$、单位阶跃函数 $u(t)$ 和单位斜坡函数 $r(t)$ 是三种常用的典型输入，它们之间存在着如下关系：单位脉冲函数是单位阶跃函数的导数，而单位阶跃函数又是单位斜坡函数的导数。根据线性系统对于输入的微分(或积分)的响应等于输入的响应的微分(或积分)，只要掌握了系统对上述三种典型输入之一的响应，就不难掌握另外两种输入的响应。

(1)单位脉冲信号的响应

当输入信号的作用时间小于 0.1τ(τ 为一阶系统的时间常数)时，则近似地认为输入是单位脉冲，其响应则称为单位脉冲响应函数，又称权函数。

因输入 $X(t)=\delta(t)$，则 $X(s)=L\delta(t)=1$，输出为：

$$Y(s)=H(s)X(s)=H(s)$$

对 $Y(s)$ 取拉氏逆变换，即得响应的时域描述：

$$y(t)=L^{-1}H(s)=h(t) \tag{2.30}$$

因此，权函数是传递函数的拉氏逆变换，它表示系统在时域内的动态特性。

(2)单位阶跃信号的响应

对系统突然加载或突然卸载，即属于阶跃响应，这样的输入既简单易行，又能揭示测试系统的动态特性，故常被采用。理论上讲，一阶系统、二阶系统在单位阶跃输入下的响应，其稳态输出误差应等于零。

单位阶跃函数输入一阶系统时，系统输出的初始上升斜率为 $\dfrac{1}{\tau}$，但响应的上升速率随时间的增加而减慢，当 $t=\tau$ 时，$y(t)=0.632$；当 $t=4\tau$ 时，$y(t)=0.982$；当 $t=5\tau$ 时，$y(t)=0.993$。理论上，系统的响应只有当 t 趋于无穷大时才达到稳态。但实际上，当 $t=4\tau$ 时，其输出与稳态响应时的误差小于 2%，在试验中，认为其达到的稳态已足够精确。因此，时间常数 τ 越小，则响应越快，动态性能越好。通常取输出量达到输入量的 95%～98%所需的时间作为一阶系统响应速度的指标。

单位阶跃函数输入二阶系统时，响应在很大程度上取决于系统的固有频率 ω_n 和阻尼比 ξ。ω_n 越高，系统的响应越快。阻尼比 ξ 直接影响超调量和振荡次数，$\xi=0$ 时，超调量为 100%，且持续不断地振荡下去，达不到稳定；$\xi=1$ 时，虽不发生振荡(即不发生超调)，但也须经较长时间才能达到稳态；只有当 $\xi=0.6\sim0.8$ 时，最大超调量为 2.5%～10%，当以允许误差2.5%～10%趋近“稳态”时所需调整时间最短(最大超调量为 3%～4%)。因此，很多测试系统在设计时经常取 $\xi=0.6\sim0.8$，就是这个原因。

(3)单位斜坡信号的响应

对系统施加随时间呈线性增大的输入量，即为斜坡信号输入。由于输入量不断增大，一阶系统、二阶系统的输出总是滞后于输入一段时间，故存在一定的误差，时间常数、阻尼比或固有频率越小，则误差越大。

(4)在任意输入作用下的系统响应

若系统的输入为 $x(t_i)$，则该 $x(t_i)$ 信号可用很多等距分割的阶梯条形面积来逼近[图 2.9

(a)]。设 t_i 阶梯条形面积为 $x(t_i)\Delta t$，当 Δt 足够小时，则该面积可看成是在 t_i 时刻输入一个幅度为 $x(t_i)\Delta t$ 的脉冲信号[图 2.9(b)]。在 t 时刻观察到对此脉冲信号的响应为 $[x(t_i)\Delta t]h(t-t_i)$[图 2.9(c)]，而 t 时刻的输出应为所有 $t_i < t$ 时的各输入响应之总和[图 2.9(d)]。即：

$$y(t) \approx \sum_{i=0}^{t} [x(t_i)\Delta t] h(t-t_i)$$

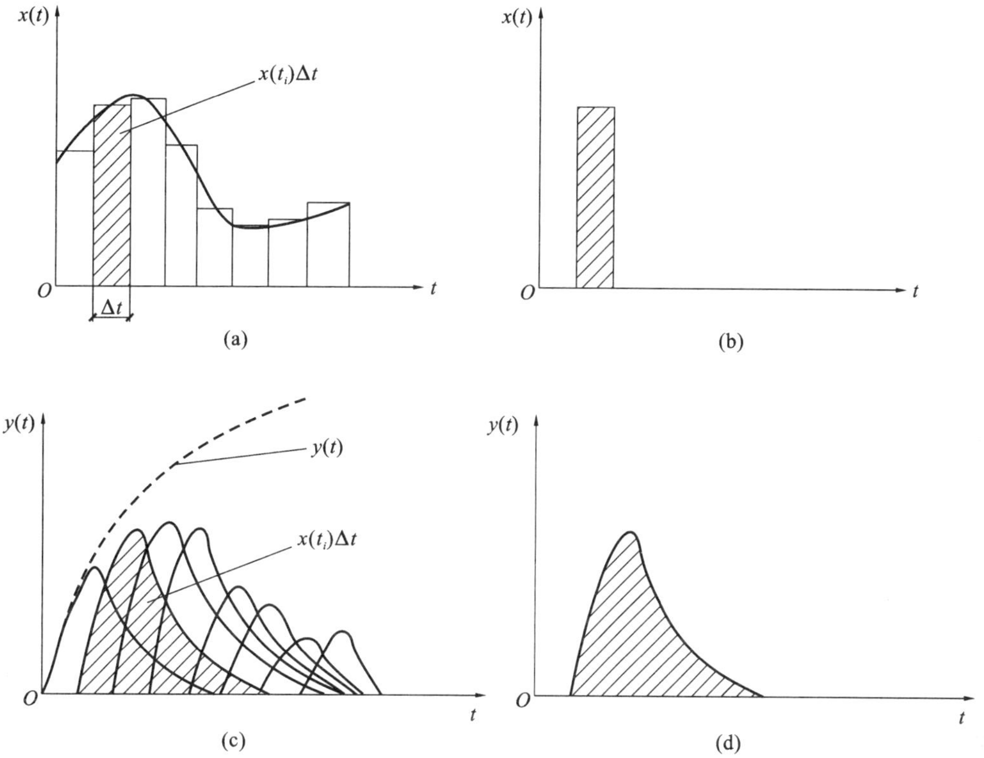

图 2.9　在任意输入作用下的系统响应

对 Δt 取极限，得：

$$y(t) = \int_0^t x(t_i)\Delta t h(t-t_i)\mathrm{d}t = h(t)x(t) \tag{2.31}$$

上式说明：在时域内，系统的响应等于输入信号 $x(t)$ 与权函数 $h(t)$ 的卷积。但卷积计算比较困难，工作量较大。

若用频域来研究系统对任意输入的响应，就方便得多。用拉氏变换即可得输入、输出和系统特性三者的关系：

$$Y(s) = H(s)X(s)$$

对稳态系统，假设输入符合傅里叶变换条件时，则

$$Y(\mathrm{j}\omega) = H(\mathrm{j}\omega)X(\mathrm{j}\omega)$$

可见，在频域内处理在任意输入作用下的系统响应问题就比较简单了。

2.4.3　测试系统实现信号不失真传递的条件

信号通过测试系统后不发生任何变化，完全保持原信号的特性和全部信息，这当然是最理

想的，但实际上是做不到的。因此，从满足测试要求的实际出发，所谓信号不失真传递，是指系统的响应 $y(t)$ 的波形与输入 $x(t)$ 的波形完全相似，这样就能保持原信号的特性和全部信息。图 2.10 绘出了满足上述要求时输出波形不失真复现输入波形的情况，输出 $y(t)$ 和输入 $x(t)$ 在幅值上成比例，在相位上可以有一定的滞后，这两个波形的数学关系可由下式表示：

$$y(t) = A_0 x(t - t_0) \tag{2.32}$$

式中　A_0，t_0 ——常数。

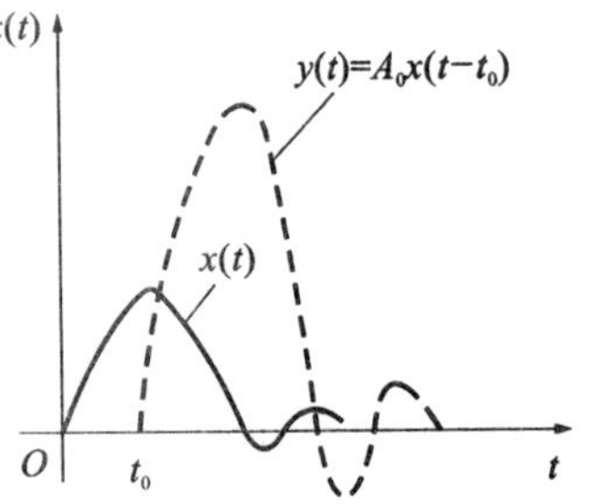

图 2.10　波形的不失真复现

不失真传递系统应具备的条件可作如下推导，由于延迟性，上式的傅里叶变换为：

$$y(t) = A_0 e^{-j\omega t_0} x(j\omega) \tag{2.33}$$

则系统的频率响应函数为：

$$H(j\omega) = \frac{Y(j\omega)}{X(j\omega)} = A_0 e^{-j\omega t_0} \tag{2.34}$$

因此，不失真传递系统的频率响应应当满足：

$$\left.\begin{aligned} A(\omega) &= A_0 \\ \varphi(\omega) &= -t_0\omega \end{aligned}\right\} \tag{2.35}$$

也就是说，不失真传递系统应具备两个条件：系统的幅频特性 $A(\omega)$ 在 $x(t)$ 的频谱范围内为一常数；系统的相频特性 $\varphi(\omega)$ 是经过原点的直线。

从系统不失真传递条件和其他工作性能综合考虑，对一阶系统来说，原则上，时间常数 τ 越小越好。τ 越小，系统对输入信号的响应就越快，系统的动态特性也就越好。如对斜坡函数的响应，τ 越小，其时间滞后和稳态误差就越小。一阶系统时间常数为 $\tau = a_1/a_0$，一般来说，a_0 取决于灵敏度，所以，只能通过改变 a_1 来满足时间常数的要求。

对于二阶系统来说，在特性曲线中 $\omega < 0.3\omega_n$ 的范围内，$\varphi(\omega)$ 的数值较小，且 $\varphi(\omega)$-ω 特性曲线越接近于直线。$A(\omega)$ 在该范围内的变化不超过 10%，可作不失真的波形输出。在 $\omega = (2.5 \sim 3.0)\omega_n$ 的范围内，$\varphi(\omega)$ 接近 180°，且差值甚小，如在实测或数据处理中用减去固定相位差值的方法，则也可以接近于不失真地恢复被测的原波形。若输出信号的频率范围在上述二者之间，由于系统的频率特性受 ξ 的影响较大，因而须做具体分析。分析表明，当 $\xi = 0.6 \sim 0.7$ 时，在 $\omega = (0 \sim 0.58)\omega_n$ 的频率范围中，幅频特性 $A(\omega)$ 的变化不超过 5%，此时，相频特性曲线也接近于直线，所产生的相位失真很小。通常将上述数值作为设计测试系统和选用系统工作范围的依据。由上述分析可知，ξ 越小，对斜坡输入响应的稳态误差 $\frac{2\xi}{\omega_n}$ 也越小。但随着 ξ 的减小，超调量增大，回调时间加长。只有 $\xi = 0.6 \sim 0.7$ 时，才可以获得较为合适的综合特性，系统中，ω_n 与 a_0、a_2 有关，而 a_0 与灵敏度有关，在设计中应考虑其综合性能。

2.4.4　测试系统的负载效应

大多数测量元件（或仪表）总要从被测对象中吸收一些能量，会或多或少地改变被测量的数值，这种效应称为系统的负载效应。如使用热电耦测量温度时，热电耦必须接触被测物体而吸收部分热量，从而改变被测物体的温度。显然，测量元件（或仪表）对被测物体的负载效应越小越好。为了比较各种仪表的负载效应，在电测仪表中，常用输入阻抗 Z 来表示。输入阻抗可定义为：

$$Z = \frac{q_{i1}}{q_{i2}} \tag{2.36}$$

其中变量

$$q_{i1} q_{i2} = P(\text{功率}) \tag{2.37}$$

式中　对于电能，q_{i1} ——电压，V；

q_{i2} ——电流，A；

对于热能，q_{i1} ——温度，℃；

q_{i2} ——热传导系数。

将式(2.36)代入式(2.37)中，可得测量元件(或仪表)消耗的功率：

$$P = \frac{q_{i1}^2}{Z} \tag{2.38}$$

为了尽可能减少消耗功率 P，仪表必须具有很大的输入阻抗 Z，要想增加仪表的输入阻抗又不影响仪表的其他性能，一个办法是采用辅助能源放大器，使测量元件只从被测的量上取微小的功率，再借助放大器使仪表获得所需的功率；另一个办法是利用负反馈技术即平衡法进行零位测量，在达到平衡时理论上可以认为不消耗被测介质中的能量，相当于具有极大的输入阻抗。

2.4.5　测试系统特性参数的测定方法

对于测试系统，要进行精确和定期的标定。标定和校准就其试验内容来说，都是测定测试系统的特性参数。

在测定静态特性参数时，以标准量作为输入信号，测量得出输入-输出曲线，以获得标定曲线，确定其线性度、灵敏度和回程误差。所采用的标准量的误差应为被标定的测量结果误差的1/10。

而求取一阶系统、二阶系统动态特性的过程，也就是通过对系统的测试来确定其时间常数 τ、固有频率 ω_n 和阻尼比 ξ 的过程。这里介绍用阶跃响应法测定一阶系统、二阶系统的动态特性参数的方法。

(1)一阶系统阶跃响应法

确定一阶系统时间常数，较简单的方法是测出阶跃响应之后，取其输出值达到最终稳态值的63%所经过的时间。但是，这样求取的 τ 值，没有涉及阶跃响应的全过程，其可靠性仅依赖于某些个别的瞬时值。若对一阶系统的阶跃响应函数：

$$y_n(t) = 1 - e^{-\frac{\tau}{t}} \tag{2.39}$$

做如下变换：

$$z = -\frac{t}{\tau} \tag{2.40}$$

则可由下式求 τ 值：

$$\tau = \frac{\Delta t}{\Delta z} \tag{2.41}$$

显然，这种方法考虑了瞬态响应的全过程。不管采用哪一种方法，欲获得较为精确的测量结果，都要求所输入的阶跃信号的上升时间必须远远小于测试系统的时间常数。

(2)二阶系统阶跃响应法

二阶系统的阻尼比通常取 $\xi = 0.6 \sim 0.7$。这种典型的欠阻尼二阶系统，其阶跃瞬态响应是以 $\omega_{\mathrm{d}} = \omega_n \sqrt{1-\xi^2}$ 的圆频率做衰减振荡[图 2.11(a)]，ω_{d} 称为有阻尼固有频率。欠阻尼二阶系统的阶跃响应函数式为：

$$y_n(t) = 1 - \frac{\mathrm{e}^{-\xi\omega_n t}}{\sqrt{1-\xi^2}} \sin(\omega_{\mathrm{d}} t + \varphi) \tag{2.42}$$

式中，$\varphi = \arctan \dfrac{\sqrt{1-\xi^2}}{\xi}$；$\omega_{\mathrm{d}} = \dfrac{2\pi}{T_{\mathrm{d}}}$。

从图 2.11 中可知，最大超调量为 M_1，出现的时间 t_{p} 为半周期，用 $t_{\mathrm{p}} = \dfrac{T_{\mathrm{d}}}{2} = \dfrac{\pi}{\omega_{\mathrm{d}}}$，用 t_{p} 代换式(2.42) 中的 t，可求得最大超调量与阻尼比的关系：

$$M_1 = \mathrm{e}^{\frac{\tau\pi}{\sqrt{1-\xi^2}}} \tag{2.43}$$

或

$$\xi = \sqrt{\frac{1}{\frac{\pi}{\ln M_1} + 1}} \tag{2.44}$$

因此，测得 M 之后，通过上式则可求得阻尼比 ξ；或按上式作出 M-ξ 曲线[图 2.11(b)]，也可以求取阻尼比。

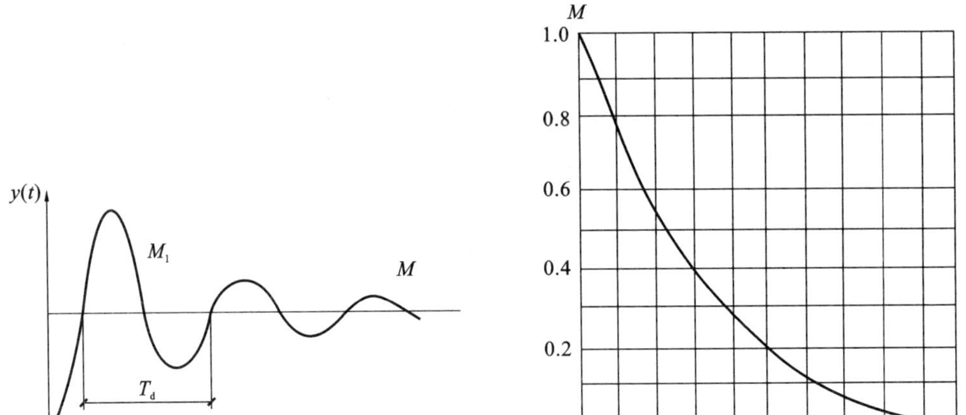

图 2.11　欠阻尼二阶系统的阶跃响应及 M-ξ 曲线

(a)阶跃响应；(b)M-ξ 曲线

如果测得的阶跃响应具有较长的瞬变过程，即记录的阶跃响应曲线上有若干个超调量出现时，则可利用任意两个超调量 M_i 和 M_{i+n} 来求取被测系统的阻尼比 ξ，n 为这两个超调量之间相隔的周期数，设它们对应的时间分别为 t_i 和 t_{i+n}，则：

$$t_{i+n} = t_i + \frac{2n\pi\xi}{\omega_{\mathrm{d}}} \tag{2.45}$$

令

$$\delta_n = \ln \frac{M_i}{M_{i+n}} \tag{2.46}$$

将 t_i 和 t_{i+n} 分别代入式(2.43)，求出 M_i 和 M_{i+n}，再代入式(2.46)，得：

$$\delta_n = \frac{2n\pi\xi}{\sqrt{1-\xi^2}} \tag{2.47}$$

整理后得：

$$\xi = \sqrt{\frac{\delta_n^2}{\delta_n^2 + 4n^2\pi^2}} \tag{2.48}$$

据上所述，将实测得到的 M_i 和 M_{i+n} 代入式(2.46)中，由式(2.48)求得阻尼比 ξ，然后，固有频率 ω_n 可按下式求取：

$$\omega_n = \frac{2n\pi}{T_{\mathrm{d}}\sqrt{1-\xi^2}} \tag{2.49}$$

式中的周期 T_{d} 可在阶跃响应曲线上测得。

上述方法对于任何系统的动态特性参数 τ、ω 和 ξ 的确定都是普遍适用的。

2.5 测试系统选择的原则

选择测试系统的根本原则是满足测试的目的和要求。但是，若要达到技术上合理和经济上节约，则必须考虑一系列因素的影响。下面将针对系统的各个特性参数，就如何选用测试系统予以概述。

(1)灵敏度

原则上说，测试系统的灵敏度应尽可能高，这意味着它能检测到被测物理量极微小的变化，换句话说，被测量稍有变化，测试系统就有较大的输出，并能显示出来。因此，在要求高灵敏度的同时，应特别注意与被测信号无关的外界噪声的侵入，因为高灵敏度的测试系统同时也是敏感的噪声接收系统，其噪声也可能被放大系统所放大。为达到既能检测微小的被测量，又能使噪声被压制到尽量低的目的，测试系统的信噪比越大越好。但灵敏度越高，往往测量范围越窄，稳定性也越差。

(2)准确度

准确度表示测试系统所获得的测量结果与真实值的一致程度，并综合反映了测量中各类误差。准确度越高，则测量结果中所包含的系统误差和随机误差就越小。测试仪器的准确度越高，价格就越昂贵。因此，应从被测对象的实际情况和测试要求出发，选用准确度合适的仪器，以获得最佳的技术经济效益。误差理论分析表明，由若干台不同准确度组成的测试系统，其测量结果的最终准确度取决于准确度最低的那一台仪器。所以，从经济性来看，应当选择同等准确度的仪器来组成所需的测试系统。如果条件有限，不可能做到同等准确度，则前面环节的准确度应高于后面环节，而应尽量避免与其相反的配置。一般的，如果是属于相对比较性的试验研究，只需获得相对比较值，则只要求测试系统的精密度足够高就行了，无须要求它的准确度；若属于定量分析，要获得精确的量值，就必须要求它具有相应的准确度。

(3)响应特性

测试系统的响应特性是必须在所测频率范围内保持不失真条件。此外，响应总有一定的延迟，但要求延迟时间越短越好。换言之，若测试系统的输出信号能够紧跟急速变化的输入信号，则这一测试系统的响应特性就好。因此，在选择测试系统时，要充分考虑到被测量变化的特点。

(4)线性范围

任何测试系统都有一定的线性范围。在线性范围内，输出与输入成比例关系，线性范围越宽，表明测试系统的有效量程越大。测试系统在允许范围内工作是保证测量准确度的基本条件。然而，测试系统是不容易保证其绝对的线性的，在一些情况下，只要能满足测量的准确度，也可以在近似线性的区间内工作，必要时，可以进行非线性补偿或修正。

(5)稳定性

稳定性表示在规定条件下，测试系统的输出特性随时间的推移而保持不变的能力。影响稳定性的因素是时间、环境和测试仪器的器件状况。为了保持测试系统工作的稳定性，在选定测试仪器之前，应对工作环境进行调查，以选用较为合适的仪器。

在输入量不变的情况下，测试系统在一定时间后输出量发生变化，这种现象称为漂移。当输入量为零时，测试系统也会有一定的输出，这种现象称为零漂。漂移和零漂多半是由于系统本身对温度变化敏感以及元件不稳定(时变)等因素所引起的，对测试系统的准确度将产生影响。

(6)测量方式

测试系统在实际工作条件下不同的测量方式，也是选择测试系统时应考虑的因素之一。诸如接触式测量和非接触式测量、机械测量和电测、在线测量和非在线测量等不同的测量方式，对测试系统的要求也不同。

在机械系统中，运动部件的被测参量(例如回转运动误差、振动和扭力矩等)，往往需要非接触式测量。因为，接触式测量不仅会对被测对象造成影响，而且存在许多难以解决的技术问题，如接触状态的变动、测量头的磨损、信号的采集等，都不容易妥善处理，也势必造成测量误差。这时，选用涡电流式、电容式等非接触式传感器能解决上述问题。若用电阻应变片检测应力、应变，则需选用遥测应变仪。

在线测量是与实际情况更趋于一致的测量方式。特别是在实现自动化过程和地下工程施工信息化监控中，其检测和控制系统往往要求具有真实性和可靠性，必须在现场实施条件下进行工作。因此，对测试系统有一定的特殊要求。

(7)各特性参数之间的配合

由若干环节组成的一个测试系统中，应注意各特性参数之间的恰当配合，使测试系统处于良好的工作状态。譬如，一个多环节组成的系统，其总灵敏度取决于各环节的灵敏度以及各环节之间的连接形式(串联、并联)，该系统的灵敏度与量程范围是密切相关的，当总灵敏度确定之后，过大或过小的量程范围，都会给正常的测试工作带来影响。对于连续刻度的显示仪表，通常要求输出量落在接近满量程的 1/3 区间内，否则，即使仪器本身非常精确，测量结果的相对误差也会增大，从而影响测试的准确度。若量程小于输出量，很可能使仪器损坏。由此看来，在组成测试系统时，要注意总灵敏度与量程范围匹配。又如，当放大器的输出用来推动负载时，它应该以尽可能大的功率传给负载。只有当负载的阻抗和放大器的输出阻抗互为共轭复数时，负载才能获得最大的功率。这就是通常所说的阻抗匹配。

总之，在组成测试系统时，应充分考虑各特性参数之间的关系。除上述必须考虑的因素外，还应尽量兼顾体积小、重量轻、结构简单、易于维修、价格便宜、便于携带、通用化和标准化等一系列因素。

本章小结

(1)测试系统主要由荷载系统、测量系统、显示与记录系统三部分组成。测试系统的主要性能指标有精度、误差、稳定性、测量范围、分辨率以及传递特性等。测试系统的主要性能指标是经济合理地选择测试系统时必须明确的。

(2)线性系统是一个理想的测试系统,具有确定的输入-输出关系,其中输出与输入呈线性关系。线性系统的主要特性为:叠加性和比例性、微分特性、积分特性及频率保持特性。

(3) $y=\frac{b_0}{a_0}x=S$ 为系统的静态方程。标定曲线是反映测试系统输入和输出之间关系的曲线,定期标定测试系统的标定曲线是保证测量结果精确可靠的必要措施。描述测试系统静态特性的参数主要有灵敏度、线性度、回程误差。

(4)在动态测试时,必须考察测试系统的动态传递特性,尤其要注意系统的工作频率范围。测试系统的动态特性是描述输出 $y(t)$ 和输入 $x(t)$ 之间的关系。这种关系在时域内可以用微分方程或权函数表示,在频域内可用传递函数或频率响应函数表示。工程中,在时域内分析系统的动态响应特性,常采用输入典型标准信号、实际测出输入和对应的输出(响应)的方法。信号通过测试系统后不发生任何变化,完全保持原信号的特性和全部信息,这当然是最理想的,但实际上是做不到的。因此,从满足测试要求的实际出发,所谓信号不失真传递,是指系统的响应 $y(t)$ 的波形与输入 $x(t)$ 的波形完全相似,这样就能保持原信号的特性和全部信息。

3　地下工程的监测仪器

3.1　监 测 仪 器

在地下工程施工监测中，需要监测的物理量主要有位移、应变、压力、应力和温度等。因此用于地下工程监测的仪器主要包括以下几类：

(1)用于监测地下结构和岩土宏观位移的监测仪器，主要有经纬仪、水准仪、全站仪、收敛仪、测斜仪、分层沉降仪、多点位移计、裂缝观测仪、建筑物倾斜仪等。

(2)用于监测地下结构和围岩压力、应力、应变的监测仪器，主要有电阻应变仪、钢弦频率接收仪等。

(3)用于监测地下水参数的监测仪器，主要有水位计和渗水压力计等。

(4)用于监测其他参数的监测仪器，如监测爆破振动参数的爆破振动监测仪、探测地下管线位置的探测仪等。

在实际工作中，可根据监测项目和精度要求，按经济、安全、适用和耐久等原则来选择合适的监测仪器。不同型号的监测仪器和仪表的使用说明以及主要技术参数和指标可详见生产商提供的使用说明书。

【扫码演示】

3.1.1　经纬仪

经纬仪(theodolite)是一种精密的光学仪器，它可以精密地测定水平角、垂直角及距离。我国一般采用国产的 DJ6 系列经纬仪或进口的 Leica T2 经纬仪，如图 3.1 所示。

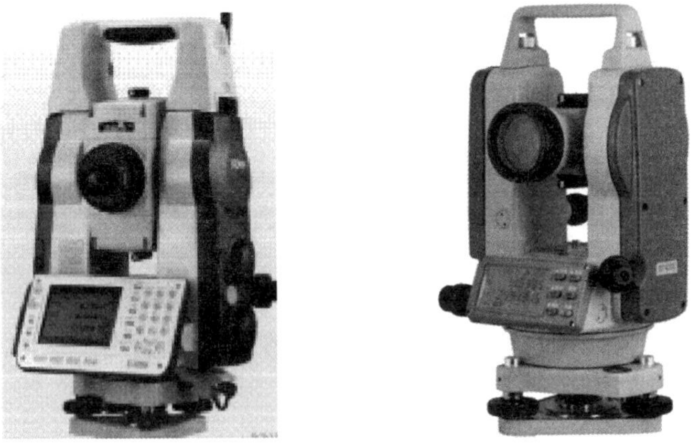

(a)　　(b)

图 3.1　经纬仪

(a)DJ6 系列经纬仪；(b)Leica T2 经纬仪

在监测过程中，经纬仪用来建立平面控制网，可以监测以下几个项目：

(1)浅埋地面和基坑围护结构及支撑系统的水平位移。

(2)道路、管线的水平位移。

(3)由地下工程施工引起的周围建筑物、构筑物的水平位移和倾斜。

(4)测斜管管口的水平位移。

3.1.2 水准仪

【扫码演示】

水准仪(level gauge,gradienter)是能提供水平视线,用以测量各测点之间高差的光学仪器。水准仪包括光学水准仪和电子水准仪,其实物如图 3.2 所示。

(a) (b)

图 3.2 水准仪

(a)光学水准仪;(b)电子水准仪

在监测工作中,水准仪可用来建立沉降控制监测网,主要监测如下项目:

(1)浅埋地面和基坑围护结构及支撑立柱的沉降。

(2)地表管线的沉降。

(3)由于地下工程施工引起的周围建筑物、构筑物及周围地表的沉降。

(4)分层沉降管管口的沉降。

实际工程中一般采用瑞士 WILDLEICO 公司的 NA2002 或 N3,或者苏州第一光学仪器厂生产的带有附件测微器的 DSZ2 水准仪。

3.1.3 全站仪

全站仪,即全站型电子速测仪(electronic total station),是一种集光、机、电为一体的高技术测量仪器,是集水平角、垂直角、距离(斜距、平距)、高差测量功能于一体的测绘仪器系统。因只安置该仪器就可完成该测站上的全部测量工作,所以称之为全站仪,如图 3.3 所示。全站仪广泛用于地上大型建筑和地下工程施工等精密工程测量或变形监测领域,在监测过程中可用来建立平面控制网,测量项目基本与经纬仪的相同,也可用于沉降监测。

图 3.3 全站仪

全站仪用于地下工程的主要监测项目如下:

(1)基坑围护结构周边及支撑系统的水平位移。

(2)地表、管线的水平位移。

(3)由地下工程施工引起的周围建筑物、构筑物的水平位移、倾斜与沉降。

(4)测斜管管口的水平位移与沉降。

(5)地下工程拱顶的下沉与收敛。

(6)盾构隧道管片的水平位移与沉降。

新近发展起来的全站仪除具有经纬仪和测距仪的技术性能外，还配有机载软件，测量操作更方便、直观。根据测量项目的不同要求选择测量程序，可以直接测量点的坐标和距离。

3.1.4 收敛仪

收敛仪(convergence gauge，tape extensometer)是用于测量和监控暗挖隧道周边变形的主要仪器。它由连接转向装置、测力弹簧、测距装置三部分组成，如图 3.4 所示。

图 3.4 收敛仪

(1)连接转向装置，连接转向是由微轴承实现的，可实现空间任意方向的转动。

(2)测力弹簧，用来标定钢尺张力，从而提高读数的精度。

(3)测距装置，是由钢尺与测微千分尺组成的。钢尺用于测量大于 25 cm 的距离。钢尺上每间隔 25 cm 设有一定位孔，测微千分尺最小的读数为 0.01 mm。测量时，收敛仪悬挂于两测点之间，旋紧千分尺，使钢尺张力增大，直至达到规定的张力时，即可进行读数。

3.1.5 测斜仪

【扫码演示】

测斜仪(clinometer)是一种能有效且精确地测量土体内部水平位移或变形的工程监测仪器，应用其工作原理同样可以监测临时性或永久性地下结构(如桩、连续墙、沉井等)的水平位移。测斜仪分为固定式和活动式两种：固定式是将测头固定埋设在结构物内部的固定点上；活动式即先埋设带导槽的测斜管，间隔一定时间将测头放入管内沿导槽滑动，测定斜度变化，计算水平位移。活动式测斜仪按测头传感器不同可细化分为滑动电阻式、电阻应变片式、钢旋式及伺服加速度计式四种。滑动电阻式测斜仪的特点是测头坚固可靠，缺点是测量精度不高，其性能受电位计分辨率的影响和限制；电阻应变片式测斜仪的优点是产品价格便宜，缺点是量程有限，耐用时间不长；钢旋式测斜仪的特点是受湿度、温度和外界环境的干扰影响较小；伺服加速度计式测斜仪具有精度高、量程大和可靠性好的优点。

图 3.5 测斜仪

测斜仪由以下四大部分组成(图 3.5)：

(1)装有重力或测斜传感器的测头。

(2)测读仪。测读仪是二次仪表，需要与测头配套使用，其测量范围、精度和灵敏度可根据工程需要而定。

(3)电缆。连接测头和测读仪的电缆主要有以下作用，即向测头供给电源，给测读仪传递检测信号，测量测头所在测点处距孔口的距离，作为下放和提升测头的绳索。

(4)测斜管。测斜管一般由塑料管或铝合金管制成。常用直径为 50～75 mm，长度每节 2～4 m。管口接头有固定式和伸缩式两种，测斜管内有两对相互垂直的纵向导槽。测量时，测头导轮在其中一对导槽内可上下自由滑动。

3.1.6 分层沉降仪

分层沉降仪（layered settlement instrument）是通过电感探测装置，根据电磁频率的变化来观测埋设在土体不同深度内的钢环（即磁环）的确切位置，再由其所在位置深度的变化计算出地层不同高程处的沉降变化。

图 3.6 分层沉降仪

分层沉降仪可用来监测由于开挖、打桩等地下工程引起的周围深层土体的垂直位移，如沉降或隆起。分层沉降仪如图 3.6 所示，由两大部分组成：

（1）地表接收仪器，即钢尺沉降仪，包括测头、测量电缆、接收系统和绕线盘。

（2）地下埋入的部分，包括分层沉降管、接头、封盖及沉降磁环。分层沉降管通常由波纹状软塑料管或 PVC 硬管制成。

3.1.7 多点位移计

多点位移计（multipoint displacement meter）主要用于地下工程围岩表面和围岩内部位移观测、地表和地中沉降观测以及结构物的位移观测。多点位移计有单点锚杆式位移计、振弦式多点位移计、机械式多点位移计、杆式多点位移计等。振弦式多点位移计工作原理是当被测结构物发生变形时，通过多点位移计的锚头带动测杆，测杆拉动位移计产生位移变形，位移变形通过振弦式位移计转变成振弦应力的变化，从而改变振弦的振动频率。用电磁线圈激振振弦并测量其振动频率，频率信号经电缆传输至读数装置，即可计算出被测结构物的变形量，并可同步测量埋设点的温度值，如图 3.7 所示。

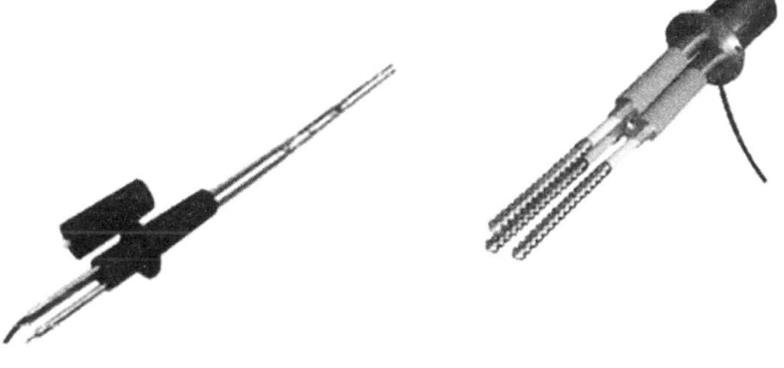

图 3.7 振弦式多点位移计

3.1.8 电阻应变仪

【扫码演示】

电阻应变仪（strain indicator）是用来测读电阻应变片应变值的二次仪表。在工程监测中，它有着广泛的用途，配合相应的监测传感器可以测读应变值，计算出应力、应变、温度等多种非电量的变化值。应变仪一般配有多路平衡箱，平衡箱还可多个连接使用，以便多点测量时的测点切换。电阻应变仪如图 3.8 所示。

图 3.8　电阻应变仪

近几年发展起来的智能应变仪除了包括一般静态应变仪所具有的功能外，还集应变测量和应力分析于一体，并具有条件测量、定时测量、连续测量等功能，具有与微机连接的标准接口，可根据特殊使用要求进行功能扩展。智能应变仪在应力、应变分析等方面，特别是多点测量、数据处理方面具有很大优势。

3.1.9　钢弦频率接收仪

钢弦频率接收仪是用来测读钢弦式传感器中钢弦振动频率值的二次仪表。该仪器采用了可控硅元接触点开关激发器，具有防外界干扰的特点。随着科技发展，开始采用单片计算机技术，数值的测量精度达±0.008 Hz，仪器可选择手动单次测量和连续测量。采用连续测量时，一次可自动监测 16 个测点，仪器的记忆存储功能可使 320 个点（16×20 组）的测量数据掉电保存 50 年不消失。该仪器采用专用电缆微机通信，由软件进行数据分析处理。CTY-202 型振弦式频率接收仪如图 3.9 所示。

3.1.10　水位计

水位计（nilometer）是观测地下水位变化的仪器。它可用来监测由于降水、开挖以及其他地下工程施工作业所引起的地下水位的变化。水位计是由测头部分（即钢尺水位计）和地下埋入部分（即水位管）组成，如图 3.10 所示。

图 3.9　CTY-202 型振弦式频率接收仪

图 3.10　水位计

(1)测头部分。其外壳由有色金属车制而成，内部安装了水阻接触点，当触点接触水面时接收系统发出信号。

(2)水位管。由 PVC 工程塑料制成，包括主管和连接管及封盖。主管内径 45 mm，外径 53 mm。主管上打有四排 ϕ7 mm 的孔，连接管内径 53 mm、外径 63 mm。连接管套于两节主管的接头处，起着连接、固定作用，埋设时应在主管外包上土工布，起到滤层的作用。其余钢尺、电缆、接收系统、绕线架等部分的结构同分层沉降仪。

3.1.11 爆破振动监测仪

爆破振动监测仪(vibration monitor)主要用于监测爆破引起的对周围环境和建筑物的振动影响，其监测参数包括振动速度、位移和加速度等。一般常用爆破振动速度来衡量。它一般有数字记录仪和磁带记录仪两种，常用数字记录仪如图 3.11 所示。

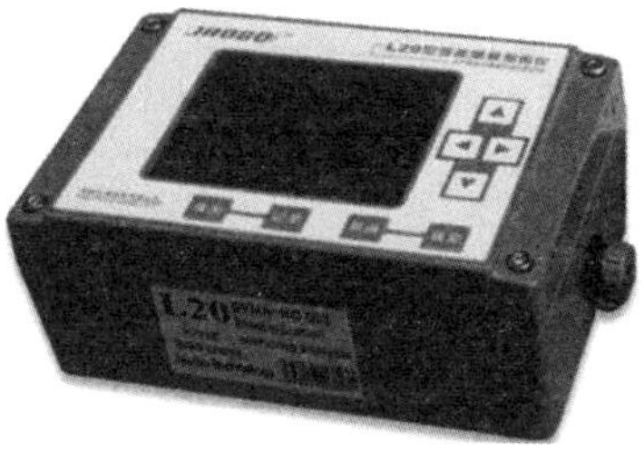

图 3.11 爆破振动监测数字记录仪

3.2 监测传感器

监测传感器是地下工程施工前或施工过程中直接埋设在地层及结构物中，用以监测其在施工阶段受力和变形的传感器。按照工作原理可分成差动电阻式(或称卡尔逊式)、钢弦式、电阻应变片式、电感式等多种传感器，目前地下工程中使用较多的是钢弦式和电阻应变片式传感器。

地下工程施工过程的应力、应变观测包括:混凝土应力观测、土压力观测、孔隙水压力观测、钢筋应力观测、岩土体应力或地应力及岩土工程的荷载或集中力的观测等。为了校核监测传感器的测量成果，有时通过埋设应力计来测量基础的垂直应力，并与之比较，当然这种应力计只能测量压力。

土压力的观测对研究土体各点应力状态的变化是非常重要的。观测的仪器有边界式土压力计和押入式土压力计两类。土压力计测得的土压力均为总压力，如果要求得到土体有效应力，在埋设土压力计的同时还应该埋设孔隙水压力计。孔隙水压力计又叫渗压计，有助于了解土体孔隙水压力及其压力分布和消散的过程。

3.2.1 钢筋计

钢筋计又称钢筋应力计(stress gauge)，用于测量钢筋混凝土内的钢筋应力。钢筋计与受力主筋一般通过连杆电焊的方式连接，这种连接方式容易产生电焊高温，会对传感器产生不利影响以及带来偏心问题，所以，在实际操作时应保证钢筋计两端的连杆有足够长的焊接段。有条件时应先将连接杆与受力钢筋碰焊对接，再旋上应力计。为了方便现场施工，还可以采用定位杆、连接螺母装置，首先将连接螺母与受力钢筋碰焊对接，然后旋入定位计，并将该钢筋按其位置绑扎在钢筋笼上。最后在下放钢筋笼或浇筑混凝土前，用钢筋计换下定位杆，可以有效地保证钢筋计的安装质量。

根据其内部结构不同，钢筋计主要有钢弦式、差动电阻式和电阻应变片式。接收仪表有频率仪和电阻应变仪。国内常用的钢筋计有钢弦式、差动电阻式。钢弦式钢筋应力计如图 3.12 所示。

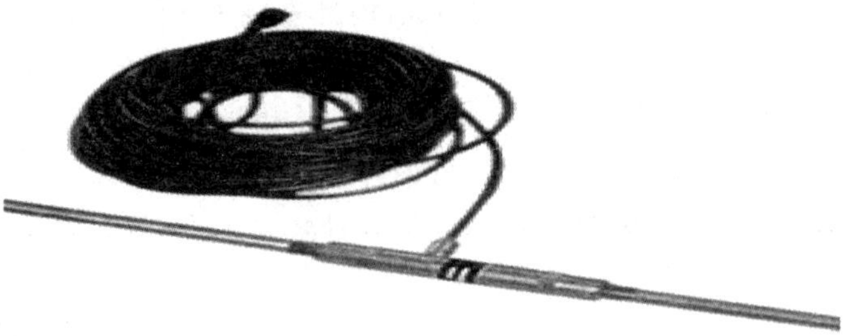

图 3.12　钢弦式钢筋应力计

3.2.2　土压力计

土压力监测是土力学理论与实践研究的一个重要方面，是地下工程监测的重要内容。土压力计又称土压力盒(pressure cell)，按埋入方式分为埋入式和边界式两种。土压力计可适用于长期测量土石坝、土堤、边坡、路基、围岩内部和支护部位与围岩接触部位等的土压力。当被测结构物内土体压力发生变化时，土压力计感应板同步感受应力的变化，感应板将会产生变形，变形传递给振弦式位移计转变成振弦应力的变化，从而改变振弦的振动频率。用电磁线圈激振振弦并测量其振动频率，频率信号经电缆传输至读数装置，即可测出被测结构物土压力值，同时可同步测出埋入点的温度值。

土压力盒是置于土体与结构界面上或埋设在自由土体中，用于测量土体对结构的土压力及地层中土压力变化的测量传感器。常用土压力盒如图 3.13 所示。

根据土压力盒结构的不同，可分为钢弦式、差动电阻式、电阻应变片式等多种。土压力盒又可分为单膜和双膜两类。单膜土压力盒受接触介质的影响较大，而使用前的标定要与实际土体一致，往往不易做到，因而测量误差较大，一般仅用于测量界面土压力。目前采用较多的是双膜式土压力盒，其对各种介质具有较强的适应性，因此多用于测量土体内部的土压力。

3.2.3　孔隙水压力计

孔隙水压力计又称渗压计(pore pressure cell)，是用于测量由于打桩、基坑开挖、地下工程开挖等作业扰动土体而引起的孔隙水压变化的测量传感器，如图 3.14 所示。

图 3.13　土压力盒

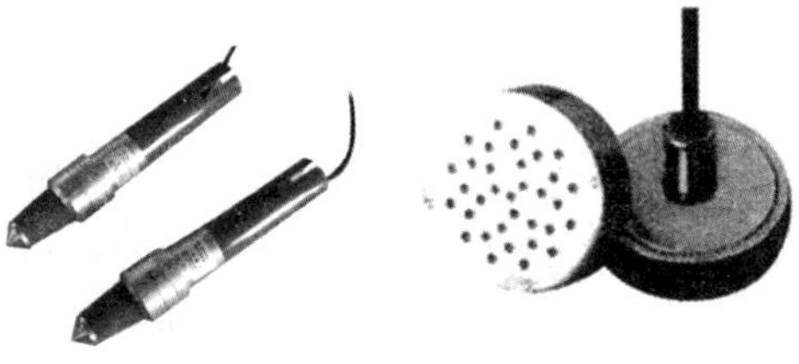

图 3.14　孔隙水压力计

孔隙水压力计由金属壳体和透水石组成，孔隙水渗入透水石并作用于传感器上。根据其工作原理，一般分为竖管式、水管式、气压式和电测式四类，其中电测式根据传感器的不同又可分为差动电阻式、钢弦式、电阻应变片式和压阻式。目前，国内一般采用差动电阻式和钢弦式两类。

3.2.4 轴力计

在地下工程中，轴力计主要用于测量钢支撑的轴力、基础对上部结构的反力及进行静压桩试验时的加载控制。轴力计的外壳是一个经过热处理的高强度的钢筒，如图 3.15 所示。

在筒的周边设有 3～6 个应变计，用来测量作用在钢筒上的荷载。如果把各应变计上的读数相加后取平均值，即可得到轴力值。轴力计一般采用 6 芯(即三个传感器)的屏蔽电缆。根据测量原理不同，轴力计可分为钢弦式和电阻应变片式，与其配套，分别使用频率计和电阻应变仪进行测读。

3.2.5 混凝土应力计

混凝土应力计埋设在混凝土结构物内，直接测量混凝土内部压应力，并可同时兼顾测量埋设点的温度。混凝土应力计如图 3.16 所示。

图 3.15 轴力计

图 3.16 混凝土应力计

混凝土应力计由感应板组件和差动电阻式传感器部件组成。感应板组件与应力计面板焊接，两板之间有 0.3 mm 的空腔，其中灌满传压的特种溶液。传感器部件和差动电阻应变仪的内部结构相同。混凝土应力计形状扁平，受压板直径 185 mm，仪器厚度 12 mm，直径与厚度比约为 15∶1，这种形状的应力计受非应力应变的影响较小。其外壳刚度大，又套有橡胶套，使传感器部件中的钢丝电阻值只随感应板的变形而变化，确保其压应力能准确地变换为电阻的变化量而不受干扰。安装混凝土应力计时，应特别注意它的受压板与混凝土须完全接触。用混凝土应力计测量水平应力时，其受压面板垂直放置，用支架固定在测定位置，再把 8 cm 以上的粗骨料剔除后将混凝土振捣密实；测量垂直或倾斜方向应力时，应在混凝土硬化后埋设混凝土应力计。目前，国内一般采用差动电阻式和钢弦式两类混凝土应力计。

3.2.6 应变计

应变计是用于监测结构因承受荷载、温度变化而产生的变形的监测传感器。与应力计所不同的是，应变计中传感器的刚度要远远小于监测对象的刚度。与传统的电弧应变计相比，钢弦式应变计的突出优点是其输出的是频率信号，电缆最大长度可达 1.5 km，可以长距离传输频率信号，而不会受电缆电阻、接触电阻或电缆受潮引起的衰变影响，而且其精度、灵敏度高，长期稳定性好。根据应变计的布置方式，可分为表面应变计和埋入式应变计。

(1)表面应变计

表面应变计主要用于钢结构表面，也可用于混凝土结构表面的应变测量。其外观形状如图 3.17(a)所示。表面应变计由两块安装钢块、微振线圈、电缆组件及应变杆组成。其微振线圈可以从应变杆卸下，这样就使得传感器的安装、维护更为方便，并且可调节测量范围。安装时可使用一个定位托架，用电弧焊将两端的安装钢块焊接在待测结构的表面即可。表面应变计的特点在于安装快捷，可在测试开始前进行安装，避免前期施工造成的损失，传感器成活率高。

(2)埋入式应变计

埋入式应变计可在浇筑混凝土结构时直接埋入混凝土内部，用于地下工程的长期应变测量，如图 3.17(b)所示。埋入式应变计的两端有两个不锈钢圆盘，圆盘之间用柔性的铝合金波纹管连接，中间放置一根张拉好的钢弦，将应变计埋入混凝土内，混凝土的变形（即应变）使两端圆盘相对移动，这样就改变了其张力，用电磁线圈激振钢弦，通过监测钢弦的频率即可得混凝土的变形。埋入式应变计因完全埋入混凝土内部，不受外界施工影响，稳定性、耐久性好，使用寿命长。

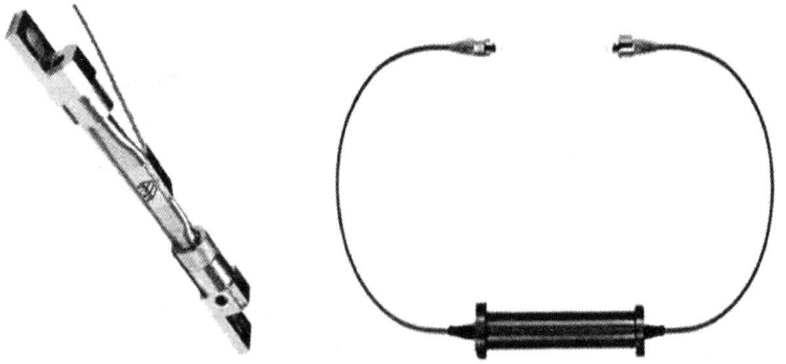

(a) (b)

图 3.17 应变计

(a)表面应变计；(b)埋入式应变计

3.2.7 锚杆测力计

锚杆测力计(bolt dynamometer)是用于测量地下工程中的荷载或集中力的传感器，可简称测力计，如图 3.18 所示。在地下工程中为了观测锚杆加固效果和荷载的形成与变化，常采用锚杆测力计进行测量。根据锚杆测力计采用的传感器不同，可分为差动电阻式、钢弦式和电阻应变片式测力计。

3.2.8 爆破振动速度传感器

爆破振动监测一般采用电磁式振动速度传感器。电磁式振动速度传感器是一种惯性式传感器。当传感器随同被测物体一起振动时，其线圈与永久磁铁之间发生相对运动，从而在线圈中产生与振动速度成正比的电压信号，因此可以测定振动速度。电磁式振动速度传感器采用特殊的高强磁钢材料和独特的结构设计，如图 3.19 所示。它具有体积小，结实可靠，寿命长，不需要电源和润滑油，自带强力磁座，以及具有互换性等优点，与一般二次仪表均可配套使用。适用于机械设备振动、爆破工程振动监测等。

图 3.18　锚杆测力计

图 3.19　爆破振动速度传感器

本章小结

(1)在地下工程施工监测中，需要监测的物理量主要有位移、应变、压力、应力和温度等。因此用于地下工程监测的仪器主要包括以下几类：用于地下结构和岩土宏观观测的监测仪器，主要有经纬仪、水准仪、全站仪、收敛仪、测斜仪、分层沉降仪、多点位移计、裂缝观测仪、建筑物倾斜仪等；用于监测地下结构和围岩压力、应力、应变的监测仪器，主要有电阻应变仪、钢弦频率接收仪等；用于监测地下水参数的监测仪器，主要有水位计和渗水压力计等；用于监测其他参数的监测仪器，如监测爆破振动参数的爆破振动监测仪、探测地下管线位置的探测仪等。在实际工作中，可根据监测项目和精度要求，按经济、安全、适用和耐久等原则来选择合适的监测仪器。

(2)监测传感器是地下工程施工前或施工过程中直接埋设在地层及结构物中，用以监测其在施工阶段受力和变形的传感器，按照工作原理可分成差动电阻式(或称卡尔逊式)、钢弦式、电阻应变片式、电感式等多种。目前地下工程中使用较多的是钢弦式和电阻应变片式传感器。

地下工程施工过程的应力、应变观测，主要包括：混凝土应力观测、土压力观测、孔隙水压力观测、钢筋应力观测、岩土体应力或地应力及岩土工程的荷载或集中力的观测等。为了校核监测传感器的测量成果，有时通过埋设应力计来测量基础的垂直应力与之比较，当然这种应力计只能测量压力。

土压力的观测对研究土体各点应力状态的变化是非常重要的。观测的仪器有边界式土压力计和埋入式土压力计两类。

4　地下工程监测项目及监测点布置

4.1　一般规定

为分析地下工程的结构稳定性及施工对周边环境的影响，地下工程主要监测的项目可以分成三类：

(1)对支护结构的变形、应力和应变的监测；

(2)对支护结构与周围地层(即围岩)及结构间的相互作用的监测；

(3)对受地下结构施工影响的周边环境的安全监测。

确定监测内容的原则应该是简单易行、结果可靠、成本低、便于实施。此外，所选择的被测物理量要概念明确、量值显著、数据易于分析、易于实现反馈。下面根据不同的施工方法分别论述相应的监测内容。

4.2　地下工程主要监测项目

4.2.1　基坑及支护结构的主要监测项目

4.2.1.1　围护结构

围护结构或基坑边坡顶部的水平和竖向位移监测点应沿基坑周边中部、阳角处布置。监测点水平和竖向间距不宜大于 20 m，每边监测点数目不宜少于 3 个。

围护结构或土体深层水平位移监测孔宜布置在基坑周边的中部、阳角处及有代表性的部位。监测点间距宜为 20～50 m，每边监测点数目不应少于 1 个。

用测斜仪观测围护结构深层水平位移时，当测斜管埋设在围护结构内，测斜管长度不宜小于围护结构的深度；当测斜管埋设在土体中，测斜管长度宜在基坑开挖深度的 1.5 倍内，并应大于围护结构的深度。以测斜管底为固定起算点时，管底应嵌入稳定的土体中。

围护结构内力监测点应布置在受力、变形较大且有代表性的部位。监测点数目和横向间距视具体情况而定。竖直方向监测点应布置在弯矩极值处，竖向间距宜为 2～4 m。

支撑内力监测点的布置应符合下列要求：

(1)监测点宜设置在支撑内力较大或在整个支撑系统中起控制作用的杆件上。

(2)每层支撑的内力监测点不应少于 3 个，各层支撑的监测点位置宜在竖向保持一致。

(3)根据选择的测试仪器特点，钢支撑的监测截面宜布置在两支点间 1/3 部位或支撑的端头；混凝土支撑的监测截面宜布置在两支点间 1/3 部位，并避开节点位置。

(4)每个监测截面内传感器的设置数量及布置应满足不同传感器测试要求。

立柱的竖向位移监测点宜布置在基坑中部、多根支撑交会处、地质条件复杂处的立柱上。布置监测点的立柱数量不应少于立柱总根数的 5%。采用逆作法施工的基坑中布置监测点的立柱数量不应少于立柱总根数的10%，且均不应少于3根。立柱的内力监测点宜布置在受力较大的立柱上，位置宜设在坑底以上各层立柱下部的1/3部位。

锚杆的内力监测点应选择在受力较大且有代表性的位置，基坑每边中部、阳角处和地质条件复杂的区段宜布置监测点。每层锚杆的内力监测点数量应为该层锚杆总数的1%～3%，并不应少于3个。各层监测点位置在竖向上宜保持一致。每根杆体上的测试点宜设置在锚头附近和有代表性的受力位置。

土钉的内力监测点应布置在受力较大且有代表性的位置，基坑每边中部、阳角处和地质条件复杂的区段宜布置监测点。监测点数量和间距视具体情况而定，各层监测点位置在竖向上宜保持一致。每根杆体上的测试点应设置在有代表性的受力位置。

坑底隆起(回弹)监测点应符合下列要求：

(1)监测点宜按纵向或横向剖面布置，剖面宜选在基坑的中央以及其他能反映变形特征的位置，剖面数量不应少于2个。

(2)同一剖面上监测点横向间距宜为10～30 m，数量不应少于3个。

围护结构侧向土压力监测点的布置应符合下列要求：

(1)监测点应布置在受力、土质条件变化较大或其他有代表性的部位。

(2)在平面布置上，基坑每边不宜少于2个监测点。在竖向布置上，监测点间距宜为2～5 m，下部宜加密。

(3)当按土层分布情况布置时，每层应至少布置1个监测点，且布置在各层土的中部。

孔隙水压力监测点宜布置在基坑受力、变形较大或有代表性的部位。宜在水压力变化影响深度范围内按土层分布情况布置竖向监测点，竖向间距宜为2～5 m，数量不宜少于3个。

地下水位监测点的布置应符合下列要求：

(1)基坑内地下水位当采用深井降水时，水位监测点宜布置在基坑中央和两相邻降水井的中间部位；当采用轻型井点、喷射井点降水时，水位监测点宜布置在基坑中央和周边拐角处，监测点数量视具体情况确定。

(2)基坑外地下水位监测点应沿基坑、被保护对象的周边或两者之间布置，监测点间距宜为20～50 m。相邻建筑、重要的管线或管线密集处应布置水位监测点；如有止水帷幕，宜布置在止水帷幕的外侧约2 m处。

(3)水位观测管的管底埋置深度应在最低设计水位或最低允许地下水位之下3～5 m。承压水水位监测管的滤管应埋置在所测的承压含水层中。

(4)回灌井点观测井应设置在回灌井点与被保护对象之间。

4.2.1.2 基坑周边环境

基坑边缘以外1～3倍基坑开挖深度范围内需要保护的周边环境应作为监测对象。必要时尚应扩大监测范围。

位于重要保护对象安全保护区范围内的监测点的布置，尚应满足相关部门的技术要求。

建筑的竖向位移监测点布置应符合下列要求：

(1)监测点宜布置在建筑四角、沿外墙每10～15 m处或每隔2～3根柱基上，且每侧不少于3个监测点；

(2)监测点宜布置在不同地基或基础的分界处；

(3)监测点宜布置在不同结构的分界处；

(4)监测点宜布置在变形缝、抗震缝或严重开裂处的两侧；

(5)监测点宜布置在新、旧建筑或高、低建筑交接处的两侧；

(6)监测点宜布置在烟囱、水塔和大型储物仓等高耸构筑物基础轴线的对称部位，且每一构筑物不应少于 4 个监测点。

建筑水平位移监测点应布置在建筑的外墙墙角、外墙中间部位的墙上或柱上、裂缝两侧以及其他有代表性的部位，监测点间距视具体情况而定，一侧墙体的监测点不宜少于 3 个。

建筑倾斜监测点应符合下列要求：

(1)监测点宜布置在建筑转角点、变形缝两侧的承重柱或墙上；

(2)监测点应沿主体顶部、底部上下对应布设，上、下监测点应布置在同一竖直线上；

(3)当由基础的差异沉降推算建筑倾斜时，监测点的布置同建筑竖向位移监测点的布置。

建筑裂缝、地表裂缝监测点应选择有代表性的裂缝进行布置，当原有裂缝增大或出现新裂缝时，应及时增设监测点。每一条裂缝的监测点至少设 2 个，监测点宜设置在裂缝的最宽处及裂缝末端。

管线监测点的布置应符合下列要求：

(1)应根据管线修建年份、类型、材料、尺寸及现状等情况，确定监测点设置；

(2)监测点宜布置在管线的节点、转角点和变形曲率较大的部位，监测点平面间距宜为 15～25 m，并宜延伸至基坑边缘以外 1～3 倍基坑开挖深度范围内的管线；

(3)上水、煤气、暖气等压力管线宜设置直接监测点，在无法埋设直接监测点的部位，方可设置间接监测点。

基坑周边地表竖向位移监测剖面宜设在坑边中部或其他有代表性的部位，并与坑边垂直，监测剖面数量视具体情况确定。每个监测剖面上的监测点数量不宜少于 5 个。

土体分层竖向位移监测点应布置在靠近被保护对象且有代表性的部位，数量视具体情况确定。监测点在竖向上宜设置在各层土的界面上，也可等间距设置。监测点深度、监测点数量应根据具体情况确定。

4.2.1.3　水平位移监测

【扫码演示】

【扫码演示】

测定特定方向上的水平位移时，可采用视准线法、小角度法、投点法等；测定监测点任意方向的水平位移时可视监测点的分布情况，采用前方交会法、后方交会法、极坐标法等；当测点与基准点无法通视或距离较远时，可采用 GPS 测量法或三角、三边、边角测量与基准线法相结合的综合测量方法。

水平位移监测点的设置应按现行标准《建筑变形测量规范》(JGJ 8—2016)执行，宜设置有强制对中的观测墩，并宜采用精密的光学对中装置，对中误差不宜大于 0.5 mm。

基坑围护结构(边坡)顶部水平位移监测精度应根据围护结构(边坡)顶部水平位移报警值按表 4.1 确定。

表 4.1　基坑围护结构(边坡)顶部水平位移监测精度要求

水平位移报警值(mm)	<30	30～60	>60
监测点坐标中误差(mm)	≤1.5	≤3.0	≤6.0

注：①监测点坐标中误差，系指监测点相对测站点(如工作基点等)的坐标中误差，为点位中误差的 $1/\sqrt{2}$；

②《建筑变形测量规范》(JGJ 8—2016)以中误差作为衡量精度的标准。管线水平位移监测的精度不宜低于 1.5 mm。

4.2.1.4　竖向位移监测

竖向位移监测可采用几何水准或液体静力水准等方法。

坑底隆起(回弹)宜通过设置回弹监测标,采用几何水准并配合传递高程的辅助设备进行监测,传递高程的金属杆或钢尺等应进行温度、尺长和拉力等项修正。

围护结构(边坡)顶部、立柱及基坑周边地表的竖向位移监测精度应根据竖向位移报警值按表 4.2 确定。

表 4.2　围护结构(边坡)顶部、立柱及基坑周边地表的竖向位移监测精度要求

竖向位移报警值(mm)	＜20(35)	20～40(35～60)	＞40(60)
监测点测站高差中误差(mm)	≤0.3	≤0.5	≤1.0

注:①监测点测站高差中误差系指相应精度与视距的几何水准测量监测点一测站的单程高差中误差;
②括号内数值对应于立柱及基坑周边地表的竖向位移报警值。管线竖向位移监测的精度不宜低于 1.0 mm。

坑底隆起(回弹)监测的精度应符合表 4.3 的要求。

表 4.3　坑底隆起(回弹)监测的精度要求

坑底隆起(回弹)报警值(mm)	＜40	40～60	60～80
监测点测站高差中误差(mm)	≤1.0	≤2.0	≤3.0

注:各监测点与水准基准点或工作基点应组成闭合环路或附合水准路线。

4.2.1.5　深层水平位移监测

围护结构深层水平位移的监测宜采用在墙体或土体中预埋测斜管,通过测斜仪观测各深度处水平位移的方法。

测斜仪的系统精度不宜低于 0.25 mm/m,分辨率不宜低于 0.02 mm/500 mm。

测斜管应在基坑开挖 1 周前埋设,埋设时应符合下列要求:

(1)埋设前应检查测斜管质量,测斜管连接时应保证上、下管段的导槽相互对准、顺畅,各段接头及管底应保证密封。

(2)测斜管埋设时应保持竖直,防止发生上浮、断裂、扭转;测斜管一对导槽的方向应与所需测量的位移方向保持一致。

(3)当采用钻孔法埋设时,测斜管与钻孔之间的孔隙应填充密实。

测斜仪探头置入测斜管底后,应待探头接近管内温度时再量测,每个监测方向均应进行正、反两次量测。

当以上部管口作为深层水平位移的起算点时,每次监测均应测定管口坐标的变化并修正。

4.2.1.6　倾斜监测

建筑倾斜监测应根据现场观测条件和要求,选用投点法、前方交会法、激光铅直仪法、垂吊法、倾斜仪法和差异沉降法等。

建筑倾斜监测精度应符合现行标准《工程测量规范》(GB 50026—2007)及《建筑变形测量规范》(JGJ 8—2016)的有关规定。

4.2.1.7　裂缝监测

裂缝监测应监测裂缝的位置、走向、长度、宽度,必要时尚应监测裂缝深度。

基坑开挖前应记录监测对象已有裂缝的分布位置和数量,测定其走向、长度、宽度和深度等情况，监测标志应具有可供量测的明晰端面或中心。

裂缝监测可采用以下方法：

(1)裂缝宽度监测宜在裂缝两侧粘贴或埋设醒目标志，用千分尺或游标卡尺等直接量测，也可用裂缝计、千分表量测或摄影量测等；

(2)裂缝长度监测宜采用直接量测法；

(3)裂缝深度监测宜采用超声波法、凿出法等。

裂缝宽度监测精度不宜低于 0.1 mm，裂缝长度和深度监测精度不宜低于 1 mm。

4.2.1.8　支护结构内力监测

支护结构内力监测可采用安装在结构内部或表面的应变计或应力计进行量测。

混凝土构件可采用钢筋应力计或混凝土应变计等量测；钢构件可采用轴力计或应变计等量测。

内力监测值应考虑温度变化等因素的影响。

应力计或应变计的量程宜为设计值的 2 倍，精度不宜低于 0.5%F.S.(Full Scale，满量程)，分辨率不宜低于 0.2%F.S.。

内力监测传感器埋设前应进行性能检验和编号。

内力监测传感器宜在基坑开挖前至少 1 周埋设，并取开挖前连续 2 d 获得的稳定测试数据的平均值作为初始值。

4.2.1.9　土压力监测

土压力宜采用土压力计监测。

土压力计的量程应满足被测压力的要求，其上限可取设计压力的 2 倍，精度不宜低于 0.5%F.S.，分辨率不宜低于 0.2%F.S.。

土压力计埋设可采用埋入式或边界式。埋设时应符合下列要求：

(1)受力面与所监测的压力方向垂直并紧贴被监测对象；

(2)埋设过程中应有土压力膜保护措施；

(3)采用钻孔法埋设时，回填应均匀密实，且回填材料宜与周围岩土体一致；

(4)做好完整的埋设记录；

(5)土压力计埋设以后应立即进行检查测试，基坑开挖前应至少经过 1 周时间的监测并取得稳定初始值。

4.2.1.10　孔隙水压力监测

孔隙水压力宜通过埋设钢弦式或应变式等孔隙水压力计测试。

孔隙水压力计量程应满足被测压力范围的要求，可取静水压力与超孔隙水压力之和的 2 倍；精度不宜低于 0.5%F.S.，分辨率不宜低于 0.2%F.S.。

孔隙水压力计埋设可采用压入法、钻孔法等。孔隙水压力计应事前埋设，埋设前应符合下列要求：

(1)孔隙水压力计应浸泡饱和，排除透水石中的气泡；

(2)核查标定数据，记录探头编号，测读初始读数。

采用钻孔法埋设孔隙水压力计时，钻孔直径宜为 110～130 mm，不宜使用泥浆护壁成孔，钻孔应圆直、干净；封口材料宜采用直径 10～20 mm 的干燥膨润土球。

孔隙水压力计埋设后应测量初始值，且宜逐日量测 1 周以上并取得稳定初始值。

应在孔隙水压力监测的同时测量孔隙水压力计埋设位置附近的地下水位。

4.2.1.11 地下水位监测

地下水位监测宜通过孔内设置水位管，采用水位计进行量测。

地下水位量测精度不宜低于 10 mm。

潜水水位管应在基坑施工前埋设，滤管长度应满足量测要求；承压水位监测时被测含水层与其他含水层之间应采取有效的隔水措施。

水位管宜在基坑开始降水前至少 1 周埋设，并逐日连续观测水位取得稳定初始值。

4.2.1.12 锚杆及土钉内力监测

锚杆和土钉的内力监测宜采用专用测力计、钢筋应力计或应变计，当使用钢筋束时宜监测每根钢筋的受力情况。

专用测力计、钢筋应力计和应变计的量程宜为对应设计值的 2 倍，量测精度不宜低于 0.5%F.S.，分辨率不宜低于 0.2%F.S.。

锚杆或土钉施工完成后应对专用测力计、应力计或应变计进行检查测试，并取下一层土方开挖前连续 2 d 获得的稳定测试数据的平均值作为其初始值。

4.2.1.13 土体分层竖向位移监测

土体分层竖向位移可通过埋设分层沉降磁环或深层沉降标，采用分层沉降仪结合水准测量方法进行量测。

分层竖向位移标应在基坑开挖前至少 1 周埋设。沉降磁环可通过钻孔和分层沉降管定位埋设。沉降管安置到位后应使磁环与土层搭接牢固。

土体分层竖向位移的初始值应在分层竖向位移标埋设稳定后量测，稳定时间不应少于 1 周并获得稳定的初始值；监测精度不宜低于 1.5 mm。

每次测量应重复进行 2 次并取其平均值作为测量结果，2 次读数差值应不大于 1.5 mm。

采用分层沉降仪法监测时，每次监测均应测定管口高程的变化，并换算出测管内各监测点的高程。

4.2.1.14 监测频率

基坑工程监测频率的确定应以能系统反映监测对象所测项目的重要变化过程而又不遗漏其变化时刻为原则。

基坑工程监测工作应贯穿于基坑工程和地下工程施工全过程。监测工作应从基坑工程施工前开始，直至地下工程完成为止。对有特殊要求的基坑周边环境的监测应根据需要延续至变形趋于稳定后才能结束。

监测项目的监测频率应综合考虑基坑类别、基坑及地下工程的不同施工阶段以及周边环境、自然条件的变化和当地经验而确定。当监测值相对稳定时，可适当降低监测频率。对于应测项目，在无数据异常和事故征兆的情况下，开挖后仪器监测频率可按表 4.4 确定。

当出现下列情况之一时，应加强监测，提高监测频率：

(1)监测数据达到报警值；

(2)监测数据变化较大或者速率加快；

(3)存在勘察未发现的不良地质；

(4)超深、超长开挖或未及时加撑等未按设计工况施工；

(5)基坑及周边大量积水、长时间连续降雨、市政管道出现泄漏；

表 4.4 现场仪器监测的监测频率

基坑类别	施工进程		基坑设计深度(m)			
			≤5	5～10	10～15	>15
一级	开挖深度(m)	≤5	1次/1 d	1次/2 d	1次/2 d	1次/2 d
		5～10		1次/1 d	1次/1 d	1次/1 d
		>10			2次/1 d	2次/1 d
	底板浇筑后时间(d)	≤7	1次/1 d	1次/1 d	2次/1 d	2次/1 d
		7～14	1次/3 d	1次/2 d	1次/1 d	1次/1 d
		14～28	1次/5 d	1次/3 d	1次/2 d	1次/1 d
		>28	1次/7 d	1次/5 d	1次/3 d	1次/3 d
二级	开挖深度(m)	≤5	1次/2 d	1次/2 d		
		5～10		1次/1 d		
	底板浇筑后时间(d)	≤7	1次/2 d	1次/2 d		
		7～14	1次/3 d	1次/3 d		
		14～28	1次/7 d	1次/5 d		
		>28	1次/10 d	1次/10 d		

注:①有支撑的支护结构各道支撑开始拆除到拆除完成后 3 d 内监测频率应为 1 次/1 d;
②基坑工程施工至开挖前的监测频率视具体情况确定;
③当基坑类别为三级时,监测频率可视具体情况适当降低;
④宜测、可测项目的仪器监测频率可视具体情况适当降低。

(6)基坑附近地面荷载突然增大或超过设计限值;
(7)支护结构出现开裂;
(8)周边地面突发较大沉降或出现严重开裂;
(9)邻近建筑突发较大沉降、不均匀沉降或出现严重开裂;
(10)基坑底部、侧壁出现管涌、渗漏或流砂等现象;
(11)基坑工程发生事故后重新组织施工;
(12)出现其他影响基坑及周边环境安全的异常情况;
(13)当有危险事故征兆时,应实时跟踪监测。

4.2.2 钻爆法的主要监测项目

监测项目应根据具体工程的特点来确定,主要取决于:隧道与地下工程的规模、重要性;地下工程的形状、工程结构和支护特点;地应力大小和方向;工程地质条件;施工方法;在尽量减少施工干扰的情况下,要能监控整个工程的主要部位。位移监测是最直接易行的,因而应作为监测的重要项目。对于浅埋地下工程,地表沉降和支护结构的受力状况监测是极其重要的。我国《铁路隧道监控量测技术规程》(Q/CR 9218—2015)、《公路隧道施工技术规范》(JTG F60—2009)以及《地下铁道工程施工质量验收标准》(GB/T 50299—2018)中将监测项目分为应测项目和选测项目。以地铁为例,其监测项目如表 4.5 所示。其中应测项目是必须进行监测的项目，而选测项目是根据实际情况选择的监测项目。钻爆法的监测项目与浅埋暗挖法基本相同，可根据实际加以选取。

表 4.5 钻爆法的主要监测项目

类别	监测项目	监测仪器	测点布置	监测目的	监测频率
应测项目	围岩与支护结构工作状况	地质素描及支护结构工作状况观察	每一开挖循环	了解施工过程中实际地质和支护结构变形状况，为变更支护参数提供依据	① 开挖面距监测断面前后小于 2D 时，1～2 次/d；② 开挖面距监测断面前后 2D～5D 范围内时，1 次/d；③ 开挖面距监测断面前后大于 5D 时，1 次/周
	地表、地表建筑、地下管线及结构物沉降	水准仪和水准尺	每 10～50 m 一个断面	了解施工过程中地表、地下管线、建筑物沉降与倾斜情况，评估周边环境是否安全	
	拱顶下沉	水准仪和水准尺	每 5～30 m 一个断面，每断面 1～3 对测点	了解施工过程中初期支护结构变形状况	
选测项目	周边净空收敛	收敛计	每 5～100 m 一个断面，每断面 2～3 对测点	了解施工过程中初期支护结构变形状况	依据爆破作业随时进行
	岩体爆破地表质点振动速度和噪声	声波仪及振测仪	质点振动速度根据结构要求设点，噪声根据规定的测距设置	了解爆破引起地表及建筑物的振动及噪声情况，为爆破设计提供参数	
	围岩内部位移	多点位移计、测斜仪等	选择有代表性的地段设监测断面，每断面 2～3 个测孔	了解施工过程中地层不同深度的变形，研究施工引起的地层位移规律	①开挖面距监测断面前后小于 2D 时，1～2 次/d；②开挖面距监测断面前后 2D～5D 范围内时，1 次/2 d；③开挖面距监测断面前后大于 5D 时，1 次/周
	围岩与支护结构之间的压力	压力传感器	选择有代表性的地段设监测断面，每断面 10～20 个测点	了解施工过程中初期支护结构或二次衬砌的荷载分布状况	
	钢筋格栅与钢拱架内力	钢筋计或其他测力计	选择有代表性的地段设监测断面，每断面 10～20 个测点	了解施工过程中初期支护结构的内力分布状况	
	初期支护、二次衬砌内力及表面应力	混凝土应变计或应力计	选择有代表性的地段设监测断面，每断面 10～20 个测点	了解施工过程中初期支护结构的内力分布状况	
	锚杆内力、抗拔力及表面应力	锚杆测力计及拉拔器	必要时进行	检查和检验锚杆的安装质量和了解抗拉、抗拔强度是否符合设计要求，要进行锚杆抗拉、抗拔测试。用于测试锚杆的强度是否达到设计和规范的要求	

注：D 为隧道的直径，m。

对于地下工程，如城市地铁、过街通道、地下停车场等，地表沉降是判断周围地层稳定性的一个重要标志。地表沉降监测方法简便，监测结果能反映地下工程施工过程中围岩变形的全过程，因此可以把地表沉降作为一个主要的监测项目，监测的重要性随埋深变浅而加大，如表4.6所示。对于深埋岩石地下工程，水平方向位移的监测往往比较重要，可以采用收敛计进行，也可以在边墙设置水平方向的位移计监测。

表 4.6　地表沉降监测与结构埋深的关系

结构埋深(m)	重要性	监测与否
$h>3D$	小	非必要
$2D<h<3D$	一般	必要
$D<h<2D$	重要	必要
$h<D$	非常重要	必须列为主要监测项目

注：h 为结构埋深；D 为隧道直径。

4.2.3　盾构法的主要监测项目

对于采用盾构法修建的地下工程，其监测的对象主要是地层、支护结构和周围环境。监测项目主要是地表和深层土体的沉降和水平位移、地下水压力和水位、建筑物沉降与倾斜、地下管线沉降、支护结构内力及变形等。对于具体工程，应根据地层和地表环境条件选择监测项目，对地层和支护结构及周围环境进行动态监测。采用盾构法施工的地下工程主要监测项目如表4.7所示。

表 4.7　盾构法的主要监测项目

类别	监测项目	监测仪器	测点布置	监测目的	监测频率
应测项目	地表隆起或沉降	水准仪和水准尺	每30 m一个断面，必要时加密	监测盾构施工时引起的地表沉降，确保施工安全	①开挖面距监测断面前后小于20 m时，1～2次/d；②开挖面距监测断面前后在20～50 m之间时，1次/2 d；③开挖面距监测断面前后大于50 m时，1次/周
	隧道隆起或沉降	水准仪和水准尺	每5～10 m一个断面	监测盾构施工时隧道的位移状况，确保隧道线形符合设计要求	
选测项目	土体内部的垂直和水平位移	水准仪、测斜仪、分层沉降仪	选择有代表性的地段设监测断面	监测盾构施工时引起的地层垂直及水平变形，了解地层的变形特征，并反馈盾构施工状况，调整盾构机的掘进参数，确保施工安全	
	衬砌环内力与变形	压力计和应变传感器	选择有代表性的地段设监测断面	了解施工过程中结构内力状况	
	土层压力	压力计和传感器	选择有代表性的地段设监测断面	了解施工过程中衬砌结构的荷载分布状况	

4.3 监测控制基准的确定

地下工程的施工必然扰动周围岩土体，使其失去原有的平衡状态而发生新的应力状态转化。在这个过程中地下岩土体及地表势必发生不同程度的位移或变形。不同的建（构）筑物具有不同的结构强度和安全度，具有不同程度的抵抗地层位移或变形的能力。各种不同类型的建（构）筑物，其基础及结构不同，因而抵抗地层变形的能力有差异。因此，根据工程和周边环境的具体条件制定建（构）筑物的沉降控制基准与保护等级也是信息化施工的内容之一。目前我国主要采用建（构）筑物沉降值作为控制基准，但实践证明，一般建（构）筑物对地表均匀沉降并不敏感，应根据被保护对象的保护等级和要求，确定各种变形[如垂直沉降、水平位移、建（构）筑物倾斜、地表沉降曲率等]的控制基准值。笼统地采用沉降值作为控制的唯一基准，往往会过于严格，导致施工困难，工程造价增加。

4.3.1 控制基准确定的基本原则

监测控制基准是监测工程实施的前提，是为确保被监测对象安全而确定的允许的最大值。在监测过程中一旦监测数据超过控制基准值，监测部门应在报表中醒目标注出，予以警报。控制基准一般参照以下原则确定：

（1）监测控制基准值应在监测工作实施前，由建设、设计、监理、施工、市政、监测等部门共同确定，列入监测方案。

（2）有关结构安全的监测控制基准值应满足设计计算中对强度和刚度的要求，一般应小于或等于设计值，并保证其安全和正常使用。

（3）有关周边环境保护的控制基准，应考虑被保护对象（如建筑物、地下工程、管线等）主管部门所提出的要求。

（4）监测控制基准值的确定应具有工程施工可行性，在满足安全的前提下，应考虑提高施工速度和减少施工费用。

（5）监测控制基准值应满足现行的相关设计、施工法规、规范和规程的要求。

（6）对一些尚未明确规定控制基准的监测项目，可参照国内外类似工程的监测资料确定。

在监测实施过程中，当某一监测值超过控制基准值时，除了及时报警，还应与有关部门共同研究分析，必要时可对控制基准值进行调整。

4.3.2 地表沉降控制基准的确定

地表沉降对城市环境造成的危害主要表现在地表建筑的倾斜过大及地中管线的变形过大、断裂而影响正常使用等方面。通常在招标文件中给出的地表沉降控制基准值是基于环境要求考虑的，其根据是已有的建筑规范和以往的工程实例。但由于地表建筑及地下管线种类繁多，建（构）筑物结构各异，若采用同一控制基准值难免对某些地段过于保守，增加工程造价，而某些地段则会出现险情，甚至造成灾难性的后果。为了使确定的沉降控制基准值既能保证建（构）筑物及地下管线的安全，又能降低工程造价，有必要对控制基准值做较深入的分析，制定合适的沉降控制基准值。通常地表沉降控制基准值应综合考虑地表建（构）筑物、地下管线及地层和结构稳定性等因素，分别确定其

【扫码演示】

【扫码演示】

允许地表沉降值,并取其中最小值作为控制基准值。

4.3.2.1　根据环境保护要求确定最大允许地表沉降值

(1)从考虑地表建(构)筑物安全角度来确定最大允许地表沉降值

地下工程施工时,在工程影响范围内经常遇到地表建(构)筑物或地下管线。施工工程引起的地层变形往往导致这些设施的损坏,如不采取有效措施,有时可能产生灾难性的后果。由于地下工程施工引起地层的差异沉降所引发的建(构)筑物倾斜,则是判断建(构)筑物是否安全的一个重要标准。根据实际经验总结的地层差异沉降和相应建(构)筑物的反应见表4.8。

表4.8　确定最大允许地表沉降值

建(构)筑物结构类型	δ/L	建(构)筑物反应
一般砖墙承重结构	1/150	分隔墙和承重墙出现相当多的裂缝,可能发生结构破坏
一般钢筋混凝土框架结构	1/150	发生严重变形
	1/500	开始出现裂缝
高层刚性建筑(箱形基础、桩基)	1/250	可观察到建筑物倾斜
有桥式行车的单层排架结构的厂房(浅基础或桩基)	1/300	桥式行车运转困难,若不调整轨面水平方向,行车难以运行,分隔墙有裂缝
有斜撑的框架结构	1/600	处于安全极限状态
对差异沉降反应敏感的机器基础	1/850	机器使用可能发生困难,处于可运行的极限状态

注:δ为差异沉降,m;L为建(构)筑物长度,m。

处理这类问题通常有三种方法:①对建(构)筑物或管线等设施进行加固处理,并改良地下工程受影响范围内的地层,以提高其抵抗不均匀下沉和倾斜的能力;②采取措施尽可能控制地下工程开挖引起的地层变形;③前两种方法同时采用。

当地下工程影响范围内的地表存在建(构)筑物时,可根据建(构)筑物在地表沉降影响范围内的位置分别确定允许的地表最大沉降值。具体确定方法如下:

当地表建(构)筑物基础位于地下工程引起的沉降边缘处时,沉降影响范围如图4.1所示。

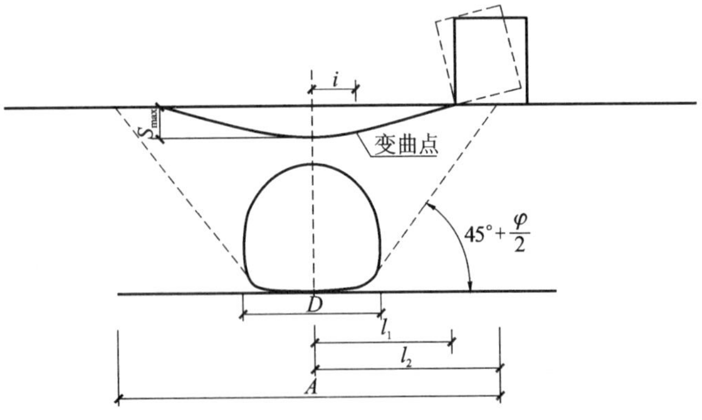

图4.1　地下工程施工对地表建(构)筑物的影响

S_{max}—允许的地表最大沉降值,mm;i—隧道中心线到沉降曲线变曲点的水平距离,m;φ—岩土体的内摩擦角,°;

D—开挖的直径,m;l_1—隧道中心线到沉降曲线斜率最大点的水平距离,m;

l_2—隧道中心线到沉降槽边缘的水平距离,m;A—受影响的地表横向沉降槽宽度,m

假定隧道两侧的破裂面与地表的交点为地表沉降的不动点，则有

$$l_2 = \frac{A}{2} \tag{4.1}$$

$$A = D + 2(H + h_1)/\tan\left(45^\circ + \frac{\varphi}{2}\right) \tag{4.2}$$

式中 H——隧道上部的浮土厚度，m；

h_1——开挖的高度，m；

D——开挖的直径，m；

A——受影响的地表横向沉降槽宽度，m。

不均匀沉降 Δu 可根据 Peck 公式进行计算：

$$\Delta u = S_{\max}\left[\exp\left(-\frac{l_1^2}{2i^2}\right) - \exp\left(-\frac{A^2}{8i^2}\right)\right] \tag{4.3}$$

如果 $i=D/2$，则允许的地表最大沉降值 $S_{\max}$ 为：

$$S_{\max} = \Delta u \Big/ \left[\exp\left(-\frac{2l_1^2}{D^2}\right) - \exp\left(-\frac{A^2}{2D^2}\right)\right] \tag{4.4}$$

根据图 4.1 可得，与 l_1 对应的点为建(构)筑物由于地表沉降影响而倾斜的最大斜率点，由 Peck 公式推导出了该点的倾斜率计算式为：

$$u' = \frac{l_1}{i^2} S_{\max} \exp(-l_1^2/2i^2) \tag{4.5}$$

令 u' 等于建(构)筑物的容许倾斜率$[\xi]$，则可得到最大允许地表沉降值$[S_{\max}]$为：

$$[S_{\max}] = \frac{[\xi]i^2}{l_1 \exp(-l_1^2/2i^2)} \tag{4.6}$$

当建(构)筑物基础位于沉降槽的中心部位时，存在以下两种状况：

① 当建(构)筑物相邻柱基位置值 L 小于或等于沉降槽拐点位置值 i 时，极限坡度小于或等于相应建(构)筑物的允许倾斜值：

$$\Delta S/L \leqslant [f] \tag{4.7}$$

则地表的最大允许沉降值：

$$[S_{\max}] = \frac{i}{0.61}[f] \tag{4.8}$$

式中 $[f]$——建(构)筑物允许倾斜值。

②当(构)建筑物相邻柱基 L 大于沉降槽拐点位置值 $2i$ 时，此时地表沉降对建(构)筑物引起倾斜，同时基础发生弯曲，以建(构)筑物基础的极限应变计算得到的最大允许沉降差为：

$$[\Delta S] = \sqrt{([\varepsilon]i + i^2)^2 - i^2} \tag{4.9}$$

式中 $[\varepsilon]$——允许极限拉应变值，mm。

(2)从考虑地下管线安全角度确定最大允许地表沉降值

地下管线一般是指供(排)水管、煤(暖)气管、工业管道、各类电缆等，过大的地表沉降值会导致管线的断裂，影响其正常使用甚至引起灾难性事故。各种管线对沉降的敏感性和耐受力因其材质、连接方式、接口材料、变形的允许指标及施工质量、使用年限不同而有较大的差异。

沉降槽上方的管线变形类似于建筑物地基梁位置值 $L>2i$ 的情况，随着地层的沉降，其受

力条件发生转化,这可视为受垂直均布荷载的梁考虑。

根据结构在正常使用时受到的应力小于其允许的设计应力这一标准,可有

$$[\varepsilon] = [\sigma]/E \tag{4.10}$$

式中 $[\varepsilon]$——允许拉应变值,mm;

$[\sigma]$——允许拉应力值,kN;

E——材料弹性模量。

由上可知,管线在地层沉降时产生的变形应小于(或等于)其允许应力的相应变形范围,计算沉降允许值为:

$$[S] = \sqrt{([\varepsilon]m + m)^2 - m^2} \tag{4.11}$$

式中 $[\varepsilon]$——允许拉应变值,mm;

m——计算长度,m。

当管线走向垂直于地下工程纵向时,$m=i$,$[S]$值最小。此时,式(4.11)可简化为:

$$[S] = \sqrt{([\varepsilon]i + i)^2 - i^2} \tag{4.12}$$

4.3.2.2 根据地层及支护结构稳定性来确定最大允许地表沉降值

从考虑地层及支护结构稳定性角度确定最大允许地表沉降值,就是从保证施工安全的角度,以地下工程侧壁正上方土体不发生坍塌时允许产生的最大地表沉降值作为控制基准。采用“地层梁理论”推导出剪应变的方法来确定最大允许地表沉降值。

地下工程施工经验及国内外的经验均表明:软弱地层浅埋地下工程典型的地表沉降曲线可用 Peck 公式描述:

$$S = S_{max}\exp\left(-\frac{x^2}{2i^2}\right) \tag{4.13}$$

对 Peck 公式求导可得沉降曲线的最大斜率(其发生在 $x=i$ 处)为:

$$\eta = S_{max}\exp\left(\frac{0.61}{i}\right) \tag{4.14}$$

如果假定地层的极限剪应变 Y_p 与 η 相等,则有:

$$Y_p = \frac{[\tau]}{G} = \eta = S_{max}\exp\left(\frac{0.61}{i}\right) \tag{4.15}$$

于是得到最大允许地表沉降值计算式,即式(4.16)。式(4.16)为从地下工程施工本身的安全稳定性角度推导出最大允许地表沉降值,即:

$$[S_{max}] = \frac{i}{0.61}\frac{[\tau]}{G} \tag{4.16}$$

式中 $[\tau]$——地层抗剪强度值,kN;

G——地层剪切模量;

S_{max}——最大允许地表沉降值,mm;

i——曲线拐点到中心的距离,可通过回归分析求得,mm。

从以上分析可知,地表沉降控制基准值随工程条件,尤其是周边环境条件而变。目前多数招标文件中笼统地要求地表沉降值小于某一数值是不适宜的,应针对具体工程,通过类比和计算相结合的办法找出相应的控制基准值。

本章小结

(1)工程监测点的布置应能反映监测对象的实际状态及其变化趋势,监测点应布置在内力及变形关键特征点上,并应满足监测要求。

(2)地下工程主要监测项目包含:基坑及支护结构、基坑周边环境、水平位移监测、竖向位移监测、深层水平位移监测、倾斜监测、裂缝监测、支护结构内力监测、土压力监测、孔隙水压力监测、地下水位监测、土体分层竖向位移监测、锚杆及土钉内力监测、钻爆法监测及盾构法监测。

(3)监测控制基准是监测工程实施的前提,是为确保被监测对象安全而确定的允许的最大值;地表沉降对城市环境造成的危害主要表现在地表建筑的倾斜过大及地中管线的变形、断裂而影响正常使用的情况。因此,应综合考虑地表建筑物、地下管线及地层和结构稳定性等因素,分别确定其允许地表沉降值,并取其中最小值作为控制基准值。

5 地下工程监测项目的实施方法

5.1 常规项目的监测方法

5.1.1 地表沉降监测

沉降监测是地下工程监测中最主要的监测项目之一。地基加固、基坑开挖、浅埋隧道开挖、盾构法施工的隧道工程等均需要进行地表沉降监测。

5.1.1.1 水准点的设置

地表沉降监测是根据监测施工对象周围水准点的高程而进行的。可以利用城市中的永久水准点或工程施工时使用的临时水准点作为基准点或工作基点。如果施工区域没有水准点，则应根据现场的具体条件和沉降监测的时间要求埋设专用水准点。水准点的形式和埋设可参照三等、四等水准点的要求进行。地表水准点的埋设如图 5.1 所示。

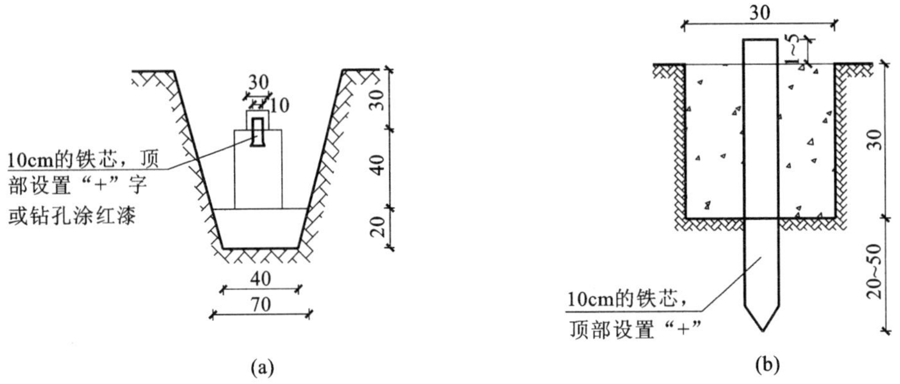

图 5.1 地表水准点的埋设

(a)基准点(单位:cm);(b)控制点(单位:cm)

地表和地中沉降观测点应布置在地下结构轴线上部的地表或钻孔中，在横面上也应布置必要的监测点，如图 5.2 所示。

地表水准点的数目应不少于 3 个，以便组成水准控制网，对水准点定期进行校核，防止其本身发生变化，以保证沉降监测结果的准确性。水准点应在沉降监测之前一个月埋设。当工程中出现意外情况，需对突发的急剧沉降目标进行监测时，若来不及设置上述水准点，可在已有房屋或建筑物上设置标志作为临时水准点，但这些建筑物的沉降必须已趋于稳定。埋设水准点应考虑下列因素：

①水准点应布设在监测对象的沉降影响范围以外，保证其坚固稳定。

②水准点应尽量远离道路、铁路、空压机房等，以防受到碾压和振动的影响。

③水准点应力求通视良好，与观测点接近，其距离不宜超过 100 m，以保证监测精度。

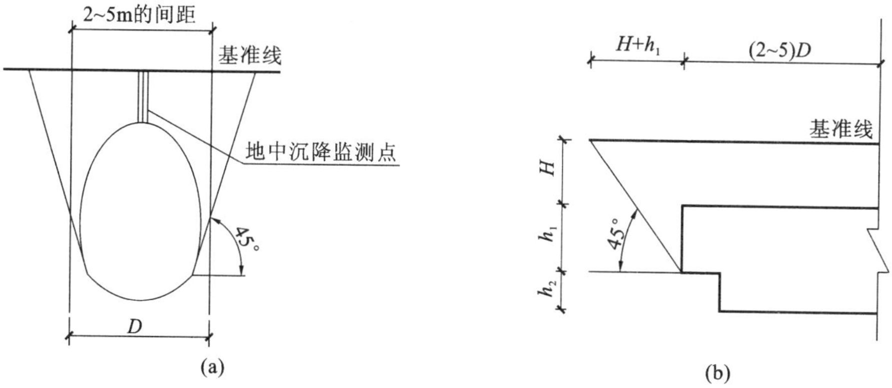

图 5.2　地表沉降测量范围及地中沉降监测点布置

(a)横断面图;(b)纵断面图

D—开挖孔径,m;H—隧道上部的覆土厚度,m;h_1—拱高,m;h_2—墙高,m

④避免将水准点埋设在低洼容易积水处。同时,在高寒地区,为防止土层冻胀的影响,水准点的埋设深度至少要在冰冻线以下 0.5 m。

5.1.1.2　地表沉降监测的精度控制

测量精度对沉降监测的质量起着重要的作用,同时也关系到测量效率、工作量以及监测费用,应根据监测对象的性质、允许沉降值、沉降速率、仪器设备等因素进行综合确定。一般可分为高精度和中等精度两类。

①高精度。主要用于对不均匀沉降严格控制的建(构)筑物、地下管线以及城市中的深大基坑监测。使用的精密水准仪通常带有光学测微器,放大倍率不小于 40 倍,如苏光 DS6、WILD N3 和 Leica NA3000 等仪器。使用时,i 角控制在±15″以内,视线长度不大于 50 m,闭合差不超过±0.5 mm,测量数据保留至 0.1 mm。水准尺均需要采用线条式铟钢尺。

②中等精度。用于对不均匀沉降一般性控制的建(构)筑物、地下管线以及周边条件良好的基坑监测。所使用的水准仪精度等级应不低于国产 S3 水平,最好带有倾斜螺旋和符合水准器,放大倍率在 30 倍左右,如国产的 NS3-1 型、DZ2 型带测微器、WILD N2 和 Leica NA3000 等。仪器使用时,i 角控制在±20″以内,视线长度不大于 75 m,闭合差应不超过±1.0 mm,测量数据保留至 1.0 mm。水准尺必须用带圆水准器的红、黑双面木尺。

5.1.1.3　地表沉降监测的基本要求

①观测前对所用的水准仪和水准尺按有关规定进行校验,并做好记录,在使用过程中不得随意更换。

②首次观测应适当增加观测回数,一般取 2～3 测回的数据作为初始值。

③固定观测人员、观测线路和观测方式。

④定期进行水准点的校核、测点检查和仪器的校验,确保监测数据的准确性和连续性。

⑤记录每次测量时的气象条件、施工进度和现场工况,以供监测数据分析时参考。

5.1.1.4　地表沉降监测应提供的资料

①包括水准控制网布置图和测点平面布置图的沉降监测方案。

②监测仪器设备一览表及校验资料。

③监测记录及报表。

④各种沉降曲线、图表。

⑤对监测结果的计算分析资料。

⑥沉降监测报告书。

5.1.2 支护体系水平位移监测

5.1.2.1 围护结构顶部水平位移和支撑系统的水平位移监测

围护结构(如围护桩或地下墙)向基坑内的水平位移主要由支撑架设或浇筑前开挖土体引起的变形和支撑杆受压引起的变形两部分组成。前者引起的位移量取决于围护结构本身的刚度和支撑施工前的挖土深度,后者引起的位移量取决于作用在围护结构上的水土压力和支撑材料的刚度。围护结构过大的水平位移会影响基坑内主体结构的施工空间以及周围环境的安全。支撑系统的水平位移主要是由支撑杆件和基坑开挖顺序的不同而引起的。支撑节点之间的相对水平位移过大则会引起支撑杆件产生较大的附加弯矩,从而降低其轴向承载力,严重时会引起支撑系统失稳。

5.1.2.2 支护体系水平位移的监测目的

①及时了解支护结构的最大水平位移,必要时调整基坑开挖顺序和速度,确保基坑和周围环境的安全。

②验算支护结构的形变量,推算地层的水土压力。

③作为测斜管监测计算的起始依据。

5.1.2.3 支护体系水平位移的监测方法

支护体系水平位移的监测主要使用全站仪或经纬仪及觇牌(可以是带有读数的觇牌),基座都应有光学对中器,以提高对中精度。监测中配合使用的还有带圆水准器的T形尺和钢卷尺。仪器上的光学对中器、水准器等应定期检查,发现有误差时应及时校正。所用的觇牌最好与测点对号使用,以消除误差。支护体系水平位移监测基准点的埋设方法可参考图5.1。支护结构上的测点既可独立埋设,也可利用沉降监测点,在测点端面锯上十字刻痕或凿出中心位置即可。监测同一条边所用的测点应尽量埋设在一条直线上,以便监测。每次监测时应对其基准点的测点进行检查,保证监测数据稳定与可靠。水平位移的监测方法很多,可根据现场情况和工程要求灵活应用。下面介绍几种常用的监测方法。

(1)直接丈量法

直接丈量法适用于边长不大于50 m的小型基坑。基坑开挖前,在监测部位埋设测点,用钢卷尺丈量出位移方向上相关测点的距离,对无支撑基坑采用悬空法测量,对有支撑的基坑可采用平铺法测量。无论采用哪一种方法,要用测力计控制钢尺拉力,一般拉尺力以钢尺鉴定拉力或尺上标定拉力为准,并记录测量时的现场气温,对距离进行温度修正。基坑开挖后,再对这些测点之间的距离进行测量,将测量结果与初始值相比较,其差值即为测点间的相对位移,若基坑是对称结构,可取其值的1/2作为测点的位移量。

用此方法测量可直接获得相对位移值,此方法使用器具单一,操作简便、直观。每次测量时要对每一测线重复测量两次,若两次测量的误差不大于1/20000,则可取其平均值作为测量结果,监测的精度可满足工程要求。

(2)视准线法

视准线法适用于基坑直线边及直线支撑杆体的水平位移监测,如图5.3所示。如果场地允许，可沿基坑某一测量边后退两倍开挖深度的距离外设置测站。当场地狭小时，可将测站设在基坑围护结构的转角上，所测得的位移值是相对基坑转角处的位移值。当经纬仪架设调平后，在基坑相反方向找一个固定的目标作为后视方向，将带有刻度的觇牌或 T 形尺设置在观测点上，读取数值。一般用经纬仪正倒镜四次读数，取中数作为一次观测值。初始值要测两遍，以保证无误。以后每次监测结果与初始值比较，求得测点的水平位移量。

(3)小角度法

小角度法适用于监测点零乱、不在同一直线上的情况，如图 5.4 所示。

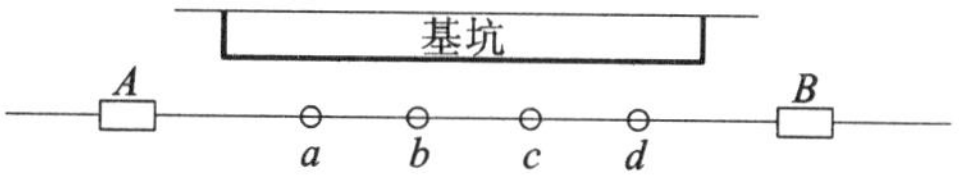

图 5.3　视准线法监测示意图

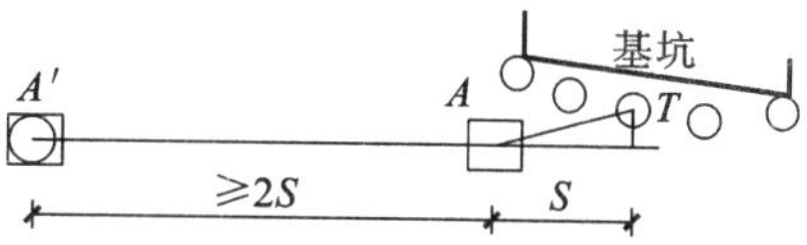

图 5.4　小角度法监测示意图

在距基坑两倍开挖深度距离的位置，设测站点 A，若测站至监测点 T 的距离为 S，则在不小于 $2S$ 的范围之外，设后方向点 A'。为方便起见，一般可选用建筑物棱边或避雷针等作为固定目标。A' 用 J2 级经纬仪测定转角，角度测量的测回数可根据距离 S 及监测点的精度要求而定，一般用 2 ～ 4 测回测定，并丈量测站点 A 至监测点 T 的距离。为保证 β 角初始值的准确性，需要测量两次。以后每次测定 β 角的变动量，按式(5.1) 计算 T 的位移量 ΔT，即：

$$\Delta T = \frac{\Delta\beta}{\beta} \times S \tag{5.1}$$

式中　$\Delta\beta$—— 角的转变量；

β—— 换算常数，$\beta = 3600 \times 180/\pi = 206265$；

S—— 测站至监测点的距离，mm。

如果按 β 角测定的中误差为 $\pm 2''$，S 为 100 mm，带入式(5.1)得位移值的中误差约为 ± 1 mm。

(4)控制网法

控制网法适用于需要测量出基坑整体绝对位移量的情况。控制网可以根据施工现场的通视条件、工程的精度要求，采用边角交会法、基准线法或附合导线法等建立。各种布网均应考虑图形强度，长短边不宜悬殊。先采用平面控制网求出基坑各角点的位移值，再叠加用前述方法求得各监测点的相对位移值，即基坑的整体绝对位移值。采用此方法要求测量仪器具有较高的精度，监测工作量大，但可求得前述三种方法不易求出的测点绝对位移量。工程中可视需要选用。

5.1.3　支撑轴力监测

支撑轴力监测的目的在于掌握基坑施工过程中，支撑内力(如弯矩、轴力)的变化情况。当内力超出设计最大值时，应及时采取有效措施，以避免支撑因内力超过极限强度破坏而引起局部支护系统的失稳乃至整个支护系统的破坏。

5.1.3.1　监测方法

根据支撑杆件所采用的材料不同，所采用的监测传感器和方法也有所不同。目前，对于钢筋混凝土支撑杆件，主要采用钢筋计监测钢筋的应力或采用混凝土应变计监测混凝土的应变，然后通过钢筋与混凝土共同工作、变形协调条件来反算支撑的轴力。对于钢支撑杆件，目前较普遍的是采用轴力计直接监测支撑的轴力。

5.1.3.2 传感器布置形式

对于钢筋混凝土支撑体系，轴力监测传感器的埋设断面一般选在轴力比较大的杆件上，或在整个支撑系统中起关键作用的杆件上。如果支撑形式是对称的结构则可布置在基坑开挖较早且支撑受力较早的一半结构上，以减少传感器的数量，进而降低监测费用。除此之外，选择监测断面也要兼顾埋设和监测工作的便利性，减少对基坑施工的影响。当监测断面选定后，监测传感器应布置在该断面上的四个角上或四条边上，以便必要时可计算轴力的偏心距，且在求取平均值时更可靠，但需要考虑个别传感器埋设失败或遭施工破坏等意外情况。如果同一工程中的监测断面较多，每次监测工作时间有限时，也可以在一个监测断面内按照上下对称、左右对称的原则或在对角线方向布置两个监测传感器。对于钢结构支撑体系，监测断面一般布置在支撑的端头处，以方便施工和监测。

5.1.3.3 轴力计算公式

采用轴力计直接监测支撑轴力，轴力计算公式为：

$$N = K_i \sqrt{f_i^2 - f_0^2} \tag{5.2}$$

式中 N——支撑杆件的监测轴力，kN；

K_i——钢弦式轴力计的标定系数，kN/Hz；

f_0——轴力计埋设后的初始自振频率，Hz；

f_i——轴力计的监测自振频率，Hz。

5.1.4 支护结构的钢筋应力监测

采用钢筋计监测钢筋的应力，然后通过钢筋与混凝土共同工作、变形协调条件反算支护结构的轴力和弯矩。对于明挖基坑，围护结构在支护体系中属于受弯构件。由于受土压力和集中荷载的共同作用，围护结构可近似看作连续梁，在无支撑围护结构中则可近似看作悬臂梁。作为梁构件，其抗弯能力的大小决定了围护体系的稳定和安全。对围护结构的弯矩进行监测则可随时掌握结构在施工过程中的最大弯矩是否超过设计值，以便必要时能及时采取措施。对于钢筋混凝土围护结构，如地下连续墙、灌筑桩等可以通过钢筋计的应力计算来监测其内部弯矩的变化。而对于搅拌桩、钢板桩一类的围护结构，则可通过监测其挠曲来计算弯矩的变化。对于暗挖隧道工程，通过测量初期支护钢拱架或第二次衬砌钢筋的应力，可计算其轴力和弯矩值，并可检验衬砌结构的安全性和合理性。

5.1.4.1 钢筋计埋设

监测断面应选在围护结构中出现弯矩极值的部位。在平面上可选择围护结构位于两支撑的跨中部位、开挖深度较大以及水土压力或地表超载较大的部位。在立面上，可选择支撑处和每层支撑中间，此处往往产生较大的正、负弯矩。若能取得围护结构弯矩设计值，则可参考最不利工况下的最不利截面位置进行布设。当钢筋笼绑扎完毕后，将钢筋计串联焊接到受力主筋的预留位置上，并将导线编号后绑扎在钢筋笼上顺主筋方向引导至地表。从传感器引出的测量导线应留有足够的长度，中间不宜有接头，在特殊情况下有接头时，应采取有效的防水措施。钢筋笼下沉前应对所有钢筋计进行测定，核查焊接位置及编号无误后方可施工。对于桩内的环形钢筋笼，要保证焊有钢筋计的主筋位于开挖时的最大受力位置，即一对钢筋计的水平连线与基坑边线垂直，并保持下沉过程中不发生扭曲。钢筋笼焊接时，要用湿麻袋对测量电缆进行遮盖保护。浇筑混凝土的导管应与钢筋计错开，以免导管上下移动时损伤监测传感器和电缆。电缆露出围护结构时应套上钢管，以免在凿除浮渣时损坏电缆。混凝土浇筑完毕后，应立即复测钢筋计，核对编号，并将同一立面上的钢筋计导线接在同一块接线板不同编号的接线柱上，以便日后监测。

钢筋计主要有钢弦式和电阻应变片式两种。钢弦式钢筋计应与支撑主筋串联焊接。而电阻应变片式钢筋计既可与主筋串接，也可与主筋平行设置，平行连接时需要绑扎或点焊在箍筋上，要求传感器两边的钢筋长度应不小于 $35d$（d 为钢筋计所连接钢筋的直径），保证钢筋计有足够的锚固长度来传递黏结应力。钢筋计一般在绑扎钢筋笼的同时进行焊接，焊接时应采取降温措施，避免焊接钢筋时高温引起钢筋计技术参数的变化，在浇筑混凝土前应对钢筋笼上的钢筋计逐一进行检测，并对同一断面的钢筋计进行位置核定和编号，最好对不同位置钢筋计选用不同颜色的导线，以便在日后施工中万一损坏导线后还可以根据其颜色来判断导线的位置。

5.1.4.2 钢筋应力计算

（1）钢筋计的监测应力计算

钢弦式：

$$\sigma_i = K_{1i}\sqrt{f_i^2 - f_0^2} \tag{5.3}$$

电阻应变片式：

$$\sigma_i = K_{2i}\sqrt{\varepsilon_i^2 - \varepsilon_0^2} \tag{5.4}$$

式中 σ_i ——第 i 个钢筋计的监测应力，N/mm^2；

K_{1i} ——钢弦式钢筋计的标定系数，$N/(Hz \cdot mm^2)$；

K_{2i} ——电阻应变片式钢筋计的标定系数，N/mm^3；

f_0 ——钢筋计埋设后的初始自振频率，Hz；

f_i ——钢筋计的监测自振频率，Hz；

ε_0 ——钢筋计埋设后的初始应变值，mm；

ε_i ——钢筋计的监测应变值，mm。

（2）换算成弯矩

根据监测应力按式（5.5）近似计算构件的弯矩：

$$M_c = \frac{E_c}{E_s}\left(\frac{\sigma_1 - \sigma_2}{d}\right)I \tag{5.5}$$

式中 M_c ——围护或支护结构监测断面处的计算弯矩，kN·m，连续墙或暗挖隧道衬砌以每延米计，灌筑桩以单桩计；

d ——每对钢筋计之间的中心距离，m；

σ_1，σ_2 ——每对钢筋计的应力计算值，以拉为正、压为负，N/mm^2；

E_c，E_s ——混凝土和钢筋的弹性模量，N/mm^2；

I ——监测断面的惯性矩，mm^4。

（3）换算成轴力

一般按式（5.6）计算构件的轴力：

$$N_c = \sigma_s\left(\frac{E_c}{E_s}A_c + A_s\right) \tag{5.6}$$

式中　N_c——围护或支护结构监测断面处的计算轴力，kN，连续墙或暗挖隧道衬砌以每延米计，灌筑桩以单桩计；

σ_s——每对钢筋计的平均应力值，N/mm^2；

E_c，E_s——混凝土和钢筋的弹性模量，N/mm^2；

A_c，A_s——支护结构混凝土和钢筋的截面面积，mm^2。

5.1.4.3　安全判别条件

(1)弯矩安全判别条件

弯矩安全判别公式为

$$\sigma_i \leqslant f_y \cdot f'_y \tag{5.7}$$

$$M_c \leqslant [M] \tag{5.8}$$

式中　f_y，f'_y——钢筋的抗拉、抗压强度设计值，N/mm^2；

$[M]$——结构的弯矩设计值，kN·m。

(2)轴力安全判别条件

轴力安全判别公式为：

$$\sigma_i \leqslant f_y \cdot f'_y \tag{5.9}$$

$$N_c \leqslant [N] \tag{5.10}$$

式中　f_y，f'_y——钢筋的抗拉、抗压强度设计值，N/mm^2；

$[N]$——结构的轴力设计值，kN。

5.1.4.4　监测注意事项

①无论采用哪一种监测传感器，在埋设前都应进行严格的标定，并观察其从埋设后至开挖前的稳定性，一般以开挖前的监测值作为初始值。

②连接监测传感器的电缆线需用金属屏蔽线，以减少外界因素对信号的干扰。

③由于地下工程的特殊性，选择监测传感器的量程时应比最大设计值大50%～100%。

④直接根据监测数据计算出来的轴力值和弯矩值，有时不能完全反映实际支护结构的受力状态，应对计算公式中未能考虑的结构温度变化、混凝土的收缩和徐变等因素进行综合分析。

5.1.5　支护结构的混凝土应变监测

5.1.5.1　混凝土应变计的布置

混凝土应变计主要有埋入式和表面式两种类型。埋入式应变计是在支护结构混凝土浇筑时埋设，应保证其有一定厚度的混凝土保护层，应变计应与支护结构的轴线平行。为避免混凝土振捣时应变计转向和位移，一般可在埋设断面附近的工段混凝土振捣完毕后，及时进行手工埋设。表面式应变计主要设置在混凝土结构的表面，用于量测混凝土的表面应变。当结构施工时未及时安装或新增监测断面时，可在设计的监测断面上设置预埋件，待围岩或基坑开挖前进行安装。未设置预埋件的，可用冲击钻及时安装基座，再布设应变计。由于表面式应变计完全暴露在外，极易受到损坏，因此，在设置表面式应变计的部位应设置醒目的标志，并采取一定的保护措施，当机械在附近施工时，应安排专人在现场维护。对于无特殊要求的基坑工程，一般应选用埋入式应变计。

5.1.5.2　应变计应变值的计算

应变计算公式为：

$$\varepsilon_i = k_i \sqrt{f_i^2 - f_0^2} \tag{5.11}$$

式中　ε_i——第 i 个应变计的监测应变，mm；

k_i——第 i 个应变计的标定系数，mm/Hz；

f_0——应变计埋设后的初始自振频率，Hz；

f_i——应变计的监测自振频率，Hz。

5.1.5.3　轴力计算

根据测试的应变值可按式(5.12)计算支护结构的轴力，即：

$$N_c = \varepsilon(E_c A_c + E_s A_s) \tag{5.12}$$

式中　N_c——支护结构监测断面处的计算轴力，kN，连续墙以每延米计，灌筑桩以单桩计；

ε——应变计的平均应变值，mm；

E_c，E_s——混凝土和钢筋的弹性模量，N/mm^2；

A_c，A_s——支护结构混凝土和钢筋的截面面积，mm^2。

5.1.6　土压力的监测

地下结构承受的压力是直接作用在支护体系上的荷载，是支护结构的设计依据。此外，地下工程的施工，如基坑开挖、隧道开挖、盾构掘进和打桩等都会引起周围地层水、土压力的变化和地层变形。目前，计算地下水、土压力的方法很多，但各种方法都有其特定的条件，加上地质条件和施工方法的多变性，要准确计算作用于支护结构上的水、土压力以及地下工程施工所引起的地层变形是十分困难的。所以，对于重要的地下工程，在较完善的理论计算基础上，通过对施工期间水、土压力和地层变形进行监测，对确保地下工程的经济、合理与安全至关重要。

5.1.6.1　土压力的监测

通过对土压力进行监测，一方面可分析支护结构在施工工况下的受力状况，以便及时采取相应的措施，确保施工安全。另一方面也可寻求地下工程施工引起的不同开挖工况下地层压力的变化规律，为验证结构设计、理论计算提供依据。

在进行土压力监测前，需要分析和收集以下基础资料：①地下结构的平面和剖面图；②周围地层的工程地质勘探报告；③地下工程施工方法；④地层压力计算的基本模式、挡土结构的强度安全系数、稳定安全系数和允许变形值等；⑤土压力监测传感器以及仪表的技术指标和说明书。

5.1.6.2　压力盒的埋设

在平面上，压力盒应紧贴监测对象布置，如挡土结构的表面、被保护建筑物的基础、地下工程支护的接触面。若有其他监测项目(如斜坡、支护内力等)时，压力盒应布置在与之相近的部位，以便进行综合分析和对比。在立面上，应考虑计算土压力的模式。监测挡土结构接触土压力时，压力盒可布置在支撑处和围檩的中点处以及水平位移最大处。明挖隧道初期支护压力盒布置应使压力盒的受力面朝向围岩。

当监测围岩施加给混凝土层的径向压力时，先用水泥砂浆或石膏将压力盒固定在岩面上，再谨慎施作混凝土层。混凝土层与压力盒之间不存在间隙，压力膜应与土压力的方向对应。采用钻孔法监测土压力时，应向孔内回填细砂堆至孔口。由于回填砂需要一定的固结时间，因而采用钻孔法监测土压力时前期监测的数据偏小，只有当回填材料充分固结后才能较为准确地反映实际土压力，所以采用钻孔法时需要提前 30 d 进行埋设。另外，考虑到钻孔位置与桩(墙)本身存在一定距离，因而测读到的数据与桩(墙)实际所受到的土压力不完全一致，但有一定的近似性。一般认为，测读到的主动土压力值偏大，被动土压力值偏小，因此在成果资料整理时应予以注意。

当监测基坑反力或地下室侧墙的回填土压力时可用埋置法进行。在结构物基底埋置压力盒时，可先将其埋设在预制的混凝土块内，整平地表，然后放置预制混凝土块，并将预制块浇筑在基底内。在结构物侧面安装土压力盒时，应在混凝土浇筑到预定高程处时，将压力盒固定到测量位置上，压力膜必须与结构外表面平齐。采用埋置法施工时，应尽量减少对原有土体的扰动。压力盒周围回填土的性状要与附近土体一致，以免引起地层应力的重分布。

5.1.6.3 监测注意事项

(1)压力盒的量程

压力盒的量程应满足式(5.13)或式(5.14)的要求。

$$P = P_0 + P_g + P_s \tag{5.13}$$

$$P = P_0 + P_p + P_s \tag{5.14}$$

式中 P ——选择的压力盒量程，kN；

P_0 ——计算的静止土压力，kN；

P_p ——挡土结构位移引起的被动土压力增量，kN；

P_g ——打(压)入或夯土填实引起的挤压压力，kN；

P_s ——施工工艺引起的附加应力增量，kN。

(2)压力盒的选用

选用构造合理的压力盒，即受压板直径 D 与板中心变形量 S 之比要大，以减小应力集中的影响。根据研究：D/S 的下限，对土中压力盒为 2000，对接触式土中压力盒为 1000。监测土体的压力时，应采用直径与厚度之比较大的双膜土压力盒；而监测接触面土压力时，可采用直径与厚度之比较小的单膜土压力盒。

(3)压力膜的保护

为使压力膜均匀受压，避免颗粒粗、硬度高的回填材料直接冲击压力膜，常用沥青囊间接传力结构加以保护。沥青囊大小视挡土结构的形式、回填材料及回填工艺而定。当压力盒承压膜直径 D 为 100 mm 时，沥青囊的边长可取(4～5)D，当宽度不足时，可取与最大承受面相当的宽度。对于降水基坑，间接传力膜的设置也可采用细颗粒材料。无论采用哪种材料的间接传力介质，都必须密实，在使用过程中不允许挤出或流失。

5.1.7 孔隙水压力的监测

5.1.7.1 监测目的

地下工程(如隧道)开挖引起的地表沉降、明挖基坑的变形、地层注浆加固引起的隆起等，都与岩土体中孔隙水压力的变化有关。饱和土受荷载作用后首先产生的是孔隙水压力的变化或迁移，随后才是颗粒的固结变形。孔隙水压力的变化是土体运动的前兆。通过监测孔隙水压力在施工过程中的变化状况，可为控制隧道掘进速度、注浆压力和固结沉降等提供可靠的依据，从而达到为施工服务的目的。同时结合土压力监测，可以进行土体的有效应力分析，作为土体稳定性计算的依据。

5.1.7.2　孔隙水压力计的埋设

孔隙水压力监测一般采用孔隙水压力计进行，其埋设方法与压力盒基本相同，可采用挂布法、顶入法、弹入法、埋置法和钻孔法。下面就其与压力盒埋设的不同之处进行介绍。

在确定孔隙水压力计量程时，除了按孔深计算孔隙水压力的变化幅度外，还要考虑大气降水、井点降水等影响因素，以免造成超出孔隙水压力计量程或者量程选用过大而影响测量精度。

采用钻孔法施工时，原则上不得采用泥浆护壁工艺成孔。如因地质条件差，确实须采用泥浆护壁时，在钻孔完成之后，需要用清水洗孔，直至泥浆全部清除，此后在孔底填入部分净砂，将孔隙水压力计送至设计高程，再在其周围填上约 0.5 m 高的净砂作为滤水层。

封口是影响孔隙水压力计埋设质量好坏的关键工序。封口材料宜使用直径为 1～2 m、塑性指标 I_P 不小于 17 的干燥黏土球，最好采用膨润土。封口时应从滤层顶封至孔口，如在同一钻孔中埋设多个传感器，则封至上一个孔隙水压力计的深度。一般来说为保证封口质量，孔隙水压力计之间的间距应大于 1 m，以免水压力贯通。在地层分界处埋设孔隙水压力计时，滤层不得穿过隔水层，避免上下层水相互贯通。

如果所测地层土质较软，则可用压入法进行埋设。用外力将孔隙水压力计缓缓压入土中至设计埋设高程，如土质稍硬，则可先用钻孔法钻入一定深度后，再用压入法将孔隙水压力计送至埋设高程。此法的优点在于节省钻孔的时间和费用。

无论采用哪种方法埋设，都要扰动地层，使初始孔隙水压力发生改变，为减小对初始孔隙水压力的影响，一般应在正式监测前 30 d 进行埋设。

5.1.7.3　孔隙水压力的计算

目前采用的孔隙水压力监测方法有电测法、液压法和气压法，由于各自监测的原理不同，计算公式也不尽相同。

(1)电测法

电测法计算孔隙水压力的公式为：

$$P_p = K(f_i^2 - f_0^2) \tag{5.15}$$

式中　P_p——监测的孔隙水压力，kN；

K——传感器指定系数，kN/Hz^2；

f_0，f_i——初始自振频率和监测自振频率，Hz。

(2)液压法

液压法计算孔隙水压力的公式为：

$$P_p = P + \rho_w h \tag{5.16}$$

式中　P_p——监测的孔隙水压力，kN；

P——压力表的读数，kN；

h——探头至压力表基准面的距离或高度，mm；

ρ_w——水的密度，g/mm^3。

(3)气压法

气压法计算孔隙水压力的公式为：

$$P_p = \alpha + \beta P_a \tag{5.17}$$

式中　P_p——监测的孔隙水压力，kN；

α，β——指定常数；

P_a——气压值，kN，用压力表测量。

5.1.8　地下水位监测

5.1.8.1　影响地下水位变化的因素

(1)自然气候条件的变化，如降雨量大小和持续时间、季节变化。

(2)江、河、湖、泊中水位的涨落。

(3)人工降水，如井点管的深度、真空度等。

(4)地下工程开挖引起地下水流失。

(5)维护结构的抗渗漏能力。

5.1.8.2　监测地下水位的作用

(1)检测降水方案实施的效果，如降水速率和降水深度。

(2)控制地下工程施工降水对周围地下水的影响。

(3)防止地下工程施工中的水土流失。

5.1.8.3　水位孔的布设

检验降水措施实施效果的水位孔应布置在降水区域内。采用轻型井点时可布置在总管的两侧，采用深井降水时应布置在两孔深井之间，水位孔的深度应在最低设计水位以下。保护周围环境的水位孔应围绕围护结构和被保护对象(如建筑物、地下管线等)或在两者之间进行布置，其深度应在允许最低地下水位以下或根据不透水层的位置而定。

水位孔一般用小型钻机成孔，孔径应略大于水位管的直径。孔径过小会导致下管困难，孔径过大会使观测产生一定的滞后效应。成孔至设计高程后应放入裹有滤网的水位管，管壁与孔壁之间用净砂回填至离地表 0.5 m 处，再用黏土进行封填，以防止地表水流入。

水位管选用直径 50 mm 左右的钢管或硬质塑料管，管底加盖密封，防止泥砂进入。下部留出长度为 0.5～1.0 m 的沉淀段，其上部钻孔，用来沉积滤水段带入的少量泥砂。中部管壁周围钻出 6～8 列直径为 6 mm 左右的滤水孔，纵向孔距 50～100 mm。相邻两列的孔交错排列，呈梅花状布置。管壁外部包扎过滤层，过滤层可选用马尾、土工织物或网纱，上部留出 0.5～1 m 作为管口段，不打孔以保证封口质量。

5.1.8.4　监测注意事项

(1)地下水位的变化除受地下工程施工影响外，还受自然气候等因素的影响。为了排除非工程因素的干扰，可在工程施工影响范围之外再布置 1～2 个水位孔，以便进行对比分析。

(2)在监测一段时间后，应对水位孔逐个进行抽水或灌水试验，检查其恢复至原水位所需的时间，以判断其工作的可靠性。

(3)当地层渗透系数大于 1×10^{-6} m/s 时，水位孔的监测效果良好；当地层的渗透系数介于 $10^{-6}\sim10^{-8}$ m/s 之间时，水位孔的监测具有滞后现象；当地层的渗透系数小于 10^{-8} m/s 时，监测的数据仅能作为参考。

(4)水位管的管口应高出地表，并加盖保护，以防止雨水和杂物进入管内，同时监测的水位管处应有醒目的标志，防止损坏监测孔。

5.1.9 围护结构水平位移监测

围护结构的水平位移常用测斜仪进行监测。测斜仪主要用于明挖基坑围护结构水平位移的监测，在基坑周围钻孔，并在孔内安装测斜仪即可。

5.1.9.1 测斜孔的布设原则

(1)测斜孔一般布置在基坑平面上挠曲计算值最大的部位，如悬臂式围护结构的长边中心或水平支撑结构的两道支撑之间。

(2)当基坑周围有重点保护的监测对象，如建筑物、地下管线时，测斜孔应布置在离其最近的围护结构上。

(3)当基坑挖深加大或基坑开挖时其围护结构施工较早的部位宜设置监测点，根据监测结果可对后续区段的施工进行指导。

(4)测斜管中有一对槽口应自上而下始终垂直于基坑的边线，以测得围护结构挠曲的最大值。

(5)因测斜仪的探头在管内每隔 0.5 m 进行读数，故应精确计算测斜管的接口位置，避免将其设在探头滑轮停留处。

5.1.9.2 测斜管的埋设

测斜管的埋设应符合以下要求：

为了真实地反映围护结构的挠曲状况，测斜管应尽量埋设在构成围护的桩体或墙体之中，如图 5.5 所示。

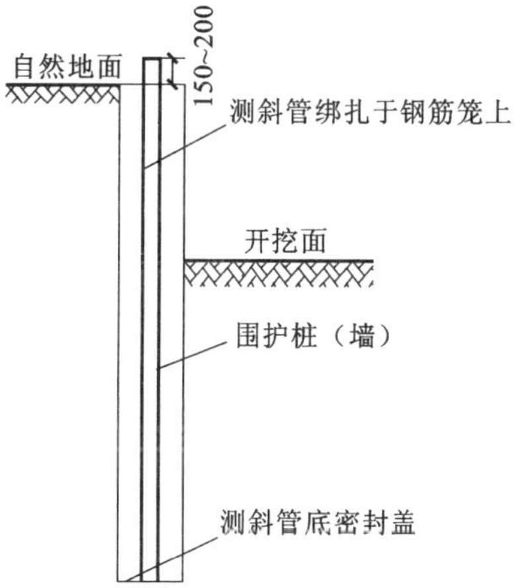

图 5.5 测斜管的埋设

当围护结构施工至测点的设计桩位或连续墙的槽段时，将测斜管绑扎在其钢筋笼上，同时送入槽(孔)内。由于受到泥浆的浮力作用，测斜管的绑扎定位必须牢固可靠，以免在浇筑混凝土时发生上浮或侧向移动而影响测试数据的准确性。当结构较深、测斜管较长时，还要注意避免测斜管自身的轴向旋转，以保证监测数据能真正反映在基坑边缘垂直平面内的挠曲状况。在进行测斜管段连接时，必须将上、下管段的滑槽互相对准，使测斜仪的探头在管内平滑运行。为了防止泥浆从缝隙中渗入管内，接头处应涂抹柔性密封材料或加密封条进行密封处理。

当测斜管未能在围护结构施工时及时埋设在桩(墙)体内或测量钢板桩围护结构发生挠曲变形时，则可采用钻孔法进行埋设。当围护结构混凝土达到一定强度后，在紧靠所需监测的桩(墙)体后的土层中用小型钻机钻孔，钻孔深大于或等于所测围护结构的深度，孔径比所选的测斜管大 5～10 cm。在土质较差的地层钻孔时应用泥浆护壁。在钻孔的同时，将测斜管用专用接头连接好，并对接缝处进行密封处理，然后在管内充满清水。钻孔结束后立刻将其沉入孔内，并在测斜管与钻孔的空隙内填入细砂或水泥和膨润土拌和的灰浆，其配合比取决于土层的物理学性能和地质状况。刚埋设完的前几天内，孔内填充物会固结下沉，因此要及时补充填充物，保持其高出孔口。管口一般高出地表 20 cm 左右，在其周围设有保护井和警示牌。

在土层中设置测斜管，监测得到的围护结构挠曲值在时间上具有滞后性，其数值一般小于实际挠曲值。

对于采用打入预制桩作为围护结构的地下工程，可在预制阶段就将测斜管放入钢筋笼内，在排桩运至现场后按所需位置打入地层。采取这一方案需要对桩端进行加固处理，以避免锤击时损伤测斜管。此方法仅适用于开挖深度较浅、排桩长度短的地下工程。随着沉桩锤数的增加，即使经过端头加固的桩体也难免在桩端受到损坏，并导致测斜管破坏。

5.1.9.3 测斜的方法与步骤

监测开始前，测斜仪应按规定进行严格标定，以后根据使用情况每隔 3～6 个月标定一次，测斜管应在工程开挖前 15～30 d 埋设完毕，在开挖前的 3～5 d 内重复监测 2～3 次。待判断测斜管已处于稳定状态后，将其作为初始值，开始正式测试工作，每次监测时将探头导轮对准与所测位移方向一致的槽口，缓缓放置管底，待探头与管内温度基本一致、显示仪读数稳定后开始监测。一般以管口作为起算点，按探头电缆上的刻度匀速提升，每隔 500 mm 或 1000 mm 的距离进行读数，并做记录。待探头提升至管口并旋转 180°后，再按上述方法测量一次，以消除测斜仪自身引起的误差。

5.1.9.4 测斜资料的整理

(1)计算原理

通常使用的活动式测斜仪采用带导轮的测斜探头，再将测斜管分成 n 个测段，每个测段的长度为 L_i，一般为 500～1000 mm。在某一深度位置上所测得的是两对导轮之间的倾角 θ_i，通过计算可得到这一区段的变形。计算公式为：

$$\Delta\mu_i = L_i \sin\theta_i \tag{5.18}$$

某一深度的水平变形值可通过区段变形值 $\Delta\mu_i$ 的累计得出，即：

$$\delta_i = \sum \Delta\mu_i = \sum L_i \sin\theta_i \tag{5.19}$$

设初次监测的变形计算结果为 δ_i ，则在进行第 j 次监测时所得的某一深度上相对前一次监测时的位移值 Δx_i 为：

$$\Delta x_i = \delta_i^{(j)} - \delta_i^{(j-1)} \tag{5.20}$$

相对初次监测时总位移值为：

$$\sum \Delta x_i = \delta_i^{(j)} - \delta_i^{(0)} \tag{5.21}$$

(2) $\Delta\mu_i$ 的计算

部分仪器直接测读到的并不是 $\Delta\mu_i$ 值，而是其他物理量，如应变 ε。因为每一次测斜总要进行两次测量，即探头旋转 180°后再测一次，所以能够得到 ε^+ 和 ε^- 两个值，取其平均值。

另外，对同一根测斜管而言，监测时 L_i 总为定值，所以只要将 ε 乘以一个仪器的常数 α ，就可得到某一区段的变形值 $\Delta\mu_i$ ，其值可能为正也可能为负，其正负视 δ_i 的计算方法而定。

(3) δ_i 的计算

δ_i 是某一深度上测斜管的累计变形值，其累计时应从测斜管的基准点开始。基准点位置的设定分管底和管顶两种情况。对于无支撑的自立式围护结构，一般入土深度较大，若测斜管埋设到底，则可将管底作为基准点，由下而上累计计算某一深度的变形值 δ_i ，直至管顶。对于单支撑或多支撑的围护结构，在进行支撑施作或未达到设计强度前的开挖时，围护结构的变形类似于自立式围护，仍可将管底作为基准点。但当顶层支撑施作后，情况就发生了改变，此时管顶变形受到限制，而原先作为基准点的管底随开挖深度的加大将发生变形，因而应将基准点转至管顶，由上向下累计某一深度的变形值，直至开挖结束。按此方法测得的围护结构的挠曲曲线在开挖高程附近出现峰值，能够观测到桩（墙）体入土端“踢脚现象”。无论基准点设在管顶或管底，计算累计变形值，总以向基坑侧变形为正，反之为负。

根据围护或支护结构中同一测斜管在不同深度所测得的变形值可绘制初始变形曲线，即深度 H 与位移 δ 的曲线，该 H-δ 曲线反映了不同监测时刻围护结构在基坑中发生的实际变形状态。若是开挖前测得的曲线就是初始变形曲线，则它反映了测斜管在桩（墙）体中或钻孔中深放时的挠曲状态，而并不是一根垂线，以后每监测一次就可增加一根 H-δ 曲线。根据前后两次监测的变形差值可绘制位移挠曲的 H-Δx_i 曲线，它将初始变形状态视为位移为零的纵坐标轴，以后根据每次监测后计算得出的位移值就可绘出一条挠曲曲线。H-Δx_i 曲线能直观地反映围护结构由于基坑施工而产生的变形，其沿深度方向各点的水平位移值便反映出基坑围护结构的水平位移状况。

5.1.10 深层土体位移监测

地下工程施工所引起的地表沉降很多是由地层土体位移造成的。如打桩、围岩注浆、基坑开挖时围护结构底部位移或基坑坍塌、隧道塌方以及盾构推进过程中在地层中形成的孔隙等，都是引起深层土体位移的重要原因，地下工程开挖引起的土体位移对地表的影响存在时间上的滞后现象。因此，如果能及时掌握深层土体的位移情况，在必要时采取适当的控制措施对保障地下工程施工和周围环境安全具有重要的作用。

深层土体位移可分为水平位移和垂直位移。深层土体水平位移的监测可通过在土体中埋设测斜管，使用测斜仪进行；而深层土体垂直位移的监测可通过在土体中埋设分层沉降标进行监测。

5.1.10.1 深层土体水平位移监测

深层土体水平位移的监测可采用测斜管进行监测。测斜管的埋设如图 5.6 所示。首先在地层中钻孔，孔径略大于所选用的测斜管外径，然后将测斜管封底盖逐节放入孔内，同时在测斜管内灌满清水，直至放到预定的高程。随后在测斜管与钻孔之间孔隙内回填细砂或水泥与黏土拌合料以固定测斜管，拌合料配合比应与地层的物理力学性质相匹配。在埋设过程中应避免测斜管发生纵向旋转。测斜管管节之间的滑槽应相互对准，防止导槽堵塞。埋设就位时必须使测斜管的一对导槽与测量位移的方向一致。测斜管埋设完毕后应测量测斜管导槽的方向、管口位置及高程，并做好保护工作。在测斜管上部设置金属保护套，在管口处浇筑混凝土，并加保护盖。测斜的方法与步骤同围护结构水平位移监测。测斜资料的整理同围护结构水平位移监测，应提交的监测材料包括：①水平位移监测点平面图、剖面图；②水平位移监测成果表；③水平位移、深度、时间（S-Z-t）曲线。

5.1.10.2 深层土体垂直位移监测

（1）分层沉降标的埋设

深层土体垂直位移的监测（即分层沉降监测）可采用分层沉降标进行。分层沉降标可分为磁锤式（或测杆式）和磁环式。前者埋设时为一孔一标；后者为一孔多标。磁环数量可视地层分布而定，也可等间距设置。磁锤式（或测杆式）的标志埋设方法为：用钻机在预定位置钻孔至预测土层的高程之后，将护筒放入孔内，以防孔壁坍塌，再将标头放入孔底，压入土层内，放入测杆并使其底面与标志顶部紧密接触，使上部的水准气泡居中，最后用三个定位螺丝使测杆在护筒中定位，如图 5.7 所示。

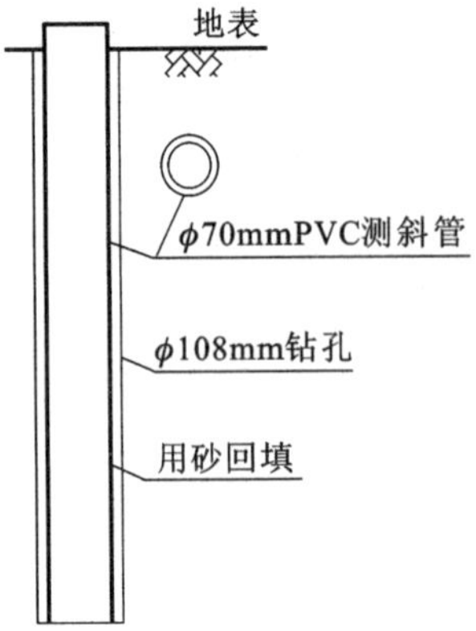

图 5.6 测斜管埋设示意图

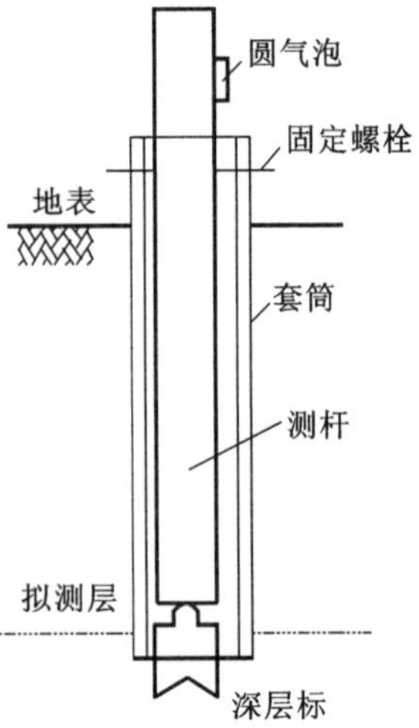

图 5.7 磁锤式分层沉降标埋设示意图

磁环式标志的埋设方法之一是用钻机在预定孔位上钻孔，孔深由沉降管长度而定，孔径要大于磁环直径，然后放入沉降管。沉降管连接时要用内接头或套接式螺纹，使外壳光滑而不影响磁环的上下移动。在沉降管和孔壁之间用膨润土球充填并捣实，至底部第一个磁环的高程，再用专用工具将磁环套在沉降管外送至填充的黏土面上，施加一定压力使磁环上的三个铁爪插入土层，然后再用膨润土球充填并捣实至第二个磁环的高程，按上述方法安装第二个磁环，直至完成整个钻孔中的磁环埋设。

埋设磁环的方法之二是在沉降管下孔前将磁环按设计距离埋设在导管上，磁环之间可利用沉降管外接头进行隔离，然后将沉降管向上拔起 1 m，这样可使磁环在上下各 1 m 范围内移动时不受阻，然后用细砂在导管和孔壁之间填充至管口高程。

(2)监测方法

磁锤式分层标是通过钢尺和水准仪进行监测的，如图 5.8(a)所示。孔内重锤靠底部磁块的吸力与标头紧密接触，孔外重锤利用自重通过滑轮将钢尺拉直，用水准仪监测基准点与分层标之间的高差，计算出深层土体的沉降值，所用钢尺在监测前应进行尺长鉴定，同时要考虑拉力、尺长、温度变化的影响。

测杆式分层标是通过钢尺和水准仪进行监测的，在测杆上竖立水准尺，用水准仪监测高程，计算深层土体沉降值。在监测时测杆应保持垂直，水准气泡居中。磁环式分层标监测时应先用水准仪测出沉降管的高程，然后将分层沉降仪的探头缓缓放入沉降管，当接收仪发出蜂鸣声或指针偏转最大时，该处就是磁环的位置，自上而下依次逐点测出孔内各磁环至管口的距离，换算出各点的高程，如图 5.8(b)所示。

深层土体垂直位移的初始值应在分层标埋设稳定后运行监测，一般不少于一周。每次监测应重复进行两次，两次误差值不超过±1.0 mm。对于同一个工程，应固定监测仪器和人员，以保证监测精度。

(3)应提供的监测资料

①分层沉降标埋设平面图与剖面图。

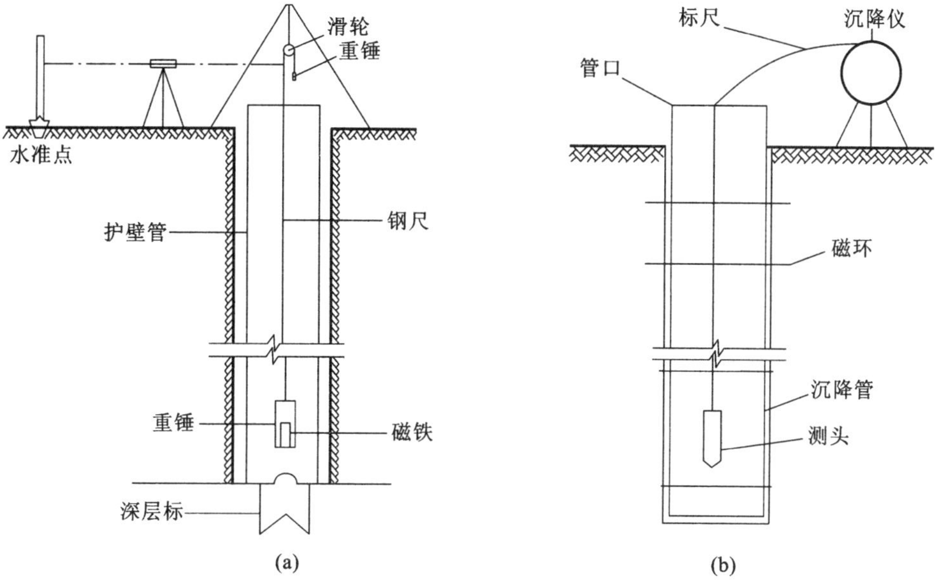

图 5.8　磁锤式、磁环式分层测量示意图

(a)磁锤式;(b)磁环式

②分层沉降监测成果表。

③沉降值、深度、时间曲线。

5.1.11　地下管线变形监测

地下管线是城市的生命线。一旦遭到破坏将会给城市居民生产、生活带来严重的影响,甚至导致严重的经济损失和社会事件。由于地下工程施工不可避免地要对地层岩土体产生扰动,因而埋设在地层中的地下管线将随岩土体变形而产生垂直位移和水平位移。地下管线变形监测的目的在于掌握地下管线的变形量和变化速率,及时调整施工方案,采取有效措施加以保护。

5.1.11.1　地下管线的调查

在制定测点布置方案和确定监测方法及频率前,首先应调查与管线监测有关的基础资料,其内容如下:

①管线的用途、材料和规格,以便选择重要管线进行监测。

②管线的平面位置、埋深和埋设年代。

③管线的接头形式、对位移的敏感程度,以便确定位移控制基准值。

④管线所在道路的交通状况,以便确定测点埋设方式。

⑤采用土力学与地基基础有关的公式估算地下管线最大位移值。

⑥城市管理部门对于地下管线的沉降允许值。

获取上述资料的途径主要是通过工程建设单位向有关管线管理或产权单位进行调研,收集管线分布图和现状。在缺乏图纸资料时,可采用管线探测仪进行现场勘查,也可向附近的管线用户进行调查。

5.1.11.2 测点的埋设

目前地下管线测点主要有抱箍式、直接式、模拟式三种。

(1)抱箍式

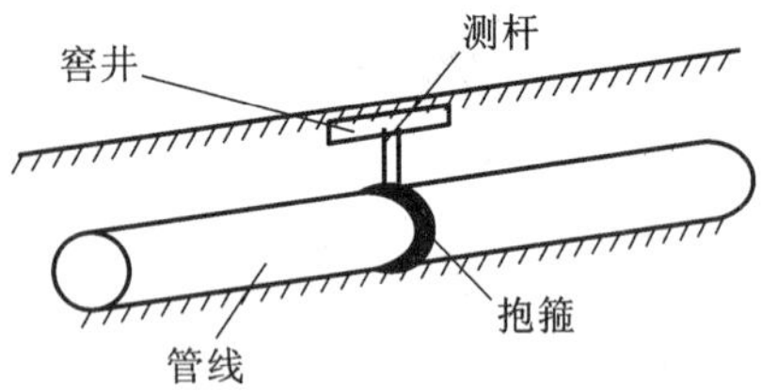

图 5.9 抱箍式埋设方案

由扁铁做成直径稍大于管线的抱箍固定在管线上，抱箍上焊一测杆，测杆顶端不应高出地表，路面处布置窨井，既用于测点防护，又便于地面交通通行。抱箍式测点具有监测精度高的特点，能如实反映管线的变形情况，但埋设时必须进行开挖，且要挖至管底，对交通繁忙的路段影响甚大。抱箍式测点主要用于一些次干道和十分重要的地下管道，如高压煤气管、压力水管等，如图 5.9 所示。

(2)直接式

用敞开式开挖和钻孔取土的方法挖至管线顶面，露出管线接头或闸门开关，利用凸出部位涂上红漆或粘贴金属物(如螺帽等)作为测点。直接式测点主要用于沉降监测，其特点是开挖量小，施工便捷。但管线埋深较大时容易受地下水或地表积水的影响，立尺困难，影响测量精度。直接式测点适用于埋深浅、管径较大的地下管线。

(3)模拟式

对于地下管线排列密集且管底标高相差不大或因种种原因无法开挖的情况，可采用模拟式测点。方法是选有代表性的地下管线，在其邻近施作 ϕ100 mm 的钻孔。孔深至管底标高，取出浮土后用砂铺平孔底，先放入不小于钻孔面积的一片钢板，以增大接触面积，然后放入一根 ϕ20 mm 的钢筋作为测杆，周围用净砂填实。模拟式测点的特点是简便易行，避免了道路开挖对交通的影响。但测得的是管底地层的变形，因此模拟性差，精度较低。

上述三种形式的测点均可用于垂直位移的监测。其中，抱箍式和直接式也可用于水平位移的监测，但应注意抱箍式测点的测杆周围不得回填，否则会引起监测误差。

5.1.11.3 监测注意事项

(1)在管线变形监测中，由于允许变形量小(一般为 10～30 mm)，故应使用精度较高的仪器和监测方法，如采用精密水准仪和铟钢尺测量垂直位移，采用有光学对中装置的经纬仪测量水平位移。

(2)计算位移值时应精确至 0.1 mm，同时应计算同一点上的垂直位移值和水平位移值的矢量和，求出最大值，然后与允许值进行比较。

(3)当最大位移值超出控制值时应及时报警，并会同有关方面研究对策，同时提高监测频率，防止意外突发事故，直至采取有效措施。

5.1.12 拱顶下沉监测

5.1.12.1 监测目的

拱顶下沉监测值是反映地下工程结构安全和稳定的重要数据，是围岩与支护结构力学形态变化的最直接、最明显的反映。

5.1.12.2 沉降点埋设与测试

(1)沉降点的埋设应能反映结构的受力状态和变形，并尽量与地表沉降测点相对应，以利于对比分析。

(2)拱顶沉降的水准基点可布设在洞内或洞外,应固定牢靠和易于测量。

(3)拱顶沉降的测点一般用 $\phi 6$ mm 钢筋弯成三角形制作,固定在待测面上的拱顶部位。根据隧道或地下开挖洞室的高度准备钢卷尺。其一段接上挂钩,监测时用挂钩将钢卷尺挂在拱顶测点上。对测点在地下工程施工期间采取措施加以保护,防止测点损坏,确保监测数据不中断。

(4)测量应在水准仪及挂尺检验合格后进行,如果在测点和挂尺附近有振动等时暂停监测,待周围环境对测量无影响时再进行监测工作。隧道内拱顶下沉的量测方法如图5.10所示。

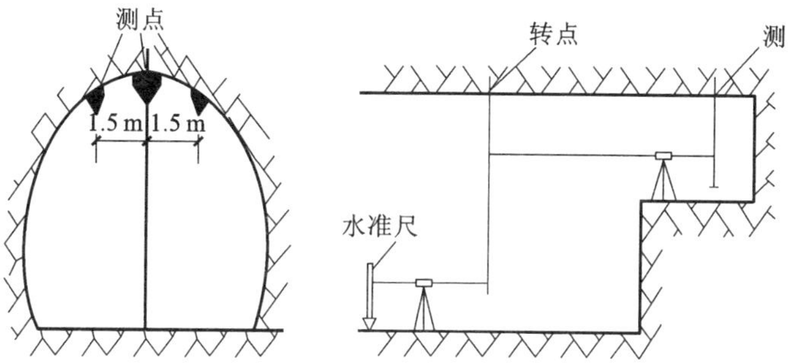

图 5.10 拱顶下沉的量测方法

5.1.12.3 数据分析与处理

对同一测点而言,拱顶沉降计算按照式(5.22)进行。

$$\Delta u_i = H_i - H_{i-1} \tag{5.22}$$

式中 Δu_i ——第 i 次的沉降值,m;

H_i ——第 i 次的测量高程,m;

H_{i-1} ——第 $i-1$ 次的测量高程,m。

其数据分析与处理的方法和过程与地表沉降监测的相同。

5.1.13 净空收敛监测

5.1.13.1 监测目的

地下工程开挖后,其洞室内部的净空收敛也是反映围岩与支护结构力学形态变化的最直接、最明显的参数之一。通过监测可了解围岩和支护结构的稳定状态。

5.1.13.2 测点布设原则

净空收敛的测点应与拱顶下沉测点布置在同一断面上。在同一断面内,收敛基线的布设应根据开挖断面大小选择不同的布置形式,通常情况下可以采用图 5.11 所示的收敛基线布设形式。

具体可按照地下工程所采用的开挖方法和断面大小加以确定。布置测点时,在被测结构断面的岩壁或土体上用钻机或冲击钻成孔,孔径为 $\phi 40 \sim \phi 80$ mm,孔深为 20 mm。在孔中填满水泥砂浆后插入收敛预埋件,尽量使两个预埋件的轴线在基线方向上,待孔内的砂浆凝固后即可进行监测。

5.1.13.3 监测与数据处理

每次测量时取下测杆保护帽,将收敛计用销子连接于基线两端的测杆上,张紧钢尺读数,

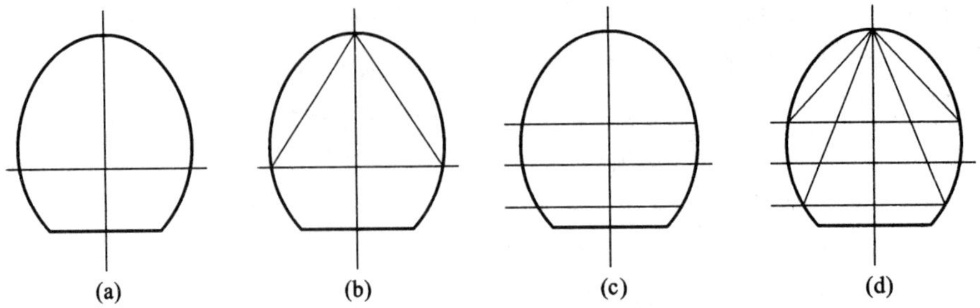

图 5.11　地下隧道收敛基线布设形式

(a),(b)单线隧道;(c),(d)双线隧道

重复三次读数的误差应在±0.05 mm之内。初次测量在钢尺上选择一个适当孔位,将钢尺套在尺架的固定螺杆上。孔位的选择应能使钢尺张紧,此时收敛计百分表或数显表顶端读数为0～25 mm。拧紧钢尺压紧螺帽,并记下钢尺孔位读数。再次测量,按前次钢尺孔位,将钢尺放在支架的固定螺杆上,按上述相同程序操作,得到测量值 L_n 。按式(5.23)计算洞室的净空变化值:

$$\Delta l_i = L_i - L_0 \tag{5.23}$$

式中　Δl_i——第 i 次测量的净空变化值,mm;

L_i——第 i 次测量的净空值,mm;

L_0——初始测量的净空值,mm。

洞内外温度变化会引起钢尺的变形,进而影响监测的精度,为此在监测的同时应考虑温度对变形的影响,收敛计温度的影响按式(5.24)加以考虑:

$$l_{it} = \alpha L(t_i - t_0) \tag{5.24}$$

式中　l_{it}——第 i 次测量的温度修正值,mm;

α——钢尺的线膨胀系数,℃$^{-1}$,$\alpha = 12\times10^{-6}$/℃;

L——测量基线的长度,m;

t_i——第 i 次测量时的测点温度,℃;

t_0——初始测量时的测点温度,℃。

为提高监测精度,每次测量时应尽可能使支架和销子处于某一固定方向。此外,在测量时还需要注意以下事项:到达测试地点后取出收敛计,并拉出其钢尺,钢尺长度稍长于测量基线,停放约20 min,以使环境温度与钢尺温度相同,并使百分表或数显表归零。

当百分表或数显表读数大于25 mm,钢尺需另换一个孔位与尺架连接。为了消除换孔间距的误差,换孔前先测读一次并计算净空变化值,换孔后再测读一次。在计算净空变化值时以后一次读数为准,再加上换尺时的净空变化值。

5.1.14　爆破振动监测

5.1.14.1　监测目的

钻爆法是山岭隧道和硬岩地层中地下工程最常用的施工方法。在距离地表只有数米或数十米埋深的地下作业,爆破所产生的地震波对地表各种不同的建筑结构将产生不同程度的振动影响,甚至引起结构破坏。为了确保建筑物的安全,在爆破施工期间需要对爆破振动进行监

测。其目的如下：

(1)通过现场的爆破振动监测，了解爆破振动的速度（加速度）分布与变化规律，判断爆破振动对建筑结构和周边建筑物的影响。

(2)通过振动速度监测，及时调整爆破参数，为优化爆破设计提供技术依据。

5.1.14.2 爆破振动监测应具备的条件

(1)传感器的要求和安装

①传感器频率要求

爆破产生的振动频率要高于自然地震的振动频率，远离爆源其值逐渐减小，一般情况下爆破振动频率为30～300 Hz。国内市场可供选择的振动速度传感器频率量程一般为1～500 Hz，基本能满足现场爆破振动监测的需要。另外，在监测爆源附近和坚硬岩体中的爆破振动时，应选择更高频率范围的传感器，其频率在1000 Hz以上。若传感器的频率范围不能满足要求，可改为加速度传感器，将加速度波形积分可得到速度波形。一般加速度传感器频率范围很大，可达10 kHz以上，可满足高频率振动监测的要求。

②传感器的安装

通常爆破施工引起的地表振动振幅值不大，频率较低，监测时只需将传感器直接置于地表，在其周围用石膏粘贴即可。而监测地下工程结构内部的强烈爆破振动时，可在内部侧壁上用钻孔将钢钎嵌入岩体，并将传感器固定在钢钎上。对于一般地段，可直接将传感器安装在岩体表面，不推荐安装在钢钎上，以免振动波形失真。目前一些传感器带有安装磁座，在现场安装比较方便。此时，可埋入或胶结一块小铁板，将传感器磁座直接吸附和固定在铁板上。

③传感器的其他要求

传感器属于敏感器件，在现场和野外条件下使用时，因周边环境条件差，颠簸振动较大，容易受损，因此传感器每年应标定一次。当发现传感器线性度偏差较大时，不再使用。传感器有竖向和横向之分，在监测三向振动分量时应注意传感器的方向性。现国外已研究出三向速度及加速度传感器。一个传感器同时监测出x、y和z轴三个方向的振动分量，能方便、准确地求出合速度，这种传感器是今后爆破振动测试的发展方向，目前因价格高且标定困难，不易推广，但爆破振动监测应以三向监测为主，三向合速度更能反映振动强度。

(2)记录仪的要求

爆破振动记录仪目前多为数字式，具有质量轻、便于携带且功能齐全的特点。在选择爆破振动自动记录仪时，应按照下列要求选取：

①有可靠的自触发装置。现场爆破振动自动记录仪一般放置在传感器附近，可省去较长的电缆线。因此记录仪的触发方式一般选择自动内触发，若内触发有误将导致监测失败。

②记录仪应具有负延时记录功能。若由自触发启动记录并存储时，如果没有负延时设置，则有可能丢失振动波头的记录信号，而波头信号往往比较重要。一般负延时记录应达到0.25 s左右。

③一台记录仪至少应有三个通道。通常为监测某点三个方向的振动分量，需要三个传感器接入同一台记录仪，它可保证三个方向同步进行记录，便于求合速度。

④具有较大的内存。能够满足现场多次和大量的监测。

5.1.14.3 监测报告的内容

一份完整的爆破振动监测报告应包括如下内容：

(1)监测工程的概况。包括时间、地点、环境温度、湿度、风向、风力、监测单位、监测人员。

(2)爆破网络参数。包括总装药量、分段数、分段炮孔数和药量、爆区范围、起爆方式。

(3)监测场地误差。包括测点方位、离爆源距离、测点地形和地质条件以及周围环境。

(4)传感器安装情况。包括传感器的安装方法、安装方向及传感器型号、灵敏度、线性度、编号。

(5)记录仪器情况。包括记录仪名称、型号、编号、触发方式、量程选择、采样频率、通道数及其编号。

(6)记录波形输出。振动波形应有时间标尺,标出最大振幅值和其所处时刻。

(7)振动衰减规律的回归分析。根据经验公式 $v = K\left(\frac{Q^m}{R}\right)^\alpha$,求出 K、α 值。

(8)爆破前后监测仪和建筑物有无损坏的描述。

(9)附上仪器传感器标定证书。

5.1.14.4　爆破振动效应的安全判据分析

描述爆破振动效应的参数较多,如振动速度、加速度、位移、频率等。用哪种参数作为评价爆破振动效应的判据,目前尚无统一标准。我国工程界普遍认同以爆破引起的振动速度作为判据。但国外评价标准已发展到采用多参数作为判据,如瑞典的评判标准综合考虑了振速、频率、位移、加速度等多项指标;美国矿业局、德国和芬兰则将振速和频率两个指标作为主要判据。以振速和频率两项作为判据是必要的,幅值和频率是描述振动效应的最基本物理量。从振动反应分析,不同地基和结构具有不同的固有频率,考虑到共振效应,振动判据应包括频率参数。在实际工作中常遇到此类问题,如某采石场爆破开采时,曾多次接到距离爆源 1～2 km 处住户反映振动较大的问题,但距离爆源 500 m 以内的住户却尚未感觉到房屋受到了强烈振动。经过分析可认为振动频率随距离的增大而降低,远处低频的振动波因接近房屋固有频率,因此房屋产生共振反应,振动较大。

5.1.14.5　爆破振动速度衰减公式的分析

目前,普遍采用萨道夫斯基公式来近似计算爆破引起的振动速度 v,即:

$$v = K\left(\frac{Q^m}{R}\right)^\alpha \tag{5.25}$$

式中　Q——单段起爆的装药量,kg;

R——测点与爆破点之间的距离,m;

K——爆破场地系数;

m,α——回归系数。

当药包尺寸或同段炮孔的分布范围与测点距离的比值相当小,如比值不到 1∶10 时,可以认为同段爆破药包为点药包,取 $m = 1/3$;更近距离范围时,m 值趋于 1/2。当测点与同段药包相当分散时,取 $m = 1/2$。

K、α 值与爆区地形、地质条件和爆破条件等有关,但 K 值更取决于爆破条件的变化,α 值主要取决于地形、地质条件变化。爆破临空条件好,岩石的夹制作用小,K 值就小;反之 K 值就大。地形平坦,岩体完整且坚硬,α 值较小;反之,岩体破碎、软弱且地形起伏时,α 值较大。

K 值的范围大部分为 $50 \sim 1000$,α 值为 $1.3 \sim 30$。实际监测时,建议将近距离振动衰减规律和远距离振动衰减规律分开考虑,当比例距离 $R' = R/Q^m \leqslant 10$ 时即可认为是近距离振动,

而当 $R' = R/Q^m > 10$ 时即认为是远距离振动。近距离振动时 K 值较大，可达500以上；α 值也较大，可取 $2.0 \sim 3.0$。远距离爆破振动时 $K = 130 \sim 150$，$\alpha = 1.3 \sim 2.0$。

5.1.14.6 爆破振动安全评价应注意的问题

在应用国家标准《爆破安全规程》(GB 6722—2014)中的安全振动速度标准时，应注意如下几个方面：

(1)在评价爆破振动安全性时，不仅要考虑地面建筑物结构形式，更要考虑地基基础。应该说大部分振动破坏都不是建筑结构的直接振动破坏，而是由于地基基础的振动变形和位移所致。因此除考虑不同结构类型的振速标准外，还应考虑不同地基类型的振动标准，如瑞典的“标准”规定为：

松散的冰碛层、砂层、卵砾石层、黏土层，$[v] \leqslant 1.8$ cm/s；

紧密的冰碛层、砂岩、软弱灰岩，$[v] \leqslant 3.5$ cm/s；

花岗岩、片麻岩、石灰岩、石英砂岩，$[v] \leqslant 7$ cm/s。

(2)对于特别重要的建筑物，应进行专项评审和鉴定，并根据调查报告或试验报告经论证后确定振动安全控制标准，并根据现场监测的结果加以调整。

(3)在爆源50 m范围以内有建筑物需要保护时，应做振动监测。因距离爆源较近区域振动危害较大，振动衰减规律变化较大，只有通过监测结果随时调整爆破设计方案才能确保建筑物的安全。

5.1.15 地质状况观察和素描

5.1.15.1 监测目的

通过对地下工程开挖工作面地质状况的观察和绘制素描图，可准确了解施工过程中所遇到的实际地质问题，并根据工作面的地质状况，如围岩级别、断层、节理、裂隙以及地下水发育状态等对施工技术和支护参数做出及时的调整。

5.1.15.2 监测实施过程

开挖后对工作面围岩观察的内容包括以下三个方面：

(1)围岩类型及其产状、节理裂隙发育程度和方向性、节理裂隙填充物的性质和状态等。

(2)开挖工作面的稳定状态，围岩有无剥落现象。

(3)工作面的地下水状况，如有无渗、涌水等。

5.1.15.3 分析与处理

(1)绘制掘进工作面的地质素描图，编录地质状况，并据此判定实际围岩级别。

(2)根据判定的实际围岩级别，分析支护设计参数的合理与经济性，为变更设计和调整施工工艺提供技术依据。

5.2 地下工程的远程监测系统

5.2.1 近景摄影测量系统

用于监测地下结构变形的近景摄影测量摄影机有两种类型：带有框标和定向设备的测量相机，即摄影经纬仪；没有框标和定向设备的非测量相机，即普通照相机。

近景摄影测量地下工程位移的实质就是测算出目标点的空间坐标及其变化，即为相应的三维位移矢量。近景摄影测量已从模拟法发展到解析法。

根据摄影测量的基本原理，按照测定已知元素的不同，近景摄影测量方法有四种：测量地表控制点的方法；测定摄影外方位元素的方法；直接线性变换的方法；手持相机监测地下工程位移的近景摄影测量新技术。其中前三种方法由于监测设备购置费用高、监测时间长以及在监测期间对施工和运营的干扰严重而难以推广。第四种方法的基本原理是：在地下工程整个监测断面上布置若干个变形测点，并放置1～2把基尺，利用普通相机对监测断面内的不同部位进行拍照，并将照片扫描成数字图形输入计算机，输入若干个参数后，计算机能自动识别未产生位移的标志点，并使其各坐标系统一致，计算出各变形点的三维位移量。

由于地下工程施工环境条件多变而且工艺复杂，近景摄影测量技术不易实施，而且其测量的精度难以达到要求。因此，尚需要开展进一步的研究工作。

下面对三维隧道影像扫描仪（简称“DIBIT系统”）做一简要介绍。DIBIT系统为可携带式隧道影像记录器，是由奥地利ILF与Tunei Conslt公司合作研制的测量系统，曾应用于德国、奥地利境内高速铁路隧道的施工监测。采用三维隧道影像扫描仪不仅可全面并精确地摄录隧道开挖面的地质与支撑施作状况，改善传统施工方法中有关监测或记录方法存在的不足，而且还可以提供隧道开挖的高精度资料，建立施工质量的资料库，有助于提升隧道施工的质量控制与工程管理效率。

5.2.1.1　DIBIT系统特性

(1)DIBIT系统外观

它的主要元件及功能如下：

①使用高解析度、配备数码耦合件(CCD)的相机，即数码相机。

②玻璃棱镜可配合自动定位经纬仪(self targeting servo-theodolite)进行坐标位置的确认。

③工业型电脑进行资料的搜集、记录与储存，配备触控式屏幕，可简化及加快操作程序。

④配备有高阶影像处理软件，可做影像资料分析与储存。

(2)DIBIT系统特性

①现场扫描时间短，且资料涵盖范围广。

②可由一般技术人员在现场单人操作。

③配合隧道施工掘进，扫描开挖面。

④隧道半径约为10 m时，其资料解析度一般可达1 cm。隧道越小，解析度越高。

⑤影像资料处理流程全自动化，无须人为处理。

⑥影像资料的储存、搜寻及调阅方便且快速。

⑦影像资料的评估简易便捷。

⑧影像结果表达方式明确且易于了解。

5.2.1.2　DIBIT系统操作

(1)影像资料记录

DIBIT系统使用固定于相机架上的两台数码相机与三组玻璃棱镜组成主机上的主要元件，如图5.12所示。

根据模拟航空摄影的原理，两台数码相机对相同目标摄取重叠影像，借以取得隧道表面的摄影像素(pixel)立体坐标。玻璃棱镜用于仪器本身的定位，通过置于主机附近的自动定位经

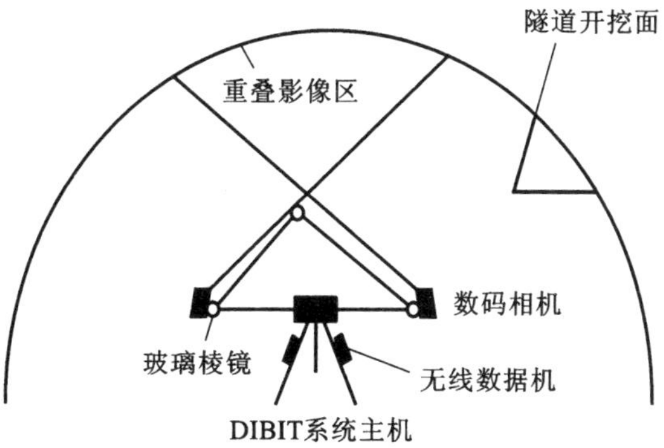

图 5.12 DIBIT 系统主机元件

纬仪完成。主机与经纬仪之间的数据利用内置无线数据机传输,进行自动化信息交换与指令操控,将定位资料同步储存至相关影像资料中。对一般山岭隧道而言,大约需要划分为五段进行断面扫描,分别摄取重叠影像,进而组合成全断面影像。

现场影像资料的收集、记录与储存由工业型电脑控制。DIBIT 系统总质量约为 18 kg,携带方便且可单人操作。为使影像有高的品质,通常在现场拍摄时附加卤素灯以增强照度。若使用自备电池,主机拍摄时间可维持约 40 min,也可外部接电源。在摄取隧道开挖面重叠影像时,将 DIBIT 系统主机大致置于隧道开挖面中心,输入隧道拍摄里程、高度与拍摄角度等信息,即可启动记录器逐段进行开挖面扫描与空间定位,每段扫描所需的时间约为 40 s。

(2)资料整理

将现场所摄录的地质资料,通过 MO 磁碟机输入室内主机即可进行资料的处理与分析。各段的数码原始影像资料经处理软件分析后可得正交影像,影像中每一像素均具三维绝对空间坐标,其资料解析度可达 1 cm。处理的结果可显示列表,以便进行分析、展示、储存或其他应用。对隧道施工管理而言,DIBIT 系统应用于隧道时,不仅可以取得施工过程的完整实况录像,如开挖面地质、喷射混凝土与二次衬砌混凝土等表面的影像,也可通过三维坐标的几何分析获得工程量相关资料,包括隧道超挖与欠挖量、喷射混凝土厚度、隧道收敛变形量、超挖或欠挖体积、喷射混凝土体积、喷射与回弹量等。此外,分析开挖面地质影像,可取得岩层层面与不连续面的产状和构造状况,以便进行地质资料的统计与分析。

5.2.2 多通道无线遥测系统

利用无线遥测系统可以对地下工程施工期间的围岩位移变化情况进行监测。经过机械传动使装在无线遥测数据采集发射装置中的容栅式位移传感器输出的信号发生变化。传感器同时输出两路不同的信号,即数据信号和同步信号。而用无线方式同时传输这两路信号是极为困难的,因此,先将这两路信号送入单片计算机,经过转换得到一路标准的异步串行通信信号。为了实现无线数据的传输,在发送前将数字信号变成模拟信号,在接收端再把模拟信号转化成数字信号。该系统使用专门设计的单片小型调制解调电路,便携式遥测主机电路图如图 5.13 所示。

无线遥测隧道围岩位移测试系统具有以下特点:

(1)整个系统的信号传输全部采用数字化传输,因此抗干扰能力强,监测结果准确。

(2)使用电容式(容栅式)新型位移传感器。

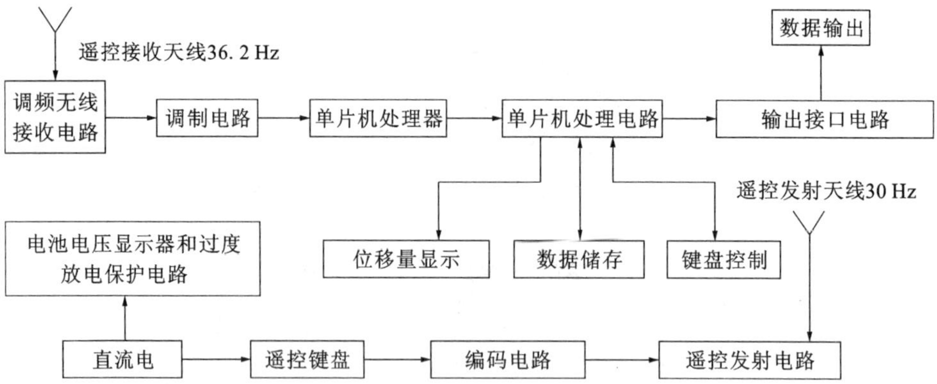

图 5.13 便携式遥测主机电路图

(3)专用小型调制解调器。

(4)功能齐全、操作简便,能够适应恶劣的工作环境。具有防尘、防水、抗爆以及体积小、成本低的特点,并设有电池电压显示器及过度放电保护电路等。

为了实现多通道数据遥测,在系统中设计了无线遥控发射接收电路,带有数码编码、解码和延时开关功能,用于准确控制多个遥测数据采集发射装置。数据采集发射装置中有遥控接收电路,此电路和容栅式位移传感器一直工作,随时准备接收遥控指令。当收到装在遥测主机上的遥控发射电路发出的编码指令,并且确认解码正确后,无线遥测数据采集发射装置自动开启遥测发射电源,开始发射信号。由于延时开关电路的作用,2 s 自动断电停止工作。每个数据采集发射装置均有不同的编码,监测人员可以使用遥测便携式主机上的键盘,非常方便地启动对应的发射电路,实现多通道逐点监测。多通道无线遥测隧道围岩位移系统的研制成功为隧道位移监测提供了一种精确、可靠、便捷的方法。

5.2.3 光纤监测系统

利用外界因素使光在光纤中传输时,光强、相位、偏振态以及波长(或频率)等特征参量发生变化,从而对外界因素进行监测和信号传输的技术称为光纤监测技术。轻细、柔韧并具有良好可埋入性的光纤,能集信息传输与传感于一体,由它构成的传感器只需一光源和一探测线路,就可以对沿光纤传输路径上长达数米甚至数千米的信息(如应力、温度、位移、损伤状况等)进行量测与监控。光纤监测技术目前已成为世界各国竞相研究的一个有重大价值的课题。光纤监测技术才刚刚开始应用于土木工程界。

根据对光纤传感技术的研究和初步工程实践的体会,光纤传感技术与传统传感技术在岩土工程中应用的优缺点,见表 5.1。

表 5.1 光纤传感技术与传统传感技术比较

比较项目	光纤传感技术	传统传感技术
监测环境	可用在水下、潮湿、易燃、易爆、电磁干扰、高能辐射等环境中,无须采用任何防护措施即可进行长期监测	不适用于复杂环境,如做特殊防护可进行短期监测
灵敏度	位移达到 $10^{-2} \sim 10^{-4}$ 量级,压力为 0.01～0.001 MPa	位移达到 $10^{-2} \sim 10^{-4}$ 量级,压力为 0.01～0.001 MPa

续表 5.1

比较项目	光纤传感技术	传统传感技术
连接成网	需要进行无源连接，连接器件价格高，维修困难	易于连接和维修，费用低
智能化	易于实现	易于实现
施工干扰	需要进行防护，但体积小易于隐蔽，元件维修困难	需要进行防护，故障易排除，设备占用空间较多
服务年限	>10 年	1～2 年
监测费用	在同一测试方法及精度内，仅为传统法的1/2～1/3	费用较高

从表 5.1 可以看出，光纤传感技术与传统传感技术相比有明显的优越性和巨大的发展潜力。由于隧道位移监测具有长时效性、环境复杂、监测对象受时空限制和施工环境制约等特点，因而对于隧道围岩位移监测，应用光纤监测技术与其他监测技术相比，体现出了明显的优越性，它能够有效地解决通常遇到的防潮和抗电磁干扰等问题。

从整体上看，利用光纤监测技术进行隧道位移的量测与监控，需要隧道力学、光通信技术、微电子技术和计算机技术的通力合作，并要有一定的经费投入，这就是目前发展该项技术的主要困难。但是，通过上述的比较与分析可知，将光纤监测技术应用于隧道围岩位移量测与监控，的确具有巨大的发展潜力和经济效益。

5.2.4 自动全站仪非接触监测系统

全站仪非接触监测系统采用先进的全自动全站仪，具有自动识别目标、自动跟踪、无棱镜测距的功能，通过数据线与远处控制室连接，通过控制室电脑发出指令控制全站仪对目标进行监测。该系统具有获取信息及时，监测精准度高，监测与施工量测可共用一套仪器的优势。

(1)无尺监测系统的构成

为了满足地下工程变形监测的需要，全站仪的测角精度应达到±1″，分辨率达到 0.1″，而测距精度为 1 mm+1 ppm(1 mm 代表固定误差，1 ppm 代表比例误差，ppm 是百万分之一的意思，是针对 1 km 即 1000000 mm 距离的误差单位是 mm)，分辨率达到 0.1 mm，这样对于几十米长的隧道范围内的观测点，其定位精度用 1～2 个测回即可达毫米级。也可采用测角精度为 2″，测距精度为 2 mm+2 ppm(2 mm 代表固定误差，2 ppm 代表比例误差)的全站仪，但要达到 1 mm 的定位精度，必须增加测回数。

与全站仪配套使用的反射片是一种具有回复反射性能的反射膜片。反射膜片由丙烯酸配制成，厚度为 0.28 mm，呈银灰色，大小可根据测距加以选择。监测中常使用的反射片技术参数如表 5.2 所示。

表 5.2　反射片技术参数

反射片大小(mm)	测量范围(m)	精度(mm)
20×20	1～10	1.0
40×40	20～100	1.0
60×60	60～100	1.0

反射片最大测距可达 180 m，而且当视线与反射片垂直时，不会降低测距精度，当反射片于 45°位置放置时，监测精度为±1.0 mm，在两个位置监测时，精度还会提高。

(2)自由测站方法的原理

全站仪自由测站三维测量是指从任一测站上观测若干已知基准点的方向与距离，通过坐标交换或按最小二乘法算出该测站上一个中心的坐标及正北方向，然后以此测出其他需测点的坐标。

自由测站法原理如图 5.14 所示，A 是任意一监测点。全站仪载有自由测站程序，该程序最多可利用多个后视点的测量值来推求测站点的三维坐标及正北方向，给出其精度并能将定向值和测站坐标设置在仪器中，然后可进一步测量其他变形点相对测站中心的极坐标，经坐标变换得测点在直角坐标系中的三维坐标。

假设仪器中心点 O 的坐标为(x_0，y_0，z_0)，由自由测站法测得，设全站仪测得仪器中心点 O 距 A 点的平距为 S_A，方位角为 α_A，高差为 ΔH，则 A 点的空间三维坐标为：

$$\left.\begin{aligned} x_A &= x_0 + S_A \sin\alpha_A \\ y_A &= y_0 + S_A \cos\alpha_A \\ z_A &= z_0 + \Delta H \end{aligned}\right\} \tag{5.26}$$

这种方法的优点是可任意放置仪器，仪器操作比较方便，但测站点的定位精度不易保证，从而影响最终监测点的测量精度，且多个后视基准点在隧道这种狭长的空间中难以确定。

固定测站法原理如图 5.15 所示，A 是任意一监测点。假设仪器架设在固定点 O，O 点为坐标原点(0，0，0)，仪器高为 H；以 O 点和基准点连线为 y 轴建立局部坐标系。

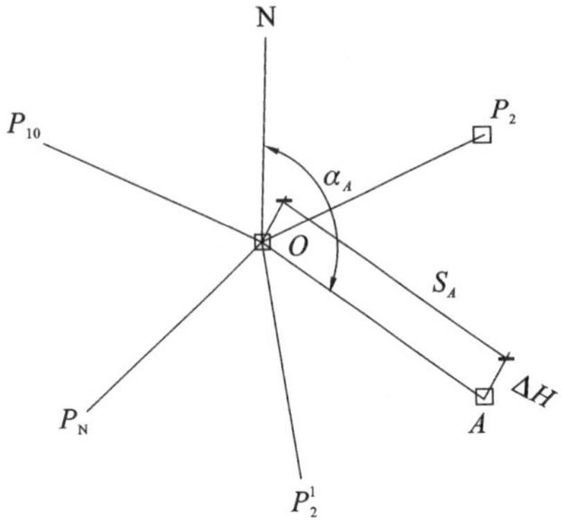

图 5.14　自由测站法原理图

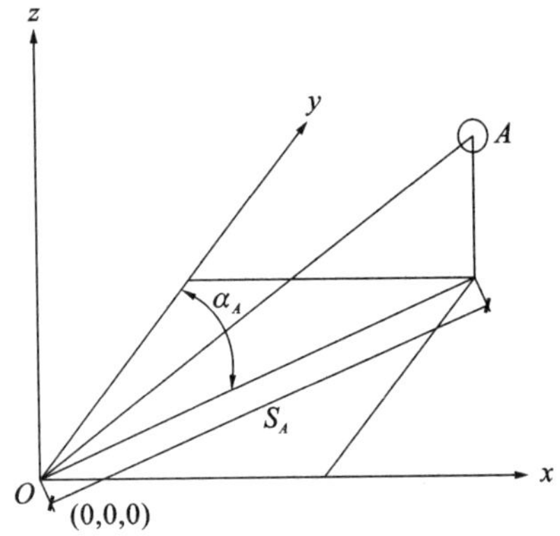

图 5.15　固定测站法原理图

设全站仪测得固定点 O 距 A 点的平距为 S_A，方位角为 α_A，高差为 ΔH，则 A 点的空间三维坐标为：

$$\left.\begin{aligned} x_A &= S_A \sin\alpha_A \\ y_A &= \cos\alpha_A \\ z_A &= H + \Delta H \end{aligned}\right\} \tag{5.27}$$

这种方法的优点是后视基准点只需要一点，定向准确和方便。但每次监测时需要将仪器对中和测量仪器高度，其精度直接影响监测点精度，而且固定点需要加以保护。

5.2.5 巴赛特(Bassett)结构收敛系统

巴赛特结构收敛系统可以进行隧道断面变形的连续监测，该系统可安装在隧道典型断面，用于监测因结构变形而引起的变形破坏，能够适应交通隧道中的震动、水流、温度变化以及电磁辐射环境。

5.2.6 轨道变形监测系统

轨道变形监测系统专门用于监测铁路轨道的沉降和扭转，采用数据记录仪进行远程读数，用于监测和维护铁路和路基的安全，如图 5.16 所示。

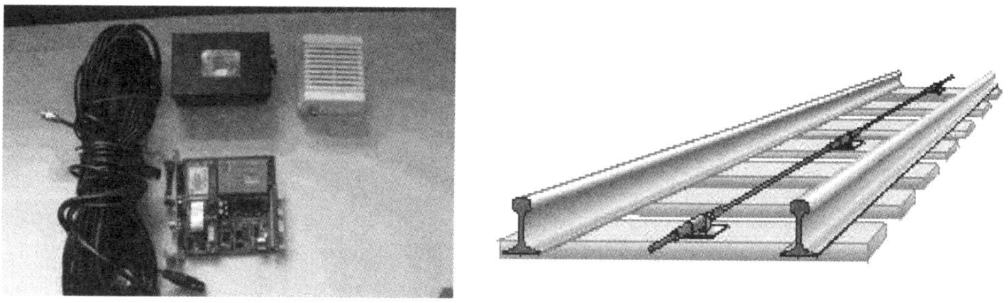

(a) (b)

图 5.16 轨道变形监测系统

(1)仪器性能

EL 电解质式轨道变形监测传感器，量程为 40′，分辨率为 1″(0.005 mm)，测试精度为 0.015 mm。

(2)系统性能指标

①实时性。24 h 全天候实时监测，完全可以实现无人值守测量。

②实用性。系统可靠、稳定，适应性强，可以在列车正常运行的环境及潮湿环境中稳定监测。

③自动化程度和效率高。对于经常性的、工作量较大的作业，可选批处理功能完成，提高工作效率。

④功能齐全。该系统可实现与在线监控系统之间数据的自动转换。

5.3 光纤传感系统

5.3.1 系统简介

光纤光栅传感器是目前正在研发的新型传感器，与传统传感器相比，光纤光栅传感器集信息感应和传输于一体，具有防爆、抗电磁干扰、抗腐蚀、耐高温、体积小、质量轻、灵活方便等特点，特别适合在恶劣环境下使用。光纤光栅传感器克服了电阻应变片易受电磁干扰、容易损坏、寿命短和不能重复使用的缺点。

光纤光栅传感器与传统传感器的不同之处在于，光纤光栅传感器是波长编码，因此光纤光栅传感器测量时极易受光源起伏、光纤弯曲、连接损耗和探测器老化等因素的影响。目前美国、加拿大、瑞士、德国、英国等已将光纤光栅传感技术成功地应用在隧道、桥梁、大坝、电站、高层建筑等基础设施的安全监测中,美国和日本甚至将此技术列为21世纪先导性的战略产品。目前光纤光栅传感器已被公认为是结构安全检测中最有前途、最理想的监测系统。通过采用光纤光栅传感技术可准确地判断地震、不均匀沉降、动荷载等对建筑结构产生的不利影响,可实时、长期、直观地监控。

5.3.2 光纤系统组成

光纤系统主要包括光纤光栅传感头及传感测量两部分。传感测量部分主要包括探测光源和光纤光栅传感监测系统。

(1)光纤光栅传感头

光纤光栅传感头主要采用Bragg光纤光栅或其他类型光纤光栅(如均匀长周期光纤光源、相移光纤光栅等)。Bragg光纤光栅的基本结构如图5.17所示,纤芯中的条纹代表折射率的周期性变化。

(2)探测光源

探测光源即宽带光源或LED(Light Emitting Diode的缩写)。图5.18所示的宽带光源可实现大功率稳定输出,满足大型传感网络光源的需要,具有双冷却系统和特殊设计的散热封装,可满足长期稳定运行的要求。

图5.17 Bragg光纤光栅

图5.18 宽带光源

(3)光纤光栅传感监测系统

光纤光栅传感监测系统可以把数百个甚至上万个传感头组成网络,从而进行远程在线实时监测。利用网络化计算机的电控系统,可提高监测系统的可靠性、柔性及模块化。监测系统采用了CAN(Controller Area Network的缩写)总线网络技术连接各传感探测器的自动系统,构成一个分布式的网络控制系统,网络结构如图5.19所示,其中每个传感器含有多个传感头。各种传感器由具有CAN总线网络接口功能的传感器组成,可按需要加以扩展。该系统可实现现场组网实地测量。

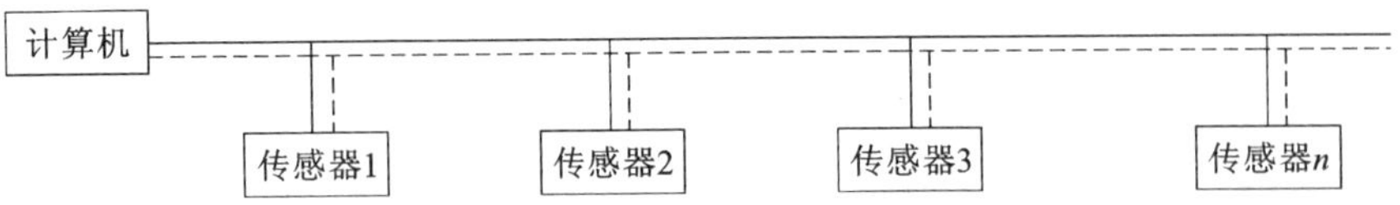

图5.19 传感器网络控制系统

5.3.3 工作原理

5.3.3.1 白光干涉式技术

利用一段经过特殊加工的光纤作为传感器,采用光纤白光干涉绝对测量技术,不断监测该光纤段绝对长度的变化，并通过建筑物变形而导致的光纤长度变化的相互关系来确定监测量。该方法比较方便，但需要对光纤进行特殊加工。

5.3.3.2　Bragg 光栅技术

将一宽带光源发出的光注入光纤后，只有特定波长的光才被 Bragg 光栅反射，该反射光波长与光栅栅距成正比。当结构受力导致光纤变形，则栅距也将发生改变，从而导致光波长变化。通过光谱仪监测反射光波长变化量就可以求得该处的应变值。Bragg 光栅的应变监测精度可达到纳米级，其监测结果不受光源强度、光纤长度的影响，监测结果的可靠性高。但光谱仪的价格较高，光栅的刻制成本高。

均匀 Bragg 光纤光栅示意如图 5.20 所示，纤芯中的条纹代表折射率的周期性变化，所用光纤是一种在纤芯中掺有光敏材料(如硼等)的特殊光纤。紫外曝光会使纤芯的折射率增加，光纤光栅就是利用光敏光纤的这一特性，用位相模板法或全息干涉法，根据入射光、反射光、透射光和与之相关的能量与动量守恒定律得 Bragg 的反射波长。在一级近似的情况下，得到 Bragg 条件为：

$$\lambda_B = 2n_{ef}T \tag{5.28}$$

式中　λ_B ——Bragg 波长，即光栅反射对应于自由空间中的中心波长；

T ——光栅周期，如图 5.20 所示；

n_{ef} ——纤芯的有效折射率。

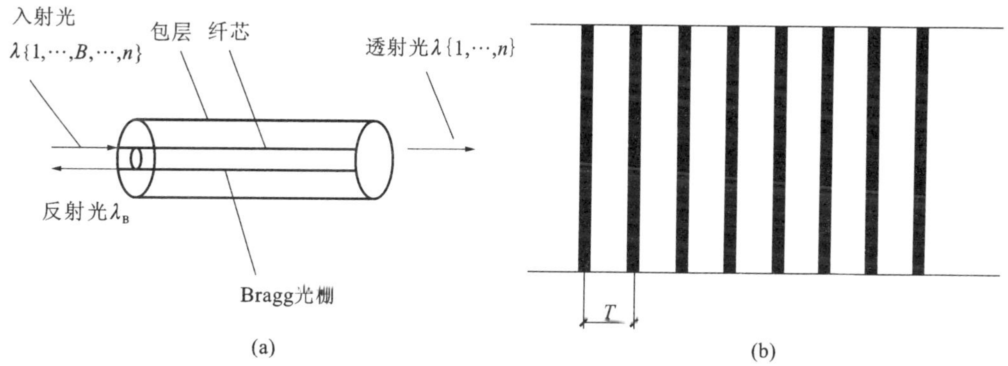

图 5.20　均匀 Bragg 光纤光栅示意图

(a)均匀 Bragg 光纤光栅；(b)放大的光栅

当入射光满足上面的 Bragg 条件时它将被反射。对于均匀的 Bragg 光纤光栅，其波长的相对变化量可以写成：

$$\frac{\Delta\lambda}{\lambda_B} = (\alpha + \zeta)\Delta t + (1 - P)\varepsilon \tag{5.29}$$

式中　α,ζ—— 光纤的热膨胀系数和热光系数，其值分别为 $\alpha = 0.55\times10^{-6}$，$\zeta = 8.3\times10^{-6}$，故在 λ_B 为 1500 nm 时，光纤光栅的温度灵敏度大约是 0.0136 nm/℃；

Δt ——温度的变化量，℃；

P ——有效光弹系数，大约为 0.22，从而应变灵敏度为 0.001209 nm/$\mu\varepsilon$，$1\mu\varepsilon = 10^{-6}$，无单位；

ε ——轴向应变。

Bragg 波长随温度 t 或轴向应变 ε 的变化而变化。温度 t 和轴向应变 ε 可以是很多不同的物理量(如压力、形变、电流、电压、振动、速度、加速度、流量等)的函数,因而测量光栅反射波长的变化就可以计算出相应的待测物理量的变化,所以式(5.29)是光纤光栅传感的基本方程。目前光纤光栅传感器有位移、应变、温度和加速度等多种类型,如图 5.21 所示。

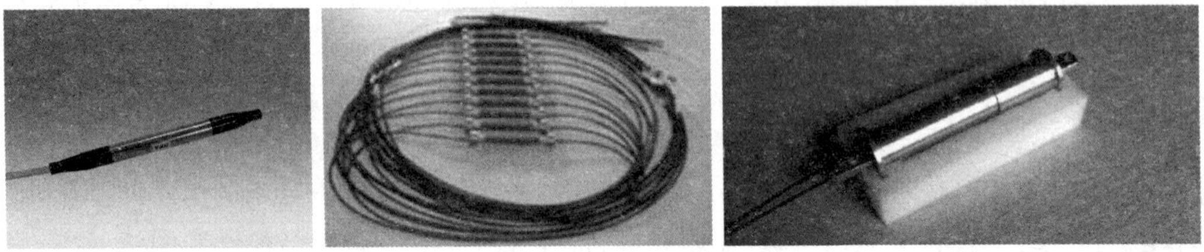

(a) (b) (c)

图 5.21 光纤光栅传感器

(a)温度传感器;(b)应变传感器;(c)位移传感器

5.3.3.3 布里渊散射光时域分析法

光纤的布里渊背向散射频率对光纤所受的应力、应变非常敏感,而且具有较好的线性关系,测试精度高。布里渊散射光时域分析法的优点是不需要对光纤进行加工,测试费用低,是真正意义上的分布式监测技术,只需要对光纤沿线返回的光信号做出处理即可。但难点在于光纤中的自然布里渊散射光强度很弱,需要对光信号进行放大处理,使整个系统的造价非常昂贵。目前该技术在国内尚处于开发阶段。

5.3.4 光纤传感器的埋设

将光纤合理、无损地埋入地下工程结构进行监测需要考虑和解决以下几个基本问题:如何将光纤无损伤地埋入地下工程结构;如何合理布置光纤;当埋入光纤传感器的力学性质与岩土力学性质不一致时,需要考虑和分析光纤监测数据是否合理。

在光纤传感器埋设后,工程结构中的粗骨料、混凝土的振捣和硬化都会对传感器造成损伤。为避免损伤可采取以下方法:

(1)先将光纤埋入一小型预制构件中,再将这一小型预制构件埋入工程中,预制构件材料的力学性质应与工程材料一致。

(2)对于钢筋混凝土结构,可将光纤粘贴到钢筋上,一方面钢筋可保护光纤,另一方面钢筋的受力、变形足以反映结构的内部应力、应变状态。

(3)在工程结构中埋入经过特殊保护处理的光纤。先用小导管保护光纤,在黏结剂固化之前将导管拔出。

为了合理埋设光纤传感器,事先应对工程结构进行力学分析,找出其受力与变形的关键点和关键段。一般而言,光纤的物理力学性能不同于岩土介质,如材料弹性模量的不同会导致光纤传感器所在处的混凝土产生应力集中现象。当温度膨胀系数不同时,温度变化会导致热应力差。以往的研究表明:当光纤直径较小时,这些影响是可以忽略的。此外,也可以先将光纤粘贴或埋设于工程介质力学性质与其相似的构件中,然后再埋置于工程结构中。

现以实例加以说明。

北京某地铁站采用暗挖法施工,车站下穿地铁二号线区间隧道。新建车站与既有区间隧道结构地板仅相距 1.9 m，为了确保既有线的运营安全，采用 ϕ600 mm 管棚进行超前支护。为了了解施工过程中管棚的变形状况，采用光纤传感器对管棚的应力进行监测。依据监测要求，在管棚中的三根钢管上设置 54 个监测点。

将光纤传感器直接粘贴到钢管上，外面采用 10 号槽钢进行防护。第一个光栅距钢管端口 1 m 处粘贴，其他光栅的间距为 2 m。一根钢管共铺设 18 个光栅测点。为避免将槽钢焊接到钢管时产生的高温破坏光纤光栅，可采用先焊防护槽钢后粘贴光栅的方法。具体要求如下：

(1)槽钢的焊接

在焊接前截断槽钢，第一段长度为 92.5 cm，其后每间隔 185 cm 截下长 15 cm 的一段槽钢，并配备同样大小的槽钢作为防护盖，顶部焊 80 cm 长的钢筋。在光栅、光纤连接工作结束后用电焊在钢筋两端进行点焊，槽钢端面与钢管的连接处采用防水密封胶进行密封固定。

(2)光纤光栅的粘贴

单根钢管的光纤光栅粘贴工作应在钢管顶进前完成，并做好光栅的连接，同时完成预留光纤的连接。在光栅粘贴前应使用手砂轮、砂布等对钢管表面进行处理，然后采用 350 胶进行粘贴。同时应对包层、涂敷层、护套进行粘贴或使用卡子固定。此外对光栅进行测量，同时做好标记和记录。

(3)光纤光栅的连接

对所监测三根钢管的光纤光栅的连接工作应在钢管顶进时同步进行。在焊接时钢管与钢管之间所产生的高温会对邻近的光栅产生损伤，因此必须采取降温措施。例如，使用石棉布或其他吸水耐高温材料在距焊口两端 0.4 m 处各缠绕数圈，并浇水加以冷却，确保光纤光栅处的温度不超过 150 ℃。在钢管焊接完成并冷却后，采用熔接法连接光纤，并检测光栅。如果发生意外事故，应停止作业，分析原因并采取补救措施；如果发生光栅损坏事故则应立即进行修复，一旦无法修复，应在下一根钢管上重新布设光栅，其作业方法同上。

(4)光纤引出处的固定

槽钢的尾部可用 5 mm 厚的钢板加以焊接密封。在钢板的中部，可打两个 ϕ5 mm 的孔，在圆孔上安装 SC 接口固定光纤，使用乳胶加以密封。槽钢尾部防护板尺寸如图 5.22 所示。

待管棚顶进完成后，可进行光源、测试设备的安装，并做整体调试，完成第一次监测。监测采用光纤光栅应变传感测试仪进行数据采集。由宽带光源，光纤光栅传感头，光纤光栅波长解调系统，数据处理、显示系统和相应的软件组成完整的光纤光栅智能应变监测系统。光纤光栅应变传感测试仪如图 5.23 所示。

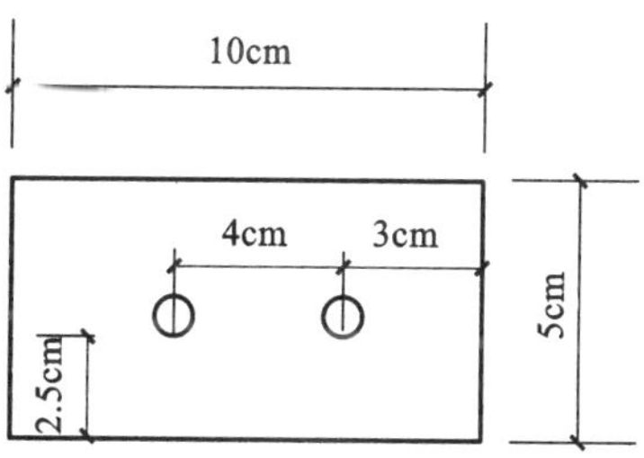

图 5.22　槽钢尾部防护板尺寸

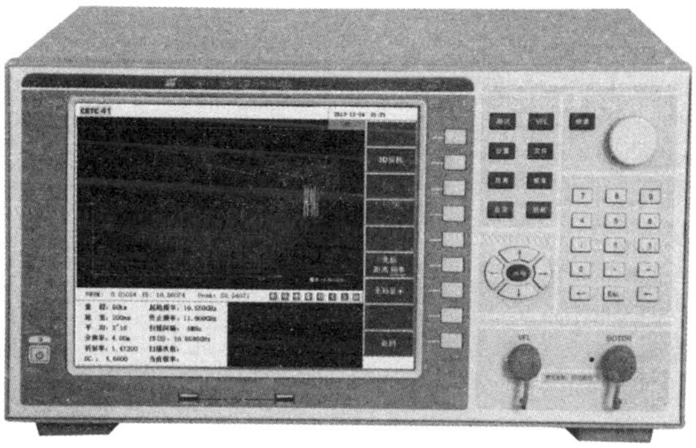

图 5.23　光纤光栅应变传感测试仪

通过光纤光栅应变传感测试仪得到的应变值与光纤光栅改变量之间的关系，可以得到管棚的挠度变化状况，现场监测结果如表5.3所示。

表5.3 现场监测结果

序号	位置	初值(nm)	测试值(nm)	应变
1	1	1539.13	1538.334	−0.138
2	3	1544.93	1543.882	−0.182
3	5	1547.73	1547.309	−0.159
4	7	1551.33	1550.349	0.041
5	9	1556.43	1553.013	0.511
6	11	1557.47	1555.763	0.386
7	13	1544.06	1543.059	−0.284
8	15	1552.03	1552.552	−0.258

本章小结

(1)常规项目的监测方法有很多。其中地表沉降是地下工程最主要的监测项目之一，还有支护体系水平位移监测、支撑轴力监测、支护结构的钢筋应力监测等十几项监测项目。

①地表沉降的监测方法。地表沉降监测是根据监测施工对象周围水准点的高程而进行的。测量精度对沉降监测的质量起着重要的作用。

②支护体系水平位移的监测方法。围护结构(如围护桩或地下墙)向基坑内的水平位移主要由支撑架设或浇筑前开挖土体引起的变形和支撑杆受压引起的变形两部分组成；支护体系水平位移的监测主要使用全站仪或经纬仪及觇牌，或带有读数的觇牌，基座都应有光学对中器，以提高对中精度。水平位移的监测方法很多，可根据现场情况和工程要求灵活应用。

③支撑轴力的监测方法。根据支撑杆件所采用的材料不同，所采用的监测传感器和方法也有所不同。对于钢筋混凝土支撑杆件，目前主要采用钢筋计监测钢筋的应力或采用混凝土应变计监测混凝土的应变，然后通过钢筋与混凝土共同工作、变形协调条件来反算支撑的轴力。对于钢支撑杆件，目前较普遍的是采用轴力计直接监测支撑的轴力。

④支护结构钢筋应力的监测方法。采用钢筋计监测钢筋的应力，然后通过钢筋与混凝土共同工作、变形协调条件反算支护结构的轴力和弯矩。对于明挖基坑，围护结构在支护体系中属于受弯构件。由于受土压力和集中荷载的共同作用，围护结构可近似看作连续梁，在无支撑围护结构中则可近似看作悬臂梁。作为梁构件，其抗弯能力的大小决定了围护体系的稳定和安全。

⑤支护结构混凝土应变的监测方法。混凝土应变计主要有埋入式和表面式两种类型。埋入式应变计是在支护结构混凝土浇筑时埋设，应保证其有一定厚度的混凝土保护层，应变计应与支护结构的轴线平行。为避免混凝土振捣时应变计转向和位移，一般可在埋设断面附近的工段混凝土振捣完毕后，及时进行手工埋设。

⑥土压力的监测方法。在进行土压力监测前，需要分析和收集基础资料；在平面上，压力

盒应紧贴监测对象布置；当监测围岩施加给混凝土层的径向压力时，先用水泥砂浆或石膏将压力盒固定在岩面上，再谨慎施作混凝土层。混凝土层与压力盒之间不存在间隙，压力膜应与土压力的方向对应；当监测基坑反力或地下室侧墙的回填土压力时可用埋置法进行。在结构物基底埋置压力盒时，可先将其埋设在预制的混凝土块内，整平地表，然后放置预制混凝土块，并将预制块浇筑在基底内。

⑦孔隙水压力的监测方法。孔隙水压力监测一般采用孔隙水压力计进行，其埋设方法与压力盒基本相同。可采用挂布法、顶入法、弹入法、埋置法和钻孔法。

⑧地下水位的监测方法。检验降水措施实施效果的水位孔应布置在降水区域内，水位孔一般用小型钻机成孔，孔径应略大于水位管的直径。

⑨围护结构水平位移的监测方法。常用测斜仪进行监测，其主要用于明挖基坑围护结构水平位移的监测。在基坑周围钻孔，并在孔内安装测斜仪。

⑩深层土体位移的监测方法。深层土体位移可分为水平位移和垂直位移。深层土体水平位移的监测可通过在土体中埋设测斜管，使用测斜仪进行。而深层土体垂直位移的监测可通过在土体中埋设分层沉降标进行监测。

⑪地下管线变形的监测方法。主要监测地下管线随岩土体变形而产生的垂直位移和水平位移。地下管线测点主要有三种监测方法，即抱箍式、直接式和模拟式。

⑫拱顶下沉的监测方法。拱顶沉降的水准基点可布设在洞内或洞外，拱顶沉降的测点一般用 $\phi 6$ mm 钢筋弯成三角形制作，固定在待测面上的拱顶部位。

⑬净空收敛的监测方法。净空收敛的测点应与拱顶下沉测点布置在同一断面上。收敛基线的布设按照地下工程所采用的开挖方法和断面大小加以确定。

⑭爆破振动的监测方法。主要是了解爆破振动的速度（加速度）分布与变化规律，判断爆破振动对建筑结构和周边建筑物的影响，并通过监测及时调整爆破参数，为优化爆破设计提供技术依据。

⑮地质状况观察和素描。通过对地下工程开挖工作面地质状况的观察和素描可准确了解施工过程中所遇到的实际地质问题，对施工技术和支护参数做出及时的调整。观察的内容包括：围岩类型及其产状、节理裂隙发育程度和方向性、节理裂隙填充物的性质和状态等；开挖工作面的稳定状态，围岩有无剥落现象；工作面的地下水状况，如有无渗、涌水等。

（2）地下工程的远程监测系统分为近景摄影测量系统、多通道无线遥测系统、光纤监测系统、自动全站仪非接触监测系统、巴赛特结构收敛系统以及轨道变形监测系统。

①近景摄影测量地下工程位移的实质就是测算出目标点的空间坐标，测算出相应点空间坐标的变化，即为相应的三维位移矢量。近景摄影测量方法有四种：测量地表控制点的方法；测定摄影外方位元素的方法；直接线性变换的方法；手持相机监测地下工程位移的近景摄影测量新技术。

②经过机械传动使装在无线遥测数据采集发射装置中的容栅式位移传感器输出的信号发生变化，传感器同时输出两路不同的信号，即数据信号和同步信号。为了实现多通道数据遥测，在系统中设计了无线遥控发射接收电路，带有数码编码、解码和延时开关功能。

③光纤监测系统利用外界因素使光在光纤中传输时的光强、相位、偏振态以及波长（或频率）等特征量发生变化，从而对外界因素进行监测和信号传输的技术称为光纤监测技术。

④自动全站仪非接触监测系统采用先进的全自动全站仪，具有自动目标识别、自动跟踪、

无棱镜测距的功能，通过数据线与远处控制室连接，通过控制室电脑发出指令控制全站仪对目标进行监测。

⑤巴赛特结构收敛系统可以进行隧道断面变形的连续监测，该系统可安装在隧道典型断面，用于监测因结构变形而引起的变形破坏。

⑥轨道变形监测系统专门用于监测铁路轨道的沉降和扭转，采用数据记录仪进行远程读数。

(3)光纤传感系统主要包括光纤光栅传感头及传感测量两部分。光纤光栅传感头主要用Bragg光纤光栅，工作原理是将一宽带光源发出的光注入光纤后，只有特定波长的光才被Bragg光栅反射。该反射光波长与光栅栅距成正比。当结构受力导致光纤变形，则栅距也将发生改变，从而导致光波长变化。通过光谱仪监测反射光波长变化量就可以求得该处的应变值。

6 地下工程监测的信息反馈技术

6.1 信息反馈的目的及内容

6.1.1 信息反馈的目的

在地下工程施工期间，为保证地下工程施工及周边环境安全，需要建立一套严密、科学的监测体系。在施工过程中对地下工程及周边环境进行监测，分析、判断、预测施工中可能出现的险情，采取相应的技术措施，使施工对周围环境的影响降到最低程度，即通常所说的信息化设计与施工。其核心内容就是监测与信息反馈，监测项目的内容和方法在前面已做了介绍，而信息反馈的主要目的如下：

(1)将监测所得到的围岩及支护结构稳定状况及时提供给设计与施工单位，以便采取有效措施确保地下工程施工安全。

(2)根据监测所得到的施工对周边建筑物、地下管线的影响程度，制定合理的保护措施。

(3)为设计与施工、监理单位提供沟通渠道，以确保信息化设计与施工的效果。

(4)为信息化设计与施工积累资料，提高地下工程的设计和施工水平。

6.1.2 信息反馈的内容

将地下工程施工期间通过监测取得的大量围岩与支护结构的位移、支护结构内力、周边建筑物变形等信息及时反馈给设计和施工单位，对地下工程的信息化设计与施工非常重要。在地下工程施工中，需要进行反馈分析的内容很多，实际应用时可根据工程具体要求有选择地进行分析与反馈工作。

6.1.2.1 对设计的信息反馈内容

①通过对监测资料的反分析，修正设计采用的围岩物理力学参数。

②通过对监测资料的反分析，修正设计计算中的地应力、渗水压力、围岩压力等基本荷载。

③通过对围岩和支护结构的位移、应力、应变，地表沉降及周边建筑的位移等的监测，修正设计和计算中的变形控制基准、安全监测方法和监控判断指标。

在上述修正基础上调整支护结构参数，即进行信息化设计。

6.1.2.2 对施工的信息反馈内容

在施工过程中，通过对监测结果的分析和判断，及时调整施工方案，必要时增加辅助施工措施以确保施工的安全性和经济性。

①钻爆法和浅埋暗挖法施工。通过对监测结果的分析和判断，及时调整施工方案，在围岩及支护结构位移、支护结构应力、周边建筑物变形等数值较小时，可简化施工方案，以减少施工程序，加快施工进度，降低工程造价；在围岩及支护结构位移、支护结构应力、周边建筑物变形等数值较大时，应调整施工方案，增加辅助施工措施，以确保工程及周边环境的安全。

②明挖基坑工程施工。通过对监测结果的分析和判断，及时调整施工方案，在围岩及支护(围护)结构位移、支撑结构内力、周边建筑物变形等数值较小时，可简化施工方案，以减少施工程序，加快施工进度，降低工程造价；在围岩及支护(围护)结构位移、支撑结构内力、周边建筑物变形等数值较大时，应调整施工方案，增加辅助施工措施，以确保工程及周边环境的安全。

③盾构工程施工。通过对监测结果的分析和判断，及时调整施工方案，当周边建筑物变形、地表沉降等数值较小时，可简化推进方案，以加快施工进度，降低工程造价；在地表沉降、周边建筑物变形等数值较大时，应调整推进方案，增加辅助施工措施，以确保工程及周边环境的安全。

6.2 监测数据的处理方法

地下工程监测数据的处理方法可分为统计学方法和确定性方法两大类。统计学方法主要是统计回归方法，另有近年来发展起来的灰色系统、模糊数学及神经元网络等方法。确定性方法常用的包括有限元法、边界元法、块体理论法和反分析法等。下面就实际工程中常用的监测数据处理方法进行简单的叙述。

6.2.1 散点图与回归分析法

由于地下工程地质条件和施工工序的复杂性以及具体监测环境的不同，施工导致的围岩与支护结构的变形并不是呈单调增加的趋势。因受地质条件和施工工艺的影响，围岩与支护结构变形随时间变化，在初始阶段呈波动特性，然后逐渐趋于稳定。在监测数据整理中，可将监测结果与时间的对应关系绘制成位移-时间曲线的散点图。图中纵坐标表示位移量，横坐标表示时间。在图中应注明监测时工作面施工工序和开挖工作面距监测断面的距离以及工程的具体条件，如埋深、地质条件、支护参数等，以便分析不同埋深、地质条件、支护参数等情况下，各施工工序、时间、空间与监测数据之间的关系。

根据不同工程的具体情况，也可将通过计算求得的监测间隔时间、累计监测时间、监测位移、累计位移值、当日位移速率、平均位移速率等列成表格，并绘制成相应的与时间的关系曲线。根据围岩和支护结构的位移与时间关系曲线，寻找出不同时刻围岩和支护结构的位移值和位移发展趋势，预测围岩与支护结构可能出现的最大位移值，进而判断其安全性和是否侵入净空。同时对位移速率进行分析，判断围岩与支护结构的稳定性和支护结构的可靠性。由于偶然误差的影响使监测数据具有离散性，根据实测数据绘制的位移随时间而变化的散点图通常会出现上下波动、很不规则的形式，难以据此进行分析，因此必须应用数学方法对监测所得的数据进行回归分析，找出位移随时间变化的规律，为优化设计并指导施工提供科学依据。

6.2.1.1 一元线性回归分析

一元线性回归分析是研究呈线性变化的两个变量间关系的。在对一组监测结果进行数据处理时，通过回归分析找出两个变量函数关系的近似表达式，即经验公式。首先将实测位移与对应的时间或距开挖面的距离列表并作散点图。如果这些点近似在一条直线附近，就可以认为位移随时间或距开挖面的距离的变化呈线性关系，即 $y=f(x)$ 是线性函数，可用 $y=a+bx$ 函数进行回归，用最小二乘法求回归系数 a、b。最小二乘法的原理如下：

根据现场监测，可以得到不同监测时间段的位移值。令 x_i 代表监测获得的时间或掘进距离，而与其相对应的沉降或变形为 y_i。为寻求两者之间的函数关系，可令 $y_i=a+bx_i$ 是 y_i 关于自变量 x_i 的函数，y_i 是测定的数据，如时间或位移等，测定值与函数计算值之间的误差为 y_i-a-bx_i。由于误差可以为正数，也可以为负数，如果将绝对误差累加起来则很有可能相互抵消，并未反映出测试的精确度。为此，可将各个测量值与计算值的绝对误差进行平方，然后再累计相加，则其值必为正值，因而可得到：

$$\varphi(a,b)=\sum_{i=1}^{n}(y_i-a-bx_i)^2 \tag{6.1}$$

如果式(6.1)取得极值，则必有：

$$\frac{\partial\varphi}{\partial a}=-2\sum_{i=1}^{n}(y_i-a-bx_i)=0 \tag{6.2}$$

$$\frac{\partial\varphi}{\partial b}=-2\sum_{i=1}^{n}(y_i-a-bx_i)x_i=0 \tag{6.3}$$

由此得到待定系数 a、b 为：

$$a=\frac{1}{n}\left(\sum_{i=1}^{n}-b\sum_{i=1}^{n}x_i\right) \tag{6.4}$$

$$b=\frac{n\sum_{i=1}^{n}(x_iy_i)-\sum_{i=1}^{n}x_i\sum_{i=1}^{n}y_i}{n\sum_{i=1}^{n}x_i^2-\left(\sum_{i=1}^{n}x_i\right)^2} \tag{6.5}$$

从而可以得到线性方程中的待定系数 a、b。

获得待定系数后应判断回归方程的线性相关性，线性相关性可用相关系数 r 来表示：

$$r=a\sqrt{\frac{n\sum_{i=1}^{n}x_i^2-\left(\sum_{i=1}^{n}x_i\right)^2}{n\sum_{i=1}^{n}y_i^2-\left(\sum_{i=1}^{n}y_i\right)^2}} \tag{6.6}$$

r 的绝对值越接近 1，则表明选取的回归方程或函数的线性关系越好。

衡量回归分析的精度可用剩余标准差 S 进行判定，其计算表达式为：

$$S=\sqrt{\frac{1}{n-2}\sum_{i=1}^{n}\left(y_i-\frac{1}{n}\sum_{i=1}^{n}y_i\right)^2} \tag{6.7}$$

当计算得到的剩余标准差 S 越小，则说明回归的精度越高。

6.2.1.2　非线性回归

如果两个变量之间不是线性关系，则处理两个变量间关系的问题就属于一元非线性回归问题。一元非线性回归的步骤是：根据监测数据的散点图的特征，选择某一曲线函数(如对数函数)进行回归。如果函数能变换为线性函数的形式，则回归时将上述函数进行数字变换，使其变为线性函数的形式，然后用一元线性回归的方法进行回归分析。

常用的表示两个随机变量的函数关系的公式如下：

对数函数：

$$y=a+\frac{b}{\lg(1+x)} \tag{6.8}$$

指数函数：

$$y = ae^{-bx} \text{ 或 } y = ae^{-\frac{b}{x}} \tag{6.9}$$

双曲线函数：

$$y = \frac{x}{a + bx} \text{ 或 } y = \frac{1}{a + be^{-x}} \tag{6.10}$$

式中，a、b 为回归常数；x 为监测的时间、距离等。

现以式(6.8)所示的对数函数为例，来说明线性变换的过程。

若令 $t = 1/\lg(1 + x)$，则式(6.8)可变换为

$$y = a + bt \tag{6.11}$$

从而将对数函数变换为线性函数。式中可将 t 和 y 视为监测数据，如此就可以按照一元线性回归的方法进行回归分析。

如果函数不能变换为线性函数的形式进行回归，可用最小二乘法进行迭代回归，具体请参阅数值计算相关的文献。

在进行回归分析时需要注意以下几点：

①回归分析要有足够多的监测数据，一般应在连续测试一个月以后进行。

②实际发生位移的时间 t_0 都在埋设测点前（地表沉降除外），t_0 是未知的，应考虑 t_0 的影响，使函数拟合得更真实。

③进行实际回归分析时，还应考虑爆破开挖所造成的位移突变和影响。

回归分析的步骤：

①首先绘制时间与位移曲线散点图和距离与位移曲线散点图，如图 6.1 所示。

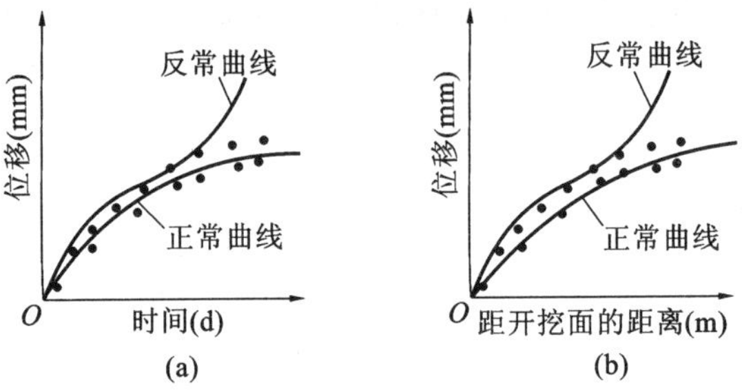

图 6.1　时间和距离与位移曲线散点图

(a)时间与位移曲线散点图；(b)距离与位移曲线散点图

②其次，当时间与位移曲线趋于平缓时，可选取合适的函数形式进行回归分析。

③图 6.1 中所示的正常曲线，表明位移的变化随时间和距开挖面的距离向前推进而逐渐趋于稳定，说明围岩和支护结构处于稳定状态，支护系统是有效、可靠的。图 6.1 中所示的反常曲线中出现了反弯点，说明位移出现反常的急剧增大现象，表明围岩和支护结构已经呈现不稳定的状态，应立即采取相应的措施进行处理，并加强监测，以确保地下工程施工的安全。

6.2.2　位移监测数据分析中常用的回归函数

6.2.2.1　地表横向沉降回归函数

在统计分析大量不同的地下工程施工引起的地表沉降实测资料基础上，Peck 在 1969 年提出了地层损失的概念，即在不考虑土体排水固结和蠕变的条件下，得出了一系列与地层有关

的沉降槽宽度的近似值回归模型。Peck 公式为

$$S(x) = S_{max}\exp\left(-\frac{x^2}{2i^2}\right) \tag{6.12}$$

$$S_{max} = \frac{V}{\sqrt{2\pi}i} \tag{6.13}$$

$$i = \frac{H}{\sqrt{2\pi}\tan\left(45^\circ - \frac{\varphi}{2}\right)} \tag{6.14}$$

式中 $S(x)$——距隧道中线 x 处的沉降值,mm;

S_{max}——隧道中线处最大沉降值,mm;

V——隧道单位长度地层损失,m^3/m;

i——沉降曲线变曲点,m;

H——隧道埋深,m。

6.2.2.2 位移历时回归曲线

对地表沉降、拱顶下沉及净空收敛等变形的历时曲线,一般采用指数函数、对数函数和双曲线函数进行回归分析,具体参见 6.2.1 节。

由于地下工程开挖过程中,地表纵向沉降、拱顶下沉及净空收敛等变形受开挖工作面的时空效应影响,采用单条曲线进行回归是不能全面反映沉降历程的,通常采用以拐点为对称点的两条分段指数函数曲线进行近似回归分析。沉降历时回归方程:

$$\left.\begin{aligned} S &= A[1-e^{-B(x-x_0)}]+U_0 \quad (x > x_0) \\ S &= -A[1-e^{-B(x-x_0)}]+U_0 \quad (x \leqslant x_0) \end{aligned}\right\} \tag{6.15}$$

$$S = A(1-e^{-Bx}) \quad (x \geqslant 0) \tag{6.16}$$

式中 A,B——回归参数;

x——距开挖面的距离,m;

S——距开挖面 x 处的地表沉降值,mm;

x_0——拐点的 x 轴坐标值,m;

U_0——拐点 x_0 处的沉降值,mm。

根据经验,对于地表纵向沉降回归分析一般采用式(6.15);拱顶下沉、净空收敛变形一般采用式(6.16)。对于式(6.16),理论上讲,当 x 较小时,S 趋于 0;若 S 不趋于 0,则需要考虑监测结果的可靠性。

现以式(6.16)为例来说明确定位移历时回归常数的两倍时差法,根据式(6.16)可得在不同时段内测得的沉降值也不同,现假设在 t_1 和 t_2 时间段测定的对应沉降值分别为 u_1 和 u_2,则应当满足式(6.16),即有:

$$u_1 = A(1-e^{-Bt_1}) \tag{6.17}$$

$$u_2 = A(1-e^{-Bt_2}) \tag{6.18}$$

将式(6.17)和式(6.18)对比有:

$$\frac{u_1}{u_2} = \frac{1-e^{-Bt_1}}{1-e^{-Bt_2}} \tag{6.19}$$

令 $t_2 = 2t_1$,将其代入式(6.19),则有:

$$B = \frac{1}{t_1}\ln\frac{u_1}{u_2 - u_1} \tag{6.20}$$

$$A = \frac{u_1^2}{2u_1 - u_2} \tag{6.21}$$

得到系数 A、B 后即可求得沉降值与时间的变化关系。如果测量的时间不满足两倍时差的关系，则可以用插值法求出 $2t_1$ 的测量值，即：

$$u_{2t_1} = \frac{(t_3 - 2t_1)u_2 + (2t_1 - t_2)u_3}{t_3 - t_2} \tag{6.22}$$

求得 u_{2t_1} 后，再利用式(6.20)和式(6.21)即可求得系数 A、B。

6.3 信息反馈

6.3.1 监测反馈的程序

监测反馈指导设计与施工，根据施工信息对施工前设计所确定的结构形式、支护参数、施工方法、施工工艺以及各工序施作的时间等进行检验和修正，贯穿于整个施工的全过程。经过多年实践总结，监测反馈程序已趋完善，施工信息反馈工作流程如图 6.2 所示。

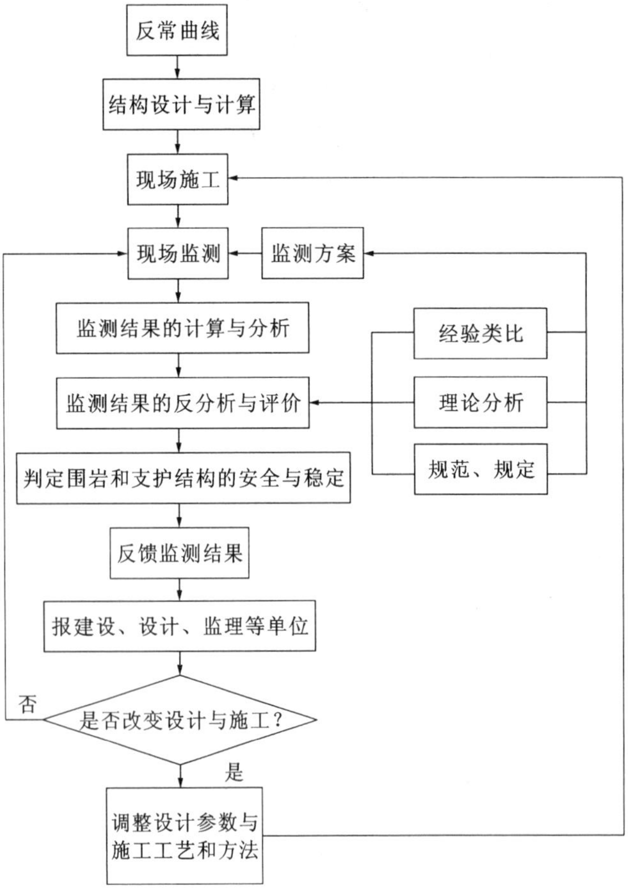

图 6.2 施工信息反馈工作流程图

地下工程监测及信息反馈因施工方法不同（如钻爆法、浅埋暗挖法、盾构法、明挖法等），其反馈的内容和方法也有所差别。但它的基本思想均源于新奥地利隧道设计施工方法（简称“新奥法”）的基本原理：根据经验初步选定设计参数，在施工过程中通过监测地下工程净空收敛位移等数据，判断地下工程围岩的稳定性及支护结构对围岩的加固效果，并据此修正结构的组成及有关参数，适时调整施工方法。

6.3.2 收敛约束法

1978 年，法国首次提出了收敛约束法（又称“特征曲线法”或“变形法”），为新奥法的理论计算提供了方向。收敛约束法是根据地下工程周边位移监测来反馈设计与施工。收敛约束法是一种以理论为基础、实例为依据、经验为参考的较为完善的地下工程设计方法。它的基本原理如图 6.3 所示，图 6.3 中纵坐标表示结构承受的地层压力，而横坐标表示地下工程周边径向位移，一般采用净空收敛值。图 6.3 中曲线 1 为地层特征线，曲线 2 为支护特征线，两条曲线交点的纵坐标即为支护结构上的最终地层压力 p_i；交点的横坐标为衬砌的最终位移 u_i。p_i、u_i 的值即可作为设计计算的依据。

根据现场监测反馈的数据确定围岩收敛曲线，是应用收敛约束法的关键。根据监测数据确定围岩收敛曲线的方法有压力位移法、放松系数法和参数换算法。

根据收敛约束法的原理，对于衬砌结构，如果在 p_i 作用下结构产生位移 u_i 后能保持稳定，即可判断结构安全可靠；与此同时，也可判断这时地层处于稳定状态。如果在 p_i 作用下结构产生位移 u_i 后将失稳，则地层也不稳定，在这种情况下应调整结构形状和厚度等参数或调整施作衬砌的时间，重新进行设计计算。由于收敛约束曲线比较难以确定，实际在应用过程中通常根据每个测点的一组位移与压力监测数据绘制位移与时间关系曲线和压力与时间关系曲线，并以这两条曲线判断支护结构或地层是否稳定。

6.3.3 参数控制法

由长期的地下工程施工实践可知，地下工程周边位移以及浅埋地下工程的地表沉降是可以监测到并可以控制的，位移和沉降是围岩与支护结构力学系统最直接、最明显的反映。基于以上认识，围岩稳定性的判断都是以周边允许收敛量和允许收敛速度等形式给出的，作为评价施工质量、判断地下工程稳定性的主要依据，围岩稳定性判断同时还要参考围岩压力等监测数据。对于城市地铁等浅埋地下工程，同时可以采用地表沉降作为判断围岩或地层稳定性的主要依据。在地下工程施工前，根据周边环境条件制定地表沉降、周边净空收敛等参数的控制值，作为判断围岩或地层稳定性的标准和进行施工反馈的主要依据。

根据位移大小判断围岩稳定与否，做出增大或减小支护参数的对策。

位移变化速率是判断地层和结构稳定性的重要指标，如图 6.4 所示，曲线 1 位移变化速率不断下降，最后趋于稳定，则围岩是稳定的。曲线 2 位移变化速率大，而且收敛很慢，则应加强支护。曲线 3 位移变化速率不大，但若曲线一直发展，斜率没有下降趋势则将出现危险征兆，应采取紧急的特殊措施加以处理。

根据地表沉降监测反映的地层变形规律，采取相应施工对策，确保地层安全稳定。

例如，浅埋隧道在施工过程中，周围所产生的变形非常明显，距开挖面前方 1 倍洞径范围内开始产生先向上后向下的变形，反映到地表下的沉降更为明显，如图 6.5 所示。

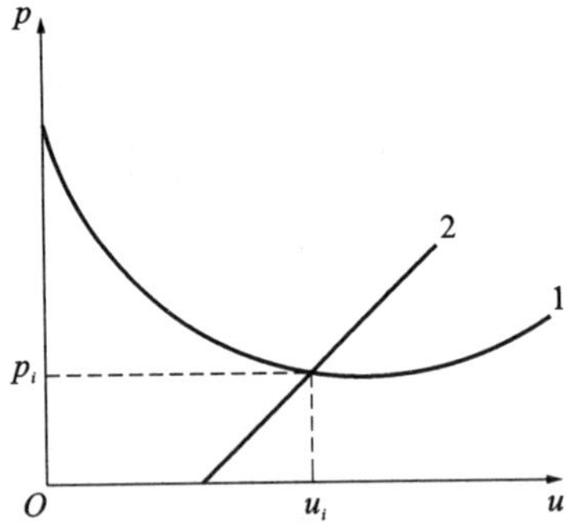

图 6.3 收敛约束法基本原理示意图

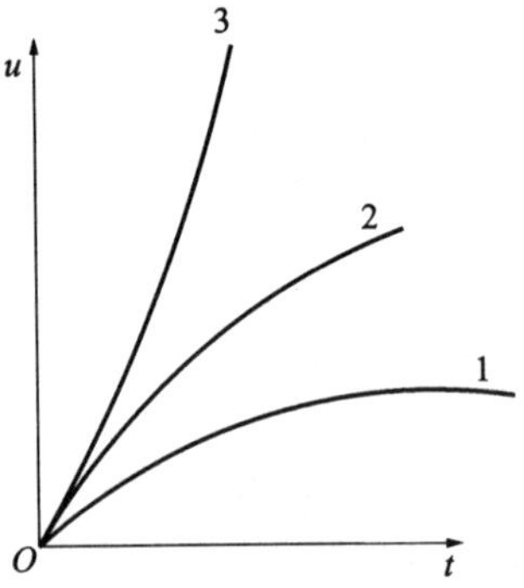

图 6.4 典型位移变化速率曲线

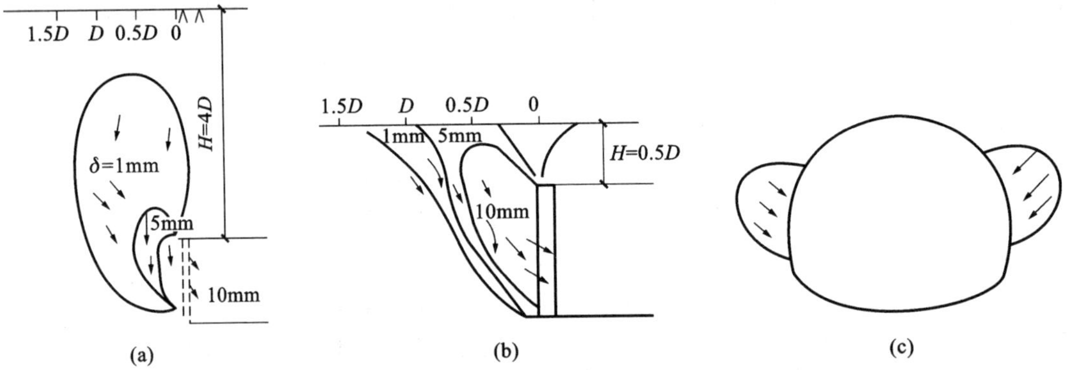

图 6.5 浅埋隧道施工中地层变形规律

D—洞径；*H*—开挖深度

当拱脚钢支撑处理不恰当，衬砌背后填充注浆不及时且不密实时，地表在 8～24 h 后会发生明显的下沉。所以用浅埋暗挖法施工时，必须将地表下沉和拱顶下沉的监测列入监控的项目，并且在地表布置测点进行监测。从控制地表沉降的角度出发，对前方围岩进行预加固是必要的。

在施工监测中要注意松散砂砾石地层位移的滞后现象，在该地层中形成的临时摩擦拱是形成位移滞后的主要原因。位移滞后现象是指围岩和支护结构的位移在某一段时间内几乎已经停滞，而后因围岩内部的变化或外来的扰动使围岩位移重新发生变化，这种位移发生的滞后现象会使支护结构承受数倍的外力，导致已施作初期支护的隧道发生坍塌。在军都山铁路隧道施工中，曾出现过几次衬砌支护由稳定到失稳塌方的实例。在北京地铁砂卵石松散围岩地层中，地表位移的监测也有滞后现象。如一次支护封闭以后，变形出现一段时间平稳而另一段时间增大的现象，说明受地表车辆动载的影响地表位移发生滞后现象。为此对该区段加强了初期支护，实施背后充填注浆和 2～3 m 厚的固结注浆以后地层才趋于稳定。

根据监测数据确定二次衬砌施作时间。对于采用复合衬砌的地下工程，一般规定在初期支护基本稳定后，也即是指支护所受的压力不再增加，围岩的位置基本上不再变化，开始施作二次衬砌。因此，可以用位移和接触压力这两项测试结果来控制，试验证明地下工程周边点的径向位移的速度为：

$$v_h = \begin{cases} 0.1\ \text{mm/d，跨度大于 10 m 时} \\ 0.2\ \text{mm/d，跨度小于或等于 10 m 时} \end{cases}$$

地下工程支护结构的接触压力变化速度 $v_p < 5.0\text{Pa/d}$ 时，初期支护是基本稳定的。通常在现场施工中，以采用较为简易的位移测量为主。而对浅埋的地下工程必须同时考虑地表沉降是否稳定，多数情况下地表沉降是控制因素。如果在地下工程施工中上述测试结果长时间不能达到基本稳定，则说明初期支护的强度和刚度不足，应采用以下措施予以加强：

(1)增加初期支护的强度和刚度。如果是采用喷锚支护，可以挂网加厚喷层、增加锚杆数量和长度，尤其是在变形大的部位，可增设临时仰拱、增加钢架支撑等，同时应暂停掘进作业。

(2)立即施作薄型钢筋混凝土套拱，该套拱可以作为今后二次衬砌的一部分，并应尽快进行二次衬砌的施工。

(3)改变施工方法，调整施工工序，缩短台阶与开挖进尺长度以及采取其他应急技术措施等。

6.3.4 工程类比法

工程类比法是根据监测资料和已有的工程监测结果及稳定性评判等资料进行对比和分析，以评判当前工程的安全状态，并及时调整施工方案。在工程类比法中，应重点进行以下几个方面的对比分析：

(1)工程的自然条件，包括工程地质及水文地质条件、工程规模、施工方法、周边环境等。

(2)支护结构的对比分析，如支护方式，支护时机，支护参数，围岩与支护结构的位移、应力、应变，周边建(构)筑物变形等变化趋势的对比分析。

(3)周边建(构)筑物的安全稳定性条件。

在工程类比法中，根据实际需要，有时在类比选择支护方案时，还要进行局部和整体稳定性的验算。一般可采用简化方法、经验性公式或解析方法，以便在工程现场进行验算。如果有必要，也可引入较复杂的物理力学模型，委托技术强的监测中心或其他专门机构完成。

工程类比法是地下工程施工中广泛采用的定性分析方法。考虑到地下工程的具体特点，按下列顺序开展工作。

6.3.4.1 类比工程资料的收集

工程类比的基础是要有可比的对象，因此，类比工程的资料搜集非常重要，内容如下：

①类比工程基础资料的搜集。包括工程规模、尺寸、断面形状、工程用途、使用年限、施工方法、周边环境条件等。

②类似工程围岩及支护结构资料的搜集。包括岩土体结构类型、围岩分级指标、岩体力学参数、结构面特性、地下水状态、初期地应力参数及其他围岩特性和工程地质条件等。

③类似工程安全稳定性资料的搜集。包括已经发生过失稳事故的工程、被判定有失稳可能的工程、经处理后已经稳定的工程等典型工程的各项条件和各种与安全稳定相关的因素，特别是失稳事故的事后调查等重要资料的搜集等。

④类似工程监测资料的搜集。包括围岩与支护结构的位移、支护结构应力、围岩压力、周边建筑物的位移值及位移速率等。

⑤相关规程、规范、设计标准、典型工程监控指标的搜集。

6.3.4.2　监测资料的搜集、整理、分析

监测资料的搜集、整理、分析是信息反馈的基本工作。在工程类比法中，监测资料搜集要以围岩与支护结构位移、地表沉降、周边建筑物变形等监测为主，同时根据需要还应考虑对围岩应力应变、渗透压力、支护结构应力应变、锚杆或锚索应力、支撑轴力、断层或节理裂隙张合度等进行监测。对监测数据必须进行可靠性分析，排除仪器、读数等操作过程中的误差，剔除和识别各种偶然和系统性误差，避免漏测和错测，切实保证监测数据的可靠性和完整性。对监测数据的初步分析工作包括各种物理量计算、图表制作，如物理量变化的时间和时间速率过程线及空间分布图绘制等。在绘制图表过程中，应在对应位置标出相应的施工工况，并采用合理方法分析时空效应。

类比分析法采用指标监控法，将监测结果与控制基准值进行直接对比，首先是位移和位移速率的对比，然后考虑围岩与支护结构预应力、地下水压力、周边建筑物变形、锚杆或锚索应力、混凝土喷层应变及节理裂隙张合度等指标的对比。因此，应充分搜集、整理、分析以上数据，为综合分析提供依据。

6.3.4.3　现场地质调查、施工记录和现场巡视

将现场地质调查、施工记录和现场巡视等工作作为整个安全监测工作的重要组成部分，认真记录、整理、存档，以便综合分析、比较。在地质调查中，应重视掘进面、监测断面、断层破碎带等重点部位的调查，详细记录围岩新生裂缝、断层夹泥、节理、裂隙、地下水等重要地质因素的变化及其他异常现象，还应记录监测断面附近开挖、支护等施工工序的详细情况，以供分析、对比；必要时还应记录混凝土喷层应变及其他支护结构的崩塌、掉块、裂缝等详细情况。

6.3.4.4　综合定性分析评判

在具备上述基础资料后即可对工程及周边环境进行综合分析评判，实施过程中应注意以下几点：

①对地下工程稳定状态进行全面分析。根据上述资料的全面对比、分析，对已施工的不同区段和部位的稳定性进行分区分类。如分为稳定、基本稳定、暂时稳定、不稳定、危险等区段。对不稳定和危险区段，按主次列出不稳定的形式、特性、因素，说明不稳定程度和特征，提出对施工、安全监测工作的要求，并提出可能采取的防范和治理措施。

②重点区段的安全监控。对于暂时稳定、不稳定及危险区段应进行重点安全监控。根据已有的工程类比和综合分析，调整、修改预先设定的失稳判据，确定安全监控管理的分析和监控指标，并按所制定的分级指标，严格进行施工、安全监测和现场管理工作。

③安全稳定性评判和安全预报。对各种监测资料和相关信息，根据以上因素的综合对比、分析，及时地、分阶段地对不同区域和部位做出安全预报，以满足工程需要。因此有必要将安全预报分为安全通报、安全预报、安全报警和紧急警报等四级。对于紧急警报，必须及时通知相关部门，以便采取工程对策。

④围岩与支护结构稳定性评判。根据人工观察、位移监测、应力监测的结果对围岩稳定状态和支护工作状态进行评价，当出现异常状况时，必须立即采取措施，如优化设计参数与调整工程施工方法。由于围岩和周围环境条件的多样性，用位移或位移变化速率来判别围岩及支护结构的稳定性是很难制定统一的判据的，需要根据大量的工程实践经验并结合具体工程制定相应的标准。

工程实践表明，只有配备具有工程地质、施工和安全监测专业知识和一定工作经验的人

员，严格按照要求认真做好各项相关工作，特别是地质调查、现场监测及综合分析与对比工作，才能做好综合分析评判，确保工程及周边建筑物的安全与稳定。在大多数情况下，可以对各种围岩失稳事故做出安全预报，满足实际工程需要。但必须明确，对于许多围岩失稳机理比较复杂的情况，如板裂、块体失稳及流变等，单纯依靠经验性的工程类比和定性分析方法来进行安全预报是不可靠的。发展定量的模型分析方法是地下工程安全监测技术的趋势和迫切要求。

6.3.5 有限元法

长期以来，地下结构的计算和设计都采用结构力学中的载荷结构法。应用该法的最大缺点就是没有考虑地层与结构的相互作用，更无法模拟地下工程实施过程。近20年来计算机的普遍使用使数值计算方法有了很大的发展，极大地推动了岩土工程问题的计算理论的发展。其中，有限元法是一种发展最快的数值计算方法。

有限元法可用于处理很多复杂的岩土力学和工程问题。例如，岩土介质和混凝土材料的非线性问题，岩体中节理、裂隙等不连续面对计算的影响，土体的固结和次固结，地层和地下结构的相互作用，地下工程位移和应力随时间增长变化的黏性特征，分步开挖作业对围岩稳定性的影响，渗流场与初始地应力和开挖应力的耦合效应，以及地下结构的抗爆和抗震计量等。这些问题的合理解决使得地下工程的优化设计和围岩与地层的稳定性评价有了较为可靠的理论依据。采用有限元法进行地下工程的模拟计算，主要包括岩土材料和混凝土的非线性本构关系模型及弹塑性问题的解决方法，渗流场与地层位移及耦合效应计算，正交节理岩体中地下工程准平面问题的研究，初始地应力的反馈原理，以及地下结构静力分析的一般方法等。利用有限元法来计算地下工程中的问题时需要考虑以下内容。

6.3.5.1 计算的基础资料

计算分析所需要的资料有以下7个方面：

①地形及周边环境资料。如地形、周边建筑物等地表超载情况。

②地质资料。主要包括：a.地应力实测值或推测的地应力、侧压力系数；b.工程地质剖面图，包括岩层分布、断层及软弱结构面的分布；c.岩体物理学特征，包括弹性模量、泊松比、线胀系数、抗压强度、抗拉强度、抗剪断及残余抗剪强度、应力应变全过程曲线、流变特性等。

③水文地质。包括施工期地下水位线、岩体渗透系数。

④地下工程的位置、尺寸、开挖顺序等。

⑤支护形式，支护尺寸，刚性衬砌的厚度，锚杆直径、长度及其间距，喷层厚度，围护结构形式，混凝土及锚杆的物理学特性（如弹性模量、线胀系数、拉压强度等），以及支护顺序。

⑥地温、气温。

⑦地下水位及地下水的压力。

6.3.5.2 有限元计算分析应明确的基本要求

①计算模型采用的维数，如采用二维模型还是三维模型。

②线性还是非线性。

③是否需要考虑流变、动态荷载和其他特殊技术问题。

④荷载组合和计算方案。必要时，对以下各项工作要提出具体要求。

a.计算域和边界条件的选定。地下工程的一个突出特点是其计算域是无界的，应优先选用配有无界单元的有限元计算程序，并采用其中的无界单元，模拟无穷远处位移为零的边界条件。

在采用无界单元时，也可在内层节点施加初始地应力。当前仍有部分计算的计算域为有限域，这时计算域的范围为洞径的5～6倍，并根据需要在边界搭配初始地应力边界或固定位移边界。

b. 计算荷载的确定

(a)初始地应力场及初始地应力是分析围岩稳定最重要也是最主要的因素之一。地下工程应进行地应力测试，采用初始地应力场的反演分析方法。近年来，回归分析法得到了广泛应用。如计算初始地应力，也可按下述方法分两步进行：第一步，先计算初始地应力场。计算时，一侧边界给出地质构造力，另一侧施加水平约束，底边施加铅直约束。第二步，地下工程计算时，可在大范围的地应力计算域中取出地下工程附近的小范围，边界位移值自地应力场的计算值所取得的边界应在地下工程影响范围以外，可取3～5倍的洞径。

(b)开挖边界应力释放荷载。开挖施工活动对地下工程围岩稳定状态的影响包括静态影响和动态影响两个方面。其中静态影响主要表现为，代表开挖面初始应力的开挖荷载在施工过程中的突然释放，并由此导致围岩应力和变形的重新调整。开挖施工静态影响的正确模拟方法是在开挖过程中将开挖边界视为应力边界，其上作用开挖荷载。开挖荷载的计算是利用地下工程周边各单元应力，并通过高斯积分计算开挖临空面各节点的等效节点力，可利用其四周开挖单元对该点贡献的等效节点力的叠加求得。

开挖荷载是地下工程中最重要的荷载之一。在计算时，不仅对开挖边界，而且对整个开挖施工程序，包括平面计算条件下断面的分步开挖方式和三维计算分析中工作面沿洞轴线的推进过程，均应采用正确模拟方法；否则，就难以正确评价地下工程在施工过程中的安全稳定性，也无法对至关重要的施工期安全监测资料做出合理解释。

开挖活动对地下工程围岩稳定状态的动态影响主要表现为形成松动圈和对围岩施加振动荷载两个方面。在有限元计算分析中，松动圈通过降低松动范围内岩体单元的物理力学参数的方法模拟，而有关振动荷载，在静力计算中一般通过定向分析加以考虑。

c. 有限元模型中单元类型与单元格划分。在平面问题中最常用的单元形式是三角形单元和四边形等参单元。等参单元精度高，计算工作量大，网格划分可粗一些，但进行弹塑性计算时仍以单元形心应力作为判据，结果仍相当粗略。在空间问题中最常采用的是8节点或20节点六面体等参单元。网格划分应根据计算精度、经费及计算机容量选定，地下工程附近的网格应细一些，然后逐步向外加粗。网格划分还要考虑地下工程开挖顺序，开挖边界应是单元边界。

d. 材料模拟和物理力学参数的选取。由于地下工程围岩物理力学特征十分复杂，在有限元计算程序中提供了多种材料本构模型。材料本构模型选取的基本原则是考虑主要因素，简化次要因素，既要能反映工程面临的基本问题，又要避免过于复杂。

对于质量和整体性比较好的岩体，一般情况可采用线弹性材料本构模型；对于时间效应明显的岩体，需采用黏弹性模型，如三单元黏弹性模型。对于质量较差的岩体和软弱夹层等，必要时应使用弹塑性模型，应注意的是屈服准则宜选用 Druck-Prager 准则，否则将与工程实际产生较大差异。对于各类土层，根据需要往往选择 Boit 固结理论、黏弹性模型、邓肯-张非线性弹性或 Mohr-Coulomb 屈服准则。材料本构模型选定后再根据反映围岩特性的相关试验资料，给出围岩的物理力学参数。由于岩体参数测试结果普遍存在离散性和随机性，因此在可能的条件下，应采用反分析法给出有限元计算的材料物理力学参数。

e. 支护数值模拟方法。支护措施对地下工程围岩安全与稳定有至关重要的影响。支护数值模拟方法主要有有限元法和有限差分法。在计算时可考虑围岩和支护结构共同承受各种荷载作用。对于混凝土衬砌结构，一般可作为混凝土或钢筋混凝土结构处理。一些通用有限元程序，如 ANSYS、ADINA 等给出了混凝土或钢筋混凝土材料模式；一些通用有限差分法软件，如 FLAC 等可以很好地模拟地下工程施工引起的大应变问题。在浅埋暗挖法隧道中锚杆、喷射混凝土、钢筋网、钢拱架或预应力锚索等临时支护措施，对于确保施工期地下工程安全与稳定具有十分重要的作用，但其作用机理和计算模拟方法目前仍需要进一步研究。一般情况下，预应力锚杆或锚索对岩体所施加的预应力可采用大小相等、方向相反、分别作用于内外锚头部位的等效节点力加以模拟。锚杆的作用可用有限元计算程序中的杆式单元加以模拟。锚喷网联合支护模式对表层岩体物理力学性能的改善作用，可采用提高其所加固区域岩体单元物理力学参数的方法加以模拟。

6.3.5.3　荷载组合计算方案

根据工程实际条件，确定荷载组合、地层条件的变化、开挖和支护方式、施工工序，以此来编制计算方案。例如，在一些情况下，可按照开挖、支护方式考虑随时间变化的各种因素进行全过程仿真计算。计算步骤如下：

①进行初始地应力场的计算。

②进行分步开挖及分步支护计算。

③进行特殊荷载的计算，如水动力、地震及温度荷载等。

只要提供的计算数据可靠，其计算结果通常与实际情况较为接近。

6.3.6　反分析法

6.3.6.1　反分析法的基本原理

所谓反分析法，就是利用现场监测获得的信息，或者说监测得到的源于工程施工所引起的结构与介质的扰动量，包括位移、应变、二次应力或地层应力，根据给定的材料本构模型，来反演工程介质材料的物理力学参数和初始荷载。根据监测信息的类型，反分析法可分为位移反分析法、应变反分析法和应力反分析法三类。在地层材料物理力学参数与初始地应力参数之间，常以后者作为待求参数，因为初始地应力参数的现场监测难度较大，所需监测费用也远远高于弹性模量和泊松比的测定费用。相对而言，位移，特别是相对位移较容易获得。反分析法有正反分析法和逆反分析法之分，两者的主要区别在于求解过程不同。正反分析法是借助由正演分析法计算所得的结果，再在此基础上建立反演分析计算方法，包括弹性叠加法和优化直接逼近法。逆反分析法则是依据矩阵求逆原理建立反演分析计算方法，其特点是在待求未知量和已知输入量之间直接建立关系式，通过求解依据矩阵求逆原理建立的方程组得出结果。

反分析法是首先从地下工程中发展起来的求取围岩材料物理力学参数的计算分析方法。目前该方法已较广泛地应用于线弹性、黏弹性和弹塑性等不同特性的地下工程中，可用于求取初始地应力分量和其他物理力学参数，并可校核所选用材料本构模型的合理性。但是当前还没有广泛适用于各种类别材料本构模型的地下工程通用反分析程序和方法，需要监测者根据工程特点和要求，在掌握反分析方法和原理的基础上，选取适宜的反分析方法。

反分析法的优点：首先是在监测信息处理方面，边界元法可根据监测位置的设置有选择性地计算出某些区域点的位移和应力，而无须像有限元法那样，不加选择地将所有节点、单元高斯点或中点的位移和应力都计算出来，再将这些特征点的信息转换成监测点的信息。其次在数据准备方面，由于边界元法有可使问题降一维的特性，数据准备工作量大为减少，在工程现场可快速、灵活地由反分析法计算求出未知参数，便于在工程施工监控分析中采用。

6.3.6.2 反分析法简介

(1)弹性介质简介

①弹性物理力学参数的反分析。应用较为广泛的弹性物理力学参数的反分析法主要是S Sakurai的反算法和其他各种反算法，既可计算初始地应力沿竖直方向的线性分布情况，也可计算水平地应力的状况。在现场观测断面数量充分且设置合理时，如假定已知初始地应力竖直分量 P_y 完全由自重引起，即沿垂直方向线性分布，利用该方法可反算求得岩体弹性模量 E 和断面内其余初始地应力分量 P_x、P_{xy}；若假定已知岩体弹性模量 E，则由该法可求得所有断面内初始地应力分量 P_x、P_y、P_{xy}。

②初始地应力的反分析。初始地应力场通常由自重应力场和构造应力场组成。埋深较大时，初始地应力场的分布可近似假设为均布；埋深较浅时竖向自重应力明显随深度的增加而呈线性规律增加，构造应力则仍可近似为均布应力。

(2)弹塑性介质范围的反分析法

对弹塑性问题，已经建立的反位移分析计算方法可分为正算逆解逼近法和优化反分析计算法两类。两类方法都可利用原有弹塑性问题正分析计算的原理，充分模拟介质塑性状态的发展历程，并可利用各种成熟的正分析程序或普遍适用的优化程序等。这些方法在理论上可考虑选用任意形式的屈服准则和流动法则，包括对材料应变、硬化、软化、理想弹塑性模型及横向各向同性材料性态的模拟等。采用数值法计算时常常须采用增量迭代法，初始地应力分量的反计算也可依据类似的原理借助迭代逼近过程求得解答。优化反分析方法就是前面提到的正算法。

(3)黏弹性介质围岩

黏弹性模型可由一根弹簧和一个凯尔文元件串联而成，由于这一模型能较好地模拟围岩受力变形的黏弹性状态，且比较简单，因而较为常用。由现场监测可得到一系列的相对位移量 Δu 和围岩内的应力增量 $\Delta\delta$ 随时间而变化的曲线。虽然围岩的应力应变关系常呈非线性特征，但当计算某一时刻的应力和位移时，仍可采用等效弹簧的概念进行简化计算，而忽略路径的影响。据此可建立二维黏弹性平面应力问题的反分析计算法。

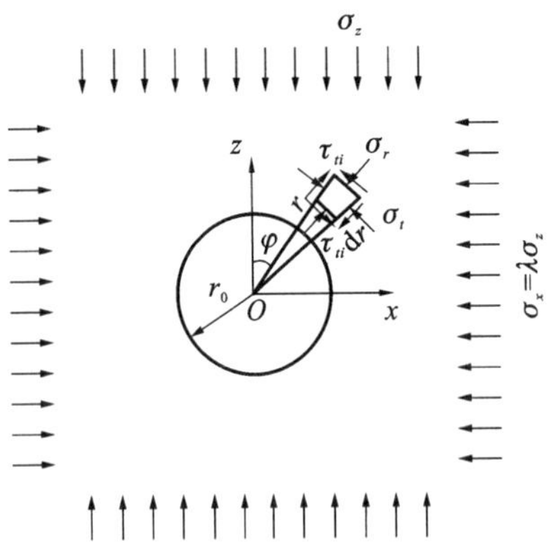

图 6.6 圆形隧道力学模型

现以圆形洞室为例说明反分析的过程。对于完整均匀和坚硬的岩体，采用弹性力学的方法可以分析其内部任意一点的应力和应变状态。如图 6.6 所示，在岩体中开挖一个半径为 r 的圆形洞室，其应力状态可以用弹性力学中的 G Kirsch 公式进行表示。

根据图 6.6 的模型，并由弹性力学可求得围岩中任意一点的应力状态：

径向应力

$$\sigma_r = \frac{\sigma_z}{2}[(1-\alpha^2)(1+\lambda)+(1-4\alpha^2+3\alpha^4)(1-\lambda)\cos 2\varphi] \tag{6.23}$$

切向应力

$$\sigma_t = \frac{\sigma_z}{2}[(1+\alpha^2)(1+\lambda)+(1+3\alpha^4)(1-\lambda)\cos 2\varphi] \tag{6.24}$$

剪应力

$$\tau_{rt} = -\frac{\sigma_z}{2}(1-\lambda)(1+2\alpha^2-3\alpha^4)\sin 2\varphi \tag{6.25}$$

式中 r、φ——围岩内任意一点的极坐标；

σ_z——初始地应力，MPa；

λ——围岩侧压力系数；$\alpha=r_0/r$。

根据以上应力状态，可得到在无支撑条件下围岩内任意一点位移量：

径向位移

$$u = \frac{\sigma_z(1+\mu)}{2E}r_0\alpha\{(1+\lambda)+(1-\lambda)[4(1-\mu)-\alpha^2]\cos 2\varphi\} \tag{6.26}$$

切向位移

$$v = \frac{\sigma_z(1+\mu)}{2E}r_0\alpha(1-\lambda)[2(1-2\mu)+\alpha^2]\sin 2\varphi \tag{6.27}$$

式中 u——因开挖引起的围岩径向位移，mm；

v——因开挖引起的围岩切向位移，mm；

E，μ——围岩的弹性模量和泊松比。

根据图6.6所示的模型，利用式(6.26)可得隧道的拱顶沉降量和边墙的位移量分别为：

隧道的拱顶沉降量

$$u_{r_0}\Big|_{\varphi=0^\circ} = \frac{\sigma_z(1+\mu)}{2E}r_0[(1+\lambda)+(1-\lambda)(3-4\mu)] \tag{6.28}$$

隧道边墙的位移量

$$u_{r_0}\Big|_{\varphi=90^\circ} = \frac{\sigma_z(1+\mu)}{2E}r_0[(1+\lambda)-(1-\lambda)(3-4\mu)] \tag{6.29}$$

如果现场监测获得了围岩因隧道开挖的拱顶沉降量和边墙位移量就可计算出应力场的状况。令

$$\eta = \frac{u_{r_0}\Big|_{\varphi=0^\circ}}{u_{r_0}\Big|_{\varphi=90^\circ}} \tag{6.30}$$

则有：

$$\lambda = \frac{2(1-\mu)+(1-2\mu)\eta}{(1-2\mu)+2(1-\mu)\eta} \tag{6.31}$$

利用式(6.31)就可根据隧道现场监测所得到的位移量来计算围岩应力场。当λ求得以后可以用式(6.28)和式(6.29)计算出围岩的弹性模量。设隧道的拱顶沉降量和边墙位移量分别为u_0和v_0，则围岩的弹性模量分别为：

$$E = \frac{\sigma_z(1+\mu)}{2u_0}r_0[(1+\lambda)+(1-\lambda)(3-4\mu)] \tag{6.32}$$

或

$$E = \frac{\sigma_z(1+\mu)}{2v_0}r_0[(1+\lambda)-(1-\lambda)(3-4\mu)] \tag{6.33}$$

由此可以根据现场监测得到的隧道的拱顶沉降量和边墙的位移量来反分析围岩的应力状

态以及围岩的基本物理力学参数。

6.4 稳定围岩与支护结构的技术措施

根据现场监测获得的各种位移等信息可判断是否超过其控制基准，并且可分析围岩与支护结构及周边建筑物是否稳定与安全，即是否出现过大变形。如果出现围岩及支护结构失稳预兆，应及时采取相应的技术措施，以确保围岩和支护结构的稳定与安全。经过大量的工程实践发现，稳定围岩与支护结构的工程措施主要有以下内容。

6.4.1 钻爆法施工的围岩与支护结构稳定技术措施

6.4.1.1 一般措施

钻爆法施工引起的围岩与支护结构位移、地表沉降及建筑物变形等，与围岩条件、隧道结构跨度、结构埋深、支护参数、施工方法等密切相关。因此，在施工中应采用相应的技术措施，并加强施工管理，保持开挖面稳定，减少开挖对围岩的扰动，确保支护结构强度。必要时采用辅助施工措施来抑制支护结构和围岩失稳，确保结构及周围建筑物的安全。

(1)选择合理的开挖方法，保持开挖面的稳定，减少开挖对地层的扰动。根据水文地质及工程地质条件、隧道断面尺寸等选择合理的开挖方法。在相同条件下，断面越大，施工引起的变形越大。施工中变大断面为小断面，尽量使支护结构封闭成环。

对大断面地下工程，尤其是软岩中的地下工程，即使采用了地层预加固措施，仍应采取变大跨为小跨的开挖方法。对浅埋隧道和软弱破碎的围岩，常用的分部开挖方法有台阶法、CD法、CRD法、双侧壁导坑法、中隔墙法、留核心土环形开挖法等，应根据地下工程的具体条件慎重选择。在台阶法施工中也可根据围岩变化情况，采用环形开挖留核心土等变通形式，必要时增设锁脚锚杆、锚管、临时仰拱等措施来抑制围岩产生的过大变形。通常，中隔墙法、双侧壁导坑法在控制地表沉降方面优于台阶法，双侧壁导坑法控制地表沉降又优于中隔墙法。因此，一般台阶法适用于地层条件较好、断面面积为70～100 m^2 的隧道，中隔墙法适用于地层条件较好、断面面积为90～120 m^2 的隧道，而双侧壁导坑法则适用于地层条件较差、断面面积大于60 m^2 的隧道。如在20世纪80年代德意志联邦共和国修建的两座地铁车站分别采用了图6.7所示①、④开挖方法。监测结果表明图6.7所示①法的地表沉降量为21 mm，而图6.7所示④法的地表沉降量为14 mm。

(2)提高初期支护强度并及时施作。采用钻爆法施工的地下工程一般采用复合式衬砌。初期支护通常采用喷射混凝土、钢筋网、锚杆、钢支撑等组成联合支护。喷射混凝土能及时提供较强的支撑能力。当支护结构出现较大的变形时，可优先考虑增加喷射混凝土的厚度来提高支护刚度，以抑制围岩发生的过大变形。为了提高喷射混凝土的抗裂能力，可增添钢纤维予以补强。如果仍然无法抑制仰拱围岩的变形，可考虑采取增设锚杆、架设钢格栅或型钢钢架的方法增加初期支护刚度。

(3)减小爆破振动的影响。采用钻爆法开挖时，爆破振动也可引起拱顶下沉和地表沉降，施工中适合采用综合措施，以减小爆破振动的影响。综合措施包括选择合理的爆破器材、合理的掏槽类型、分段起爆和严格控制单段的起爆药量等，并通过爆破振动监测来优化爆破网络的设计等。

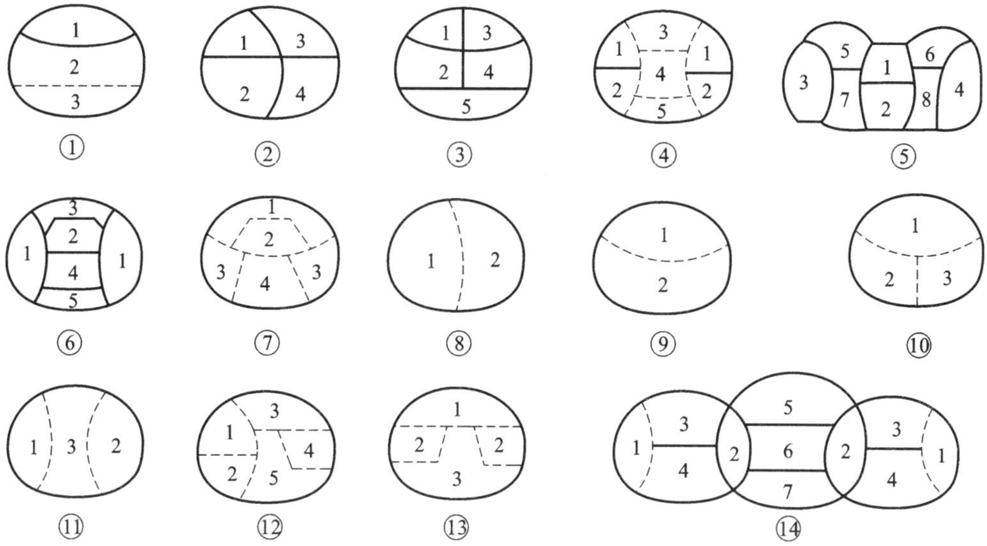

图 6.7 常用的分部开挖法

①纽伦堡、圣保罗地铁；②⑤⑧⑨慕尼黑地铁；③博恩、法兰克福地铁；
④埃森、慕尼黑地铁；⑥东京地铁；⑦圣保罗地铁；⑩⑪东京、慕尼黑地铁；
⑫北京复兴门折返线渡线工程；⑬北京复兴门折返线工程；⑭北京西单地铁站

(4)围岩与支护结构间回填注浆。围岩与支护结构间的空隙是造成围岩变形和地表沉降的主要原因之一，施工中应通过预埋注浆管或钻注浆孔的方法进行回填注浆，防止产生过大下沉和地表沉降。

(5)稳定地掘进工作面。掘进工作面的稳定是施工安全的重要保障。应根据围岩的条件，依次选择喷射混凝土封闭工作面，必要时加设正面锚杆、增加超前支护并注浆，如采用小导管、管棚等或全断面注浆加固等措施。

6.4.1.2 辅助施工措施

对于地下工程，其地质条件和水文地质条件复杂多变，当埋置深度浅且周围环境比较复杂时，施工风险极高。为了确保施工及周围环境的安全，在地层及支护结构位移过大时，采取一般技术措施不能抑制过大变形，此时需要采取辅助施工措施。在某些特殊情况下，如软弱地层、邻近有重要建筑物等，辅助施工措施更是起到决定性作用，甚至影响整个工程建设的成败。

目前常用的辅助施工措施可分为两大类：①地层改良和预加固，以改善整体围岩状态；②超前支护，以改善工作面前方和上部的围岩状态。

(1)地层改良和预加固法

对地层进行改良和预加固的处理措施如下：

①全断面注浆法

全断面注浆法是在隧道开挖轮廓范围及周边一定区域的地层中注浆，其主要作用是加固围岩和止水。可根据地层性质选择合适浆液和注浆方法，以达到加固地层的目的。

全断面注浆，可在开挖面、地表或导洞内注浆，注浆方式有渗透注浆、劈裂注浆、喷射注浆等。注浆材料有化学浆液和非化学浆液两类。化学浆液有水玻璃类(悬浊型、溶液型)、高分子类(酰胺类、树脂类等)及水泥、黏土和药剂配合液；非化学浆液有水泥浆、黏土浆、水泥与黏土、水泥与膨胀土、砂浆等。

a. 渗透注浆使浆液均匀地充填到地层的空隙和裂隙中，将松散的地层黏结在一起，从而达到加固地层和止水的目的。它适用于松散的砂层、砂卵（砾）石层及裂隙岩层。对于空隙较大的中（粗）砂层、砂卵（砾）石层及裂缝较大的破碎岩层，采用非化学浆液注浆；对于空隙较小的中（细）砂层以及裂隙较小的岩层，可采用化学浆液注浆。

b. 劈裂注浆是用高压浆液将地层劈开，浆液在劈开的裂缝中充填固结，将地层挤密，从而改善原状地层的结构，并将地层中的游离水挤出，改善地层各项物理力学性质达到改良地层的目的。它适用于致密的粉细砂层、黏（粉）土层及断层泥地层。劈裂注浆一般均采用非化学浆液。相对于渗透注浆，劈裂注浆加固止水具有离散性，效果较差。

由于地层的不均匀性，在实际施工过程中，渗透注浆和劈裂注浆并无严格的界限，经常是相互交叉，互为补充。为提高加固地层和止水效果，应尽量增加渗透注浆量。

c. 喷射注浆是首先在意大利发展起来的一种地层改良技术，实施时空气、水、稀浆液被喷进地层，并在适当的位置与土颗粒、水泥和化学浆液混合，然后固结成较高强度的固结体。喷射注浆用于隧道时，通过长距离控制注浆在开挖轮廓外形成强度较高的固结保护壳，再在其保护下安全地进行隧道开挖。喷射注浆可竖直、水平或倾斜进行。

上述三种注浆为预注浆。此外，还有压密注浆，它是在支护施作以后，利用高压注入坍落度小于 5 cm 的稠浆液，以置换和压实松散地层。注浆体为一均质体，随着浆液的注入，其体积增大，地表沉降逐渐减小，可将地表沉降控制在允许范围内。压密注浆不适合高压缩性的淤泥质黏土。地层注浆加固也可根据实际情况同时采用多种注浆方式。

例如意大利米兰市，地层为冲积层，由砂、砾石、淤泥层组成，地铁施工中采用喷射注浆结合渗透注浆的预加固方法。喷射注浆在垂直方向形成叠加柱状挡土墙，在水平方向形成顶部防护，注浆柱直径一般为 2.5 m，长 6～9 m。米兰地铁预加固后，地下隧道施工引起的地表沉降仅 5 mm。又例如，北京地铁复兴门折返线位于永定河冲积扇中部，地表为人工填土，其下部为第四纪冲、洪积层，拱部为粉细砂层，边墙为砾石、砾砂层。采用超前小导管预注浆法在开挖轮廓线外形成 0.6～2 m 厚度的加固带，注浆体 7 d 强度为 5～16 MPa；部分双线及渡线采用 8 m、17 m 全断面劈裂注浆。经过现场监测比较，全断面注浆较小导管注浆可减少 1/2～1/3的地表沉降值。采用不同注浆方式时地表引起的沉降比较如图 6.8 所示。

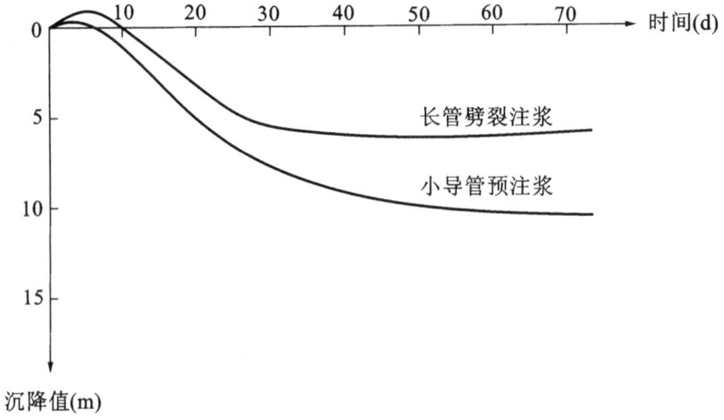

图 6.8　采用不同注浆方式时引起的地表沉降比较

②冻结法

冻结法是在地层中按设计布设一定数量的冻结管，使制冷设备提供的低温冷冻液在冻结管内循环，由此将地层中的热量带走而降低地层温度，使地层形成不透水且具有一定强度的人工冻结体。冻结法加固围岩和止水效果非常好，可靠性高，特别适合饱和含水的粉细砂、粉土及亚黏土、砂土等注浆效果较差的地层。但其缺点是：设备投入大，冻结的施工周期长，在地下水流速大于 10 m/d 时的冻结成本剧增。

③地表锚杆法

地表锚杆一般采用全长砂浆锚杆，锚杆与砂浆共同组成锚固体。锚固体的锚固作用是通过锚杆与砂浆之间的摩擦力来实现的，这可以从加固时的施工过程和施工完成后锚杆与砂浆共同发挥作用两个阶段来认识。前者的主要功能在于提高岩土体的整体强度和刚度，而后者则在于增强岩土体的摩擦阻力和抑制岩土体的沉降滑移，进而达到减小地层压力的效果。锚杆预加固法具有以下作用机理。

a. 提高岩土体的整体强度和刚度。首先将锚杆孔中灌注砂浆。由于灌浆压力会使部分浆液在一定的扩散半径 r 范围内沿岩土体的裂隙和空隙渗透扩散。当锚杆孔间距 s 布置合理时，会使各孔的注浆扩散范围互相搭接，形成网状胶质结构体，如图 6.9 所示，从而提高岩土体的强度和刚度。由此，为保证较为理想的加固效果，锚杆的布置间距应保证在注浆扩散半径范围内。

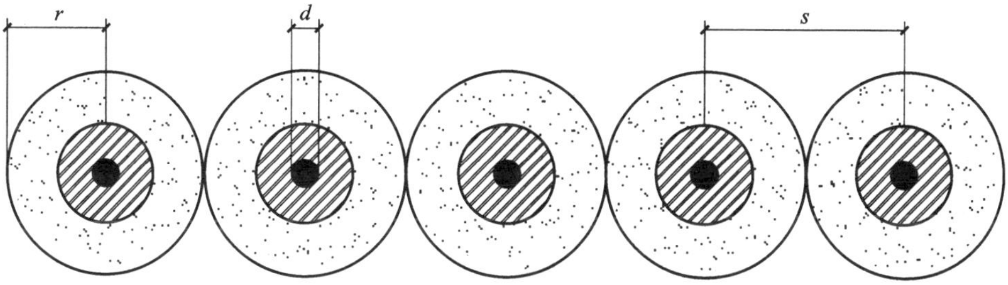

图 6.9　锚杆预加固效果示意图

b. 抑制岩土体沉降和减小压力。在隧道开挖过程中，锚杆通过砂浆对它的握裹力以及砂浆与周围孔壁岩体之间的黏结力发挥串挂和固结作用，形成一个以锚杆为中心的加固区，提高锚杆周围岩土的抗剪强度。另外，由于锚杆的弹性模量远高于岩土体的弹性模量，因而锚固体还可以约束岩土体。由于剪切引起的剪胀作用，从而使岩土体与锚固体之间的摩阻力提高。正是由于地表锚杆群形成的这种整体串挂固结效应，才能有效地抑制和阻碍地层的下沉，使地层的整体性和稳定性得以加强。

综上所述，地表砂浆锚杆预加固的主要作用是通过砂浆对锚杆的握裹力以及砂浆与周围孔壁岩体之间的黏结力实现的，因此，孔内砂浆灌注的饱满程度会直接影响到锚杆作用的发挥。锚杆直径的合理选择是另一个重要因素，根据现场施工经验，一般以 12～22 mm 为宜，直径过大造成成本增加，而直径太小，其钢筋的柔度大，起不到加固地层的目的。

根据已有的工程实践经验，对于软弱松散地层，为保证锚固孔的形成，可利用其孔隙比较大的特性，采用一种空心的钻杆，将钻杆的下半段改成带孔的滤管，施工注浆时加一定的压力，使高压砂浆深入松散的地层中，以确保能形成图 6.9 所示的扩散半径，从而提高岩土的自稳程度。此外，由于锚固孔的直径并不大，一般仅为 6～8 cm，故在锚固孔形成的过程中，其内部一部分岩土被挤向孔周地层，剩余的需要排出的岩土量并不多。

④压缩空气法

压缩空气法就是在地下工程开挖面保持一定的空气压力，然后进行开挖掘进的方法。压缩空气法的目的是有效地稳定开挖面。采用压缩空气法可减少对地层的预加固，且可在有预加固措施配合的情况下进行全断面和大断面开挖，特别适合于有地下水和松散破碎的地层。因施工水下大断面地下工程具有很高的风险，而有时降水非常困难，甚至是不可能的。例如，德国慕尼黑地铁隧道穿过第三纪砂岩沉积层，为含水的厚层状中细云母砂层和不透水的泥质黏土层，地下水位为－3～10 m，地下工程大部分处于含水地层中，施工中发生的坍塌有 95％是由地下水引起的。因此，采用压缩空气法具有优势。下面以工程实例说明压缩空气法对于地表沉降控制的效果。日本名古屋的一座 275 kV 的电力隧道，其断面尺寸为 5.56 m×5.56 m，埋深 5.46 m，隧道处于积水的第四纪洪积层强风化含黏土的砂砾层中，标准贯入度 $N=1\sim15$，圆砾直径 $\phi6$ cm～$\phi30$ cm，地下水位 2～6 m。对开挖面进行化学注浆后采用压缩空气法，气压为 20～300 kPa。采用新奥法全断面施工，实测地表下沉仅1.7 mm。若不用压缩空气法，经弹塑性有限元分析地表下沉的数值达到 11 mm。

(2)超前支护法

①管棚法

根据所使用钢管直径的大小以及受力特征，可分为小直径管棚(≤$\phi150$ mm)、中直径管棚($\phi150$ mm～$\phi299$ mm)和大直径管棚($\phi299$ mm～$\phi600$ mm)三种类型。管棚法一般多用在山岭隧道洞口段，也常用在隧道埋深较浅或正上方有建筑物的情况下。常采用直径为 $\phi70$ mm～$\phi150$ mm 的小钢管以一定间距(如 0.1～0.3 m)沿隧道开挖轮廓线外侧以 5°～6°的外插角倾斜打入地层而形成管棚支护。小钢管上常钻有小孔，作为注浆时浆液扩散的通道。通过注浆将钢管周围的松散地层进行加固，起到稳定开挖面的作用。大管棚一般用专门钻机将直径大于 200 mm 或者 700～800 mm，甚至 1000 mm 以上的钢管通过钻孔推入地层，其长度常在20 m以上，有的工程已达百米。然后在钢管内注入水泥浆，钢管之间的空隙通常采用水泥浆充填，以增大整体刚度。管棚法应用灵活，钢管长度、直径可根据需要选择。管棚法通常与注浆法一并使用以达到更有效地保持开挖面稳定的目的。一般大管棚、长管棚控制地表沉降的效果更佳。北京西单地铁车站施工时采用了 18 m 的长管棚对地表沉降进行控制，同时也对开挖面的稳定发挥了重要的作用。此外日本某城市隧道采用直径 $\phi700$ mm、长 60 m 的大管棚，在浅埋、有地下水的不稳定的地层中施工获得了成功，经监测地表沉降量为 8 mm。

②超前插桩法

超前插桩法是在开挖面前方的地层中用钢管连续加固形成“伞”形防护棚，其桩径可达到 150～250 mm。该法曾在意大利的多座软土隧道中使用，如意大利某地铁隧道采用超前插桩法施工，先在地层中钻孔，然后将钢管顶入孔内。钢管壁厚 7 mm，外径 140 mm，长 12 m，搭接 3 m，钢管上每隔 0.5 m 钻 4 个 $\phi8$ mm 的孔。孔内安设有一个单向阀门，其在注浆压力达到 3 MPa时会被冲开。钢管顶入完成后在地层中留下一排由空心钢管形成的伞拱，然后在 3 MPa的压力下将水泥浆泵入钢管。通过注浆把管外侧与地层间的环形空间填满，起到支撑围岩和控制地层沉降的作用。超前插桩法控制地表沉降的效果与长管棚相当，但施工速度更快、更经济。

③超前插板法或超前锚杆法

超前插板法是沿开挖面拱部轮廓将插板以一定倾斜角度打入或顶入地层中，沿纵向两环插板之间进行搭接，在超前插板的支护下进行开挖。超前插板法适用于砂质地层、硬黏土地层和有地下水时稳定开挖面。例如，慕尼黑地铁采用超前插板法，在有地下水的情况下有效地保持了开挖面的稳定。但工程实践表明：只要锚杆沿开挖面前方地层的最小主应变方向进行设置，就可较好地控制地表沉降。此外，模型试验也表明：对松散砂性地层，超强锚杆沿倾斜 30°方向设置可有效控制地表沉降。如果将超前锚杆与其他预加固方法组合使用，更能起到稳定开挖面、控制地表沉降的效果。

④水平高压旋喷法

水平高压旋喷法一般用于加固顶部的围岩。用特殊机械钻孔，同时高压喷射水泥浆液，在开挖面拱部形成 ϕ50 mm～ϕ70 mm 的圆柱体加固层，起到改良围岩的效果，是改善开挖面自稳性和控制地表沉降的一种方法。但施工期间使用的设备较多，而且设备庞大，如果洞口附近施工场地狭小，则施工难度较大。

⑤隔断墙法

隔断墙法一般作为止水的辅助施工方法，但目前较多地用于控制地表沉降，并对周围建筑物进行隔断保护，可以减小开挖引起的地表沉降和控制地表沉降向周围传播。

⑥机械预切槽法

机械预切槽法是用专门机械沿开挖面拱部外轮廓预切一定宽度的沟槽，其纵向成槽长度可视地层情况而定，一般可达数米。成槽后立即向槽内喷射混凝土，填充沟槽并静置 3～4 h 使槽内混凝土硬化而形成预成拱，即可在其保护下进行开挖。为了顺利进行下一步切槽，预成拱形状稍向外倾斜，以便沿纵向互相搭接。机械预切槽法的优点是对地层的扰动小，不改变地层的自然特征和应力分布规律，可在预成拱的保护下安全、快速地开挖，而不产生过大的地表沉降。与其他方法开挖上部弧形导坑所引起的沉降相比，采用机械预切槽法开挖可减少 50%～60%的沉降。机械预切槽法适用于具有稳定性和能充分成槽的地层。机械预切槽法是法国巴黎地铁首先采用的一种开挖方法，该法首先用于巴黎塞纳河下的两条地铁隧道的施工，而后在法国北部的里尔地铁区间隧道施工中也被采用，不仅在开挖面的拱部进行预切槽，还在边墙部位采用了预切槽施工，取得了良好的效果。

⑦帷幕注浆法

帷幕注浆法是在隧道开挖轮廓线外一定范围内布孔，向孔内压注非化学浆液或化学浆液，使浆液在预定范围内扩散、固结，形成一层强度较高的浆液结石体，从而限制地层的变形。

⑧超前小导管注浆法

超前小导管注浆法是将直径为 30～70 mm 的钢管制成长度为 2～6 m 的桩管，并以 10°～15°的仰角打入开挖面外轮廓的地层中，然后向管内注浆。它的作用与管棚法相似，有改良棚架和地层的作用，但超前小导管注浆法承受的荷载有限。超前小导管注浆施工所需的设备简单，且操作方便，因此对软弱地层非常适用。

6.4.2 盾构法施工时围岩与支护结构的稳定措施

6.4.2.1 一般措施

盾构法施工所引起的地表沉降及建筑物变形，与地层地质条件、盾构形式、断面大小、掘进方式、回填注浆等因素有关。因此，在采用盾构法施工时必须选择适当的掘进方式，同时加强施工管理。采用盾构法施工期间，对周围环境具有保护作用的措施主要有：保持开挖过程中开挖面水土压力的平衡，减少开挖过程中对地层的扰动，加强管片壁后注浆的管理，防止管片变形与渗漏水等。

(1)保持开挖过程中开挖面水土压力的平衡

根据周围地层的水土压力调整开挖面压力。对于土压平衡盾构，应控制出渣量以保持压力仓内的压力与开挖面水土压力平衡。保持开挖面平衡的主要措施有：控制和计量土仓的出土量、控制与监测开挖面的水土压力、合理选择添加剂及其添加量。对于泥水盾构，主要措施有：保持泥水仓的压力与开挖面水土压力平衡，主要措施包括调整泥水压力、控制进排泥浆量等。

(2)减少开挖过程中对地层的扰动

在盾构机的开挖过程中，盾构机对地层的扰动主要是由其掘进过程中盾构外侧壁与地层之间的摩擦引起的。因此，在施工过程中必须合理选择盾构机的推进速度和刀盘的转速，保持盾构机掘进方向，特别是在圆曲线、竖曲线地段应尽可能减少盾构机的偏转，控制盾构机的掘进姿态，防止盾构机出现“蛇行”现象。

(3)加强管片壁后注浆的管理

为防止盾尾间隙引起的沉降与壁后注浆所引起的凸起，应根据地层状况选择渗透性好、固结强度适中的壁后注浆材料，并采用同步注浆技术，控制注浆压力。根据工程地质条件和隧道的覆土厚度，结合盾构机推进速度及时调整注浆时间、注浆方法、注浆压力以及注浆量。

(4)防止管片变形与渗漏水

盾构机在掘进期间，隧道管片发生变形和地下水位下降是引起地表沉降的主要原因之一，因此在实际施工期间，提高管片拼装质量及确保接头防水对隧道的安全施工和建设质量均具有重要的意义。

6.4.2.2 辅助施工措施

在正常施工管理的情况下，如果地下工程施工仍然不能达到控制地表沉降与保护建筑物安全的要求，应考虑采用辅助工法，对地层进行加固、改良或对建筑物进行保护，以保证地层的稳定和建筑物的安全。目前在盾构法施工中常用的辅助施工措施主要有：

(1)降低地下水位

该措施主要适合于渗透系数为 $10^{-3} \sim 10^{-6}$ m/s 的粉土、砂砾地层。从地表进行降水时，一般采用轻型井点和深井井点降水。当隧道覆土厚度小于 7 m 时，采用轻型井点效果较好。而隧道覆土厚度超过 10 m 时，往往采用排水配管的路下式井点或深井井点降水。如果受地表条件的限制不能采用地表降水，则可采用隧道内降水的方法或利用水平钻孔、导洞等来降低地下水位。在隧道内实施井点降水时，向隧道下方或斜前方设置井点进行抽水。实施降水时应注意：由于地层岩性和水位不同，有时会发生地基下沉或周围水井水位下降等现象，所以施工前应对地下水位下降对周围地层产生的影响进行周密的调查和评估。

(2)注浆加固法

注浆加固法的主要目的是增加地基土的强度和止水性。盾构机始发或到达时，由于拆除施工竖井上的洞门，使开挖面处于暴露状态，如果开挖面暴露的持续时间较长，必须采用注浆加固的方法来增加土层的强度和止水性。另外，当盾构机需要从重要的建筑物或地下结构物的附近或下方通过，或者接近或穿过河流、湖泊时，盾构机推进势必影响到其他建筑物的安全，此时就需要对地层实施注浆加固和改良的技术措施，以达到保护周边环境的目的。另外，在隧道覆土浅、中结合位置或换刀位置、扩挖位置等处均需要注浆以加固围岩。采用注浆方式加固地层时，必须根据围岩条件、盾构形式来选择合理和经济的注入方法、注浆材料。

(3)高压旋喷桩或搅拌桩法

高压旋喷桩或搅拌桩法是用高压喷射流或机械切削围岩，将切削下来的土砂与硬化材料进行混合搅拌，在设计范围内形成圆柱加固体的施工方法。它与注浆加固法施工的目的相同，但加固更均匀，止水性更好。高压旋喷桩施工可分为单管法、双重管法和三重管法等，而搅拌桩施工有单足搅拌桩法、双足搅拌桩法及三足搅拌桩法等。

(4)冻结法

冻结法一般在其他施工方法难以达到稳定围岩的目的时采用。由于冻土的强度和止水性高，而且可以通过测定其温度判断冻土的形成状态，所以只要进行良好的施工管理，冻结法就是一种较可靠的施工方法。冻结施工有盐水方式(间接方式)和液氮方式(直接方式)。由于盾构工程冻结规模较大，通常采用盐水方式。采用冻结法加固围岩时应注意以下问题：①根据测定的地层温度来确定地层的冻结状态，通常隧道内气温较高，需要使用盐水循环设备并对冻结地表采取保温措施；②需要注意由于冻结管损坏等引起的盐水泄漏现象，通常冻结管铺设后需要进行耐压试验，开挖冻结管附近的冻土时，应在确定冻结管的位置后进行；③地下水的流动会影响冻结效果，在地下水丰富且渗透性好的砂及砂砾层中，要注意地下水流的流向，特别是流速为1～5 m/d时，可根据实际情况先采用注浆加固法截断地下水流或降低流速，然后再进行冻结；④当冻土接触地下结构物时，地下结构物成为妨碍冻结的热源，需要研究地下结构物的冷却措施。

(5)压气法

由于覆土厚度、地层土质、地下水等条件不同，有时压气施工法难以达到预期的效果。使用闭胸盾构施工时，如果开挖面前方出现障碍物，可以用压气法来控制开挖面的涌水。压气对开挖面的稳定作用可分为三类：①阻止开挖面涌水，防止开挖面坍塌；②压气本身的挡土作用使开挖面保持稳定；③由压气产生的围岩脱水作用增强了粉砂、黏土层以及含有粉砂黏土成分或砂质黏土成分的砂质土的强度。

压气的效果受围岩条件影响，应在充分调查颗粒级配、透水性、透气性、地下水的状态等基础上确定。在施工过程中，需要观察开挖面的状态，测定并记录涌水量、空气消耗量，并与原设计资料进行比较，反馈到下一步的施工中。压气效果与地层土质的关系如下：

①砂砾地层，由于地层的透气性好，压气效果不明显，达不到预期的支护效果。

②砂质地层，由于地层的透气性好，所以空气消耗量也大。隧道覆土浅时，如果气压太高，则可能发生喷发现象。虽然压气法涌水量比砂砾地层少，但要完全避免是非常困难的，而且涌水处发生开挖面坍塌的危险性也很大。

③粉砂质地层，地层的透气性差，压气效果较小，是适合压气施工的地层。但要注意气压与覆土厚度之间的关系，防止发生喷发现象。用压气法基本可以防止地层涌水，气压也会使围岩的脱水作用大大增强。

④黏土质地层，土质较软，开挖面不稳定时，可依靠气压本身的脱水作用使地基得到加固，

压气效果较好。

⑤互层地层，一般围岩都是由各种地层构成的，岩性比较复杂，地下水也往往被不透水层所隔断。例如，即使是砂砾或砂质地层，如果开挖面的上部有粉砂或黏土等透气差的地层时，压气施工的效果较好。而当开挖面的渗透系数大于 1×10^{-4} m/s 时，则不适合采用压气法施工。

6.4.2.3　辅助施工措施的应用

现以某地铁区间隧道的盾构始发与到达工作井端头加固实例说明辅助施工措施的应用。

(1)工程概况

某地铁工程的盾构始发与到达工作井位于富水软弱地层中，地层稳定性好，地下水位高，地层透水量大。工程周边环境复杂，需要严格控制地表沉降。始发与到达地段的线路从多栋二层建筑物下穿越，这些建筑物大多年代久远，基础较差；地下分布有煤气管、排水管、给水管、电缆沟槽等众多地下管线，因此对地表沉降的变化非常敏感。尤其始发与到达地段，在施工车站时地层已受过扰动，且隧道覆盖层薄，要确保地面房屋及地下管线的安全，其施工难度极大且风险极高。为使盾构始发及达到时不发生地下水和土的涌入及工作面的坍塌，保证始发的顺利进行，采用深层搅拌桩对盾构工作井周围土体进行加固处理，使端头土体具有较高的强度、稳定性与防水性。

(2)地质条件

盾构始发和到达地段地层主要为杂填土、粉土、淤泥质粉质黏土及粉砂夹细砂土，土质极不均匀，压缩性高且极易变形，开挖面极不稳定，对水土压力的变化非常敏感，从而加大了开挖面水土压力平衡控制以及其稳定性控制的难度。此外，地下水位于地表以下 1～2 m，洞门止水密封的难度较大。

(3)加固方案

盾构始发与到达推进前需凿除施工车站洞门范围内的围护结构，主要是凿除洞门范围内的钢筋混凝土围护结构，凿除围护结构后，洞门附近的土体应保持一定时间的自稳状态，不能发生水土流失现象。此外，盾构始发时土压逐渐加大而到达时土压不断减小，盾构土仓内的压力处于调整阶段，不能建立有效的土压力平衡体系，会有较大的土体损失。经过对深层搅拌桩法、高压旋喷桩法、注浆法、冷冻法等底层加固技术的适用性、经济性分析，结合工程类比法，对盾构始发与到达车站的工作井周围土体全部采用深层搅拌桩法进行加固。始发端采用 ϕ550 mm 的单轴深层搅拌桩机，桩间距 0.5 m。搅拌桩与车站连续墙之间的间隙采用一排高压旋喷桩进行加固，桩径1.2 m，间距 0.8 m。盾构始发和到达端头土体的加固如图 6.10 所示。

加固范围与土质情况及止水因素有关，一般根据强度计算结果和以往的工程经验加以确定。南京地铁许府巷站南端头盾构始发端和玄武门站北端头的盾构到达端加固的范围是以隧道中心为圆心、半径为 6.2 m 的圆形区域，始发端、到达端加固长度分别为 6 m、5 m。加固后地层的强度达到 1 MPa。通过地层加固，许府巷站南端头盾构始发端地表总沉降量为 45 mm 左右，而玄武门站北端头盾构到达端地表最大的沉降量为 20 mm，土体加固达到了预定的效果。

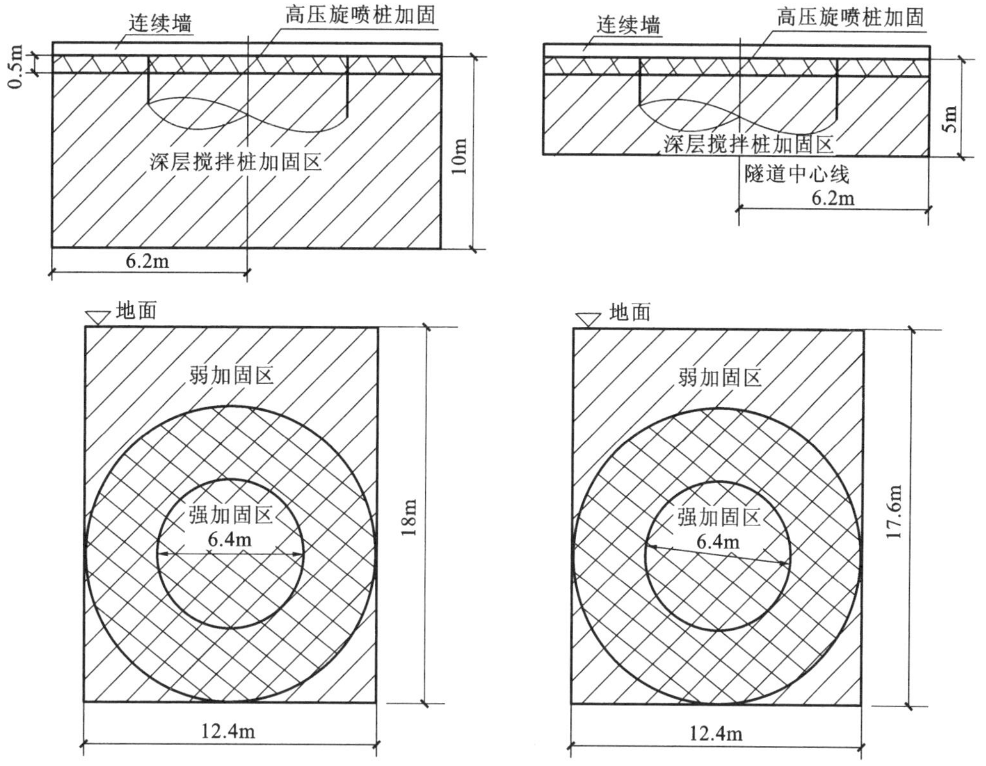

图 6.10　盾构始发和到达端头土体加固示意图

6.4.3　明挖法施工时地层与围护结构的稳定措施

6.4.3.1　一般措施

明挖基坑对周围环境的影响及围护结构的稳定性与围护结构的形式、基坑宽度、基坑深度、地层条件、围护结构的入土深度、支撑方式、施工速度、施工技术措施等有关。因此，为减少明挖基坑对周围环境的影响以及确保围护结构的稳定可采取如下措施：

(1)及时设置支撑或拉锚并预加轴力

研究人员曾在日本东京对某基坑工程支撑设置的及时性和效果进行了现场测试。试验结果表明：未及时施作第一道支撑时，地下连续墙墙体的最大水平位移量达到 3 cm，而及时设置支撑的墙体的最大水平位移量只有 1 cm。由此可见，及时设置支撑可抑制基坑围护结构发生变形。此外，支撑设置以后必须及时对其施加轴力，其目的不仅在于保证支撑能顶紧墙体，减少墙体变形量，而且还可改善墙体的受力条件。施加到支撑的预加轴力主要取决于基坑的地质和施工条件，原则上应施加到最大限度。日本曾规定施加到支撑上的轴力应相当于基坑引起的静止土压力，基于我国的实际情况，应加到支撑设计轴力的 70%左右。同时，为了尽量减少各种变形，第一道支撑可偏高设置，而底撑应尽量偏低设置。

(2)分段分层开挖及开槽设支撑

基坑开挖时应充分考虑基坑开挖时的“时空效应”。针对基坑工程，开挖应遵循“分层、分段、对称、平衡、适时”的原则。严禁超挖，减少基坑暴露的时间，缩短开发的周期。当基坑长度较大时，不宜采用大面积的长条形开挖方式，应该采取分段开挖、分段支撑的方式，以利用基坑的时空效应达到减少变形、提高基础稳定性的目的。分段长度视具体情况而定，一般为 20～30 m。在对地表沉降有严格控制的场合，应采取开槽设支撑的方式，即在未挖到该层支撑水平面时，应先挖要安装支撑的沟槽，在支撑安装好之后，再将沟槽旁的土层挖去，然后再继续开挖。

(3)增加围护结构的入土深度

增加围护结构的入土深度无疑能减小围护结构的水平变形、基底隆起和地表沉降，从而可减小对周围环境的影响。围护结构的嵌入深度可通过计算和工程类比，并结合地层条件加以确定。

(4)加快施工速度

加快施工速度，减少基坑暴露时间能有效地减小地层变形，尽可能降低意外因素对基层的影响，同时可以减小因地层蠕变、流动等引起的地表沉降。因此，在基坑开挖到设计高程后应立即敷设垫层、绑扎钢筋、浇筑底板混凝土。如果施工速度过慢，软土层的流变性将使地层移动明显增加，引起过大地表沉降。根据某软土地区基坑实测资料统计，如果支撑架设时间超过 8 h，在架设第二道支撑时地表沉降增加速度为 2.3 m/d；再如日本现场实测资料表明，基坑开挖后不到 6 d 的时间，基坑隆起量增加约 50%。

(5)逆作法施工

逆作法的最大优点就是能减小围护结构变形及地层移动，从而减小施工对环境的影响。例如日本上野地铁车站，地下五层，开挖深度 27 m。如此深度的地下连续墙工程如果采用顺作法，必然会产生较大的地层移动。该工程采用了逆作法施工，围护结构入土深度为 $0.2H$(H 为开挖深度)。墙体的最大水平位移只有 2 cm 左右，仅为开发深度的 0.08%。上海地铁 2 号线，在淮海路上有 3 个车站，淮海路路面狭窄，而且路面两侧有密集的建筑物，为了减小对建筑物的影响和尽快恢复路面交通，这 3 个地铁车站均采用逆作法施工，达到了预期的效果。

6.4.3.2 辅助施工措施

(1)基底加固

基底加固的方法很多，如井点降水、压密注浆，或采用搅拌桩、旋喷桩、石灰桩、树根桩、地下连续墙等。无论采取何种方法都需在基坑开挖两周以前完成，以避免因扰动地层而增大变形。地基加固可在基坑外或基坑内进行。基坑外加固可以减小对挡墙的主动土压力，但因工程造价关系，一般只是当基坑邻近有建筑物或地下管线时才采用；基坑内加固，特别是对基坑以下的地层进行加固时，能达到既经济又有效的目的。

据 B B Broms 的计算，对基底进行 3 m 厚的注浆加固，基底为软黏土时能使墙体的水平位移及地表沉降减少约 50%，支撑内力减少 40%，基底隆起量减少 35%。他还做了 6 m 厚加固的比较，发现加固 6 m 后的各项指标仅比加固 3 m 的减少 10%～20%，因而得出的结论为加固 3 m 厚是经济的、合适的。但是上海工程实践经验表明：延安东路越江隧道 66 号地下连续墙工程与地铁区间隧道 69 号地下墙工程相比，墙外都有建筑物，69 号工程基底只加固了 3 m，它的地表沉降值与深度之比为 0.54%；而 66 号工程的基底加固 9～10 m，它的地表沉降值与深度之比大为减小，仅有 0.1%～0.2%。由此可见，对于上海地区这样的软弱地层，特别是当地下连续墙底以下的土体很软弱时，随着地层加固厚度的增加，加固效果更加明显。

(2)基坑内降水

在基坑内部实施降水不仅有利于施工操作，更因降水使土体固结而提高了基底下土体的强度，因此能减小基坑隆起和墙体变形，提高基坑稳定性。但是需要注意的是，坑内的降水漏斗不宜低于墙底，以免造成墙外的地层固结沉降。按以往工程师的经验，井点滤管底至少高于地下墙底面 1.5～2.0 m。对于可能会产生较大隆起或突涌的基坑还应降低承压水头。

(3)帷幕注浆

为了保护基坑围护结构地下连续墙外的地下管线、构筑物和地表建筑物，可在墙外围修筑一道帷幕。帷幕可采用灌注桩、旋喷桩、树根桩、压力灌浆、冻结法等方法形成。当须进行地下连续墙外降水处理时，可在帷幕内降水，帷幕外回灌水，以减小地层的移动范围。

本章小结

(1)信息反馈的主要目的是在施工过程中对地下工程及周边环境进行监测，分析、判断、预测施工中可能出现的险情，采取相应的技术措施，将施工对周围环境的影响降到最低程度。

(2)信息反馈的内容主要是对设计的反馈内容和对施工的反馈内容。在设计方面，通过对监测资料的反分析，修正设计采用的围岩物理力学参数、地应力、渗水压力等；在施工方面，通过对监测结果的分析和判断，及时调整施工方案，必要时增加辅助施工措施。

(3)地下工程监测数据的处理方法可分为统计学方法和确定性方法两大类。对于散点图与回归分析法，通过计算求得监测间隔时间、累计监测时间、监测位移值、累计位移值、当日位移速率、平均位移速率等，将其列成表格并绘制成相应的与时间的关系曲线，应用数学方法对监测所得的数据进行回归分析，找出位移随时间变化的规律，为优化设计并指导施工提供科学依据。

(4)监测数据反馈指导设计与施工，根据施工信息对施工前设计所确定的结构形式、支护参数、施工方法、施工工艺以及各工序施作的时间等的检验和修正，主要方法有收敛约束法、参数控制法、工程类比法、有限元法以及反分析法。

(5)钻爆法施工一般措施包括：选择合适的开挖方法，保持开挖面的稳定，减少对地层的扰动；提高初期支护强度并及时施作；减小爆破振动的影响；围岩与支护结构间回填注浆；稳定地掘进工作面。掘进工作面的稳定是施工安全的重要保障。辅助施工措施可分为两大类：一是地层改良和预加固，以改善整体围岩；二是超前支护。

(6)盾构法施工一般措施包括：选择适当的掘进模式，同时加强施工管理。施工期间，对周围环境具有保护作用的措施主要有：保持开挖过程中开挖面水土压力的平衡、减少开挖过程中对地层的扰动、加强管片壁后注浆的管理、防止管片变形与渗漏水等。辅助施工措施主要包括：降低地下水位、注浆加固法、高压旋喷桩或搅拌桩法、冻结法以及压气法。

(7)明挖法施工一般措施包括：及时设置支撑或拉锚并预加轴力；分段分层开挖及开槽架设支撑；增加围护结构的入土深度；加快施工速度；逆作法施工。辅助施工措施包括：基底加固；基坑内降水；帷幕注浆。

7 地下工程现场监测的组织与施工

7.1 监测方案的编制

由于地下工程埋藏在地下一定深处，而这种天然地质体材料中存在着节理裂隙、应力和地下水，因此，地下工程的兴建比地面工程复杂得多。特别是在地下工程开挖之前，地下工程地质条件、岩土体形态不易掌握，力学参数难以确定，人们不得不借助现场监测以获取建筑物变形的实际信息，并及时反馈到设计和施工中去，直接为工程服务。因此，在地下工程施工前，应组织专业技术人员认真研究建设工程的规模、技术难点、施工监控与保护对象的特点和周边环境条件，并在此基础上编写监测实施方案。监测方案是指导监测实施的主要技术文件，主要包括监测目的、监测项目、监测仪器及其安装、数据采集方法、数据分析和信息反馈。

7.1.1 监测方案编制原则

监测方案的编制应符合国家、行业现行的有关规范、规定。监测方案的编制应遵循的原则如下：

(1)监测方案的编制应以安全监测为目的，根据不同的工程项目和不同的施工方法确定监测对象(基坑、建筑物、管线和地下工程结构等)，对监测对象安全稳定的主要指标进行方案设计。

(2)根据监测对象的重要性确定监测规模和内容，监测项目和测点的布置应能够比较全面地反映监测对象的工作状态。

(3)应尽量采用先进的监测技术，如自动化技术、遥测技术，积极选用效率高、可靠性强的先进仪器和设备，以确保监测效率与精度。

(4)为确保提供可靠、连续的监测资料，各监测项目应能相互校验。

(5)监测方案在满足监测性能和精度要求的前提下，力求减少监测仪器的数量和电缆长度，降低监测频率，以降低监测费用。

(6)监测方案中临时监测项目和永久监测项目应对应衔接。

(7)在满足工程安全的前提下，确定仪器的布设位置和测量时间，尽量减少与工程施工的交叉影响。

(8)根据设计要求及周边环境条件，确定各监测项目的控制基准。

(9)按照国家现行的有关规定、规范编制监测方案。

7.1.2 编制监测方案的基础资料

为了选择最优的技术方案、采用科学的监测方法，必须根据不同工程规模、不同设计阶段及关键问题选择基础资料进行详细的综合分析和处理。基础资料是进行施工条件分析、编制监测方案的主要依据。在编制监测方案前，应熟悉的基础资料主要包括以下内容：设计图、地质勘察报告、地表建筑物平面图、管线平面图、保护对象的建筑结构图、地下主体结构图、围护结构和主体结构的施工方案、最新监测仪器信息、类型相似或相近工程的经验资料，以及国家现行的有关规定、规范和合同协议等。

(1)监测方案的编制

监测方案编制步骤如下：

①收集编制监测方案所需的基础资料。

②现场踏勘，了解周围环境。

③编制监测方案初稿。

④会同有关部门确定各类监测项目的控制基准值。

⑤完善监测方案。

⑥监测方案报批。

(2)监测方案的主要内容

监测方案是指导监测工作的主要技术文件，主要内容如下：

①工程概况。

②监测目的与意义。

③监测项目和测点的数量。

④测点布置平面图。

⑤测点布置剖面图。

⑥各监测项目的监测周期和频率。

⑦监测仪器设备及选型。

⑧监测人员的配置。

⑨监测项目控制基准。

⑩监测资料的整理与分析。

⑪监测报告送达的对象和时限。

⑫监测注意事项。

(3)隧道工程监测方案项目选择

地下工程监测项目的选择应考虑的因素如下：工程地质条件与水文地质条件；工程规模与施工技术难点，包括结构形式设计、施工方法和埋深等；工程的周边环境条件，主要是所处位置及周围建(构)筑物的结构形式、形状尺寸及与地下工程之间的关系。

隧道工程监测项目选择的主要依据：围岩条件、工程规模、支护方式。监测手段主要依据量测项目及国内量测仪器的现状进行选择，一般应选择简单、可靠、耐久、成本低的量测手段。各种围岩条件下监测项目的重要性见表7.1，隧道监测项目见表7.2。

表7.1 各种围岩条件下监测项目的重要性

围岩种类	必测项目				选测项目						
	洞内观察	净空收敛	拱顶沉降	锚杆抗拔力	地表沉降	围岩内位移	锚杆轴力	钢支撑应力	接触压力	混凝土应变	洞内弹性波
硬岩	●	■	■	■	▲	▲	▲	▲	▲	▲	▲
软岩	●	●	●	■	▲	●	●	▲	▲	▲	▲
土砂	●	●	●	●	●	■	■	■	■	▲	▲

注："▲"表示不重要；"■"表示较重要；"●"表示重要。

表 7.2 隧道监测项目

类型	序号	监测项目	测量仪器	备注
必测项目	1	洞内、外观察	现场观察、数码相机、地质罗盘	
	2	拱顶沉降	精密水准仪、铟钢尺、钢挂尺，或全站仪	
	3	水平相对净空变化值	收敛计、全站仪(非接触量测)	
选测项目	4	地表沉降	精密水准仪、铟钢尺、全站仪	隧道浅埋段
	5	围岩内部变形	多点位移计	
	6	锚杆轴力	压力盒	
	7	围岩压力	钢筋计	
	8	钢架内力及所承受的荷载	混凝土应变计	
	9	隧底隆起	混凝土应变计、钢筋计	
	10	爆破振动	振动传感器、记录仪	
	11	孔隙水压力	水压计	
	12	水量	三角堰、流量计	
	13	纵向位移	多点位移计、全站仪	
	14	围岩弹性测试波速度	弹性波测试仪	

7.2 监测的组织与实施

7.2.1 监测前期准备

7.2.1.1 技术准备

监测工作实施前应组织监测和施工相关技术负责人对监测方案进行技术交底。组织监测人员熟悉监测方案，明确个人的分工和职责。此外，应开展基础资料的调查与分析。需要调查的基础资料包括监测区域的气象、地形、工程地质和水文地质、地下管线状况，周围建筑物以及邻近地下工程的建筑物和构筑物的现状等。基础资料的调查与分析还应包括类似监测项目所取得的经验和教训，现场水电供应情况，主要监测设备和传感器的生产厂商以及供货情况。

7.2.1.2 设备及物资准备

(1)根据每项工程的特殊要求，购置必要的仪器、仪表和传感器，了解和熟悉新购仪器、仪表和传感器的使用方法。对原有设备进行保养、标定和维修。

(2)监测传感器及材料的准备。根据监测方案所提供的传感器和材料的规格、数量编制相应的计划，以满足不同施工阶段对传感器和材料的需求。

根据监测方案中确定的仪器、仪表、传感器、辅助材料等的规格和数量，编制各种设备、物资需求量的计划，包括规格、数量等，并与相关厂商签订设备、物资供应和租赁的合同，保证所需设备和传感器的及时供应，确定设备与物资进场时间及使用计划。

7.2.1.3 人员组织与安排

根据监测工程的规模、特点和复杂程度，确定现场监测技术人员的数量和结构组成，合理分工，密切协作，建立具有丰富监测经验、工作效率高的现场监测机构。为顺利完成监测任务，要提前对现场监测与操作人员进行技术方案交底和技术培训。其内容包括：传感器埋设计划、现场监测计划、技术标准和质量保证措施、数据整理与分析以及监测报告的形式。

7.2.1.4 现场准备

根据监测方案拟定的控制网点，设置区域永久性控制测量基点。完成监测传感器、辅助材料的订货和加工；做好拟保护建筑物、构筑物的调查与鉴定工作。

7.2.2 监测项目和工作流程

目前隧道地下工程施工现场监测项目分为必测项目和选测项目。在监测过程中根据围岩条件、工程规模、支护类型和施工方法选择测试项目。

7.2.2.1 必测项目

必测项目是判定围岩稳定状态、支护结构工作状态并指导设计施工的经常性量测项目。

该项目主要包括地质和支护状况目测观察、内空变位量测和锚杆拉拔力量测等项目。必测项目的量测断面间距一般为 20～50 m，但对于洞口段、浅埋段，特别是软弱地层段量测断面间距应小于 20 m。

(1)地质和支护状况目测观察

洞内观察是不借助于任何量测仪器，而用肉眼凭经验判断围岩、锚杆、衬砌和隧道安全性的最直观方法，对于个别现象和特殊情况的发现尤其重要。其方法是核对地质资料，判别围岩和支护系统的稳定性，为施工管理和工序安排提供依据，并检验支护参数。因此，监测人员在用仪器监测之前，首先细致地观察隧道内地质条件的变化情况，裂隙的发育和扩展情况，渗漏水情况，然后观察隧道两边及顶部有无松动岩石，锚杆有无松动，喷层有无开裂以及中墙衬砌上有无裂隙出现，尤其是中墙衬砌上的裂缝，如发现有裂缝则要用裂缝观测仪密切观测记录裂缝的开展情况。隧道内观察这项工作应与施工单位的工程技术人员配合进行，并及时交流信息和资料。此项工作贯穿于隧道施工的全过程，以便为施工提供直观的信息。

(2)内空变位量测

对隧道壁面两点间位移变位量的量测，是判定围岩动态最主要的项目，特别是当围岩为垂直或水平岩层时，内空变位量测更具有非常重要的意义。根据隧道跨度的不同和所要求的量测精度的不同选择相应的收敛计。量测拱顶沉降的工具主要包括水准仪、水准尺、钢尺或测杆。测点一般布置在中心线上，当隧道跨度较大时，可在拱顶设置 3 个测点。内空变位量测的基线在横断面上的布设，可以根据开挖方式采取不同的布设形式，如图 7.1(a)、图 7.1(c)适合全断面开挖，图 7.1(b)、图 7.1(d)适合半断面开挖。

内空变位量测的频率主要根据位移速度及距开挖面的距离而定(表 7.3)。由位移速度决定的量测频率和由距开挖面的距离决定的频率，原则上采用频率高的。由于测点和测线的不同，因此应以产生的最大位移速度来决定量测频率。量测后应根据量测记录绘制各测量断面的内空变位量-时间曲线和内空变位量-开挖工作面前进距离曲线。

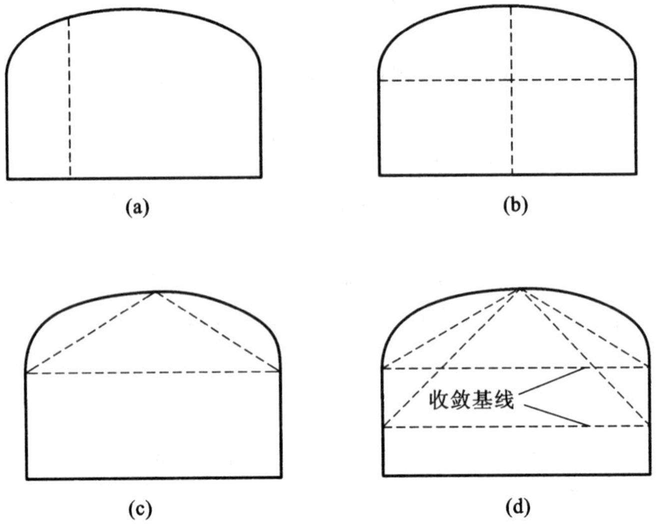

图 7.1　地下隧道收敛基线布设形式

表 7.3　内空变位量测频率

位移速度(mm/d)	距开挖面距离(m)	量测频率
>10	(0～1)B	1～2 次/d
10～5	(1～2)B	1 次/d
5～1	(2～5)B	1 次/2d
<1	5B	1 次/周

注:B 为隧道开挖宽度。

(3)锚杆拉拔力量测

该项量测的目的是判断所使用的锚杆长度是否适宜;检查锚杆埋设质量,主要是检查全长黏结式锚杆的黏附剂与锚杆和围岩的黏结状态。锚杆拉拔力量测的主要方法有直接量测法和电阻量测法。

①直接量测法是采用量测装置直接量测施加给锚杆的荷载值和锚杆产生的位移量,然后根据绘制出的荷载-锚杆位移曲线求出锚杆拉拔力。量测步骤如下:

a. 采用分级加荷载法加载,每级荷载的加载值不超过 0.5 t,加载时间间隔不应小于 2 min,总的加载量达到预计极限值的 80%即可;

b. 每级加载后记录仪表显示出杆端变位值;

c. 绘制荷载-锚杆变位曲线;

d. 根据荷载-锚杆变位曲线求锚杆拉拔力。

②电阻量测法的量测装置与直接量测法的基本相同,只是锚固前应在锚杆上贴上应变片,并增加量测锚杆应变值的应变仪。电阻量测法除了可以得到直接量测法所能得到的数据外,还可以得到锚杆轴向拉拔力分布状态、黏结状态和剪应力分布状态等资料。量测步骤如下:

a. 加载方法与直接量测法相同;

b. 每次加载后分别记录各测点的应变值;

c. 绘制不同荷载作用时沿锚杆长度方向不同位置上的锚杆应变变化曲线；

d. 根据绘制的应变变化曲线，应用图解微分法求出锚杆长度方向各位置的剪应力。

7.2.2.2　选测项目

选测项目是对一些具有特殊意义和具有代表性意义的区段进行补充测试，以便更深入地掌握围岩的稳定状态和锚喷支护的效果，指导未开挖区域的设计施工。这类量测主要包括围岩内部变位、锚杆轴力、喷射混凝土层应力、围岩应力及围岩物理性能、力学性能等项目。这类量测项目较多，测试较为麻烦，费用较高，一般根据需要选择部分项目进行量测。

(1)围岩内部变位量测

围岩内部变位量测是指围岩内径向变位量测，其主要目的是判断开挖后的围岩松动区、强度下降区和弹性区的范围，并据此进一步确定锚杆长度。围岩内部变位量测所采用的工具一般为单点位移计和多点位移计。单点位移计实质上是一个端部锚固式锚杆，长度根据实际需要确定，一般取 1 m、2 m、3 m、4 m，最长可达 20 m。多点位移计一般在需要量测深度很大的围岩内部变位时使用，通常有 3 点、5 点、7 点等几种型号(图 7.2)，每种型号有几种不同的最大量测深度。用于量测围岩内部变位时，选择最大量测深度为 6～30 m 的多点位移计；用于量测地表沉降时，可选择最大量测深度为 200 m 的多点位移计。

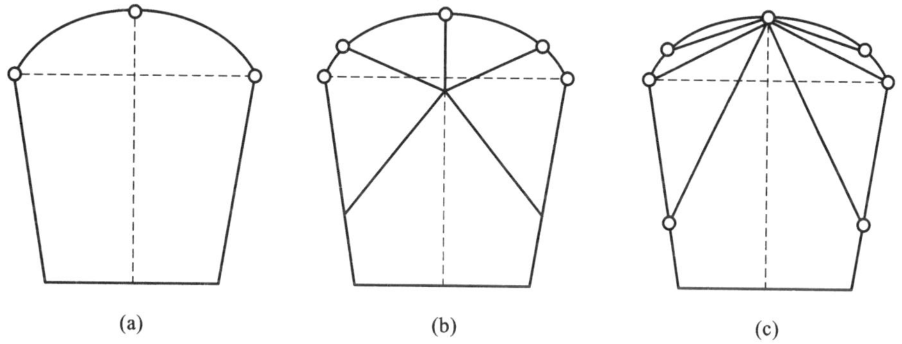

图 7.2　选测项目量测仪器布置示例

(a)3 测点；(b)5 测点；(c)7 测点

使用多点位移计进行量测的操作步骤如下：

①在量测断面用凿岩机垂直于壁面钻孔，孔径因多点位移计型号的不同而不同；

②用水泥砂浆或树脂塑料套筒将量杆锚固在钻孔中，这时锚头就被锚固在围岩内的不同深处；

③用千分表定期量测各量测杆的端头与围岩壁面产生的相对变位值。

(2)锚杆轴力量测

全长黏结式锚杆在埋设初期处于无应力状态，当它和周围的岩石黏结后，随围岩发生变位而产生轴力。在围岩发生变位稳定之前，锚杆的轴力是不断变化的。量测锚杆轴力的目的是为了掌握锚杆的受力状态、围岩变位发展趋势及围岩强度下降区的范围，判断是否需要修改支护设计方案中的锚杆长度和数量。

锚杆轴力量测法包括电阻法和轴力计法。电阻法的量测设备有应变仪和应变片，应变片的贴法与锚杆拉拔力电阻量测法相似。为了消除长期观测中温度变化的影响，在贴应变片的各位置都应设补偿应变片，以修正量测值。但电阻法对操作技术要求高，且对环境的适应性较差，易受外界干扰。目前使用锚杆轴力计量测锚杆轴力的方法较为普遍，轴力计内部有一根钢弦，在传感器受力后，钢弦的自振频率会发生相应的变化，电脉冲信号通过传感器内的激荡线圈感应出同频率的正弦电信号，通过导线传输到钢弦频率测定仪，显示出其振动频率值。按照预先标定出的"力-频率"关系曲线，即可得出作用在轴力计上的拉(压)力值。钢弦式传感器灵敏度高，抗干扰能力强，长期稳定性好，适合在量测环境恶劣的条件下长期观测。使用轴力计进行量测的操作过程如下：

①在量测断面用凿岩机垂直于围岩壁面钻孔；

②钢筋计在安装使用前必须测定并记录零点频率值，作为在计算时对量测值进行修正的原始依据；

③将轴力计与钢筋连接构成轴力量测锚杆，用水泥砂浆将锚杆锚固在钻孔中；

④用钢弦频率测定仪连接各轴力计的导线，定期量测各轴力计的频率；

⑤将测得的频率代入轴力计算公式，得出各轴力计的所受轴力，并绘制出轴力-时间曲线图。

(3)地表沉降量测

地表沉降的量测主要用于浅埋隧道工程。浅埋隧道开挖后地层中的应力扰动区延伸至地表，围岩力学性质的变化在很大程度上反映于地表沉降。为了判定开挖对地面的影响程度和范围，有必要对地表沉降进行量测。由于影响深、浅埋隧道划分的因素很多，无法给出综合的判定式，所以覆盖厚度只能根据经验确定。地表沉降可通过水准仪与水准尺配合进行量测。测点应与水平净空收敛和拱顶沉降量测的测点布置在同一横断面上，地表沉降量测的测点纵向间距可按表 7.4 采用。

表 7.4 地表沉陷量测的测点纵向间距

埋深 h 和隧道开挖宽度 B 的关系	测点纵向间距(m)
$h>2B$	20～50
$2B>h>B$	10～20
$h<B$	5～10

(4)围岩压力及两层支护间压力量测

地下洞室在开挖后应尽快进行初期支护的施工，形成柔性、薄壁且与围岩紧密接触的支护结构，同围岩形成承载环。二者在共同受力和变化过程中，围岩必将施加压力于初期衬砌上，为了解两者共同受力状态，判断支护结构的安全性，有必要进行围岩压力的量测。二次衬砌一般是在围岩稳定后才施工的，因此不应当承受(或承受很小的)初期衬砌施加给它的压力。为监测已建成隧道的长期稳定性，需要对二次衬砌进行监测。量测设备可采用各种型号的压力盒。在埋设压力盒时，应使压力盒轴线与洞室径向轴线重合，并注意压力盒承压面与围岩表面(或喷射混凝土表面)之间不能有空隙。量测步骤同锚杆轴力的量测。

(5)钢支撑内力量测

当围岩较低时，可在初期支护中设置钢支撑，以增加支护结构的刚度。钢支撑可选择 H 型钢、U 型钢、钢管和钢筋格栅等制作。量测设备为各式压力计(如钢弦式钢筋计等)。仪器安装时，应使钢筋计的轴线与钢支撑的轴线一致，在安装位置上可将仪器布置在钢支撑的外侧、中线和内侧，以量测钢支撑不同位置因轴力和弯矩而产生的内力，由此来判断初期支护受力状态的安全性，作为调整支护参数的依据。

(6)初期支护、二次衬砌内应力量测

在初期支护、二次衬砌内埋设量测仪器以测定其内部应力，掌握其受力状态和趋势，判断衬砌的安全性。量测设备为各类混凝土应变计、应力计。安装仪器时应使仪器的轴线与衬砌的轴线重合。

7.3 监测资料的整理与分析

7.3.1 监测资料的搜集和整理

7.3.1.1 有关监测资料的搜集

由于地下工程自身的复杂性，进行监测资料整理分析之前，应对观测数据、人工巡视资料和其他有关工程资料进行全面搜集和采集。除一般性监测资料外，对地下工程而言，还应特别注意搜集下述资料。

(1)仪器埋设位置附近地质资料

包括地质素描图和钻孔柱状图，岩性、地质构造（如节理、裂隙、断层和褶皱等）的详细描述，地下水状态和变化等。其中，钻孔柱状图对于多点位移计和测斜管等监测仪器的资料分析是必不可少的，也是国际岩石力学学会建议的技术要求，不可因施工方便等原因而不认真执行。

(2)监测仪器埋设的详细资料

如施工详图、竣工图、仪器安装埋设记录、钻孔日记、钻孔回填灌浆量的记录、渗压计等仪器的详细记录等。

(3)监测断面附近爆破、开挖、支护等施工作业的详细记录

如爆破时间、部位、装药量、药室布置、引爆方式、技术要求等；开挖方式、部位、梯级、循环进尺、支护方式、参数、时机等。在地下工程中，不乏因施工资料不完整、不详尽，而使监测资料无法得以正确分析解释的实例，必须认真吸取经验并引以为戒。

(4)有关的设计、地质、试验和科研资料

如计算分析、模型试验、室内外试验、前期监测资料报告、相近工程比较详尽的工程类比资料等。这些资料的完整与否，将直接影响监测资料整理、分析和反馈的可靠性、质量和水平。

7.3.1.2 监测资料的表示方法

地下工程监测资料的表示方法有表格、图形、文件、磁盘、录音录像、计算机数据库等多种形式。另外，地下工程所采用的许多监测仪器，如多点位移计、收敛计、测斜计、渗压计、测缝计等，与边坡工程相同，它们的监测资料表示方法也为表格、图形及计算机数据库等。

7.3.2 地下工程监测资料的分析方法

与其他岩土工程相同，地下工程监测资料的分析方法包括定性分析法与定量分析法。其中，定量分析法基本上可分为统计分析法和确定性分析法两大类。统计分析法主要是统计回归方法，另有近年来发展起来的灰色系统、模糊数学及神经元网络等方法。确定性分析法常用的有有限元方法、边界元方法、块体理论方法和反分析方法等。

(1)统计分析法

可用于地下工程监测资料分析的统计分析法有统计回归、灰色系统、模糊数学和神经元网

络等方法。工程中较为常用的是统计回归方法，该方法对洞室开挖全过程的拟合精度较高，在未来时刻的预测方面效果是很好的。统计回归方法主要适用于长隧洞施工及其他影响因素较为简单的工程。如果施工情况及其他荷载条件比较复杂，特别是不能用函数关系或确定性分析法描述时，则可采用灰色系统、模糊数学或神经元网络等方法进行分析预测。

统计分析法主要适用于工程量大(长隧道)、长时间监测及较长时间的监测预测的工程。对于地下厂房较大规模洞室，由于施工因素错综复杂，施工期安全监测要求进行近期较短时段内(如开挖观测断面 2～3 d 之内)的变形预报，统计分析方法是无能为力的。

(2)确定性分析法

综合考虑应力、土性、含水量等多种因素的影响来选择介质材料(土体)的性态模型。如黏土地区可选择 Biot 固结理论，邓肯-张模型和剑桥模型也是应用较多的非线性弹性模型和弹塑性模型。在应用以上方法进行资料分析的基础上，更要做好安全预报工作，根据具体情况，考虑各种因素，确定报警标准。如，在分析基坑开挖报警标准时，要把水平位移大小与位移速率结合起来，考察其发展趋势，不能孤立分析，盲目报警也会对工程造成一定经济损失。

(3)定性分析法

考察影响监测资料的各种因素，特别是时间因素，研究其与监测资料一般规律和特征的符合程度，遇有不符合或异常情况，要认真查明原因；在分析监测数据对工程的影响时，可参照已有工程的经验和实测数据。

7.3.3 监测数据的分析与反馈

在地下工程施工过程中，应对监测数据进行分析与反馈。监测数据分析可分为实时分析和阶段分析，均以报告形式加以反馈。

(1)实时分析

根据每天的监测数据分析地下工程施工对结构和周边环境的影响，及时发现安全隐患，及时采取措施进行处理。实时分析一般采用日报表的形式加以反馈。

(2)阶段分析

经过一段时间的监测工作后，可根据大量的监测数据及相关资料等进行综合分析，总结地下工程施工对周围地层影响的一般规律，指导下一阶段的施工。阶段分析一般采用周报、月报形式，或根据工程施工需要不定期进行反馈，提出指导施工和优化设计参数的建议。

在竣工之后，应提交监测工作总结报告。对监测数据进行系统分析，分析地下结构、围岩或监测对象在施工期间的变形规律，总结工程施工的经验与教训，为以后类似工程的设计、施工以及规范的修订提供参考。

隧道工程监测后应及时对各种数据进行整理分析，判断其发展变化规律，并及时反馈到施工中进行施工指导。可将《铁路隧道监控量测技术规程》(QKR 9218—2015)的三级管理制度作为监测管理方式，根据表 7.5 和表 7.6 指导施工。

表 7.5　位移控制基准

类别	距开挖面 $B(U_{B1})$	距开挖面 $2B(U_{B2})$	距开挖面较远
允许值	$0.65U_0$	$0.9U_0$	$1.00U_0$

注：B 为隧道开挖宽度，U_0 为极限相对位移。

表 7.6　变形管理等级

管理等级	管理位移	施工状态	监测状态
Ⅲ	$U < U_{B(1,2)}/3$	可正常施工	正常
Ⅱ	$U_{B(1,2)}/3 \leqslant U \leqslant 2U_{B(1,2)}/3$	综合评价设计施工措施，并加强监测	加强
Ⅰ	$U > 2U_{B(1,2)}/3$	暂停施工	加强

注：U 为实测位移值。

7.4　测量误差分析与数据处理

7.4.1　概述

试验和监测的目的是测定某个物理量的数值及其分布规律，或是探求物理量之间的相互关系。因此，需要对测试得到的大量数据运用适当的力学理论和数学工具进行处理与分析，以期得到能真实描述被测对象性质的物理参数或物理量与物理量之间变化规律的函数关系。在试验、工程测试或监测中的物理量有单随机变量和多变量之分，依据物理量的不同，对其进行测试或监测的目的也不同。

(1)单随机变量

对于单随机变量的测试，如围岩压力的监测数据，常采用统计分析法得到围岩压力的平均值及表征其离散程度的均方差。

(2)多变量

对于多变量的测试或监测，如隧道拱顶下沉量与开挖距离，通常需要建立它们之间的函数关系式。

根据初等数学知识可知，函数的表达有三种方法：①列表法；②图示法；③解析法。

测试过程中人工读取的数据、自动采集仪等记录的数据文件往往是一系列的数据组，即为列表法的一种；而由函数记录仪、绘图仪记录的试验曲线则为图示法。显然，列表法数据容易查找，图示法则更为直观，容易把握其变化的趋势。但就数值计算与应用的便利性而言，用解析函数则更为方便，而且解析函数有时还能从物理机理上进行进一步探讨，便于分析其变化的规律性。回归方法则是利用试验或监测数据建立解析函数形式的经验公式的最基本方法。

任何试验或监测手段都有其局限性，反映在测试数据上就是必定存在着误差。因而有误差是绝对的，而没有误差是相对的。科学的研究方法应是将试验或监测得到的数据经过处理后，在得到的物理量特征参数和物理量之间的经验公式中再注明它们的误差范围或精确程度。

7.4.2　测量误差及其分类

所谓的测量就是将被测的物理量与所规定的参考标准进行比较的过程。而对测量仪器的标定就是为了提供进行比较的参考标准。

测量方法分为直接测量和间接测量。前者是指被测量与标准量直接进行比较；而后者是被测物理量不能或不易直接与标准量进行比较，而是通过另外几个可以直接测得的其他物理量与其构成某种函数关系计算得到。通过测量只能得到一定程度上接近于真实值的测量值，由于主观和客观条件的限制，真实值是无法得到的，因此，在测试和监测过程中就会存在误差。

7.4.2.1 误差分类

测量值与真实值之间的差值叫作测量误差，它是由所用仪器、测量方法、周围环境、人的技术熟练程度和人的感官条件等技术水平和客观条件的限制所引起的，在测量过程中它是不可能完全消除的，但可通过分析误差的来源、研究误差的规律来减小误差，进而提高测量精度。并用科学的方法处理试验数据，以便使测量值更接近于真实值。根据误差性质产生的原因，其可分为随机误差、系统误差和疏失误差。

(1)随机误差

随机误差的发生是随机的，其数值的变化符合一定的统计规律，通常为正态分布规律。因此，随机误差是用标准偏差来度量的。随着对同一量的测量次数的增加，标准偏差的值变得更小，从而该物理量的值更加可靠。随机误差通常是由环境条件的波动以及观察者的精神状态等测量条件所引起。

(2)系统误差

系统误差是在一组测量中，常保持同一数值和同一符号的误差，因而系统误差有一定的大小和方向。它是由测量原理或测量方法本身的缺陷，测试系统的性能，外界环境(如温度、湿度、压力等)的改变，个人习惯偏向等因素所引起的误差。有些系统误差是可以消除的，其方法是改进测试仪器性能、标定仪器常数、改善观测条件和操作方法以及对测定值进行合理修正等。

(3)疏失误差

疏失误差又称过失误差或粗大误差，它是由设计错误、接线错误，或操作者粗心大意看错、读错、记错等原因造成的，在测量过程中应尽量避免。

7.4.2.2 精密度、准确度和精度

精密度表征在相同条件下多次重复测量中测量结果的互相接近和互相密集的程度，它反映随机误差的大小。准确度则表征测量结果与被测量真实值的接近程度，它反映系统误差的大小。而精度则反映测量的总误差。

精密度、准确度和精度的概念以及三者之间的关系可用图 7.3 加以表示。图中圆的中心代表真实值的位置，各小黑点表示测量值的位置。图 7.3(a)表示精密度和准确度都好，因而精度也高；图 7.3(b)表示精密度好，但准确度差的情况；图 7.3(c)表示精密度差而准确度好的情况；图 7.3(d)则表示精密度和准确度都差的情况。图 7.3(a′)～图 7.3(d′)则表示概率密度函数的形状及其与真实值 x_0 的相对位置。很显然，在消除了系统误差的情况下，测量的精度和精密度才是一致的。

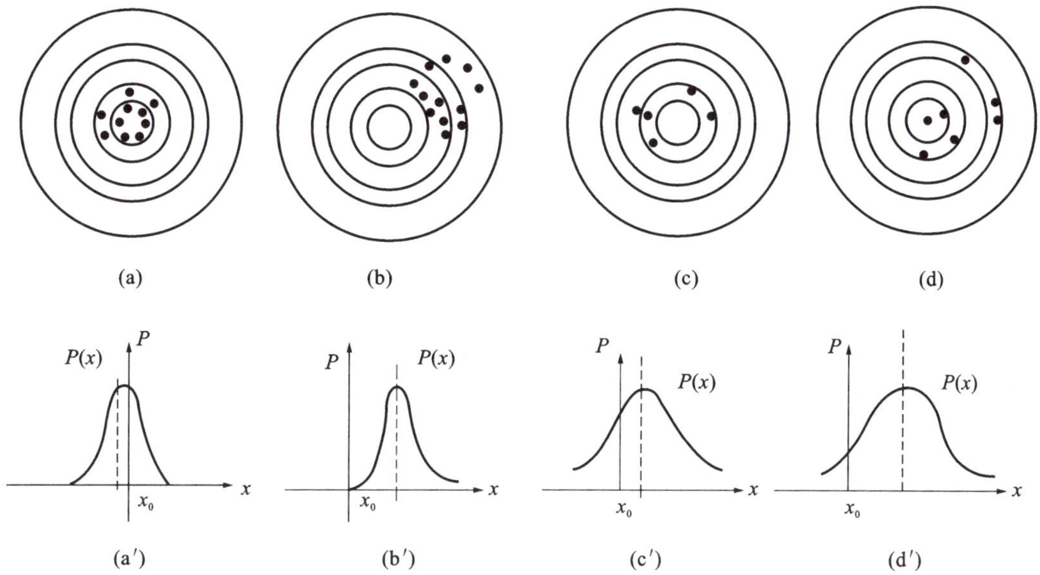

图 7.3　精密度、准确度和精度的关系

$P(x)$—概率密度函数；x_0—真实值

7.4.3　单随机变量的数据处理

7.4.3.1　误差估计

由于在测量过程中存在误差，因此得到的测量结果与被测量的实际量之间始终存在着一个差值，即测量误差。若以 T 表示被测量的真实值，x 为测量值，则测量误差 δ 等于测量值与真实值之差，即：

$$\delta = x - T \tag{7.1}$$

测量误差 δ 可为正数也可为负数，其大小完全取决于 x 的大小。若不考虑其符号的正负，而以绝对值表示其大小，δ 即为绝对误差，即：

$$\delta = |x - T| \tag{7.2}$$

则有：

$$T = x \pm \delta \tag{7.3}$$

绝对误差只能用来判断对同一被测量的测量精确度，如果对不同的被测量，就难以比较它们的精确度，这需要借助于相对误差来判断。相对误差 E_r 是绝对误差与测量值的比值，即：

$$E_r = \frac{\delta}{x} \approx \frac{\delta}{T} \tag{7.4}$$

相对误差是一个没有单位的数值，常以百分数表示。如果测量值的相对误差相等，则其测量的精确度也相同。在实际测量中，测量误差是随机变量，因而测量值也是随机变量。由于真实值无法测得，所以通常用大量的观测次数的平均值近似地予以表示，并对误差的特性和范围做出估计。

(1)算术平均值

当未知量 x_0 被测量 n 次，并被记录为 $x_1, x_2, x_3, \cdots, x_n$，则 $x_r = x_0 + e$，其中 e 是观测中的

不确定度，它或正或负。则 n 次测量的算术平均值 $\bar{x}$ 为：

$$\bar{x}=\frac{x_1+x_2+\cdots+x_n}{n}=x_0+\frac{e_1+e_2+\cdots+e_n}{n} \tag{7.5}$$

因为绝对误差一部分可为正值，另一部分可为负值，数值($e_1+e_2+e_3+\cdots+e_n$)将很小，在任何情况下它在数值上均小于各个独立误差的最大值。因此，如果 ζ 是测量中某一物理量的最大误差，则：

$$\frac{e_1+e_2+\cdots+e_n}{n}<\zeta \tag{7.6}$$

故有：

$$\bar{x}-x_0<\zeta \tag{7.7}$$

因此，$\bar{x}$ 将接近 x_0 值，并可以认为是该物理量的最佳值。通常 n 越大，$\bar{x}$ 越接近 x_0。应该指出，x_0 是未知的，因此通常分析是围绕平均值 $\bar{x}$ 的大小，而不是 x_0 的分散程度进行的。

(2)标准误差 σ

算术平均值是一组数据的重要标志，它反映了被测量的平均状况。但仅用此值还不能反映数据的分散程度。表示数据波动或分散程度的方法有多种，最常用的是标准误差，其计算表达式为：

$$\sigma=\sqrt{\frac{\sum_{i=1}^{n}(x_i-\bar{x})^2}{n-1}} \tag{7.8}$$

式中　σ——标准误差，或称样本均方差、标准离差、标准差，它是方差的正平方根值。

显然，标准误差 σ 反映了测量值在算术平均值附近的分散和偏离程度。它对一组数据中的较大误差或较小误差反映比较灵敏。σ 越大，波动越大，σ 越小则波动越小，它是表示测量误差或测量精度的一个较好的指标。

(3)变异系数 C_v

如果两组同性质的数据标准误差相同，则可知两组数据各自围绕其平均数的偏差程度是相同的，它与两个平均数大小是否相同完全无关。而实际上考虑相对偏差是很重要的，因此，把样本的变异系数 C_v 定义为标准误差与算述平均值之比，用下式表示：

$$C_v=\frac{\sigma}{\bar{x}} \tag{7.9}$$

7.4.3.2　误差的分布规律

测量误差服从统计规律，其概率分布服从正态分布。随机误差的分布可用正态分布曲线表示为

$$P(x)=\frac{1}{\sigma\sqrt{2\pi}}e^{-\frac{(x-\bar{x})^2}{2\sigma^2}} \tag{7.10}$$

式中　$P(x)$——测量误差 $(x-\bar{x})$ 出现的概率密度函数。

测量误差概率密度的分布如图 7.4 所示。由图 7.4 可以看出误差值分布有四个特征：

(1)单峰值

绝对值小的误差出现的次数比绝对值大的误差出现的次数多。曲线形状似钟状，所以大的误差一般不会出现。

(2)对称性

大小相等且符号相反的误差出现的概率相等。

(3)抵偿性

在相同条件下对同一量进行测量，其误差的算术平均值随着测量次数无限次地增大而趋于零，即误差平均值的极限为零。凡具有抵偿性的误差，原则上都可以按随机误差处理。

(4)有界性

在一定测量条件下的有限测量值中，其误差的绝对值不会超过一定的界限。计算误差落在某一区间内的测量值出现的概率，在此区间内将$P(x)$积分即可，计算结果表明：

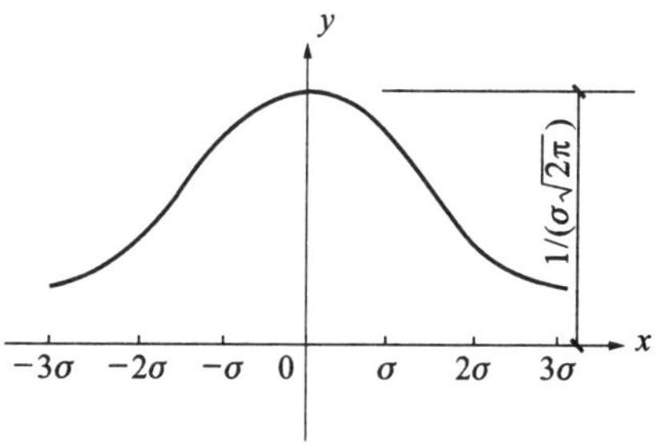

图 7.4　误差概率密度分布图

①误差在$-\sigma$与σ之间的概率为 68%；

②误差在-2σ与2σ之间的概率为 95%；

③误差在-3σ与3σ之间的概率为 99.7%。

在一般情况下，99.7%已可认为代表多次测量的全体，所以把3σ叫作极限误差。因此，若将某多次测量数据记为$\bar{x}\pm 3\sigma$，则可认为对该物理量所进行的任何一次测量所得测量值都不会超出该范围。

7.4.3.3　可疑数据的舍弃

在多次测量试验中，有时会遇到极个别测量值和其他多数测量值之间相差较大的情况，这些极个别数据就是所谓的可疑数据。

对于可疑数据的剔除，可以利用正态分布来决定取舍。因为在多次测量中，误差在-3σ与3σ之间时，其出现概率为 99.7%，也就是说，在此范围之外误差出现的概率只有 0.3%，即测量 300 多次才可能遇上 1 次。于是对于通常只进行 10～20 次的有限测量，就可以认为超出$\pm 3\sigma$的误差已不属于随机误差，应将其舍去。如果测量了 300 次以上，就有可能遇到超出$\pm 3\sigma$的误差。因此，有的大的误差仍属于随机误差，不应该舍去。由此可见，对数据保留的合理误差范围与测量次数n有关。

表 7.7 中推荐了一种试验值舍弃标准，超过的可以舍去，其中n是测量次数，d_i是合理的误差限，σ是根据测量数据算得的标准误差。使用时，先计算一组测量数据的均值$\bar{x}$和标准误差σ，再计算可疑值x_k的误差$d=|x_k-\bar{x}|$与标准误差的比值。并将之与表中的d_i/σ相比，若大于表中值则应当舍弃，舍弃后再对下一个可疑值进行检验，若小于表中值，则可疑值是合理的。

表 7.7　试验值舍弃标准

n	5	6	7	8	9	10	12	14	16	18
d_i/σ	1.68	1.73	1.79	1.86	1.92	1.99	2.03	2.10	2.16	2.20
n	20	22	24	26	30	40	50	100	200	500
d_i/σ	2.24	2.28	2.31	2.35	2.39	2.50	2.58	2.80	3.02	3.29

这种方法只适合误差只是由测试技术原因引起的样本代表性不足数据的处理。对现场测试和探索性试验中出现的可疑数据的舍弃，必须要有严格的科学依据而不能简单地用数学方法来舍弃。

7.4.3.4　处理结果的表示

(1)实例分析

现结合一个实例来说明单随机变量测试数据的处理过程和表示方法。

通过室内材料试验机的测试,花岗岩 10 个岩石试件的弹性模量测量值分别为 34.5,35.2,35.6,34.8,34.9,35.8,33.3,34.7,35.1,35.6,单位为 GPa。对数据的分析处理如下。

①计算算术平均值,即:

$$\bar{E}=\frac{\sum_{i=1}^{10}E_i}{10}=\frac{349.5}{10}\approx 35.0\ \text{GPa}$$

②计算标准误差 σ,即:

$$\sigma=\sqrt{\frac{\sum_{i=1}^{n}(E_i-\bar{E})^2}{n-1}}=\sqrt{\frac{4.89}{9}}=0.737\ \text{GPa}$$

③剔除可疑数值,第 7 个数据 33.3 与平均值 35.0 的偏差最大,疑为可疑值,即:

$$\frac{d_i}{\sigma}=\frac{35.0-33.3}{0.737}=2.31>\frac{d_{10}}{\sigma}=1.99$$

故 33.3 这个数据可以剔除。

④再计算剩余 9 个值的算术平均值和标准误差,即:

$$\bar{E}=\frac{\sum_{i=1}^{9}E_i}{9}=\frac{316.2}{9}=35.1\ \text{GPa}$$

$$\sigma=\sqrt{\frac{\sum_{i=1}^{n}(E_i-\bar{E})^2}{n-1}}=\sqrt{\frac{1.65}{8}}=0.454\ \text{GPa}$$

在剩余的数据中再检查可疑数据,取与平均值偏差最大的第 6 个数据 35.8 为可疑值,即

$$\frac{d_i}{\sigma}=\frac{35.8-35.1}{0.454}=1.54<\frac{d_9}{\sigma}=1.92$$

则 35.8 这个数据是合理的。

⑤处理结果用算术平均值和极限误差表示:

$$E=\bar{E}\pm 3\sigma=35.1\pm 3\times 0.454=35.1\pm 1.36\ \text{GPa}$$

根据误差的分布特征,该种花岗岩的弹性模量值在 33.74～36.46 GPa 范围内的概率是 99.7%,正常情况下的测试结果不会超出该范围。

(2)保证极限法

保证极限法是根据数理统计中的推断理论提出的。如上所述,在 $\bar{E}\pm k\sigma$ 区间内数据出现的概率与所取的 k 有关。例如,$k=2$,相当于保证率为 95%,即在 $\bar{E}\pm 2\sigma$ 区间内数据出现的概率为 95%。依据子样推断区间估计的理论,k 值与抽样的子样个数 n 无关。实际上,保证值不是用某一区间来表示,而是以偏于安全为原则来选取最大值或最小值。如承载力等指标采用最小值 $\bar{E}-k\sigma$,含水量等指标采用最大值 $\bar{E}+k\sigma$ 。对于采用最小值的指标,保证值表示大于该值的数据出现的概率等于所选取的保证率;对于采用最大值的指标,保证值表示小于该值的数据出现的概率等于所选取的保证率。显然,保证率越大则采用值的安全度越大。根据随机

误差的分布规律，可计算出 k 与保证率的关系，如表 7.8 所示。

表 7.8　k 值与保证率的关系

k	0.00	0.67	1.00	2.00	2.58	3.00
保证率(%)	0.00	50.0	68.0	95.0	99.0	99.7

因此，在上例中，若花岗岩弹性模量采用最小值，则：

$k=1, E=\bar{E}-\sigma=35.1-0.454=34.6$ GPa，岩石弹性模量大于 34.6 GPa 的保证率为 68.0%。

$k=2, E=\bar{E}-2\sigma=35.1-2\times 0.454=34.2$ GPa，岩石弹性模量大于 34.2 GPa 的保证率为 95.0%。

$k=3, E=\bar{E}-3\sigma=35.1-3\times 0.454=33.74$ GPa，岩石弹性模量大于 33.74 GPa 的保证率为 99.7%。

而对于含水量，则采用最大值，如果一组土样的含水量平均值为 $\bar{w}=0.40$，标准误差为 $\sigma=0.05$，则：

$k=1, w=\bar{w}+\sigma=0.40+0.05=0.45$，含水量小于 0.45 的保证率为 68.0%。

$k=2, w=\bar{w}+2\sigma=0.40+2\times 0.05=0.50$，含水量小于 0.50 的保证率为 95.0%。

$k=3, w=\bar{w}+3\sigma=0.40+3\times 0.05=0.55$，含水量小于 0.55 的保证率为 99.7%。

7.4.4　多变量的数据处理

在试验研究中，不仅要测量随机变量的平均值和分布特性，更重要的是通过试验研究一些变量之间的相互关系，从而探求这些物理量之间相互变化的内在规律。对于这类两个以上变化着的物理量的试验数据的处理，通常有如下三种方法。

(1)列表法

根据试验的预期目的和内容，合理地设计数据表的规格和形式，使其具有明确的名称和标题，能够对重要的数据和计算结果做出明显表示，有清楚的分项栏目、必要的说明和备注，试验数据易于填写等。

列表法的优点是简单易做，数据易于参考比较，形式紧凑，在同一表内可以同时表示几个变量的变化而不混乱。缺点是对数据变化的趋势不如图解法明了、直观，利用数据表求取相邻两数据的中间值时，还须借助于插值公式进行计算。

(2)图解法

在选定的坐标系中，根据试验数据绘制出几何图形来表示试验结果，通常采用散点图。其优点是数据变化的趋向能够得到直观、形象的反映。缺点是超过三个变量就难以用图形来表示，绘图受人为因素的影响，同一原始数据因选择的坐标和比例尺不同也有较大的差异。

(3)解析法

该方法也称方程表示法和计算法。就是通过对试验数据的计算，求出表示各变量之间关系的经验公式。其优点是结果的统一性克服了图形表示法存在的主观因素的影响。

对于两个或多个存在着统计相关性的随机变量，可根据大量有关的测量数据来确定它们之间的回归方程，即经验公式。这种数学处理过程就称为拟合过程或回归分析。

回归方程的求解包括三个方面的内容：

①确定回归方程的数学表达式；

②确定回归方程中所含参数的估计值；

③评价回归分析的精度。

在多元回归分析中，以多元线性回归分析最为简单。实际上，一元线性回归分析的方法可以用来解决多元线性回归问题。此外，许多一元非线性回归问题和多元非线性回归问题均可以转化为多元线性回归问题。多元线性回归分析的原理与一元线性回归分析完全相同。但在计算上较为复杂和烦琐，通常需要借助计算机进行求解。现以二元二次方程为例来说明多元回归分析的基本方法。

若现场测试的自变量分别为 x_i 和 y_i，需要与之建立关系的物理量为 z_i，则回归的二元二次函数关系式为：

$$z_i = a + bx_i + cx_i^2 + dy_i + ey_i^2 \quad (i = 1,2,3,\cdots,n) \tag{7.11}$$

利用最小二乘法的原理，其误差的平方和为：

$$Q(a,b,c,d,e) = \sum_{i=1}^{n}\delta_i^2 = \sum_{i=1}^{n}(z_i - a - bx_i - cx_i^2 - dy_i - ey_i^2)^2$$

根据多元函数的极值问题，函数 $Q(a,b,c,d,e)$ 是一个非负的二次型，因此其最小值是存在的，可令

$$\left.\begin{aligned}
\frac{\partial Q}{\partial a} &= 2\sum_{i=1}^{n}(z_i - a - bx_i - cx_i^2 - dy_i - ey_i^2)(-1) = 0\\
\frac{\partial Q}{\partial b} &= 2\sum_{i=1}^{n}(z_i - a - bx_i - cx_i^2 - dy_i - ey_i^2)(-x_i) = 0\\
\frac{\partial Q}{\partial c} &= 2\sum_{i=1}^{n}(z_i - a - bx_i - cx_i^2 - dy_i - ey_i^2)(-x_i^2) = 0\\
\frac{\partial Q}{\partial d} &= 2\sum_{i=1}^{n}(z_i - a - bx_i - cx_i^2 - dy_i - ey_i^2)(-y_i) = 0\\
\frac{\partial Q}{\partial e} &= 2\sum_{i=1}^{n}(z_i - a - bx_i - cx_i^2 - dy_i - ey_i^2)(-y_i^2) = 0
\end{aligned}\right\} \tag{7.12}$$

整理式(7.12)可得正规方程组为：

$$\left.\begin{aligned}
&\sum_{i=1}^{n}z_i - an - b\sum_{i=1}^{n}x_i - c\sum_{i=1}^{n}x_i^2 - d\sum_{i=1}^{n}y_i - e\sum_{i=1}^{n}y_i^2 = 0\\
&\sum_{i=1}^{n}z_ix_i - a\sum_{i=1}^{n}x_i - b\sum_{i=1}^{n}x_i^2 - c\sum_{i=1}^{n}x_i^3 - d\sum_{i=1}^{n}x_iy_i - e\sum_{i=1}^{n}x_iy_i^2 = 0\\
&\sum_{i=1}^{n}z_ix_i^2 - a\sum_{i=1}^{n}x_i^2 - b\sum_{i=1}^{n}x_i^3 - c\sum_{i=1}^{n}x_i^4 - d\sum_{i=1}^{n}x_i^2y_i - e\sum_{i=1}^{n}x_i^2y_i^2 = 0\\
&\sum_{i=1}^{n}z_iy_i - a\sum_{i=1}^{n}y_i - b\sum_{i=1}^{n}x_iy_i - c\sum_{i=1}^{n}x_i^2y_i - d\sum_{i=1}^{n}y_i^2 - e\sum_{i=1}^{n}y_i^3 = 0\\
&\sum_{i=1}^{n}z_iy_i^2 - a\sum_{i=1}^{n}y_i^2 - b\sum_{i=1}^{n}x_iy_i^2 - c\sum_{i=1}^{n}x_i^2y_i^2 - d\sum_{i=1}^{n}y_i^3 - e\sum_{i=1}^{n}y_i^4 = 0
\end{aligned}\right\} \tag{7.13}$$

由式(7.13)中的第 1 式可得：

$$a=\frac{1}{n}\left(\sum_{i=1}^{n}z_i-b\sum_{i=1}^{n}x_i-c\sum_{i=1}^{n}x_i^2-d\sum_{i=1}^{n}y_i-e\sum_{i=1}^{n}y_i^2\right) \tag{7.14}$$

将式(7.14)代入式(7.13)可得以常数 b、c、d、e 为未知数的正规方程组，即：

$$\begin{bmatrix} S_{11} & S_{12} & S_{13} & S_{14} \\ S_{21} & S_{22} & S_{23} & S_{24} \\ S_{31} & S_{32} & S_{33} & S_{34} \\ S_{41} & S_{42} & S_{43} & S_{44} \end{bmatrix} \begin{Bmatrix} b \\ c \\ d \\ e \end{Bmatrix} = \begin{Bmatrix} T_1 \\ T_2 \\ T_3 \\ T_4 \end{Bmatrix} \tag{7.15}$$

式中

$S_{11}=(\sum_{i=1}^{n}x_i)^2-n\sum_{i=1}^{n}x_i^2$；$S_{12}=\sum_{i=1}^{n}x_i\sum_{i=1}^{n}x_i^2-n\sum_{i=1}^{n}x_i^3$；$S_{13}=\sum_{i=1}^{n}x_i\sum_{i=1}^{n}y_i-n\sum_{i=1}^{n}x_iy_i$；

$S_{14}=\sum_{i=1}^{n}x_i\sum_{i=1}^{n}y_i^2-n\sum_{i=1}^{n}x_iy_i^2$；$T_1=\sum_{i=1}^{n}x_i\sum_{i=1}^{n}z_i-n\sum_{i=1}^{n}x_iz_i$。

$S_{21}=\sum_{i=1}^{n}x_i\sum_{i=1}^{n}x_i^2-n\sum_{i=1}^{n}x_i^3$；$S_{22}=(\sum_{i=1}^{n}x_i^2)^2-n\sum_{i=1}^{n}x_i^4$；$S_{23}=\sum_{i=1}^{n}x_i^2\sum_{i=1}^{n}y_i-n\sum_{i=1}^{n}x_i^2y_i$；

$S_{24}=\sum_{i=1}^{n}x_i^2\sum_{i=1}^{n}y_i^2-n\sum_{i=1}^{n}x_i^2y_i^2$；$T_2=\sum_{i=1}^{n}x_i^2\sum_{i=1}^{n}z_i-n\sum_{i=1}^{n}x_i^2z_i$。

$S_{31}=\sum_{i=1}^{n}x_i\sum_{i=1}^{n}y_i-n\sum_{i=1}^{n}x_iy_i$；$S_{32}=\sum_{i=1}^{n}x_i^2\sum_{i=1}^{n}y_i-n\sum_{i=1}^{n}x_i^2y_i$；$S_{33}=(\sum_{i=1}^{n}y_i)^2-n\sum_{i=1}^{n}y_i^2$；

$S_{34}=\sum_{i=1}^{n}y_i\sum_{i=1}^{n}y_i^2-n\sum_{i=1}^{n}y_i^3$；$T_3=\sum_{i=1}^{n}y_i\sum_{i=1}^{n}z_i-n\sum_{i=1}^{n}y_iz_i$。

$S_{41}=\sum_{i=1}^{n}x_i\sum_{i=1}^{n}y_i^2-n\sum_{i=1}^{n}x_iy_i^2$；$S_{42}=\sum_{i=1}^{n}x_i^2\sum_{i=1}^{n}y_i^2-n\sum_{i=1}^{n}x_i^2y_i^2$；$S_{43}=\sum_{i=1}^{n}y_i\sum_{i=1}^{n}y_i^2-n\sum_{i=1}^{n}y_i^3$；

$S_{44}=(\sum_{i=1}^{n}y_i^2)^2-n\sum_{i=1}^{n}y_i^4$；$T_4=\sum_{i=1}^{n}y_i^2\sum_{i=1}^{n}z_i-n\sum_{i=1}^{n}y_i^2z_i$。

根据两个自变量 x_i 和 y_i 的 n 个测试值，利用上述方法可分别计算出式(7.16)中的各个求和参数，然后利用矩阵的逆变换就可以求得四个常数 b、c、d、e，即

$$\begin{Bmatrix} b \\ c \\ d \\ e \end{Bmatrix} = \begin{bmatrix} S_{11} & S_{12} & S_{13} & S_{14} \\ S_{21} & S_{22} & S_{23} & S_{24} \\ S_{31} & S_{32} & S_{33} & S_{34} \\ S_{41} & S_{42} & S_{43} & S_{44} \end{bmatrix}^{-1} \begin{Bmatrix} T_1 \\ T_2 \\ T_3 \\ T_4 \end{Bmatrix} \tag{7.16}$$

将计算获得的 b、c、d、e 代入式(7.14)就可以求得常数 a 的值，从而通过回归分析得到了关于二元二次方程的表达式。此外从式(7.15)系数矩阵中各个元素的数值分析，可得系数矩阵是一个对称矩阵。以上为二元二次方程的线性回归分析过程，对于三个以上物理量的多元线性回归分析，其回归的方法和步骤与此相同。

本章小结

(1)监测方案是指导监测实施的主要技术文件，主要包括监测目的、监测项目、监测仪器及其安装、数据采集方法、数据分析和信息反馈。

(2)监测方案的编写应以安全监测为目的，根据不同的工程项目和不同的施工方法确定监

测对象（基坑、建筑物、管线和地下工程结构等），对监测对象安全稳定的主要指标进行方案设计；根据监测对象的重要性确定监测规模和内容；尽量采用先进的监测技术，各监测项目应能相互校验；减少监测仪器的数量和电缆长度，降低监测频率，以降低监测费用；根据设计要求及周边环境条件，确定各监测项目的控制基准；在满足工程安全的前提下，确定仪器的布设位置和测量时间，尽量减少与工程施工的交叉影响；方案中临时监测项目和永久监测项目应对应衔接。

(3)监测方案编制步骤：收集编制监测方案所需的基础资料；现场踏勘，了解周围环境；编制监测方案初稿；会同有关部门确定各类监测项目的控制基准值；完善监测方案；监测方案报批。

(4)监测方案是指导监测工作的主要技术文件，主要内容包括：工程概况；监测目的与意义；监测项目和测点的数量；测点布置平面图；测点布置剖面图；各监测项目的监测周期和频率；监测仪器设备及选型；监测人员的配置；监测项目控制基准；监测资料的整理与分析；监测报告送达的对象和时限；监测注意事项。

(5)地下工程监测项目的选择应考虑的因素：工程地质条件与水文地质条件；工程规模与施工技术难点，包括结构形式设计、施工方法和埋深等；工程的周边环境条件，主要是所处位置及周围建（构）筑物的结构形式、形状尺寸及与地下工程之间的关系。

(6)隧道工程的监测项目主要依据：围岩条件、工程规模、支护方式。监测手段主要依据：量测项目及国内量测仪器的现状。

(7)目前隧道地下工程施工现场监测项目分为必测项目和选测项目。在监测过程中根据围岩条件、工程规模、支护类型和施工方法选择测试项目。必测项目是判定围岩稳定状态、支护结构工作状态并指导设计施工的经常性量测。选测项目是对一些具有特殊意义和具有代表性意义的区段进行补充测试，以便更深入地掌握围岩的稳定状态和锚喷支护的效果，指导未开挖区域的设计施工。

(8)必测项目主要包括地质和支护状况目测观察、内空变位量测和锚杆拉拔力量测等项目。选测项目主要包括围岩内部变位、锚杆轴力、喷射混凝土层应力、围岩应力及围岩物理性能、力学性能等项目。

(9)在构筑二次衬砌前，当隧道内空变位收敛很慢且变位量很大时，拱顶混凝土因受弯曲压缩而产生的裂隙常进展急骤，这是一种危险性很大的破坏。二次衬砌构筑后，在拱肩处出现的破坏一般都进展缓慢，危险性不大，特别是当拱肩部的剪切破坏部位有锚杆穿过时更不会发生急骤破坏。当拱顶混凝土层发生对称的、可能出现崩落的剪切破坏，侧墙发生内侧滑动的剪切破坏并伴有底鼓现象时，都可能引起塌方事故的破坏形式。

8 地下工程常规检测技术

8.1 载荷试验

8.1.1 浅层平板载荷试验

浅层平板载荷试验(PLT)是在一定面积的承压板上向地基逐级施加荷载，获取地基土的压力与变形特性的原位测试方法。它反映承压板下 1.5～2.0 倍承压板直径或宽度范围内地基土强度、变形的综合性状。

浅层平板载荷试验适用于确定浅部地基土层(埋深小于 3.0 m)承压板下压力主要影响范围内的承载力和变形模量。

8.1.1.1 试验设备及规格

(1)承压板(台)

①钢制承压板，适用于各种土层，承压板面积一般为 0.25～1.0 m^2，承压板需要有一定厚度和足够刚度。

②钢筋混凝土承压板，在现场制作，承压板面积可达 1.0 m^2 以上，适用于特殊目的。在进行多桩复合地基载荷试验时，由于承压板面积大，常用现浇的钢筋混凝土板。

③砖砌承压台，在现场没有现成的承压板时可以采用砖砌的承压台，但要保证有足够的强度和刚度。

(2)半自动稳压油压载荷试验设备

利用高压油泵，通过稳压器及反力锚定装置，将压力稳定地传递到承压板。适用于面积为 0.25～1.0 m^2 的承压板。该设备由下列三部分组成：

①加荷及稳压系统：由承压板、加荷千斤顶、立柱、稳压器和支撑稳压器的三脚架组成。加荷千斤顶、稳压器、储油箱和高压油泵分别用高压胶管连接，构成一个油路系统。

②反力锚定系统：包括桁架和反力锚定两部分，桁架由中心柱套管、深度调节丝杠、斜撑管、主钢丝绳、三向接头等组成。

③观测系统：用百分表或其他自动观测装置进行观测。

(3)DL-1-1 型载荷试验机

该设备采用了液压加荷稳压、自动检测记录、逆变电源等技术，提高了自动化程度。适用于黏性土、粉土、砂土和混合土。

该设备由下列四部分组成：

①反力装置：为伞形构架，由地锚、拉杆、横梁、立柱等组成。

②加压系统：由承压板、加荷千斤顶、高压油管及其连接件和液压自动加荷台等组成。

③自动检测记录仪：由数字钟、定时控制器、数字显示表和打印机组成。

④交直流逆变器。

(4)载荷试验设备

该设备采用了滚珠丝杠和光电转换新技术，自动化程度较高，适用于黏性土、粉土、砂土和粒径不大的碎石土。设备由下列三部分组成：

①稳压加荷装置：由砝码、钢丝绳、天轮、滚珠丝杠稳压器、加荷千斤顶、承压板、手动油泵、油箱和压力表等组成。

②反力装置：由"K"形刚性桁架、反力螺杆、反力横梁和活顶头等组成。

③沉降观测装置：采用光电百分表，由吊挂架、传感器下托、光电转角传感器、警报器、数字显示仪和备用电源等组成。

(5)静力载荷测试仪

该仪器自动化程度高，可实现自动加荷、自动补荷、自动判别稳定、自动存储数据，并可进行现场实时数据处理。适用于黏性土、粉土、砂土和碎石土等。

8.1.1.2 试验要求

(1)承压板面积

承压板面积一般采用 0.25 ～0.5 m^2。对于均质、密实的地基土(如老堆积土、砂土)，承压板面积可采用 0.1 m^2；对于新近堆积土、软土和粒径较大的填土，承压板面积不应小于 0.5 m^2。国内外一些规范、规程对承压板面积的规定如表 8.1 所示。

表 8.1 承压板面积

规范、规程名称	承压板面积(m^2)	规范、规程名称	承压板面积(m^2)
岩土工程勘察规范(GB 50021—2001)(2009 年版)	0.25～0.50	美国 ASTM	0.1～0.36
建筑地基基础设计规范(GB 50007—2011)	0.25～0.50	日本标准	0.09
岩土静力载荷试验规程(YS 5218—2000)	0.1～0.5	波兰标准	≥0.5

承压板尺寸与沉降量的关系：一般认为当基底压力相同，承压板宽度很小时，宽度的增加与沉降量的增加成反比；当承压板的宽度超过一定值后，宽度的增加与沉降量的增加成正比；当宽度继续增加时，沉降量趋于定值，不再随宽度的增加而增加。

承压板尺寸与比例界限的关系：根据我国一些勘察单位的试验研究，认为在相同埋深的条件下，不同尺寸的承压板测得的比例界限 p_0 值是不变的；但相同尺寸的承压板，埋深不同时，p_0 值是变化的。

(2)试坑宽度

根据半无限空间弹性理论，试验标高处的试坑宽度不应小于承压板宽度或直径的 3 倍。

(3)试验土层

应保持试验土层的原状结构和天然湿度，在试坑开挖时，应在试验点位置周围预留一定厚度的土层，在安装承压板前再清理至试验标高。

(4)承压板与土层接触处的处理

在承压板与土层接触处，应铺设厚度不超过 20 mm 厚的中砂或粗砂找平层，以保证承压板水平并与土层均匀接触。对软塑、流塑状态的黏性土或饱和松散砂，承压板周围应铺设 200～300 mm厚的原土作为保护层。

(5)试验标高低于地下水位的处理

当试验标高低于地下水位时，为使试验顺利进行，应先将水位降至试验标高以下，并在试坑底部铺设一层厚 50 mm 左右的中、粗砂，安装设备，待水位恢复后再进行加载试验。

(6)加载分级

加载分级不应小于 8 级，最大加载量不应小于设计要求的两倍，荷载按等量分级施加，每级荷载增量为预估极限荷载的(1/10)～(1/8)。当不易预估极限荷载时，可参考表 8.2 选用。

表 8.2　每级荷载增量参考值

试验土层特征	每级荷载增量(kPa)
淤泥，流塑黏性土，松散砂土	≤15
软塑黏性土、粉土，稍密砂土	15～25
可塑～硬塑黏性土、粉土，中密砂土	25～50
坚硬黏性土、粉土，密实砂	50～100
碎石土，软岩石、风化岩石	100～200

(7)试验精度

荷载量测精度不应低于最大荷载的±1%，承压板的沉降可采用百分表或电测位移计量测，其精度不应低于±0.01 mm。

(8)加荷方式及相应稳定标准

①沉降相对稳定法(常规慢速法)，每级加荷后，按间隔 10 min、10 min、10 min、15 min、15 min 测读一次沉降量，以后每隔半小时测读一次沉降量。当在连续2 h内，每小时的沉降量小于 0.1 mm 时，则认为已趋稳定，可加下一级荷载。

②沉降非稳定法(快速法)，自加荷操作历时的一半开始，每隔 15 min 观测一次沉降量，每级荷载保持 2 h，即可施加下一级荷载。

③等沉降速率法，控制承压板以一定的沉降速率沉降，测读与该沉降速率相应的所施加的荷载，直至试验达到破坏状态。

(9)试验结束条件

①承压板周围的土明显地侧向挤出，周边岩土出现明显隆起或径向裂缝持续发展；

②沉降 s 急剧增大，荷载-沉降(p-s)曲线出现陡坡段，本级荷载的沉降量大于前一级荷载沉降量的 5 倍；

③某级荷载下，24 h 内沉降速率不能达到稳定标准；

④总沉降量与承压板直径或宽度之比超过 0.06。

满足前三种情况之一时，其相对应的前一级荷载即为极限荷载。

(10)回弹观测

分级卸荷，观测回弹值。分级卸荷量为分级加荷量的 2 倍，每隔 15 min 观测一次，1 h 后再卸下一级荷载，荷载完全卸除后，应继续观测 3 h。

8.1.1.3　试验资料整理

(1)沉降相对稳定法(常规慢速法)

①根据原始记录绘制 p-s 和 s-t 曲线草图。

②修正沉降观测值：先求出校正值 s_0 和 p-s 曲线斜率 C。s_0 和 C 的求法有：

a. 图解法

在 p-s 曲线草图上找出比例界限点，从比例界限点引一直线，使比例界限前的各点均匀靠近该直线，直线与纵坐标交点的截距即为 s_0。将直线上任一点的 s、p 和 s_0 代入下式求得 C 值：

$$s = s_0 + Cp \tag{8.1}$$

b. 最小二乘法

最小二乘法计算式如下：

$$Ns_0 + C\sum p - \sum s' = 0 \tag{8.2}$$

$$s_0\sum p + C\sum p^2 - \sum ps' = 0 \tag{8.3}$$

解上两式得：

$$C = \frac{N\sum ps' - \sum p\sum s'}{N\sum p^2 - (\sum p)^2} \tag{8.4}$$

$$s_0 = \frac{\sum s'\sum p^2 - \sum p\sum ps'}{N\sum p^2 - (\sum p)^2} \tag{8.5}$$

式中 N——加荷次数；

s_0——校正值，cm；

p——单位面积压力，kPa；

s'——各级荷载下的原始沉降值，cm；

C——p-s 曲线斜率。

求得 s_0 和 C 值后，按下述方法修正沉降观测值 s：对于比例界限前的各点，根据 C、p 值按 $s=Cp$ 计算；对于比例界限后的各点，则按 $s=s'-s_0$ 计算。

③根据 p 及修正后的 s 值绘制 p-s 曲线。

(2)沉降非稳定法(快速法)

根据试验记录按外推法推算在各级荷载下沉降速率达到相对稳定标准时所需的时间和沉降量，然后以推算的沉降量绘制 p-s 曲线。

在各级荷载下沉降速率达到相对稳定标准时所需时间和沉降量可按下式计算：

$$t_n = \frac{t_w}{1 - e^{-s_w/\beta_n}} \tag{8.6}$$

$$s_n = \alpha_n + \beta_n \ln(t_n + 1) \tag{8.7}$$

$$\alpha_n = \frac{\sum s'_i \sum[\ln(t'_i + 1)]^2 - \sum \ln(t'_i + 1)\sum s'_i \ln(t'_i + 1)}{N\sum[\ln(t'_i + 1)]^2 - \left[\sum \ln(t'_i + 1)\right]^2} \tag{8.8}$$

$$\beta_n = \frac{N\sum s'_i \ln(t'_i + 1) - \sum s'_i \sum \ln(t'_i + 1)}{N\sum[\ln(t'_i + 1)]^2 - \left[\sum \ln(t'_i + 1)\right]^2} \tag{8.9}$$

式中 t_n——第 n 级荷载下沉降速率达到相对稳定标准时所需的时间，min；当 t_n 不足 30 的倍数时，可增大为 30 的倍数；

s_n——第 n 级荷载下沉降速率达到相对稳定标准时的沉降量，cm；

t_w——沉降速率达到相对稳定标准的时间增量，$t_w=60$ min；

s_w——沉降速率达到相对稳定标准的沉降增量，$s_w=0.1$ mm；若与式(8.7)中的沉降量单位保持一致时，单位用 cm，则 $s_w=0.01$ cm；

e——自然对数的底；

α_n——第 n 级荷载下，s-ln$t$ 关系曲线的截距，cm；

β_n——第 n 级荷载下，s-ln$t$ 关系曲线的斜率；

s_i'——第 i 级荷载下的沉降量，cm；

t_i'——第 i 级荷载下沉降所需的时间，min。

为了使快速法的成果与沉降相对稳定法取得一致，必须从施加第二级荷载开始，从沉降观测值中扣除其以前各级沉降未稳定而产生的剩余沉降。剩余沉降量的计算公式如下：

$$\Delta s_{k,n}^{(i)}=\sum_{k=1}^{n-1}\beta_k\{\ln[(N(n-k)+i)\Delta t+1]-\ln[N(n-k)\Delta t+1]\} \tag{8.10}$$

式中 $\Delta s_{k,n}^{(i)}$——第 n 级荷载下第 i 次观测值中应扣除的剩余沉降量，cm；

k——第 n 级前的荷载级数($k=1,2,\cdots,n-1$)；

Δt——沉降观测的时间间隔，min；

N——每级荷载下沉降观测的次数；

n——荷载级数。

8.1.1.4 成果应用

(1)确定地基土承载力特征值

①强度控制法

a. 当 p-s 曲线上有明显的直线段时，一般取直线段的终点对应的荷载值为比例界限，取该比例界限所对应的荷载值为承载力特征值。

b. 当 p-s 曲线上无明显的直线段时，可用下述方法确定比例界限：

a)在某一荷载下，其沉降量超过前一级荷载下沉量的两倍，即 $\Delta s_n>2\Delta s_{n-1}$ 的点所对应的荷载即为比例界限。

b)绘制 lg$p$-lg$s$ 曲线，曲线上转折点所对应的荷载即为比例界限。

c)绘制 p-$\frac{\Delta p}{\Delta s}$ 曲线，曲线上转折点所对应的荷载值即为比例界限，其中 Δp 为荷载增量，Δs 为相应的沉降量。

当极限荷载小于对应比例界限的荷载值的 2 倍时，取极限荷载值的一半作为承载力特征值。

②相对沉降控制法

当不能按比例界限和极限荷载确定时，承压板面积为 0.25～0.50 m²，可取 $s/d=0.01\sim0.015$ 所对应的荷载，作为地基土承载力特征值，但其值不应大于最大加载量的 1/2。

同一土层参加统计的试验点不应少于 3 点，当试验实测值的极差不超过平均值的 30%时，取此平均值作为该土层的地基承载力特征值。

(2)计算变形模量

浅层平板载荷试验的变形模量 E_0(MPa)，可按下式计算：

$$E_0=I_0(1-\nu^2)\frac{pd}{s} \tag{8.11}$$

式中 I_0——刚性承压板的形状系数，圆形承压板取 0.785，方形承压板取 0.886；

ν——土的泊松比，碎石土取 0.27，砂土取 0.30，粉土取 0.35，粉质黏土取 0.38，黏土取 0.42；

d——承压板直径或边长，m；

p——p-s 曲线直线段的压力，kPa；

s——与 p 对应的沉降量，mm。

(3)估算地基土的不排水抗剪强度

用沉降非稳定法(快速法)载荷试验(不排水条件)求得的极限荷载 p_u 可估算饱和黏性土的不排水抗剪强度 C_u(φ_u=0)：

$$C_u = \frac{p_u - p_0}{N_c} \tag{8.12}$$

式中 p_u——快速法载荷试验所得极限荷载，kPa；

p_0——承压板范围外的超载或土的自重压力，kPa；

N_c——经验系数，对方形或圆形承压板，当周边无超载时，N_c=6.15；当承压板埋深大于或等于 4 倍承压板直径或边长时，N_c=9.25；当承压板埋深小于 4 倍承压板直径或边长时，N_c 由线性内插法确定；

φ_u——地基土的不排水内摩擦角，°；

C_u——地基土的不排水抗剪强度，kPa。

8.1.2 深层平板载荷试验

深层平板载荷试验是平板载荷试验的一种，适用于埋深等于或大于 3.0 m 和地下水位以上的地基土。

深层平板载荷试验用于确定埋深等于或大于 3.0 m 的深部地基土及大直径桩桩端土层在承压板下应力主要影响范围内的承载力及变形模量。

8.1.2.1 试验设备及规格

(1)承压板

承压板直径取 800 mm，采用厚约 300 mm 的现浇混凝土板，可直接在外径为 800 mm 的钢环或钢筋混凝土管桩内浇筑。

(2)反力装置

深层平板载荷试验的加载反力装置有压重平台反力装置、地锚反力装置、锚桩横梁反力装置、锚桩(地锚)压重联合反力装置、自平衡反力装置。

①反力法

当试验地层的承载力低、加载量小时，采用堆载法或地锚反力法。当试验地层的承载力高(如砂卵石地层)、加载量大时，常采用锚桩或锚桩与堆载相结合的方法。采用上述方法时，反力装置由反力梁(反力架)、拉杆、地锚(锚桩)、堆载物、传力管等组成。其中常用的堆载加荷材料为砂袋、砌块、钢碇等。当试验深度、试验压力较大时，常采用扶正器保持传力管的稳定性。

传力杆根据试验时所加荷载的大小，可选用 ϕ219 mm、ϕ273 mm、ϕ600 mm，壁厚为 10 mm 的无缝钢管，管与管之间可用法兰盘连接。在传力杆超出地面后，常用斜拉杆把传力杆固定在地面，防止传力杆在受压时失稳。

②自平衡法

自平衡法的反力通过支撑及护壁直接传递给试井周围的土层。当试验土层的承载力较低时，可直接采用撑壁的方法，将荷载作用于试井周围侧壁的土层中。当试验土层的承载力较高，如砂卵石层等，可将井圈护壁的作用力作为反力，若井壁土层的稳定性较差时，护壁可分节施工，当土层稳定性较好时，可一次施工完毕。

(3)位移量测

在深层平板载荷试验中，位移基准梁的设置对位移的量测非常重要。当基准梁设置在试坑的底部时，虽然位移量测比较方便，但固定基准梁的位置由于离载荷板较近，在试验中随载荷板上施加荷载的增大也会产生一定的下沉，量测到的位移偏小。因而在深层平板载荷试验中，位移基准梁常设置在地面上，采用专用的位移测量杆把承压板的位移反映到测量杆上，以便在地面量测。

位移测量杆下端铰接于靠近承压板的铰座内，上端伸出试坑外，与一根细钢丝绳相连，钢丝绳另一端经导向滑轮后挂重物，重物的重量等于或不小于位移杆重的 3/4，以保持位移杆处于拉伸状态。考虑到温度变化对位移杆长度的影响，可在位移杆外套一塑料保温管或采用线膨胀系数小的材料。

位移测量杆选用直径为 32 mm 的圆钢制成，杆间用丝扣连接。当采用一根位移测量杆时，位移测量杆下端的球铰应置于承压板的中心。为了减少测量时的误差，也可采用三根位移测量杆，位移测量杆下端的球铰与承压板中心的连线互成 120°角。

(4)荷载量测

①压力传感器放置于传力杆上端

当试验荷载大时，由于所需传力杆直径较大(传力杆直径一般为 600 mm)，而压力传感器的直径一般较小，压力传感器放置于传力杆下端时，安装不方便，因此，常把压力传感器放置于传力杆的上端。这样承压板上实际所承受的荷载应为传力杆的自重与压力传感器所测到的荷载之和。

②压力传感器放置于传力杆下端

压力传感器放置于传力杆下端时，试坑深度不影响荷载测量精度。承压板的载荷测试是把压力传感器直接装在传力柱(管)下部与承压板上部的连接处，采用千斤顶施加载荷，通过传力柱传给压力传感器、承压板，由压力传感器输出的压力便是承压板实际接受的荷载。该荷载虽然同样来自地面的千斤顶和孔内的传力柱，但是传力柱与孔壁之间的摩阻力及传力柱的自重不会影响承压板上传感器的实际测量值。

深层平板载荷试验装置示意如图 8.1 所示。

8.1.2.2　试验要求

(1)承压板面积

承压板宜选用面积为 0.5 m^2 的刚性板。

(2)试坑(井)要求

深层平板载荷试验的试坑(井)直径应等于承压板直径，当坑(井)直径大于承压板直径时，紧靠承压板周围外侧的土层高度不应小于承压板直径。

(3)试验土层

试坑(井)底的岩土应避免扰动，保持其原状结构和天然湿度。

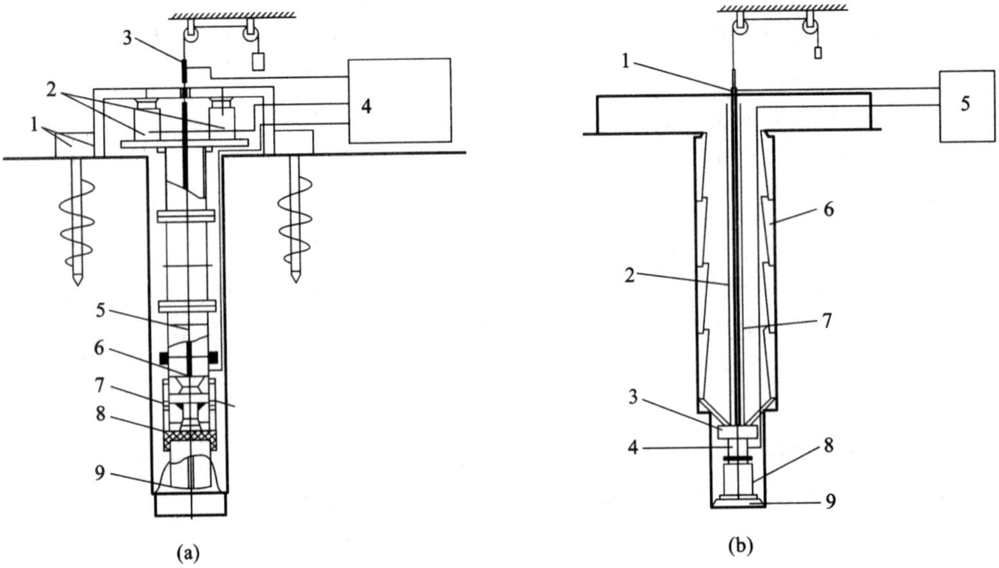

图 8.1　深层平板载荷试验装置示意

(a)地锚反力法

1—反力梁;2—千斤顶;3—位移传感器;4—检测仪;5—传力杆;

6—位移杆;7—压力传感器;8—密封装置;9—承压板

(b)井圈护壁反力法

1—位移传感器;2—塑料保温管;3—传力杆;4—压力传感器;

5—检测仪;6—井圈护壁;7—位移杆;8—千斤顶;9—承压板

(4)承压板与土层接触处的处理

在承压板下铺设厚度不超过 20 mm 的中、粗砂找平层。

(5)加荷分级

加荷等级可按预估极限承载力的(1/10)～(1/15)分级施加。

(6)试验精度

①位移量测:位移量测的精度不应低于±0.01 mm。

②荷载量测:荷载量测精度不应低于最大荷载的±1%。

(7)稳定标准

采用沉降相对稳定法(常规慢速法)时,每级加荷后,第一个小时内按间隔 10 min、10 min、10 min、15 min、15 min 测读一次沉降量,以后每隔半小时测读一次沉降量。当在连续 2 h 内,每小时的沉降量小于 0.1 mm 时,则认为沉降已趋稳定,可加下一级荷载。

(8)终止加载条件

①沉降 s 急剧增大,荷载-沉降(p-s)曲线上有可判定极限承载力的陡降段,且沉降量超过 0.04d(d 为承压板直径);

②在某级荷载下,24 h 内沉降速率不能达到稳定;

③本级荷载沉降量大于前一级荷载沉降量的 5 倍;

④当持力层坚硬,沉降量很小时,最大加载量不小于设计要求的 2 倍。

(9)回弹观测

同浅层平板载荷试验。

8.1.2.3　试验资料整理

同浅层平板载荷试验。

8.1.2.4　成果应用

(1)确定地基土的承载力特征值

①强度控制法

a. 当 p-s 曲线上有比例界限时,取该比例界限所对应的荷载值;

b. 当满足上述终止加载条件的前三条之一时,其对应的前一级荷载定为极限荷载,当此极限荷载值小于对应比例界限的荷载值的 2 倍时,取极限荷载的一半。

②相对沉降控制法

当不能按比例界限和极限荷载确定地基土承载力时,可取 $s/d=0.01\sim0.015$ 所对应的荷载值,但其值不应大于最大加载量的 1/2。

同一土层参加统计的试验点不应少于 3 点,当试验实测值的极差不超过平均值的 30%时,取此平均值作为该土层的地基承载力特征值。

对于深层平板载荷试验所确定的地基承载力特征值,在使用时不再进行基础埋深的地基承载力修正,即基础埋深的地基承载力修正系数 η_d 取 0。

(2)计算变形模量

深层平板载荷试验的变形模量 E_0 可按下式计算:

$$E_0=\omega\frac{pd}{s}\qquad(8.13)$$

式中　ω——与试验深度和土类有关的系数,可按表 8.3 选用。

其他符号的意义同式(8.11)。

表 8.3　深层平板载荷试验计算系数 ω

土类 / d/z	碎石土	砂土	粉土	粉质黏土	黏土
0.30	0.477	0.489	0.491	0.515	0.524
0.25	0.469	0.480	0.482	0.506	0.514
0.20	0.460	0.471	0.474	0.497	0.505
0.15	0.444	0.454	0.457	0.479	0.487
0.10	0.435	0.446	0.448	0.470	0.478
0.05	0.427	0.437	0.439	0.461	0.468
0.01	0.418	0.429	0.431	0.452	0.459

注:d/z 为承压板直径和承压板底面深度之比。

8.2　静力触探试验

静力触探自 1917 年瑞典正式使用以来,迄今已有 100 余年历史。目前,该项测试技术在很多国家都被列入国家技术规范中,并在世界范围内得到了广泛的应用。静力触探试验主要适合于黏性土、粉土和中等密实度以下的砂土等土质情况。对于含较多碎石、砾石的土和很密实的砂土一般不适合采用。此外总的测试深度不能超过 80 m。

静力触探试验的优点是连续、快速、准确，可以在现场直接得到各土层的贯入阻力指标，从而能够了解土层在原始状态下的有关物理力学参数。

8.2.1 试验目的

静力触探试验的目的主要有 5 个方面：

(1)根据贯入阻力曲线的形态特征或数值变化幅度划分土层；

(2)评价地基土的承载力；

(3)估算地基土层的物理力学参数；

(4)选择桩基持力层，估算单桩承载力，判定沉桩的可能性；

(5)判定场地土层的液化性。

8.2.2 试验基本原理

静力触探的基本原理是通过一定的机械装置，用静力将标准规格的金属探头垂直均匀地压入土层中，同时利用传感器或机械量测仪表测试土层对触探头的贯入阻力，并根据测得的阻力情况来分析与判断土层的物理力学性质。目前工程中仍主要采用经验公式将贯入阻力与土的物理力学参数联系起来，或根据贯入阻力的相对大小做定性分析。

8.2.3 试验设备

静力触探的试验设备主要有探头部分、贯入装置、量测装置三部分构成。

【扫码演示】

(1)探头部分

常用的静力触探探头分为单桥探头、双桥探头两种，其主要规格见表 8.4。此外还有能同时测量孔隙水压力的孔压探头，它是在原有的单桥或双桥探头上增加测量孔压的装置而构成的。

表 8.4 静力触探探头规格

锥头截面积 A (cm^2)	探头直径 d (mm)	锥角 (°)	单桥探头	双桥探头	
			有效侧壁长度 L (mm)	摩擦筒侧壁面积 (cm^2)	摩擦筒长度 L (mm)
10	35.7	60	57	200	179
15	43.7		70	300	219
20	50.4		81	300	189

根据现行《岩土工程勘察规范》(GB 50021—2001)(2009 年版)的要求，探头圆锥锥头截面积应采用10 cm^2或 15 cm^2，鉴于国际通用标准为 10 cm^2，因此最好使用锥头截面积为 10 cm^2 的探头。

①单桥探头

单桥探头在锥尖上部带有一定长度的侧壁摩擦筒，只能测定一个触探指标，即比贯入阻力，它是一个反映锥尖阻力和侧壁摩擦力的综合值：

$$p_s = \frac{P}{A} \tag{8.14}$$

式中 P——总贯入阻力,kN;

A——锥尖底面积,m^2;

p_s——比贯入阻力,kPa。

单桥探头的结构如图 8.2 所示。

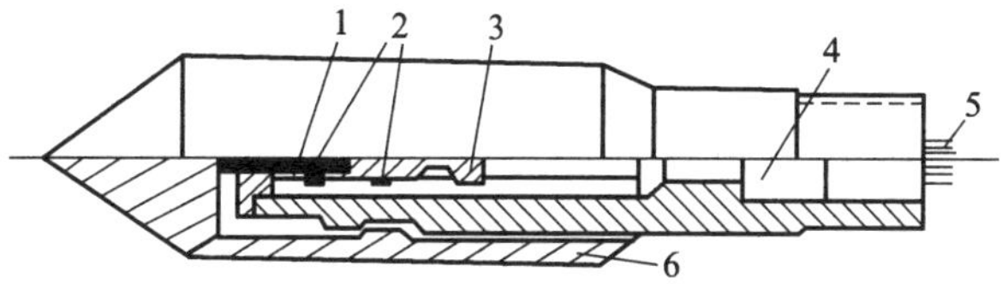

图 8.2 单桥探头结构示意图

1—顶柱;2—电阻应变片;3—传感器;4—密封垫圈套;5—四芯电缆;6—外套筒

②双桥探头

双桥探头是将锥尖和侧壁摩擦筒分开,因而能分别测定锥尖阻力 q_c(kPa)和侧壁摩擦力 f_s(kPa),分别定义如下:

$$q_c = \frac{Q_c}{A} \tag{8.15}$$

$$f_s = \frac{P_f}{F} \tag{8.16}$$

式中 Q_c,P_f——锥尖总阻力和侧壁总摩擦力,kN;

A,F——锥底截面积和摩擦筒侧面积,m^2。

由锥尖阻力 q_c 和侧壁摩擦力 f_s 还可得到摩阻比 R_f:

$$R_f = \frac{f_s}{q_c} \times 100\% \tag{8.17}$$

双桥探头的结构如图 8.3 所示。

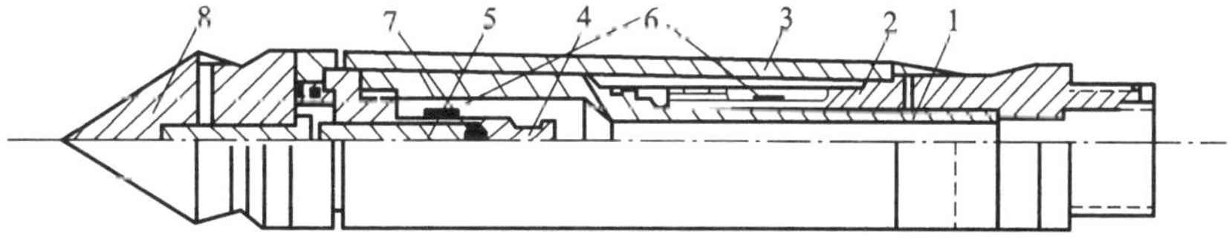

图 8.3 双桥探头结构示意图

1—传力杆;2—摩擦传感器;3—摩擦筒;4—锥尖传感器;5—顶柱;6—电阻应变片;7—钢珠;8—锥尖头

(2)贯入装置

贯入装置由两部分构成,一是给触探杆加压的压力装置,常见的压力装置有三种,即液压传动式、手摇链条式及电动丝杆式;二是提供加压所需反力的反力系统,反力系统主要有两种,第一种是利用旋入地下的地锚的抗拔力提供反力,第二种是利用重物提供加压反力,常见的是利用物探车的自重作为压重反力。当需要贯入阻力较大时,可以将上述两种反力系统结合起来使用,即给物探车配备电动下锚装置以增加反力,通常情况下单个地锚可提供 10~30 kN 的抗拔力。

(3)量测装置

触探头在贯入土层的过程中其变形柱会随探头遇到的土层阻力产生相应的变形，因此通过量测变形柱的变形就可以反算土层阻力的大小。变形柱的变形一般是通过贴在其上的应变片来测量的，应变计通过配套的测量电路（通常采用惠斯通电桥电路）及位于地表的读数和自动记录装置来完成整个量测工作。一般而言，自动记录装置可以绘制出贯入阻力随深度的变化曲线，因而可以直观地反映出土层力学性质随深度的变化情况。

8.2.4 静力触探试验的技术要求

(1)触探头应匀速垂直地压入土中，贯入速率为 1.2 m/min。

(2)触探头的测力传感器连同仪器、电缆应进行定期标定，室内探头标定测力传感器的非线性误差、重复性误差、滞后误差、温度漂移、归零误差均应小于 1%F.S.（F.S. 为满量程读数的英文缩写），现场试验归零误差应小于 3%F.S.，绝缘电阻不小于 500 MΩ。

(3)深度记录误差应在触探深度的±1%以内。

(4)当贯入深度大于 30 m，或穿过厚软土层再贯入硬土层时，应采取措施防止触探孔倾斜或触探杆断裂，也可配置测斜探头量测触探孔的偏斜角，以修正土层界线的深度。

(5)孔压探头在贯入前，应在室内保证探头应变腔为已排除气泡的液体所充满，并在现场采取措施保持探头应变腔的饱和状态，直至探头进入地下水位以下的土层为止。在孔压静探试验过程中不得上提探头，以免探头处出现真空负压，破坏应变腔的饱和状态，影响测试结果的准确性。

(6)当在预定深度进行孔压消散试验时，应量测停止贯入后不同时间的孔压值，其计时间隔应由密而疏合理控制。试验过程中不得松动探杆。

8.2.5 静力触探试验的成果及应用

静力触探试验的主要成果有：

单桥探头：比贯入阻力(p_s)-深度(h)关系曲线；

双桥探头：锥尖阻力(q_c)-深度(h)关系曲线、侧壁摩擦力(f_s)-深度(h)关系曲线、摩阻比(R_f)-深度(h)关系曲线；

孔压探头：除上述曲线外，还有初始孔压(u_i)-深度(h)关系曲线、孔压(u_t)-时间对数($\lg t$)关系曲线等。

静力触探试验的成果及应用主要体现在下列几个方面：

(1)划分土层界线

土层界线划分是岩土工程勘察工作的一个重要内容，特别是在桩基工程设计时，对桩尖持力层顶面标高的准确确定和桩施工长度的确定具有十分重要的意义。

根据静力触探试验曲线结合钻探分层的结果，可以更加准确地确定土层分界线的标高。在具体实施时，土层分界线的确定必须考虑到试验时超前和滞后的影响，其具体确定方法如下：

①上、下层贯入阻力相差不大时，取超前深度和滞后深度的中心位置，或中心偏向小阻力土层 5～10 cm 处作为分层界线；

②上、下层贯入阻力相差一倍以上时，当由软土层进入硬土层（或由硬土层进入软土层）时，取软土层最后一个（或第一个）贯入阻力小值偏向硬土层 10 cm 处作为分层界线；

③上、下层贯入阻力变化不明显时，可结合 f_s 和 R_f 的变化情况确定分层界线。

(2)划分场地土的类别

利用静力触探试验结果划分土层类别的方法主要有三种：

①以 R_f 和 p_s(或 q_c)的值共同判别土的类别；

②以 p_s-h 曲线和 q_c-h 曲线形态判别土的类别；

③以 R_f 和 q_c-h 曲线形态综合判别土的类型。

上述三种方法中，第一种方法有原铁道部的相关规程规定，因此这里仅介绍第一种方法，其他方法可参见有关参考书籍或资料。

以 R_f 和 q_c 的值共同判别土的类别的方法见表 8.5。

表 8.5 根据双桥探头测试结果划分土层类别

土名	原铁道部标准		交通部一航局	
	q_c(MPa)	R_f(%)	q_c(MPa)	R_f(%)
淤泥质土及软黏土	0.2～1.7	0.5～3.5	<1	10～13
黏土	1.7～9	0.25～5.0	1～1.7	3.8～5.7
粉质黏土			1.4～3	2.2～4.8
粉土	2.5～20	0.6～3.5	3～6	1.1～1.8
砂类土	2～32	0.3～1.2	>6	0.7～1.1

(3)评定地基土的强度参数

①估算饱和黏性土的不排水抗剪强度 C_u

$$C_u = \frac{q_c - \sigma_0}{N_K} \tag{8.18}$$

式中 σ_0——总的上覆压力，kPa，σ_0 可用竖向总的上覆压力 σ_{v0} 或水平向总的上覆压力 σ_{h0} 或八面体应力 σ_{08} 来表示。σ_{08} 可用下式表示：

$$\sigma_{08} = \frac{\sigma_{v0} + 2\sigma_{h0}}{3} \tag{8.19}$$

N_K——锥头系数，其值按经验选取。Ladanyi 建议，对灵敏性黏性土 $N_K = 5.5 \sim 8$；Bagligh 建议，对于软～中等黏土 $N_K = 5 \sim 21$，且 N_K 随着塑性指数 I_p 的增大而减小；Kjeskstad 等建议，对于超固结黏土 $N_K = 17 \pm 5$。

饱和黏性土不排水抗剪强度 C_u 也可直接按表 8.6 所列出的地区性经验公式计算。

表 8.6 根据静力触探结果估算饱和黏性土不排水抗剪强度 C_u 的经验公式

经验公式	适用条件	来源
$C_u = 0.071q_c + 1.28$	$q_c < 700$ kPa 的滨海相软土	同济大学
$C_u = 0.039q_c + 2.7$	$q_c < 800$ kPa	原铁道部
$C_u = 0.0308p_s + 4.0$	$p_s = 100 \sim 1500$ kPa 的新港软黏土	交通部一航局设计院
$C_u = 0.0696p_s - 2.7$	$p_s = 300 \sim 1200$ kPa 的饱和软黏土	武汉静探联合组
$C_u = 0.1q_c$	$\varphi = 0$ 的纯黏土	日本
$C_u = 0.1q_c$		Meyerhof

②评价砂土的内摩擦角

国内外试验资料表明，砂土的静力触探试验得到的 p_s、q_c 与其内摩擦角相关。我国原铁道部《静力触探技术规则》提出，可按表 8.7 估算砂土的内摩擦角。

表 8.7　根据静力触探的比贯入阻力(p_s)估算砂土的内摩擦角(φ)

p_s(MPa)	1.0	2.0	3.0	4.0	6.0	11.0	15	30
φ(°)	29	31	32	33	34	36	37	39

(4)评定地基土的变形参数

①估算黏性土的压缩模量 E_s

黏性土的压缩模量一般以下式计算：

$$E_s = \xi \cdot q_c \tag{8.20}$$

式中　ξ——经验系数，各类土的经验系数取值见表 8.8。

表 8.8　计算黏性土压缩模量时不同土的经验系数取值

土类	q_c(MPa)	w(%)	ξ
低塑性黏土	<0.7		3～8
	0.7～2.0		2～5
	>2.0		1～2.5
低塑性粉土	>2.0		3～6
	<2.0		1～3
高塑性黏土和粉土	<2.0		2～6
有机质粉土	<1.2		2～8
		$50<w<100$	1.5～4
泥炭和有机质黏性土		$100<w<200$	1～1.5
		$w>200$	0.4～1

注：表中 w 指土的含水率。

国内不少单位也建立起了自己的经验公式，现摘其主要公式列于表 8.9 中。

表 8.9　国内有关单位估算黏性土压缩模量的经验公式

经验公式	适用条件		来源
	土类	p_s(MPa)	
$E_s=3.63p_s+1.2$	软土、一般黏性土	$p_s<5$	交通部一航局设计院
$E_s=3.72p_s+1.26$	软土、一般黏性土	$0.3\leqslant p_s<5$	武汉联合试验组
$E_s=1.16p_s+3.45$	新近沉积土($I_p>10$)	$0.5\leqslant p_s<6$	原铁道部一院
$E_s=1.34p_s+3.4$	黏性土及新近沉积土($I_p\leqslant10$)	$0.5\leqslant p_s<10$	
$E_s=3.66p_s-2.0$	新黄土	$0.5\leqslant p_s<6.5$	

续表 8.9

经验公式	适用条件		来源
	土类	p_s(MPa)	
$E_s=4.13p_s^{0.687}$	黏性土或软土	$p_s\leqslant1.3$	原铁道部四院
$E_s=2.14p_s+2.17$		$p_s>1.3$	
$E_s=3.11p_s+1.14$	上海黏性土		同济大学

②估算黏性土的变形模量 E_0

国内常见的利用静力触探结果估算黏性土的变形模量 E_0 的经验公式见表 8.10。

表 8.10 国内有关单位估算黏性土变形模量的经验公式

经验公式	适用条件		来源
	土类	p_s(MPa)	
$E_0=9.79p_s-2.63$	软土、一般黏性土	$0.3\leqslant p_s<3$	武汉联合试验组
$E_0=11.77p_s-4.69$	老黏土	$3\leqslant p_s<6$	
$E_0=3p_s+2.87$	新近沉积土($I_p>10$)	$0.5\leqslant p_s<6$	原铁道部一院
$E_0=2.3p_s+1.99$	黏性土及新近沉积土($I_p\leqslant10$)	$0.5\leqslant p_s<10$	
$E_0=5.95p_s+1.4$	新黄土(西北带)	$1\leqslant p_s<5.5$	
$E_0=13.09p_s^{0.64}$	新黄土(东南带)	$0.5\leqslant p_s<5$	
$E_0=5p_s$	新黄土(北部边缘带)	$1\leqslant p_s<6.5$	
$E_0=6.03p_s^{1.45}+2.87$	软土、一般黏性土	$0.085\leqslant p_s<2.5$	原铁道部四院
$E_0=6.06p_s-0.90$	淤泥、淤泥质土及一般黏性土	$p_s<1.6$	建设部综合勘察院
$E_0=6.90p_s-6.79$	一般冲积土	$p_s>1.6$	
$E_0=3.55p_s-6.65$	粉性土	$p_s>4$	

③估算砂土的压缩模量 E_s

我国原铁道部《静力触探技术规则》提出,可按表 8.11 估算砂土的压缩模量 E_s。

表 8.11 根据比贯入阻力 p_s 估算砂土压缩模量 E_s 对照表

p_s(MPa)	0.5	0.8	1.0	1.5	2.0	3.0	4.0	5.0
E_s(MPa)	2.6～5.0	3.5～5.6	4.1～6.0	5.1～7.5	6.0～9.0	9.0～11.5	11.5～13.0	13.0～15.0

④估算砂土的变形模量 E_0

工程中常用的计算砂土变形模量 E_0 的经验公式详见表 8.12。

表 8.12 根据比贯入阻力 p_s 或锥尖阻力 q_c 估算砂土变形模量 E_0 的经验公式

经验公式	适用范围	来源
$E_0=3.57p_s^{0.6836}$	粉、细砂	原铁道部一院
$E_0=2.5p_s$	中、细砂	辽宁煤矿设计院
$E_0=3.4q_c+13$	中密～密实砂土	苏联规范 CH—448—72

注:表中 p_s、q_c、E_0 的单位均为 MPa。

(5)评定地基土的承载力

关于利用静力触探试验结果评定地基土承载力的问题，我国科技工作者已开展了大量的工作，取得了许多行之有效的实用成果。但由于我国地域广大，各地的气候及地质条件差异性很大，因此要得到一个统一的在各地普遍适用的公式是不现实的。我国部分地区一般土类的比贯入阻力 p_s(kPa)与地基土承载力基本值 f_0(kPa)的经验公式见表 8.13。

表 8.13　我国部分地区一般土类的比贯入阻力 p_s(kPa)与地基土承载力基本值 f_0(kPa)的经验公式

经验公式	适用条件		来源
	地区及土类	p_s(kPa)	
$f_0 = 0.104p_s + 25.9$	淤泥质土、一般黏性土、老黏土	$300 \leqslant p_s < 6000$	武汉联合试验组
$f_0 = 0.083p_s + 54.6$	淤泥质土、一般黏性土	$300 \leqslant p_s < 3000$	
$f_0 = 0.097p_s + 76$	老黏土	$3000 \leqslant p_s < 6000$	
$f_0 = 5.25\sqrt{p_s} - 103$	中、粗砂	$1000 \leqslant p_s < 10000$	
$f_0 = 0.02p_s + 59.5$	粉、细砂	$1000 \leqslant p_s < 15000$	
$f_0 = 5.8\sqrt{p_s} - 46$	一般黏性土($I_p > 10$)	$350 \leqslant p_s < 5000$	原铁道部《静力触探技术规则》
$f_0 = 0.89p_s^{0.63} + 14.4$	黏性土及饱和砂土($I_p \leqslant 10$)	$p_s \leqslant 24000$	
$f_0 = 0.112p_s + 5$	软土	$p_s < 900$	
$f_0 = 1.4817p_s^{0.602}$	新近沉积土($I_p > 10$)	$500 \leqslant p_s < 6000$	
$f_0 = 0.9993p_s^{0.629}$	新近沉积土($I_p \leqslant 10$)	$500 \leqslant p_s < 10000$	
$f_0 = 0.05p_s + 35$	新黄土(西北带)	$1000 \leqslant p_s < 5500$	
$f_0 = 0.05p_s + 65$	新黄土(东南带)	$500 \leqslant p_s < 5000$	
$f_0 = 0.04p_s + 40$	新黄土(北部边缘带)	$1000 \leqslant p_s < 6500$	
$f_0 = 0.05p_s + 73$	一般黏性土	$1500 \leqslant p_s < 6000$	原建设部综合勘察院
$f_0 = 0.075p_s + 42$	上海硬壳层		同济大学
$f_0 = 0.070p_s + 37$	上海淤泥质黏性土		
$f_0 = 0.075p_s + 38$	上海灰色黏性土		
$f_0 = 0.055p_s + 45$	上海粉土		

(6)预估单桩承载力

采用静力触探试验预估单桩承载力的技术已经比较成熟，许多国家已将这种方法列入国家规范，在我国，国家、行业、部门和地方上的规范、规程对此也有相应规定，本书仅介绍《建筑桩基技术规范》(JGJ 94—2008)中采用静力触探成果确定单桩承载力的方法。

《建筑桩基技术规范》(JGJ 94—2008)规定，应用静力触探试验结果确定单桩承载力时，根据单桥探头静力触探资料确定混凝土预制桩单桩竖向极限承载力标准值时，当无地区性经验时可按下式计算：

$$Q_{uk} = Q_{sk} + Q_{pk} = u\sum q_{sik}l_i + \alpha \cdot p_{sk}A_p \tag{8.21}$$

当 $p_{sk1} \leqslant p_{sk2}$ 时

$$p_{sk} = \frac{1}{2}(p_{sk1} + \beta \cdot p_{sk2}) \tag{8.22}$$

当 $p_{sk1} > p_{sk2}$ 时

$$p_{sk1} = p_{sk2} \tag{8.23}$$

式中 Q_{sk},Q_{pk}——总极限侧阻力标准值和总极限端阻力标准值,kN;

u——桩身周长,m;

q_{sik}——用静力触探比贯入阻力值估算的桩周第 i 层土的极限侧摩阻力标准值,kPa;

l_i——桩穿越第 i 层土的厚度,m;

α——桩端阻力修正系数,按表 8.14 取值;

p_{sk}——桩端附近的静力触探比贯入阻力标准值(平均值),kPa;

A_p——桩端面积,m^2;

p_{sk1}——桩端全截面以上 8 倍桩径范围内的比贯入阻力平均值,kPa;

p_{sk2}——桩端全截面以下 4 倍桩径范围内的比贯入阻力平均值,kPa,如桩端持力层为密实砂土层,其比贯入阻力平均值超过 20 MPa 时,则需乘以表 8.15 的系数 C 予以折减后,再计算 p_{sk};

β——折减系数,按 p_{sk2}/p_{sk1} 取值,按表 8.16 选用。

表 8.14 桩端阻力修正系数 α 取值

桩长(m)	$l<15$	$15 \leqslant l \leqslant 30$	$30<l \leqslant 60$
α	0.75	0.75~0.90	0.90

注:桩长 15 m$\leqslant l \leqslant$30 m 时,α 按 l 值直线内插取值;l 为桩长(不包括桩尖高度)。

表 8.15 系数 C

p_{sk}(MPa)	20~30	35	>40
系数 C	5/6	2/3	1/2

表 8.16 折减系数 β

p_{sk2}/p_{sk1}	$\leqslant 5$	7.5	12.5	$\geqslant 15$
β	1	5/6	2/3	1/2

注:表 8.15 及表 8.16 中,均可采用内插法取值。

q_{sik} 取值应结合土工试验,根据土的类别、埋藏深度、排列次序,按图 8.4 取值。其中,直线 A(线段 gh)适用于地表以下 6 m 范围内土层;折线 B(线段 $0abc$)适用于粉土及砂土层以上(或无粉土或砂土层地区)的黏性土层;折线 C(线段 $0def$)适用于粉土及砂土层以下的黏性土层;折线 D(线段 $0ef$)适用于粉土、粉砂、细砂及中砂土。

当桩端穿过粉土、粉砂、细砂及中砂层底面时,折线 D 估算的 q_{sik} 值需乘以表 8.17 中系数 η_s 值。

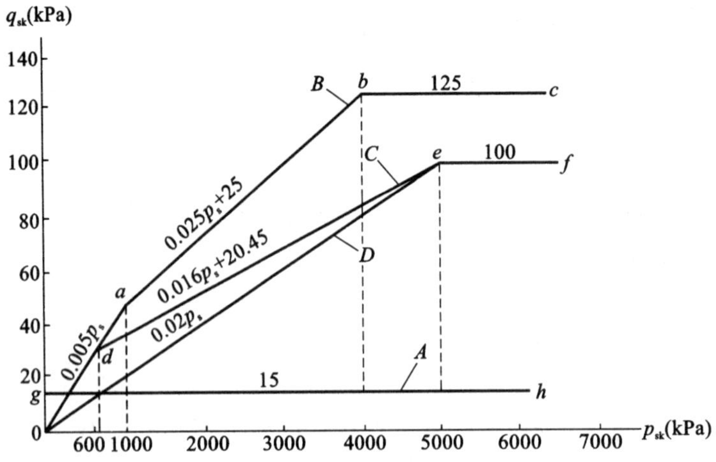

图 8.4　q_{sk}-p_{sk} 曲线

表 8.17　修正系数 η_s 取值

p_{sk}/p_s	≤5	7.5	≥10
η_s	1.00	0.50	0.33

注：p_{sk}为桩端穿过的中密～密实砂土、粉土的比贯入阻力平均值；p_s 为砂土、粉土的下卧软土层的比贯入阻力平均值。

当采用双桥探头静力触探试验资料确定混凝土预制桩单桩竖向极限承载力标准值时，双桥探头的圆锥底面积为 15 cm²，锥角为 60°，摩擦套筒高 21.85 cm。对于黏性土、粉土和砂土，当无地区性经验时可按下式计算：

$$Q_{uk} = Q_{sk} + Q_{pk} = u\sum \beta_i l_i f_{si} + \alpha \cdot q_c A_p \tag{8.24}$$

式中　f_{si}——第 i 层土的探头平均侧阻力，kPa；

q_c——桩端平面上、下探头阻力，kPa，取桩端平面以上 $4d$（d 为桩的直径或边长）范围内按土层厚度的探头阻力加权平均值，然后再和桩端平面以下 $1d$ 范围内的探头阻力进行平均；

α——桩端阻力修正系数，对黏性土、粉土取 2/3，对饱和砂土取 1/2；

β_i——第 i 层土桩侧阻力修正系数，按下式计算：

对黏性土、粉土：

$$\beta_i = 10.04(f_{si})^{-0.55}$$

对砂土：

$$\beta_i = 5.05(f_{si})^{-0.45}$$

(7)评价饱和砂土的液化势

《铁路工程抗震设计规范》(GB 50111—2006)(2009 年版)中规定，若比贯入阻力 p_s 的计算值 p_{sca}小于液化临界比贯入阻力 p'_s，应判定为液化土，而 p'_s由下式计算得到：

$$p'_s = p_{s0}\alpha_1\alpha_3 \tag{8.25}$$

式中　p_{s0}——地下水埋深 d_w 为 2 m 时的液化临界比贯入阻力，MPa，按表 8.18 选取；

α_1——d_w 的修正系数，$\alpha_1 = 1-0.065(d_w-2)$，当地面常年有水且与地下水有水力联系时 $d_w=0$；

α_3 ——上覆非液化土层厚度修正系数，按 $\alpha_3 = 1 - 0.05(d_a - 2)$ 计算，对称基础 $\alpha_3 = 1$。

表 8.18　液化临界比贯入阻力 p_{s0}（MPa）

规范、规程名称	烈度		
	7 度	8 度	9 度
《铁路工程抗震设计规范》(GB 50111—2006)(2009 年版)	5～6	11.5～13	18～20

比贯入阻力的计算值 p_{sca} 应符合下列规定：

①砂层厚度大于 1 m 时，取该层比贯入阻力的平均值作为该层的 p_{sca}；当砂层厚度小于 1 m 且上、下层均为比贯入阻力较小的土层时，应取较大值作为该层的 p_{sca}。

②砂层厚度较大，力学性质和比贯入阻力 p_s 可明显分层时，应分层计算 p_{sca}。

8.3　圆锥动力触探试验

圆锥动力触探是利用一定的落锤能量，将一定尺寸、一定形状的圆锥探头打入土中，根据打入的难易程度来评价土的物理力学性质的一种原位测试方法。圆锥动力触探以落锤冲击力提供贯入能量，不像静力触探那样需要专门的反力设备，因此设备比较简单，操作也很方便。此外由于冲击力比较大，所以它的适用范围更加广泛，对于静力触探难以贯入的碎石土层及密实砂层甚至较软的岩石也可应用。

8.3.1　试验目的

圆锥动力触探试验的目的主要有两个：

(1)定性划分不同性质的土层；查明土洞、滑动面和软硬土层分界面；检验与评估地基土加固改良效果。

(2)定量估算地基土层的物理力学参数，如确定砂土孔隙比、相对密度等以及土的变形和强度的有关参数，评定天然地基土的承载力和单桩承载力。

8.3.2　试验基本原理

圆锥动力触探试验中，一般以打入土中一定距离(贯入度)所需落锤次数(锤击数)来表示探头在土层中贯入的难易程度。同样贯入度条件下，锤击数越多，表明土层阻力越大，土的力学性质越好；反之，锤击数越少，表明土层阻力越小，土的力学性质越差。通过锤击数的大小就很容易定性地了解土的力学性质。再结合大量的对比试验进行统计分析，就可以对土体的物理力学性质做出定量化的评估。

8.3.3　试验设备

圆锥动力触探设备较为简单，主要由探头部分、穿心落锤、穿心锤导向的触探杆三部分构成。

根据设备尺寸、规格及锤击能量的不同，圆锥动力触探又分为三种类型，具体见表 8.19。

表 8.19　圆锥动力触探类型及设备规格

类型		轻型	重型	超重型
落锤	质量(kg)	10	63.5	120
	落距(cm)	50	76	100
圆锥探头	锥角(°)	60		
	直径 d(mm)	40	74	74
探杆直径(mm)		25	42	50～60
触探指标		贯入 30 cm 的锤击数 N_{10}	贯入 10 cm 的锤击数 $N_{63.5}$	贯入 10 cm 的锤击数 N_{120}
能量指数(J/cm^2)		39.7	115.2	279.1
主要适用土类		浅部的填土、砂土、粉土、黏性土	砂土、中密以下碎石土、极软岩石	密实和很密实的碎石土、极软岩石、软岩石

注:能量指数是指落锤能量与圆锥探头截面积之比。

8.3.4　圆锥动力触探试验的技术要求

(1)应采用自动落锤装置以保持平稳下落。

(2)触探杆最大偏斜度不应超过 2%,锤击贯入应保持连续进行;同时应防止锤击偏心、探杆倾斜和侧向晃动,保证探杆垂直度;锤击速率宜为每分钟 15～30 击;在砂土或碎石土中锤击速率可采用每分钟 60 击。锤击贯入应连续进行,不能间断,因为间隙时间过长,可能会使土(特别是黏性土)的摩阻力增大,影响测试结果的准确性。

(3)每贯入 1 m,宜将探杆转动一圈半;当贯入深度超过 10 m 时,每贯入 20 cm 宜转动探杆一次。

(4)对轻型动力触探,当 $N_{10}>100$ 或贯入 15 cm 锤击数超过 50 时,可停止试验;对重型动力触探,当连续三次 $N_{63.5}>50$ 时,可停止试验或改用超重型动力触探。

(5)为了减少探杆与孔壁的接触,探杆直径应小于探头直径。在砂土中探头直径与探杆直径之比应大于 1.3,在黏性土中这一比例可适当小些。

(6)由于地下水位对锤击数与土的物理性质(砂土孔隙比等)有影响,因此应当记录地下水位埋深。

8.3.5　圆锥动力触探试验的成果及应用

圆锥动力触探试验的主要成果有锤击数及锤击数随深度的变化曲线,下面介绍其应用:

(1)按力学性质划分土层

根据圆锥动力触探试验结果划分土层时,首先应绘制单孔触探锤击数 N 与深度 H 的关系曲线,再结合地质资料对土层进行分层。

一般情况下,划分土层是以某层动力触探锤击数的平均值来考虑的,如果某土层各孔锤击数离散性较大,则不宜采用单孔资料评定土层的性质,应采用多孔资料或结合钻探及其他原位测试资料进行综合分析。由于锤击数不仅与探头位置土层性质有关,还与探头位置以下一定深度范围内的土层性质有关,因此在分析触探曲线时,应考虑到曲线上的超前或滞后现象。

当触探头尚未达到下卧土层时，在一定深度范围内，下卧土层的影响已经超前反映出来，这叫作“超前反应”。而当探头已经穿过上覆土层进入下卧土层中时，在一定深度以内，上覆土层仍会产生一定影响，这叫作“滞后反应”。

原铁道部第二勘测设计院的试验研究表明，当上覆土层为硬土层、下卧土层为软土层时，对触探击数的影响范围大，超前反应量(为 0.5～0.7 m)大于滞后反应量(为 0.2 m)；上覆土层为软土层、下卧土层为硬土层时，影响范围小，超前反应量(为 0.1～0.2 m)小于滞后反应量(为 0.3～0.5 m)。在划分地层分界线时应根据具体情况做适当调整；触探曲线由软土层进入硬土层时，分层界线可定在软土层最后一个小值点以下 0.1～0.2 m 处；触探曲线由硬土层进入软土层时，分层界线可定在软土层第一个小值点以上 0.1～0.2 m 处。

(2)确定砂土、圆砾、卵石孔隙比

根据重型动力触探的试验结果可确定砂土、圆砾、卵石的孔隙比(表 8.20)，但是值得注意的是，表中所列的锤击数是经过触探杆长度校正以后的锤击数，其计算公式如下：

$$N'_{63.5} = \alpha \cdot N_{63.5} \tag{8.26}$$

式中 $N_{63.5}$——实测的重型触探锤击数；

$N'_{63.5}$——校正后的锤击数；

α——触探杆长度校正系数，可按表 8.21 确定。

表 8.20 根据重型动力触探的试验结果确定砂土、圆砾、卵石的孔隙比

天然孔隙比 e \ 土的种类		中砂	粗砂	砾砂	圆砾	卵石
校正后的触探锤击数 $N'_{63.5}$	3	1.14	1.05	0.90	0.73	0.66
	4	0.97	0.90	0.75	0.62	0.56
	5	0.88	0.80	0.65	0.55	0.50
	6	0.81	0.73	0.58	0.50	0.45
	7	0.76	0.68	0.53	0.46	0.41
	8	0.73	0.64	0.50	0.43	0.39
	9		0.62	0.47	0.41	0.36
	10			0.45	0.39	0.35
	12				0.36	0.32
	15					0.29

注：如在地下水位以下，则应采用经过地下水位校正后的锤击数 $N''_{63.5}$。

对地下水位以下的中砂、粗砂、砾砂、圆砾、卵石，上述锤击数还要经过进一步校正，其计算公式如下：

$$N''_{63.5} = 1.1N'_{63.5} + 1.0 \tag{8.27}$$

式中 $N'_{63.5}$——经过触探杆长度校正，但未经过地下水位校正的锤击数；

$N''_{63.5}$——经过地下水位校正后的锤击数。

表 8.21　重型动力触探试验的触探杆长度校正系数 α

l (m) / α		≤2	4	6	8	10	12	14	16
实测锤击数 $N_{63.5}$	1	1.00	0.98	0.96	0.93	0.90	0.87	0.84	0.81
	5	1.00	0.96	0.93	0.90	0.86	0.83	0.80	0.77
	10	1.00	0.95	0.91	0.87	0.83	0.79	0.76	0.73
	15	1.00	0.94	0.89	0.84	0.80	0.76	0.72	0.69
	20					0.77	0.73	0.69	0.66

注：① l 为触探杆长度；

② α 由自动落锤方式测得。

(3)确定地基土的承载力

国家铁路局发布的行业标准《铁路工程地质原位测试规程》(TB 10018—2018)规定，可用轻型动力触探(轻便触探)的锤击数 N_{10} 来确定黏性土地基承载力，见表 8.22。

表 8.22　用轻型动力触探锤击数 N_{10} 确定黏性土地基的承载力

N_{10}	15	20	25	30
基本承载力(kPa)	100	140	180	220
极限承载力(kPa)	180	260	330	400

注：表中数值可以线性内插。

《铁路工程地质原位测试规程》(TB 10018—2018)规定，可用重型动力触探的锤击数 $N_{63.5}$ 平均值来确定冲积、洪积成因的中砂、砾砂和碎石类土地基的承载力，见表 8.23。

表 8.23　用重型动力触探锤击数 $N_{63.5}$ 平均值确定地基承载力(kPa)

锤击数 $N_{63.5}$ 平均值	3	4	5	6	7	8	9	10	12	14
碎石土	140	170	200	240	280	320	360	400	480	540
中砂、砾砂	120	150	180	220	260	300	340	380		
锤击数 $N_{63.5}$ 平均值	16	18	20	22	24	26	28	30	35	40
碎石土	600	660	720	780	830	870	900	930	970	1000

注：$N_{63.5}$ 值应进行触探杆长度修正。

(4)估算单桩承载力标准值

广东省建筑科学研究院通过对广州地区的重型动力触探试验的锤击数 $N_{63.5}$ 与现场打桩资料的分析研究，认为打桩机最后 30 锤平均每锤的贯入度 S_p 与持力层的 $N_{63.5}$ 有如下经验关系：

$$S_p = 2.86/N_{63.5} \tag{8.28}$$

再利用打桩公式，即可估算单桩承载力标准值 R_k：

对大型打桩机：

$$R_k = \frac{WH}{9\times(0.15+S_p)} + \frac{WH\sum N_{63.5}}{6000} \tag{8.29}$$

对中型打桩机：

$$R_k = \frac{WH}{8 \times (0.15 + S_p)} + \frac{WH \sum N_{63.5}}{2250} \tag{8.30}$$

式中　W——打桩机的锤重量，kN；

H——打桩机锤自由落距，cm；

$\sum N_{63.5}$——重型动力触探持力层的锤击总数；

R_k——打入桩单桩承载力标准值，kN。

8.4　标准贯入试验

标准贯入试验原来被归入动力触探试验一类，实际上，它在设备规格上与前述重型圆锥动力触探试验也具有很多相同之处，而仅仅是将原来的圆锥形探头换成了由两个半圆筒合成的对开式管状贯入器。此外它与重型圆锥动力触探试验不同的一点在于，一般规定将贯入器贯入土中 30 cm 所需要的锤击数（又称为标贯击数）作为分析判断的依据。标准贯入试验具有圆锥动力触探试验所具有的所有优点，另外它还可以通过贯入器采取扰动的土样，可以对土层的颗粒组成情况进行直接鉴别，因而对于土层的分层及定名更为准确可靠。标准贯入试验一般都结合钻探进行。

【扫码演示】

8.4.1　试验目的

标准贯入试验的目的主要有如下几方面：

(1)采取扰动土样，鉴别和描述土类，给土层定名。

(2)判别饱和砂土、粉土的液化可能性。

(3)定量估算地基土层的物理力学参数，如判定黏性土的稠度状态、砂土相对密度及土的变形和强度的有关参数，评定天然地基土的承载力和单桩承载力。

8.4.2　试验基本原理

标准贯入试验中是采用标准贯入器打入土中一定距离（30 cm）所需落锤次数（标贯击数）来表示土阻力大小的，并根据大量的试验资料对比分析进一步得到土的物理力学性质指标。

8.4.3　试验设备

标准贯入试验设备主要由贯入器部分、穿心落锤、穿心锤导向的触探杆三部分构成，设备构成如图 8.5 所示。

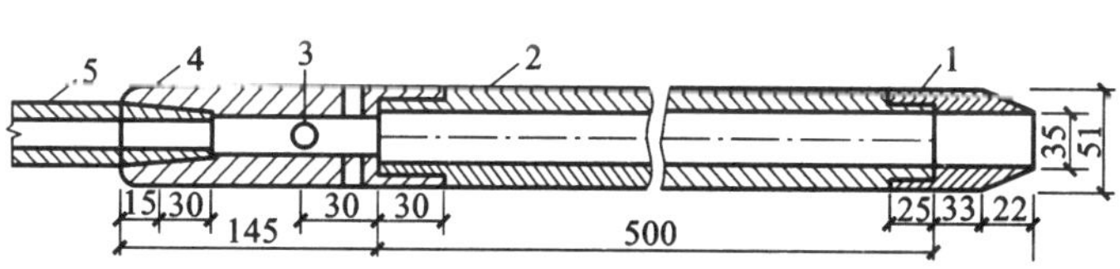

图 8.5　标准贯入试验设备

1—贯入器靴；2—由两个半圆筒合成的贯入器身；3—出水孔(ϕ15)；4—贯入器头；5—触探杆

标准贯入试验设备的规格见表 8.24。

表 8.24　标准贯入试验设备规格及适用土类

落锤		质量(kg)	63.5
		落距(cm)	76
		直径 d(mm)	74
贯入器	对开管	长度(mm)	>500
		外径(mm)	51
		内径(mm)	35
	管靴	长度(mm)	50～76
		刃口角度(°)	18～20
		刃口单刃厚度(mm)	2.5
探杆(钻杆)		直径(mm)	42
		相对弯曲度	<1‰
贯入指标			贯入 30 cm 的锤击数 $N_{63.5}$
主要适用土类			砂土、粉土、一般黏性土

8.4.4　试验的技术要求

【扫码演示】

(1)标准贯入试验应采用回转钻进法,钻进过程中要保持孔中水位略高于地下水位,以防止孔底涌土,加剧孔底以下土层的扰动。当孔壁不稳定时,可采用泥浆或套管护壁,钻至试验标高以上 15 cm 时应停止钻进,清除孔底残土后再进行贯入试验。

(2)应采用自动脱钩的自由落锤装置并保证落锤平稳下落,减小导向杆与锤间的摩阻力,避免锤击偏心和侧向晃动,保证贯入器、探杆、导向杆连接后的垂直度,锤击速率应小于每分钟 30 击。

(3)探杆最大相对弯曲度应小于 1‰。

(4)正式试验前,应预先将贯入器打入土中 15 cm,然后开始记录每打入 10 cm 的锤击数,累计打入 30 cm 的锤击数即为标准贯入试验锤击数 N。若地层比较密实,贯入锤击数较大时,也可记录贯入深度小于 30 cm 的锤击数,这时需按下式换算成贯入深度为 30 cm 的锤击数 N:

$$N = 30 \times \frac{n}{\Delta S} \tag{8.31}$$

式中　n——所选取的任意贯入量的锤击数;

　　ΔS——对应锤击数 n 击的贯入量,cm。

(5)标准贯入试验既可在钻孔全深度范围内等间距进行,也可仅在砂土、粉土等需要试验的土层中等间距进行,间距一般为 1.0～1.2 m。

(6)由于标准贯入试验锤击数 N 值的离散性往往较大,故在利用其解决工程问题时应持慎重态度,仅仅依据单孔标贯试验资料提供设计参数是不可信的,如要提供定量的设计参数,应有当地经验,否则只能提供定性的结果,供初步评定用。

8.4.5 影响因素及其校正

8.4.5.1 触探杆长度影响

《岩土工程勘察规范》(GB 50021—2001)(2009 年版)规定，应用 N 值时是否修正和如何修正，应根据建立统计关系时的具体情况确定。

8.4.5.2 土的自重压力影响

美国的 Peck(1974)提出，砂土自重压力对标准贯入试验的影响可用下列公式表示：

$$N = C_N \cdot N' \tag{8.32}$$

$$C_N = 0.77\lg\frac{1960}{\sigma_v} \tag{8.33}$$

式中 N——校正后的标准贯入试验锤击数；

N'——实测标准贯入试验锤击数；

C_N——自重压力影响校正系数；

σ_v——标准贯入试验深度处砂土有效垂直上覆压力，kPa。

8.4.5.3 地下水的影响

(1)美国的 Terzaghi 和 Peck(1953)认为：对于有效粒径 d_{10} 在 0.05～0.1 mm 范围内的饱和粉、细砂，当其密度大于某一临界密度时，贯入阻力将会偏大。相应于此临界密度的标准贯入锤击数为 15，故在此类砂土中标准贯入锤击数 N' 大于 15 时，其有效锤击数应按下式校正：

$$N = 15 + \frac{1}{2}(N' - 15) \tag{8.34}$$

式中 N——校正后的标准贯入锤击数；

N'——未校正的饱和粉、细砂的标准贯入锤击数。

(2)《水利水电工程地质勘察规范》(GB 50487—2008)规定，当标准贯入试验贯入点深度和地下水位在试验地面以下的深度，不同于工程正常运用时，实测标准贯入锤击数应按式(8.35)进行校正，并应以校正后的标准贯入锤击数 N 作为地震液化复判的依据：

$$N = N'\left(\frac{d_s + 0.9d_w + 0.7}{d'_s + 0.9d'_w + 0.7}\right) \tag{8.35}$$

式中 N'——实测标准贯入锤击数；

d_s——工程正常运用时，标准贯入点在当时地面以下的深度，m；

d_w——工程正常运用时，地下水位在当时地面以下的深度，m，当地面淹没于水面以下时，d_w 取 0；

d'_s——标准贯入试验时，标准贯入点在当时地面以下的深度，m；

d'_w——标准贯入试验时，地下水位在当时地面以下的深度，m，当地面淹没于水面以下时，d'_w 取 0。

校正后标准贯入锤击数和实测标准贯入锤击数均不进行钻杆长度校正。

8.4.6 标准贯入试验的成果及应用

8.4.6.1 确定砂土的密实度

显然，砂土的密实度越高，标准贯入锤击数 N 就越大；反之，砂土密实度越低，标准贯入锤击数 N 就越小。因此可以利用标准贯入锤击数对砂土的密实程度进行判别，具体可按表 8.25 进行。

表 8.25　标准贯入锤击数 N 与砂土密实度的关系对照表

密实程度		相对密实度 D_r	标准贯入锤击数 N					
国外	国内		国际标准	南京水科所江苏水利厅	原水利电力部标准			冶金勘察规范
					粉砂	细砂	中砂	
极松	松散	0～0.2	0～4	＜10	＜4	＜13	＜10	＜10
松			4～10					
稍密		0.2～0.33	10～15	10～30	＞4	13～23	10～26	10～15
中密		0.33～0.67	15～30					15～30
密实	密实	0.67～1	30～50	30～50		＞23	＞26	＞30
极密			＞50	＞50				

8.4.6.2　确定黏性土的稠度状态和无侧限抗压强度

(1)标准贯入试验锤击数与黏性土稠度状态的关系

标准贯入试验锤击数 $N_{手}$ 与黏性土液性指数 I_L 的关系见表 8.26。

表 8.26　标准贯入试验锤击数 $N_{手}$ 与黏性土液性指数 I_L 的关系

$N_{手}$	＜2	2～4	4～7	7～18	18～35	＞35
I_L	＞1	1～0.75	0.75～0.50	0.50～0.25	0.25～0	＜0
土的状态	流塑	软塑	软可塑	硬可塑	硬塑	坚硬

注:①适用于冲积、洪积的一般黏性土层。

②标准贯入试验锤击数 $N_{手}$ 是用手拉绳方法测得的,其值比机械化自动落锤方法得到的锤击数 $N_{机}$ 略高,换算关系如下:$N_{手}=0.74+1.12N_{机}$。适用范围:$2< N_{机}<23$。

(2)标准贯入试验锤击数与黏性土稠度状态和无侧限抗压强度的关系

根据 Terzaghi 和 Peck 的资料,N 与黏性土稠度和无侧限抗压强度的关系见表 8.27。

表 8.27　N 与黏性土稠度和无侧限抗压强度的关系

N	＜2	2～4	4～8	8～15	15～30	＞30
稠度状态	极软	软	中等	硬	很硬	坚硬
q_u(kPa)	＜25	25～50	50～100	100～200	200～400	＞400

8.4.6.3　确定地基承载力

国内外关于标准贯入试验锤击数与地基承载力的关系见表 8.28。

表 8.28　标准贯入试验锤击数与地基承载力的关系

研究者	N 与 p_0 的关系式	适用范围	备注
江苏省水利工程总队	$p_0=23.3N$	黏性土、粉土	不做杆长修正
冶金部成都勘察公司	$p_0=56N-558$	老堆积土	
	$p_0=19N-74$	一般黏性土、粉土	

续表 8.28

研究者	N 与 p_0 的关系式	适用范围	备注
冶金部武汉勘察公司	$N=3\sim23$ $p_0=4.9+35.8N_{机}$	第四纪冲、洪积黏土，粉质黏土、粉土	
	$N=23\sim41$ $p_0=31.6+33N_{手}$		
	$N=23\sim41$ $p_0=20.5+30.9N_{手}$		
武汉市规划研究院 湖北勘察院 湖北省水利水电规划勘测设计院	$N=3\sim18$ $f_k=80+20.2N$	黏性土、粉土	
	$N=18\sim22$ $f_k=152.6+17.48N$		
原铁道部第三勘察设计院	$f_k=72+9.4N^{1.2}$	粉土	
	$f_k=-212+222N^{0.3}$	粉细砂	
	$f_k=-803+850N^{0.1}$	中、粗砂	
纺织工业部设计院	$f_k=\dfrac{N}{0.00308N+0.01504}$	粉土	
	$f_k=105+10N$	细、中砂	
冶金部长沙勘察公司	$N=8\sim37$ $p_0=33.4N+360$	红土	
	$N=8\sim37$ $p_0=5.3N+387$	老堆积土	
Terzaghi	$f_k=12N$	黏性土、粉土	条形基础 $F_S=3$
	$f_k=15N$		独立基础 $F_S=3$
日本住宅公团	$f_k=8N$		

注：① p_0 为载荷试验比例界限；

② f_k 为地基承载力(kPa)；

③ $N_{手}=0.74+1.12N_{机}$，适用范围：$2<N_{机}<23$；

④ F_S 为安全系数。

8.4.6.4 确定土的抗剪强度

砂土的标准贯入试验锤击数与抗剪强度指标的关系如图 8.6、表 8.29、表 8.30 所示。

黏性土的标准贯入试验锤击数与抗剪强度指标的关系如图 8.7、表 8.31 所示。

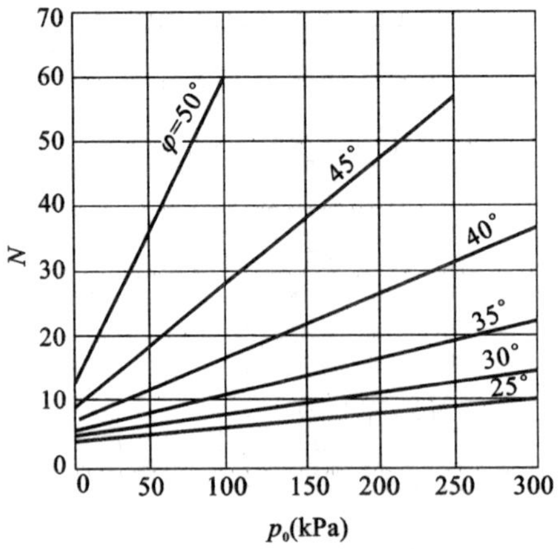

图 8.6　砂土 N-φ 统计关系(Gibbs 和 Holtz)

表 8.29　国外砂土 N 与 φ 的关系式

研究者	土类	关系式
Dunbam	均匀圆粒砂	$\varphi=\sqrt{12N}+15$
	级配良好圆粒砂	$\varphi=\sqrt{12N}+20$
	级配良好棱角砂、均匀棱角砂	$\varphi=\sqrt{12N}+25$
大崎		$\varphi=\sqrt{12N}+15$
Peck		$\varphi=0.3N+27$
Meyerhof	净砂	$\varphi=\frac{5}{6}N+26\frac{2}{3}$　$(4\leqslant N\leqslant 10)$ $\varphi=\frac{1}{4}N+32.5$　$(N>10)$ 粉砂应减 5°,粗、砾砂加 5°

表 8.30　国外用 N 值推算砂土的剪切角 φ (°)

φ \ N 研究者	<4	4～10	10～30	30～50	>50
Peck	<28.5	28.5～30	30～36	36～41	>41
Meyerhof	<30	30～35	35～40	40～45	>45

注:国外用 N 值推算出 φ 角,再用 Terzaghi 公式求砂土地基的极限承载力。

表 8.31　黏性土 N 与 c、φ 的关系

N	15	17	19	21	25	29	31
c(kPa)	78	82	87	92	98	103	110
φ(°)	24.3	24.8	25.3	25.7	26.4	27.0	27.3

注:表内所列 N 值为手拉落锤测得。

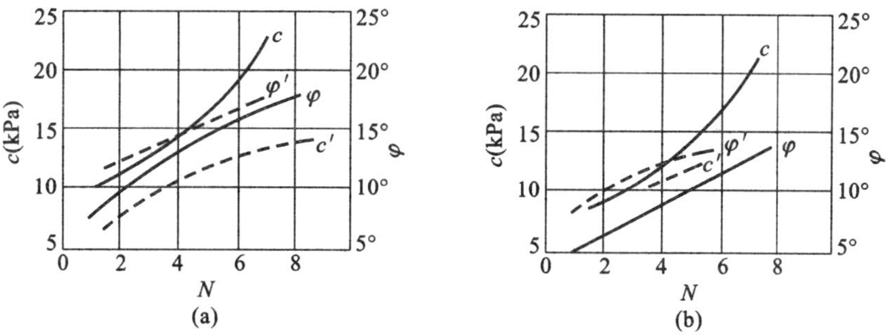

图 8.7 黏性土 N 与 c、φ 的关系(江苏省水利工程勘测总队)

(a)粉质黏土;(b)黏土

——不夹砂;- - -夹砂

8.4.6.5 确定土的变形参数

(1)德国 E Schultze & H Menzenhach 的经验公式为:

$$E_s = 4.0 + C(N - 6) \quad (N > 15) \tag{8.36}$$

$$E_s = C(N + 6) \quad (N < 15) \tag{8.37}$$

或

$$E_s = C_1 + C_2 N \tag{8.38}$$

式中 E_s——压缩模量,MPa;

C,C_1,C_2——系数,由表 8.32、表 8.33 确定。

表 8.32 不同土类的 C 值

土名	含砂粉土	细砂	中砂	粗砂	含砾砂土	含砂砾石
C(MPa/击)	0.3	0.35	0.45	0.7	1.0	1.2

表 8.33 不同土类的 C_1、C_2 值

土名	细砂		砂土	黏质砂土	砂质黏土	松砂
	地下水位以上	地下水位以下				
C_1(MPa)	5.2	7.1	3.9	4.3	3.8	2.4
C_2(MPa/击)	0.33	0.49	0.45	1.18	1.05	0.53

(2)冶金部武汉勘察公司的 $N_{手}$ 与 E_s、c、φ 的关系见表 8.34。

表 8.34 $N_{手}$ 与 E_s、c、φ 的关系

$N_{手}$	3	5	7	9	11	13	15	17	19	21	25	29	31
压缩模量 E_s(MPa)	7	9	11	13	14.5	16	18	20	22	24	27.5	31	33
黏聚力 c(kPa)	17	36	49	59	66	72	78	83	87	91	98	103	107
内摩擦角 φ(°)	17.7	19.8	21.2	22.2	23.0	23.8	24.3	24.8	25.3	25.7	26.4	27.0	27.3

注:$N_{手} = 0.74 + 1.12N_{机}$,适用范围:$2 < N_{机} < 23$。

(3)各地区的 N 与 E_0、E_s 关系式如表 8.35 所示。

表 8.35　N 与 E_0、E_s(MPa)的关系

研究者	关系式	适用范围
湖北省水利水电规划勘测设计院	$E_0=1.0658N+7.4306$	黏性土、粉土
武汉市规划研究院	$E_0=1.4135N+2.6156$	武汉地区黏性土、粉土
西南综合勘察院	$E_s=10.22+0.276N$	唐山新市区粉、细砂,地下水位为−3～−4 m
E Schultze & H Merzenbach	$E_s=7.1+0.49N$	地下水位以下细砂
Webbe	$E_0=2.0+0.6N$	

8.4.6.6　估算单桩承载力

北京市勘察院提出的预估钻孔灌注桩单桩竖向极限承载力的计算公式为:

$$P_u=2.78N_pA_p+3.3N_sA_s+3.1N_cA_c-181h+17.33 \tag{8.39}$$

式中　P_u——单桩竖向极限承载力,kN;

A_p——桩端的截面积,m^2;

A_s——桩在砂土中的侧面积,m^2;

A_c——桩在黏土中的侧面积,m^2;

N_p——桩端附近土层中的标准贯入锤击数;

N_s——桩周砂土层标准贯入锤击数;

N_c——桩周黏土层标准贯入锤击数;

h——孔底残土的厚度,m。

8.4.6.7　评价饱和砂土、粉土的液化

标准贯入试验是判别饱和砂土、粉土是否液化的重要手段,我国《建筑抗震设计规范》(GB 50011—2010)规定,应采用标准贯入试验判别地面下 20 m 范围内土是否液化,对可不进行天然地基及基础的抗震承载力验算的各类建筑,可只判别地面下 15 m 范围内土是否液化。对地面以下 20 m 深度范围内的液化土,除非有成熟经验可采用其他方法判别外,均应符合下式要求:

$$N\leqslant N_{cr} \tag{8.40}$$

$$N_{cr}=N_0\beta[\ln(0.6d_s+1.5)-0.1d_w]\cdot\sqrt{\frac{3}{\rho_c}} \tag{8.41}$$

式中　N——待判别饱和土的实测标准贯入锤击数;

N_{cr}——判别是否液化的标准贯入锤击数临界值;

N_0——判别是否液化的标准贯入锤击数基准值,按表 8.36 取用;

d_s——标准贯入试验点深度,m;

β——调整系数,设计地震第一组取 0.80,第二组取 0.95,第三组取 1.05;

d_w——地下水位深度,m;

ρ_c——黏粒含量百分率,当该值小于 3 或土层为砂土时均取 3。

表 8.36　液化判别标准贯入锤击数基准值 N_0

设计基本地震加速度 g(m/s^2)	0.10	0.15	0.20	0.30	0.40
液化判别标准贯入锤击数基准值 N_0	7	10	12	16	19

经上述判别为液化土层的地基，应进一步探明各液化土层的深度和厚度，并按下式计算液化指数：

$$L_{lE}=\sum_{i=1}^{n}\left(1-\frac{N_i}{N_{cri}}\right)d_iw_i \tag{8.42}$$

式中 L_{lE}——液化指数；

n——15 m 深度内某个钻孔标贯试验点总数；

N_i，N_{cri}——第 i 试验点标贯锤击数的实测值和临界值，当实测值大于临界值时，应取临界值的数值，当只需判别 15 m 范围内的液化时，15 m 以下的实测值可按临界值采用；

d_i——第 i 试验点所代表的土层厚度，m，可采用与该标准贯入试验点相邻的上、下两个标贯试验点深度差值的一半，但上界不小于地下水位深度，下界不大于液化深度；

w_i——第 i 试验点所在土层的层厚影响权函数，单位为 m^{-1}，当该土层中点深度不大于 5 m 时应取 10，等于 20 m 时取 0，5～20 m 时应采用内插法确定。

根据式(8.42)的计算结果，再按表 8.37 判别液化等级。

表 8.37 液化等级判别

液化指数 L_{lE}	$0<L_{lE}\leqslant 6$	$6<L_{lE}\leqslant 18$	$L_{lE}>18$
液化等级	轻微	中等	严重

8.5 十字板剪切试验

十字板剪切试验是一种在钻孔内快速测定饱和软黏土抗剪强度的原位测试方法。自 1954 年由南京水利科学研究院等单位对这项技术开始开发应用以来，在我国沿海地区得到了广泛的应用。理论上，十字板剪切试验测得的抗剪强度相当于室内三轴不排水剪总应力强度。由于十字板剪切试验不需要采取土样，可以在现场基本保持原位应力状态的情况下进行测试，这对于难以取样的高灵敏度的黏性土来说具有不可替代的优越性。

8.5.1 试验目的

十字板剪切试验的目的主要有如下几方面：

(1)测定原位应力条件下软黏土的不排水抗剪强度。

(2)估算软黏土的灵敏度。

8.5.2 试验基本原理

十字板剪切试验是将具有一定高径比的十字板插入待测试土层中，通过钻杆对十字板头施加扭矩使其匀速旋转，根据施加的扭矩即可以得到土层的抵抗扭矩，进一步可换算成土的抗剪强度。

扭转十字板时，十字板周围的土体将出现一个圆柱状的剪切破坏面，土体产生的抵抗扭矩 M 由两部分构成，一是圆柱侧面的抵抗扭矩 M_1；二是圆柱的圆形底面和顶面产生的抵抗扭矩

M_2。即：

$$M = M_1 + M_2 \tag{8.43}$$

$$M_1 = C_u \pi D H \frac{D}{2} \tag{8.44}$$

$$M_2 = 2C_u \frac{\pi D^2}{4} \cdot \frac{D}{2}\alpha \tag{8.45}$$

式中 C_u——饱和黏性土不排水抗剪强度，kPa；

H——十字板的高度，m；

D——十字板的直径，m；

α——与圆柱顶、底面土体剪应力分布有关的系数，取值见表 8.38。

表 8.38　α 取值

圆柱顶、底面剪应力分布	均匀	抛物线	三角形
α	2/3	3/5	1/2

十字板头匀速旋转时，施加的扭矩和土层抵抗扭矩相等，即土体抵抗扭矩 M 是已知的，将式(8.44) 和式(8.45)代入式(8.43) 并整理即可得到土的不排水抗剪强度表达式如下：

$$C_u = \frac{2M}{\pi D^3\left(\dfrac{H}{D} + \dfrac{\alpha}{2}\right)} \tag{8.46}$$

需要说明的是，上述推导是在假设圆柱形剪切破坏面的侧面和顶、底面具有相同的抗剪强度的前提下进行的，实际上，由于土体存在各向异性，圆柱形剪切破坏面的侧面和顶、底面的强度可能是不同的，按上述公式得到的抗剪强度是某种意义上的平均值。

8.5.3　十字板剪切试验设备

十字板剪切试验设备主要由十字板头、传力系统、加力装置和力的测量装置等四部分构成。根据力的量测系统的不同又分为机械式和电测式两类。电测式十字板剪切仪的构造如图 8.8 所示。

国内外十字板头的尺寸规格如表 8.39 所示。

表 8.39　国内外十字板头的尺寸规格

十字板头规格	高度 H(mm)	直径 D(mm)	板厚(mm)
国内	100	50	2～3
	150	75	2～3
美国标准推荐	76.2	38.1	1.6
	101.2	50.8	1.6
	127	63.5	3.2
	184	92.1	3.2

虽然国内外所采用的十字板头尺寸有所差别，但都基本保证了直径和高度之间1∶2的通用比例，这与我国国标《岩土工程勘察规范》(GB 50021—2001)(2009年版)的要求也是一致的。

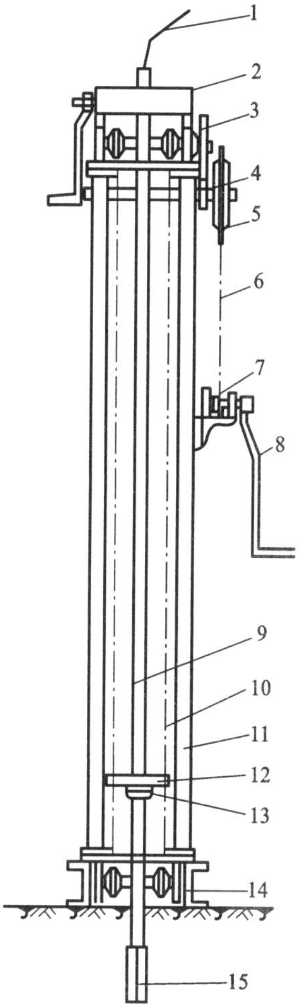

图8.8 电测式十字板剪切仪的构造

1—电缆；2—加力装置；3—大齿轮；4—小齿轮；5—大链条；6，10—链条；7—小链条；8—摇把；9—探杆；11—支架立杆；12—山形板；13—垫压板；14—槽钢；15—十字板头

8.5.4 试验的技术要求

(1)十字板剪切试验点的布置在竖向上的间距可为1 m。

(2)十字板头形状宜为矩形，径高比为1∶2，板厚宜为2～3 mm。

(3)十字板头插入钻孔底(或套管底部)的深度不应小于孔径或套管直径的3～5倍。

(4)十字板头插入至试验深度后，至少应静置2～3 min，方可开始试验。

(5)扭转剪切速率宜采用(1°～2°)/10 s，并在测得峰值强度后仍继续读数1 min。

(6)在峰值强度或稳定值测试完毕后，再顺扭转方向连续转动6圈，测定重塑土的不排水抗剪强度。

(7)对开口钢环十字板剪切仪，应修正轴杆与土间摩阻力的影响。

8.5.5 试验成果及应用

十字板剪切试验的成果主要有：各试验点土的不排水抗剪峰值强度、残余强度、重塑土强度和灵敏度及其随深度变化曲线；抗剪强度与扭转角的关系曲线等。

由于十字板剪切试验得到的不排水抗剪强度一般偏高，因此要经过修正才能用于工程设计，其修正方法如下：

$$(C_u)_f = \mu \cdot C_u \tag{8.47}$$

式中 C_u——现场实测的十字板不排水抗剪强度，kPa；

$(C_u)_f$——修正后的不排水抗剪强度，kPa；

μ——修正系数，按表8.40取值。

表8.40 修正系数μ取值

液性指数I_p / 修正系数μ	10	15	20	25
各向同性土	0.91	0.88	0.85	0.82
各向异性土	0.95	0.92	0.90	0.88

下面介绍修正后不排水抗剪强度的应用：

(1)计算地基承载力

根据中国建筑科学研究院和华东电力设计院的经验，地基容许承载力可按下式估算：

$$q_a = 2(C_u)_f + \gamma h \tag{8.48}$$

式中 q_a ——地基容许承载力，kPa；

γ ——基础底面以上地基土的容重，kN/m^3；

h ——基础底面埋深，m。

(2)估算地基土的灵敏度

软黏土地基的灵敏度按下式计算：

$$S_t = \frac{(C_u)_f}{C_{u0}} \tag{8.49}$$

式中 C_{u0} ——重塑土的十字板不排水抗剪强度，kPa；

S_t ——软黏土的灵敏度，当 $S_t \leqslant 2$ 时，为低灵敏度土；当 $2 < S_t < 4$ 时，为中等灵敏度土；当 $S_t \geqslant 4$ 时，为高灵敏度土。

十字板剪切试验成果还可以用来检验地基加固效果、估算单桩极限承载力以及用于估算软土的液性指数等，这里就不一一介绍，有兴趣的读者可参看有关参考资料。

8.6 旁压试验

旁压试验又称为横压试验，它是通过圆柱状旁压器对钻孔壁施加均匀横向压力，使孔壁土体发生径向变形直至破坏，同时通过测量系统得到横向压力和径向变形之间的关系，进一步推求地基土力学参数的一种原位测试方法。这种测试方法具有如下优点：

①旁压试验的物理模型涉及轴对称的圆柱形孔的扩张，这个问题的弹塑性理论解已经得到很好的解决。

②旁压试验可以用来估计原位水平应力。

③测试方便，不受地下水位的限制，与室内试验相比，具有试样大、代表性强、扰动小的优点。

④旁压试验具有较广泛的适应性，可适用于黏性土、粉土、砂土、碎石土、极软岩、软岩等各类岩土的测试。

但是，旁压试验也有其局限，那就是试验结果受成孔质量影响很大。

8.6.1 试验目的

旁压试验的目的主要有如下几方面：

(1)测定土的旁压模量和变形模量。

(2)估算黏性土、粉土、砂土、软质岩石和风化岩石的承载力。

8.6.2 试验基本原理

旁压试验过程中，通过量测每级横向压力下旁压仪测量腔的体积变化可以得到扩张体积和压力关系曲线（p-V 曲线）。典型的 p-V 曲线如图 8.9 所示，它可以分为四个阶段，Ⅰ阶段：初步阶段 OA ；Ⅱ阶段：似弹性阶段 AB ；Ⅲ阶段：弹塑性阶段 BC ；Ⅳ阶段：破坏阶段 CD 。Ⅰ阶段是从原点 O 开始，终止于直线段的始点 A 。这一阶段内，由于钻孔对孔壁土层的卸载和松弛作用，因此在加载时体积扩张相对较大，当加载的应力水平达到钻孔前土层的应力水平(即初始水平应力 p_0，此时的压力称为初始压力)时，体积扩张速率开始减小，土体开始出现弹性变形，即进入第Ⅱ阶段。这一阶段的特点是，旁压仪测量腔的体积随压力增加呈近似线性增长。当加载到一定时候(此时的压力称为临塑压力 p_f)，土层中的部分区域开始出现塑性变形，即进入第Ⅲ阶段，此时土体总体上处于弹塑性变形阶段。继续加载到一定程度(即达到极限压力 p_l)，土体中的塑性区域开始连成整体的滑动面，即进入第Ⅳ阶段，此时虽然压力不再增加，变形却可能继续发展。

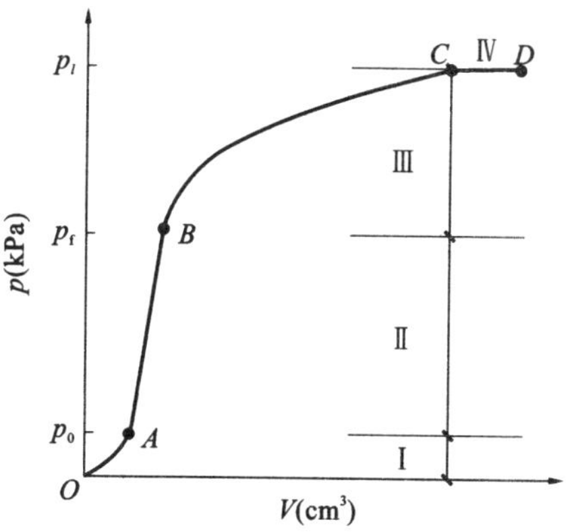

图 8.9　典型的旁压试验 p-V 曲线

这样就可以根据旁压曲线直线段(Ⅱ阶段)的斜率来确定土体的弹性变形指标旁压模量：

$$E_m = 2(1+\mu)\left(V_c + \frac{V_0 + V_f}{2}\right)\frac{\Delta p}{\Delta V} \times 10^{-3} \tag{8.50}$$

式中　μ——土体泊松比，碎石土取 0.27，砂土取 0.30，粉土取 0.35，粉质黏土取 0.38，黏土取 0.42；

V_c——旁压仪测量腔的固有体积，cm³；

V_0——与初始压力 p_0 对应的测量腔体积，cm³；

V_f——与临塑压力对应的测量腔体积，cm³；

$\frac{\Delta p}{\Delta V}$——旁压曲线直线段的斜率，kPa/cm³；

E_m——旁压模量，MPa。

此外，根据初始压力、临塑压力、极限压力和旁压模量并结合地区经验可评定地基承载力和有关变形参数。

8.6.3　旁压试验的设备

旁压试验设备主要由旁压器、加压稳压装置、变形测量装置几部分构成，如图 8.10 所示。

(1)旁压器

结构为三腔式圆柱形，外套弹性模。常用的 PY-3 型旁压仪外径为 50 mm(带铠甲扩套时为 55 mm)，三腔总长 500 mm，中腔为测量腔，长 250 mm，上、下腔之间用铜导管连通，与测量腔隔离。辅助腔的作用是，当土体受压时，使测量腔周围土体受压趋于均匀，将复杂的三维应力问题简化为近似的平面问题。三腔中轴为导水管，用于排泄地下水。

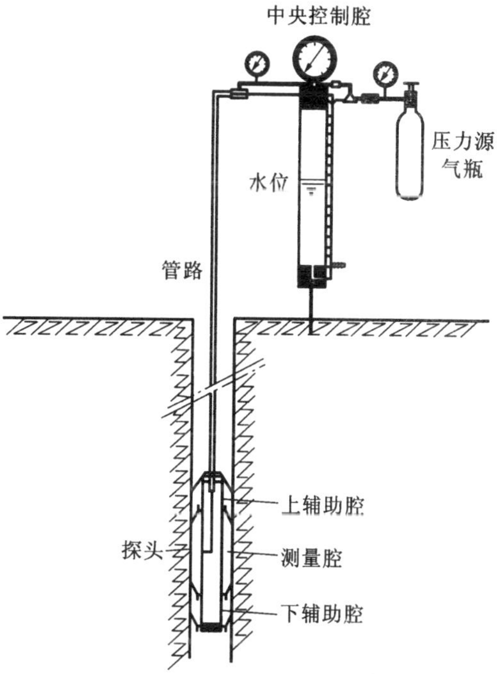

图 8.10　旁压试验设备示意图

(2)加压稳压装置

压力源为高压氮气或人工打气，附有压力表，加压和稳压均采用调压阀。

(3)变形测量装置

由测管量测孔壁土体受压后的变形值。

8.6.4 试验技术要求

(1)旁压试验点应布置在有代表性的位置，旁压仪的测量腔要求位于同一土层内。试验点的垂直间距应根据地层条件和工程要求确定，但不宜小于1 m，试验孔与已有钻孔的水平距离不宜小于1 m。

(2)预钻式旁压试验应保证成孔质量，孔壁要垂直、光滑、呈规则圆形，钻孔直径与旁压器直径应良好配合，防止孔壁坍塌。

(3)加荷等级可采用预期临塑压力的(1/7)～(1/5)，初始阶段加荷等级可取小值，必要时可做卸荷再加载试验，测定再加荷旁压模量。

(4)每级压力应维持1 min或2 min，后再施加下一级荷载，维持1 min时，加荷后15 s、30 s、60 s测读变形量，维持2 min时，加荷后15 s、30 s、60 s、120 s测读变形量。

(5)当测量腔的扩张体积相当于测量腔的固有体积时，或压力达到仪器容许的最大压力时应终止试验。

8.6.5 试验成果及其应用

旁压试验的主要成果就是扩张体积和压力关系曲线(即 p-V 曲线)，其应用主要有以下几方面：

(1)计算土的旁压模量和变形模量

旁压模量 E_m 的计算按式(8.50)进行，得到旁压模量后可按下面的Menard公式换算得到变形模量：

$$E_0 = E_m/\alpha_m \tag{8.51}$$

式中 E_0 ——土的变形模量，MPa；

α_m ——土的结构性修正系数，见表8.41。

表8.41 土的结构性修正系数 α_m

土类	黏土		粉土		砂土		砂砾	
	E_m/p_l^*	α_m	E_m/p_l^*	α_m	E_m/p_l^*	α_m	E_m/p_l^*	α_m
扰动土	7～9	1/2		1/2		1/3		1/4
超固结土	>16	1	>14	2/3	>12	1/2	>10	1/3

注：p_l^* 为静极限压力，$p_l^* = p_l - p_0$。

(2)计算地基土承载力

根据旁压试验特征值计算地基土承载力：

①临塑荷载法

$$f_{ak} = p_f - p_0 \tag{8.52}$$

②极限荷载法

$$f_{ak} = \frac{p_l - p_0}{F_s} \tag{8.53}$$

式中 p_0——初始压力,kPa;

p_f——临塑压力,kPa;

p_l——极限压力,kPa;

F_s——安全系数,一般取 2～3,也可根据地区经验确定;

f_{ak}——地基土承载力特征值,kPa。

对于一般土,宜采用临塑荷载法;对旁压试验曲线过临塑压力后急剧变陡的土宜采用极限荷载法。

本章小结

(1)基本理论

①载荷试验主要有浅层平板载荷试验和深层平板载荷试验;适用于黏性土、粉土、砂土和粒径不大的碎石土;用以确定地基土承载力特征值、变形模量,估算地基土的不排水抗剪强度。

②静力触探试验常用的探头分为单桥探头、双桥探头两种;单桥探头测定比贯入阻力,双桥探头可分别测定锥尖阻力和侧壁摩擦力;主要适用于黏性土、粉土和中等密实度以下的砂土等;用以确定土层界线,划分场地土类别,确定地基土的强度参数、地基土的变形参数、地基土的承载力,预估单桩承载力,评价饱和砂土的液化势。

③圆锥动力触探常用的类型有轻型、重型及超重型;适用于碎石土层及密实砂层、较软的岩石层;用以划分土层界线,确定砂土及圆砾卵石孔隙比,确定地基土的承载力,估算单桩承载力标准值。

④标准贯入试验须考虑触探杆长度、土的自重压力及地下水的影响;用以确定砂土的密实度、黏性土的状态和无侧限抗压强度、地基承载力、土的抗剪强度、土的变形参数,估算单桩承载力,计算剪切波速,评价饱和砂土及粉土的液化。

(2)基本计算

①平板载荷试验

计算变形模量(浅层):

$$E_0 = I_0(1-\nu^2)\frac{pd}{s}$$

计算变形模量(深层):

$$E_0 = \omega\frac{pd}{s}$$

饱和黏性土的不排水抗剪强度:

$$C_u = \frac{p_u - p_0}{N_c}$$

②静力触探试验

饱和黏性土的不排水抗剪强度:

$$C_u = \frac{q_c - \sigma_0}{N_K}$$

黏性土的压缩模量：

$$E_s = \xi \cdot q_c$$

单桩承载力：

$$Q_{uk} = u\sum q_{sik} l_i + \alpha \cdot p_{sk} A_p$$

③圆锥动力触探试验

校正以后的锤击数：

$$N'_{63.5} = \alpha \cdot N_{63.5}$$

地下水位以下的中砂、粗砂、砾砂、圆砾、卵石校正后锤击数：

$$N''_{63.5} = 1.1N'_{63.5} + 1.0$$

单桩承载力标准值（大型打桩机）：

$$R_k = \frac{WH}{9 \times (0.15 + S_p)} + \frac{WH\sum N_{63.5}}{6000}$$

单桩承载力标准值（中型打桩机）：

$$R_k = \frac{WH}{8 \times (0.15 + S_p)} + \frac{WH\sum N_{63.5}}{2250}$$

④标准贯入试验

单桩承载力：

$$P_u = 2.78N_p A_p + 3.3N_s A_s + 3.1N_c A_c - 181h + 17.33$$

饱和砂土、粉土液化判别式：

$$N \leqslant N_{cr}$$

$$N_{cr} = N_0 \beta [\ln(0.6d_s + 1.5) - 0.1d_w] \cdot \sqrt{\frac{3}{\rho_c}}$$

$$L_{lE} = \sum_{i=1}^{n} \left(1 - \frac{N_i}{N_{cri}}\right) d_i w_i$$

9 声波检测技术

9.1 概　　述

声波检测技术可分为声发射技术和声波测试技术。

声发射技术的研究开始于对岩体裂缝发展的预测。随着电子技术的发展，声发射技术逐渐成为一种常用的测试手段，其应用也日趋广泛，甚至可将声发射产生的特性参数引入材料(岩石)的本构关系。将声发射应用于岩体监测中，主要是研究岩石的损伤机理和断裂特性，测定岩体地应力的方向和大小，检测地下空间和洞室的安全，以及预报岩爆的产生和围岩的稳定性等。

当受力岩体内部发生破坏时，同时会发出声响，即所谓声发射，通常称为岩音或地音。一切固体都有声发射的能力，较大的声发射往往可以由人耳直接听到，如岩石由于受力而破坏时所发出的破裂声，因此听声也可预报地应力显现和岩体破坏的情况。

在地下工程施工中常用的"敲帮问顶法"，是工人利用手锤、撬棍敲击工作面附近岩壁的岩体，产生声撞击，以撞击岩体产生的声音来判断洞壁围岩的完整性。它的原理是岩体受到外力撞击时，由于岩石质点的振动而发声，脱离母体的松石，其振动频率较低，发出的声音比较沙哑、低沉；整体岩石受撞击后发出的声音清脆而响亮，由此可以检查工作面附近是否有松石、危石，确保井巷、隧道以及洞室的安全施工。这种声发射技术虽然原始，但对工作面安全施工起着重要作用。

声波测试技术是利用声波在岩体内的传播性能进行的一种量测方法，亦称声测法，或弹性波法。这种方法对于预报山体压力的显现，判断地下空间岩体的完整性和破坏程度，进行安全检查，是一种切实可行的方法。

声波测试是用人工的方法在岩土介质和结构中激发一定频率的弹性波，这种弹性波以各种波形在材料和结构内部传播并由接收机接收，通过分析与研究接收和记录下来的波动信息，来确定岩土介质和结构的力学特性，了解其内部缺陷。由于声波测试与其他相关方法相比有轻便、灵活、可以大范围测试等优点，因而在水利、矿业、隧道、铁道以及市政等地下工程中得到广泛应用。

9.2 声发射技术

9.2.1 基本原理

任何材料(包括岩体)或结构受外力或内力作用产生变形或断裂，或内部存在缺陷及潜在缺陷的材料在外部条件下改变状态时，会以弹性波形式释放出能量，同时发出声响的现象称为声发射。

材料内部晶体的位错、裂纹的形成和发展，材料内部的摩擦，凝胶体中胶粒的滑动、相变，以及上述诸原因导致的材料内部破裂和断裂，都会伴随着一系列的声发射现象。声发射信号的强度、频率等随着声发射流动类型、状态及材料性质的不同而不同，也随着外力作用形式及强度的变化而变化，因此，声发射特性是材料性质和状态的一个表征。声发射检测技术就是利用材料受力时的声发射特性，对其内部破坏状态及受力历史进行判断的方法，它不仅能对材料内部缺陷进行检测，而且还能反映材料内部缺陷形成、发展和失稳破坏的整个动态过程。

声发射信号是分析声发射性质和状态的基本依据，通常用压电换能器在试件表面或放入钻孔内接收并记录这些信号，输入仪器进行各种分析和处理。处理和分析的声发射信号特性参数有计数率（在岩体内称为岩音频度），能量和能量率，以及频谱和波形与多信号的时差等。

9.2.2　声发射检测仪

声发射信号是极其微弱的信号，不同类型声发射源所发射的信号和幅度相差很大，而且声发射信号是上升时间短、重复速率很高的脉冲，各种不同材料的信号、频率分布在次声波频率到30 MHz 的范围内。而且测试声发射信号时常常有各种机械的、液体的和电气的噪声，其频率特性与声发射信号十分相似。因此，一般要求声发射检测仪器应具有以下性能：

（1）具有高响应速度、高灵敏度、高增益、宽动态范围以及对强信号阻塞的能力；

（2）具有较宽的频响范围，可选择较大的频率检测窗口；

（3）具有抗干扰和排除噪声等多种功能；

（4）根据检测目的的不同，还要求检测仪器具有快速、完善的分析处理功能和不同的显示功能。

声发射仪器按通道的数量多少可分为：单通道声发射仪和多通道声发射仪。

单通道声发射仪可进行声发射信号的多种分析，但无法进行声源定位，若欲寻求音源，必须在不同方向埋设 4～5 个地音仪探头，通过坐标计算方可定出音源位置。

多通道声发射仪则可进行多种分析和声源定位。目前有双通道、三通道及至 72 通道声发射检测仪器和系统，均采用多功能组合方式，根据量测时不同需要，可组成不同功能的系统。

9.2.2.1　多通道声发射检测仪

多通道声发射检测系统组成如图 9.1 所示，由图可知，声发射信号由接收换能器接收变换成电信号，通过前置放大器放大，提高信噪比，然后输入滤波器滤去工作频率以外的信号，再由主放大器放大。放大后的信号与阈值电压比较，超过阈值电压的峰值经整形即变成事件脉冲

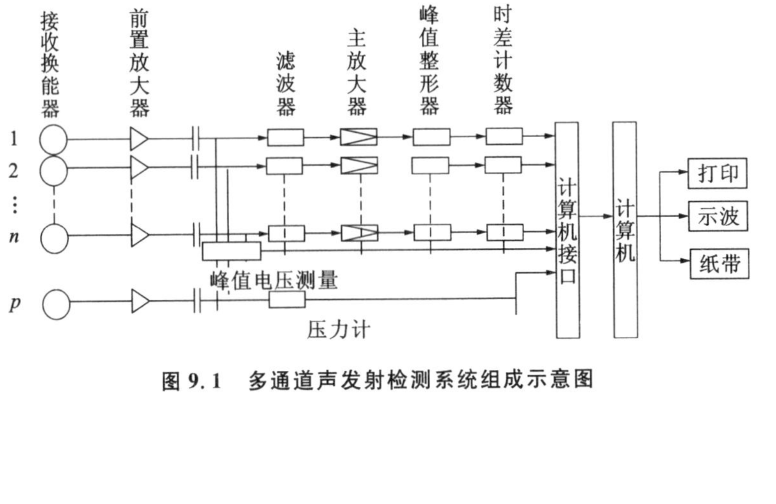

图 9.1　多通道声发射检测系统组成示意图

信号。然后输入一系列的信号处理单元进行各种特征分析，或将所测得的声发射信号特征参数输入计算机进行分析和时差定位计算，或按各种特征参数，根据已建立的经验关系进行损伤程度分析等。最后用显示器和打印机等外围设备显示和记录下来。这样的系统不仅可以研究发射源的位置，而且还可以适时评价声发射源的有害度。为了综合评价声源的有害度，往往还设有荷载、应变等参量的测量系统。

9.2.2.2 声发射换能器

声发射换能器是与声发射检测仪配套使用的探头。因此，声发射换能器又称探头，主要有高灵敏度换能器、宽频带换能器及微型换能器。根据不同的检测目的和环境，采用不同结构和性能的换能器。目前，谐振式高灵敏度换能器是声发射检测中使用最多的一种。

声发射换能器一般由壳体、保护膜、压电元件、阻尼块、连接导线和高频插座组成。压电元件通常采用锆钛酸铅、钛酸钡和钛酸锂、陶瓷晶体做成声电传感元件。当岩体变形或破坏时所发射出的弹性波传到传感元件晶体上，晶体产生脉冲电信号。

9.2.3 地音仪

实际上地音仪是简易的声发射检测仪器。武汉冶金安全技术研究所、长沙矿山研究院等单位研制成一种携带式地音仪，仪器的重量只有 2 kg 左右，它结构简单、操作方便、便于携带，适用于井下环境。

整个仪器由探头、仪器主体（主放大器）及耳机三部分组成。地音仪构造图如图 9.2 所示。

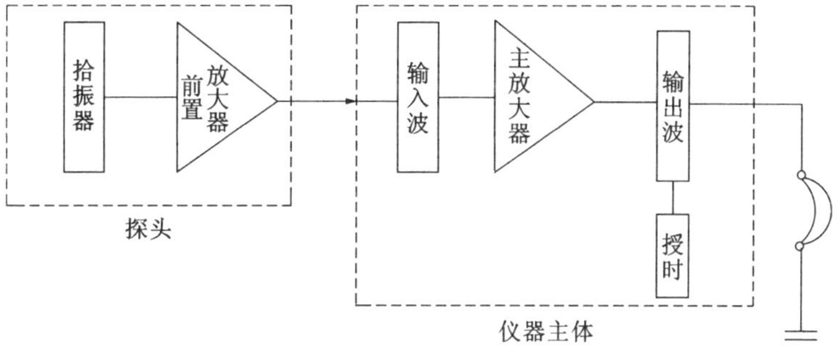

图 9.2 地音仪构造图

9.2.3.1 地音仪的工作原理

探头内设有拾振器和前置放大器，由外径 32～36 mm、长 30 cm 的锚（铝）外壳装裹。探头的作用是将岩体内岩音经拾振器转换为电信号，经前置放大器放大，最后由电缆线输至仪器主体。

仪器主体内有输入波、主波、输出波以及授时信号，其中输入波的作用是将探头拾到的岩音毫无损失地全部吸收过来，再经过主放大器放大，最后由输出波输出放大的声音，以便人耳监听。在输出端接耳机收听声响，也可用录音机收录。授时电路每分钟发出一个授时信号，以便监听时记录岩音频度。

9.2.3.2 地音仪的使用步骤

(1)布置监听网

监听网由一系列监听点组成，以能有效地控制某个监听对象（隧道顶板、两旁岩柱）为原则。

在预定的监听点打直径为 36～42 mm 的钻孔(视所用探头直径大小而定)，钻孔深度应打至整体岩层，一般以 1.5～2.0 m 为宜。钻孔应尽量圆直，以便探头放入和取出。

一个监听孔的有效控制范围与岩石性质及完整程度、仪器灵敏度、探头与钻孔的耦合程度等因素有关，一般情况下可定为 10～15 m。

(2)安放探头

探头放入监听孔内应尽量与孔壁接触良好，避免干扰，孔内应注水、油或其他介质作黏合剂，使探头与钻孔内岩体间无空隙，并将孔口用泥球封闭或止水器封闭，然后将电缆引至安全地点进行监听。

(3)监听

将探头和耳机接在仪器主体上，开启电源，进行监听。一般一个监听孔每次听 5 min，监听周期随压力显现程度不同而定，在压力显现初期阶段，监听周期可长些，发展阶段可稍短些，在压力显现剧烈阶段应缩短监听周期，增加监听次数。监听时除记录岩音频度外，还应注意声响大小、音色及其他山体压力现象，以便综合分析，做出正确的判断。

为了成功地使用地音仪，监听时应做到以下几点：

①坚持长期连续监听；

②坚持合理的监听制度；

③采用合理的监听网。

9.2.4 岩音频度与岩性的关系

岩音频度也叫岩石声发射频度，其随应力变化而变化的规律与岩性关系较大，研究各种岩石的声发射性能可知，声发射与岩石组织有关。

(1)结晶发育的岩石易发声，隐晶质岩石声发射性能较差。

(2)粒状组织岩石声发射频度高。

(3)从声发射出现时间看，结晶且孔隙度大的岩石，在受荷初期即发生声发射，致密的隐晶质岩石多在接近破坏时才发声，如杨家杖子矿务局岭前矿黑色页岩、石灰岩、砂砾岩，大孤山铁矿的石墨千枚岩、张岭铁矿的绿泥片岩等多在荷载达极限荷载 80%以上时才发生明显的声发射效应。

另外随着岩石脆性度(岩石单轴抗压强度与单轴抗拉强度之比)增大，当岩石发生破坏时会产生较大的声发射频度。从以上关系可知，用声发射频度作为预报地压活动信息时，多晶质坚硬岩石效果好，松软岩石效果较差。当岩石声发射频度高时，说明释放能量大，那么岩体破坏严重程度大。

9.2.5 岩体破坏程度与岩音频度的关系

锡矿山矿在硅土化灰岩现场的试验结果表明，岩体破坏程度和岩音频度的关系大致可划分为下列三个阶段：

(1)当岩音频度小于 10 时，表明岩体受力不大，没有大的破坏，可以认为岩体处于相对稳定阶段，这时，最长监听周期可达一周。

(2)当岩音频度大于 10 且小于 19 时，表明岩体受力较大，岩体内开始产生破裂，可认为岩体已处于临近破坏阶段，这时，监听周期不应超过两天。

(3)当岩音频度大于20时，表明岩体加速破坏，人耳可能听到发射声，可认为岩体已处于急剧破坏阶段，这时监听周期不应超过一天。

图9.3所示是××矿7中段12号采场的地音监听记录，钻孔位于矿柱内。监听记录表明：4月2日岩音频度为10～13次/min，这时矿柱已受有较大的压力。4月3日岩音频度高达20～30次/min，有时甚至无法记数，人耳都听到岩石发炸声响，说明钻孔附近的矿柱正在发生剧烈破坏。4月4日至4月8日岩音频度都在20次/min以下，说明压力有所缓和。4月9日岩音频度再次上升为20～30次/min，说明压力再度加剧。这一实例，说明矿(岩)柱所受的压力是一个剧烈-缓和-剧烈的过程。岩音频度并不是一直上升的，当它达到高峰值以后，又可能在一定时期内下降到比较低的水平，以后又再次上升，如此反复直到岩体完全破坏或冒落为止。

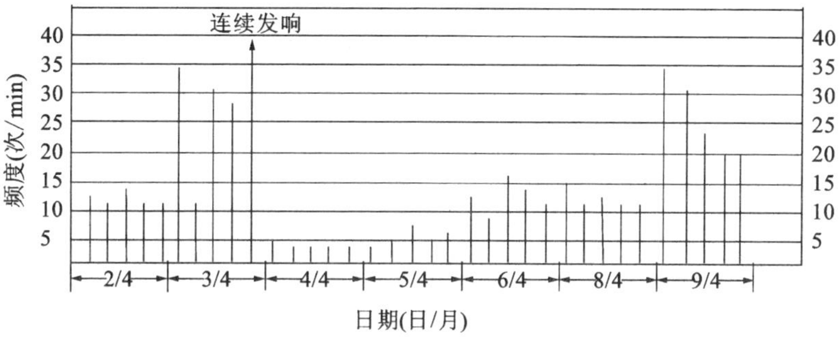

图9.3　地音监听记录示意图

由以上介绍可见，利用地音仪监听岩音频度，预报岩体破坏的可能性是一种行之有效的方法。但是，只有在岩石变形或破坏过程中才会产生岩音，若岩体已经破坏，则岩音频度可能显著下降。所以，地音仪在开始监听时对岩体原有的破坏情况是不能提供任何信息的，最好能与其他检测岩体完整性的手段配合使用。

实践表明：现有地音仪抗干扰性能较差，而现场施工时存在着强烈环境噪声的干扰，这就使地音仪的应用受到了限制。同时，对声发射活动比较显著的坚硬脆性岩石，利用地音仪监听可收到较好的效果，但对于软弱岩石，效果则不够理想。

现有地音仪只能收到岩石破坏声，但是破坏声源发至何处，无法通过地音仪直接判断，因此，为了更准确地判断发声地点，尚须采用岩音定位技术。

9.2.6　岩音定位简介

当岩体内某一部分应力升高或发生岩层移动时，将以微震波式岩音的形式释放能量。岩音定位，就是利用地音仪来获取相关数据，并采用P波法、S-P波法求取音源位置的坐标，从而预报岩层移动或即将破坏的区域和范围。

岩音定位的基本问题就是获得音源位置的坐标(即 x、y、z)，最直接的方法就是用标准的距离方程，即：

$$d_i = \sqrt{(x-a_i)^2+(y-b_i)^2+(z-c_i)^2} \tag{9.1}$$

式中　d_i——音源至第 i 个地音仪探头的距离，m；

a_i, b_i, c_i——第 i 个地音仪探头的坐标。

同时，地音仪探头到音源的距离又可通过测定岩音传播速度和传播时间而求得，即：

$$d_i = v_i t_i \tag{9.2}$$

式中 v_i——从音源到第 i 个地音仪探头的传播速度，m/s；

t_i——相应的传播时间，s。

由式(9.1)和式(9.2)可见，两式右端应该相等，因此，可通过埋设足够的地音仪探头，获得微震波传到各个探头的时间和速度的有关数据，利用式(9.1)和式(9.2)右端相等的关系导出三个未知数 x、y、z，其方法有下列两种。

(1)P 波法

利用 P 波(Primary 波，指纵波)到达的时间进行岩音定位的方法称为 P 波法。此法所使用的方程是：

$$d_i = v_i^{\mathrm{P}} t_i^{\mathrm{P}} \tag{9.3}$$

式中 v_i^{P}——从音源到第 i 个地音仪探头方向上的 P 波速度，m/s；

t_i^{P}——到达第 i 个地音仪探头的相对时间，s，它是按首先到达最接近于音源的那一个探头的时间来相对测定的。

设音源到达最近一个探头的距离为 d_0，则 $d_0 = v_i^{\mathrm{P}} t_0^{\mathrm{P}}$，从而有：

$$v_i^{\mathrm{P}} t_0^{\mathrm{P}} = \sqrt{(x-a_0)^2 + (y-b_0)^2 + (z-c_0)^2} \tag{9.4}$$

从音源到第 i 探头的总距离是：

$$v_i^{\mathrm{P}}(t_i^{\mathrm{P}} + t_0^{\mathrm{P}}) = \sqrt{(x-a_i)^2 + (y-b_i)^2 + (z-c_i)^2} \tag{9.5}$$

由上列诸式可得：

$$d_i + \sqrt{(x-a_0)^2 + (y-b_0)^2 + (z-c_0)^2} = \sqrt{(x-a_i)^2 + (y-b_i)^2 + (z-c_i)^2} \tag{9.6}$$

式中 d_i 可根据式(9.3)求得，因此在式(9.6)中，除 x、y、z 外其余均为已知，将式(9.6)两边平方得：

$$L_i - 2(\alpha_i x + \beta_i y + \gamma_i z) = -2d_i \sqrt{(x-a_0)^2 + (y-b_0)^2 + (z-c_0)^2} \tag{9.7}$$

式中

$$L_i = d_i^2 + a_0^2 + b_0^2 + c_0^2 - a_i^2 - b_i^2 - c_i^2$$

$$\alpha_i = a_0 - a_i;\beta_i = b_0 - b_i;\gamma_i = c_0 - c_i$$

式(9.7)中共有四个常数，而且每个常数都是由距离音源最近一个探头的坐标和另一个探头的坐标而求得的。

现将式(9.7)变换成下列形式：

$$\frac{L_i}{d_i} - \frac{2}{d_i}(\alpha_i x + \beta_i y + \gamma_i z) = -2\sqrt{(x-a_0)^2 + (y-b_0)^2 + (z-c_0)^2}$$

并将 $i=1$ 时的式子分别减去 $i=2$、3、4 时的式子，就可消去上式中有根号的项，从而得到 $i=2$、3、4 时的线性表达式，即：

$$\frac{L_1}{d_1} - \frac{L_i}{d_i} = \frac{2}{d_1}(\alpha_1 x + \beta_1 y + \gamma_1 z) - \frac{2}{d_i}(\alpha_i x + \beta_i y + \gamma_i z) \tag{9.8}$$

在上式中，若令

$$\frac{L_1}{d_1} - \frac{L_i}{d_i} = H_{1i}, 2\left(\frac{a_1}{d_1} - \frac{a_i}{d_i}\right) = A_{1i}, 2\left(\frac{\beta_1}{d_1} - \frac{\beta_i}{d_i}\right) = B_{1i}, 2\left(\frac{\gamma_1}{d_1} - \frac{\gamma_i}{d_i}\right) = C_{1i}$$

则可按三个未知数写出三个线性方程：

$$\left.\begin{aligned}H_{12} &= A_{12}x + B_{12}y + C_{12}z \\ H_{13} &= A_{13}x + B_{13}y + C_{13}z \\ H_{14} &= A_{14}x + B_{14}y + C_{14}z\end{aligned}\right\} \tag{9.9}$$

由上列方程组可求出音源坐标 x、y、z。

由以上讨论可知，为了获得三个独立的线性方程，需要在三维空间埋设五个探头，即距音源最近的一个探头（从它开始计算相对时间）和其他四个探头（$i=1$、2、3、4）。

（2）S-P 波法

利用 P 波和 S 波（Secondary 波，指横波）到达每一个探头的时差进行岩音定位的方法称为 S-P 波法。根据式（9.2）可知，如分别用纵、横波传播速度及时间表示 d_i，可得：

$$d_i = v_i^{\mathrm{P}} t_i^{\mathrm{P}}, \quad d_i = v_i^{\mathrm{S}} t_i^{\mathrm{S}}$$

联解上列两式可得：

$$d_i = \frac{\Delta t_i^{\mathrm{S\text{-}P}}}{\dfrac{1}{v_i^{\mathrm{S}}} - \dfrac{1}{v_i^{\mathrm{P}}}} \tag{9.10}$$

式中

$$\Delta t_i^{\mathrm{S\text{-}P}} = t_i^{\mathrm{S}} - t_i^{\mathrm{P}}$$

由式（9.1）可知：

$$d_i = \sqrt{(x-a_i)^2 + (y-b_i)^2 + (z-c_i)^2}$$

上式中的 d_i 可由式（9.10）求得，因此，上式中除 x、y、z 外，其余均为已知。将上式两端平方得：

$$k_i + 2(a_i x + b_i x + c_i z) = x^2 + y^2 + z^2 \tag{9.11}$$

式中

$$k_i = d_i^2 - a_i^2 - b_i^2 - c_i^2$$

在式（9.11）中，如将 $i=1$ 时的式子分别减去 $i=2$、3、4 时的式子，则可消去平方项而得到 $i=2$、3、4 时的线性表达式，即：

$$\left.\begin{aligned}K_{12} &= A_{12}x + B_{12}y + C_{12}z \\ K_{13} &= A_{13}x + B_{13}y + C_{13}z \\ K_{14} &= A_{14}x + B_{14}y + C_{14}z\end{aligned}\right\} \tag{9.12}$$

由一列方程可求得音源坐标 x、y、z。

从上面的讨论可知，用此法需要四个探头（$i=1$、2、3、4）即可获得三个独立的线性方程式。

采用 P 波法和 S-P 波法进行岩音定位的先决条件是：

①探头坐标必须精确测定，并与音源计算所要求的精度一致；

②必须用高速记录系统录取微震数据，以确保精确计算 P 波和 S 波到达探头的时间；

③必须了解探测区内各方向的波速；

④地音仪探头必须是三维空间埋设，既不在一个平面内，也不是近似在一个平面内，以保证解的唯一性；

⑤探头布置区域必须包括围岩可疑的不稳定区。

9.2.7 发射技术在工程中的应用

（1）应用凯塞效应测定岩体主应力的大小和主应力的方向

当固体材料被加载后，就会有声发射信号产生，若卸去荷载后，第二次再加载，在其卸载点以前几乎不再有声发射信号产生，只有当超过第一次加载的最大荷载后，才有声发射信号出现，这种现象称为声发射的不可逆效应，又称凯塞效应。岩石和混凝土都存在着凯塞效应。岩石和混凝土的声发射凯塞效应与卸载至第二次加载的时间长短有关，而且还与第一次加载时所达到的应力水平有关，随着第一次加载时应力水平的提高，凯塞效应越来越显著。

凯塞效应实质上记录了材料曾经承受过的应力，因而，可利用材料的声发射的凯塞效应对材料的受力历史做出判断。

利用凯塞效应可以估算地应力的大小和主应力的方向。其方法是在欲测的岩体中 9 个不同方向上分别取一组岩石试件，试件尺寸一般多为直径 30 cm、长 90 cm 的圆柱体。为了防止试验时试件端头破坏，在试件的两个端头粘上水泥-环氧树脂混合物，经固化后进行压缩试验，当试验加载时同时进行声发射检测。必须指出，在正式试验前应进行预备试验，将 9 个不同方向上的每组试件取 2～3 个做加载卸载试验，检验不同方向的试件其声发射是否存在不可逆效应，只有确认存在不可逆效应才能进行正式试验，否则应重新取样，直至检验每一方向的岩石试件有声发射不可逆效应为止。

在正式试验量测时，对 9 组试件进行压缩试验，测出声发射突然增大的荷载，按这一荷载计算出所取方向试件的单轴所受的应力 $\sigma=P/A$（P 为声发射突然增大的荷载，kN；A 为试件的横断面面积，m^2），而 σ 可认为是该方向上的单轴地应力。根据测得的 9 组单轴的应力，按照弹性力学的方法，可以算出所测地段岩体主应力的大小和方向。至于有关计算的具体方法，请参阅弹性力学有关章节。

(2)应用声发射技术对岩体工程灾害进行预报

岩体的冒落和崩塌以及岩爆，这些灾害往往是造成岩体工程特别是地下工程严重事故和生产停顿的主要原因之一。采用声发射技术可以预报岩体工程大面积地压显现引起的岩体冒落、崩塌以及岩爆等灾害，从而可事先采取措施防止或避免这些事故的发生。在岩体工程施工中，工人们经常听到岩石的声响（俗称岩音或地音），并以这些岩音的强弱、岩音频度的大小作为岩石破坏紧急险情的警报。研究表明，岩石破坏时所产生的次声发射是这些可听见地音的前兆。埋深大的隧道岩帮以及高应力地区是岩爆活动的敏感地带。因此，检测开挖引起的声发射已越来越被重视。

可听得见的声波的频率介于 20 Hz～20 kHz 之间，它取决于可能发生事故的规模，其频率随能量释放量的增长而降低。岩石在应力的作用下会发射可探测的声能，其声发射的频度随应力值的增大而提高。一般情况下，发射速率的增长超前于岩石的破裂。采用埋设多个探头的方法可以确定声发射的音源，它是根据声波传播到多个接收探头的时间差而确定的。地音检测系统就是根据这一原理布设的。在地音检测系统中，用地音仪探头探测从声源传播出来的声波，这些探头将岩音的机械振动转变成电信号，信号经放大器放大并输送到检测站，经调试后信号进入计算机接口，以启动检测系统的计时部件和控制部件，计算机将确定记录声波到达每一个探测器的最初时刻，根据这些数据，利用路线长度和波速的关系可确定发射声源。根据波幅和信号的持续时间可以确定事件的相对量级，声发射的时间、位置以及能量等，其有关数据可打印出来以供分析研究。

9.3 声波测试技术

9.3.1 基本原理

利用声波在岩体内的传播特性，可以测定岩体的弹性常数，了解岩体的某些物理力学性质，判断岩体的完整性以及破坏程度等，目前已在岩土工程中获得了广泛的应用。

声波的实质是弹性介质的机械振动，因此，声波测试法也就是弹性波测试法。声波在介质中的传播速度，称之为声速。

什么是弹性波？即在弹性介质中某一点，由于某种原因而引起初始扰动或振动时，这一扰动或振动将以波的形式在弹性介质内传播，称之为弹性波。这种波犹如声音在空气和水中传播一样，在岩体中传播。由此可知，产生弹性波必须具备下述两个条件：

①有初始扰动，如加力、锤击、爆破等。

②介质具有弹性。

自然界存在的物体大多数介于弹性和塑性之间。在外力作用下，物体主要表现为弹性变形或塑性变形，到底是哪种变形，这取决于物体的性质和外力作用的大小以及外力作用时间的长短等。若外力作用大，作用持续时间长，所有物体均会表现为塑性变形；若外力作用小，作用持续时间短，绝大部分物体表现为以弹性变形为主。采用声波测试时，人为发射声波源对岩体的作用力很小，作用时间也很短，因此，对大多数岩体的声波传播过程，可以认为是弹性波在岩体中传播，把岩体当作弹性体来研究，这就简化了声波在岩体中传播的理论计算工作。

弹性介质传播声波是由介质的弹性作用来完成的。弹性所产生的恢复力，使介质中每个离开其平衡位置的质点重返于它的原来位置。这样声波源的振动，促使振动在介质中依次传递，又由于弹性介质的惯性作用和质点之间的空隙，使各质点在其平衡位置振动时产生一定的时间差，对于不同弹性介质，声波在其介质中传播速度也就不同。

声波的传播实际上是由振动产生的弹性变形在介质中的传递。因此，介质变形形式不同，声波的类型也不同。弹性介质在外力作用下，产生的变形有两种基本形式：一种是形状保持不变，只是体积大小变化的体变（即膨胀与收缩变形）；另一种是体积保持不变，而形状发生变化的剪切变形（即各边之间的夹角变化）。这两种变形同时存在，体变是由张力、压力引起，剪切变形是由剪应力引起。

因此，由于不同性质的外力作用，岩体内会产生相应的两种波形：

(1)纵波

当声波在弹性介质中传播时，由于体变以及其内部法向张力和压应力相互作用的结果，各质点间发生膨胀式压缩，这种随时间变化的膨胀和压缩互相交替，并以振动的形式传播而形成的波，即为纵波，简称P波，表示初始波的意思。纵波的特点是质点的振动方向与波的传播方向互相平行。

(2)横波

当弹性介质受到外部的剪切应力作用时，由于剪切变形和剪切应力的相互作用，质点间的位置发生相对错动，并以振动的形式传播而形成波，这种波即为横波，简称S波，表示次至波的意思。横波的特点是质点的振动方向与波的传播方向互相垂直。

纵波在无限弹性介质中传播的速度 v_P 与介质的弹性常数和密度的关系式为：

$$v_P = \sqrt{\frac{E}{\rho}\frac{1-\mu}{(1+\mu)(1-2\mu)}} \tag{9.13}$$

式中 E——动弹性模量，MPa；

ρ——介质的密度，kg/m^3；

μ——泊松比。

横波速度 v_S 与介质的弹性常数和密度的关系式为：

$$v_S = \sqrt{\frac{E}{\rho}\frac{1}{2(1+\mu)}} \tag{9.14}$$

比较式(9.13)和式(9.14)可见，波速可用统一的形式表示如下：

$$v = \sqrt{\frac{\text{弹性常数}}{\text{密度}}}$$

由此可见，弹性波的传播速度与介质的弹性常数直接有关。在现场监测中，如能激发弹性波，并测出弹性波在岩体中的传播速度，则可利用波速公式求出岩体的弹性常数，这就是声波观测(也称弹性波观测)的基本原理。

另外从式(9.13)和式(9.14)不难看出纵波波速大于横波波速，即：

$$v_P > v_S$$

在现场实测中，S 波虽然具有难以衰减等特性，但其发生和接收都没有纵波容易，所以目前在现场实测中多以纵波为主。

上述纵波就是所谓的声波，v_P 也就是声波波速，因为振动周期 T 在(1/16)～(1/50000) s 时，这种振动能使人们的听觉器官感觉到声音。所以弹性波测试也叫声波测试，即声波测试是弹性波测试的一部分。

9.3.2 声波的激发方式

声波的激发方式可以采用以下几种方法实现：

①采用雷管或炸药爆炸激发；

②利用锤击或机械冲击激发；

③采用各种类型电声换能器激发；

④利用电火花气爆激发。

由于炸药爆炸、锤击和气爆激发所产生的激发能量较大，所以声波在岩体内传播距离较大，但是其所激发能量的一致性不易控制，声波的主频率随介质的条件及激发能量等不同，有较宽的频率范围，一般可从几赫兹到几百赫兹。因此，声发射频率不易控制。而各种电声换能器激发产生的声波频率可由人工控制，并能定向连续发射，但是激发所产生的能量较小，声波在岩体内传播的距离受到限制，只有 0.5～10 m，一般多在 0.5～2 m 范围内使用。电声换能器激发与其他激发方式相比，具有使用方便、持续时间长，且便于接收、辨别和比较经济等优点，因此是采用最多的一种激发方式。

在介质中声波传播的能量，将随着传播距离的增加而减弱，表现为波幅的衰减，并服从以下规律：

$$A_R = A_0 e^{-2\alpha R} \tag{9.15}$$

式中 A_0——起始波幅，dB；

A_R——行程为 R 的波幅，dB；

α——吸收系数。

当实测得到距离为 ΔR 的两点间波幅 A_1 和 A_2 时，可求得在该段距离内介质的吸收系数为

$$\alpha = \frac{1}{\Delta R}\ln(\frac{A_1}{A_2}) \tag{9.16}$$

由此可见，根据发射声波的波幅及在介质内的吸收系数，接收机对波幅的分辨能力，可以确定声波在岩体内传播的最大距离。它也是反映岩体性状的一个指标，而且比声波速度变化更为敏感。

9.3.3 声波测试设备

岩体声波测试的过程是声发射、传播及接收和显示。其相应的设备有发射换能器、接收换能器和岩石声波测定仪。

(1)声波换能器

换能器是声电能量的转换器件，亦称探头，它是采用压电陶瓷晶片制成的。其中有的是利用晶片厚度方向的振动频率，有的是利用晶片径向的振动频率。根据晶片或晶管与金属附件不同，可做成各种类型的换能器，如弯曲式换能器、喇叭式换能器、增压式换能器及圆管式换能器等。其中发射换能器是将声波仪发射机输出的具有一定功率的电信号转换成声信号发射到岩体中，它的工作原理是利用晶体的逆压电效应。而接收换能器是将岩体中传播的声信号转换成电信号，输入到声波仪接收机输入系统中，其工作原理是利用晶体的压电效应。由于实测中对换能器和频率频带、工作方式的要求不同，因此可以选用不同结构和不同振动方式的换能器。增压式换能器的构造如图 9.4 所示，它的外形为圆柱形，适用于在钻孔内进行测试，具有轻便和灵敏度高等特点。图 9.5 所示是适用于岩石试件测试的小型换能器。

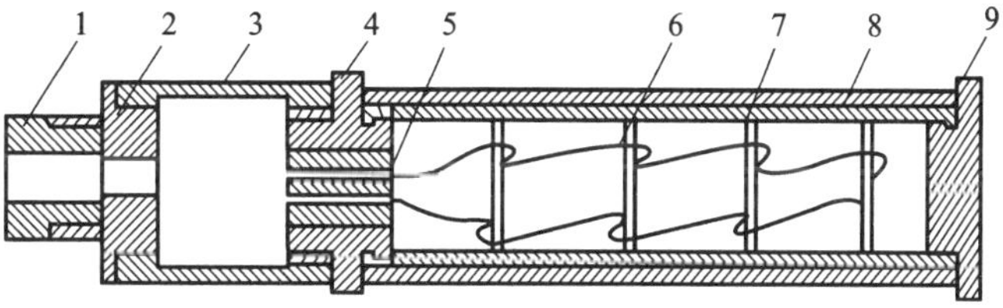

图 9.4 增压式换能器的构造

1—螺栓；2—连接件；3—连接套筒；4—后法兰盘；5—接线柱；
6—电极引线；7—压电陶瓷片；8—增压管；9—前法兰盘

所有的换能器应当有较好的频响特性或者有比较宽的频带，并且阻抗低、内损耗小、功率大、灵敏度高和有较好的指向性。

(2)岩石声波测定仪(声波仪)

声波仪是岩石声波测试的主要设备，它的主要部件是发射机和接收机。发射机是一个声源信号发射器，它由方波发生器、声波振荡器、前置放大器、功率放大器和阻抗变换器等组成。发射机的作用是根据使用要求向声波测试探头输出一定频率的声脉冲。接收机是由接收放大器、时标电路、同步分频器、锯齿波扫描电路、发射延时及脉冲发射电路、稳压和整流器等组成。接收机的作用是将接收探头收到的微量信号放大，并在示波器上显示或以数字形式显示。

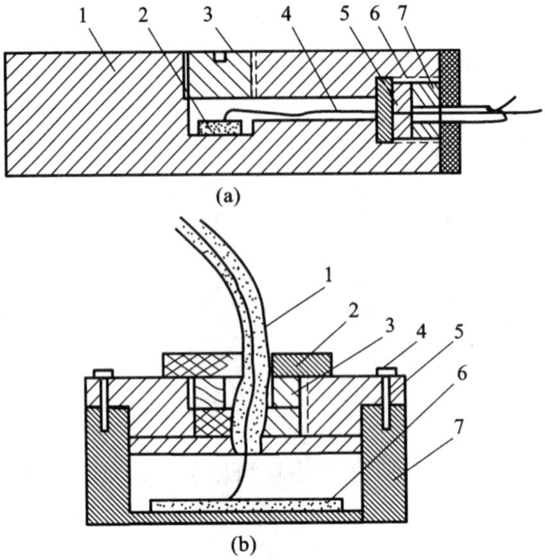

图 9.5　小型换能器纵横向示意图

(a)试件纵向用换能器

1—外壳；2—陶瓷片；3—螺栓；4—电缆；5—电缆屏蔽线；6—垫片；7—螺栓

(b)试件横向用换能器

1—电缆外壳；2—螺栓陶瓷片；3—垫片；4—螺栓电缆；5—上盖；6—陶瓷片；7—底壳

目前我国已研制了多种声波测定仪，主要有 SYC-1 型、SYC-2 型以及 CTS-25 型和 KH 型声波仪。声波仪类型虽多，但基本原理是相同的，其基本原理方框图如图 9.6 所示。

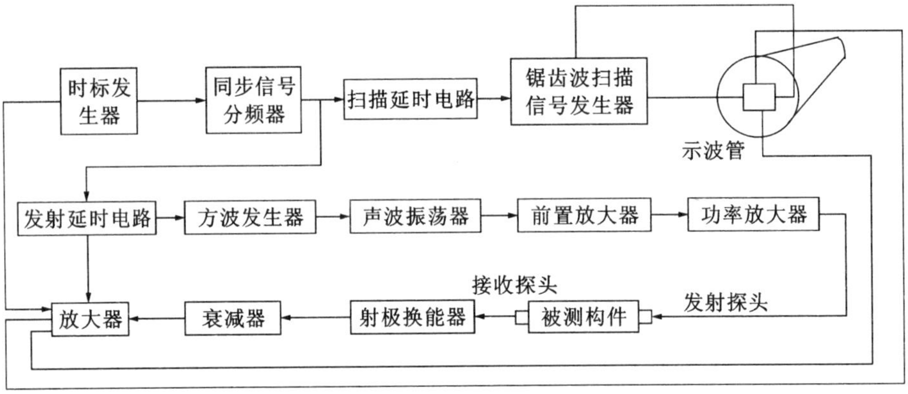

图 9.6　声波仪基本原理方框图

时标电路是产生标准时间的脉冲信号，用来度量声波信号在岩体中传播的标准时间。它是一个高稳定度的石英振荡器，它所产生的标准振荡频率在示波管荧光屏上产生时标刻度之后，经分频及相应的延迟以后可作为扫描和发射的同步协调控制信号。同步信号的重复周期即为声波的脉冲周期 T。同步信号分频器输出的同步脉冲经发射延时电路延迟后，送到发射电路方波发生器的触发输入端，使方波发生器输出脉宽为 T_K 的方波（$T_K<T$），调制声波振荡器，使其在 T_K 的时间段内振荡。输出的脉冲声波经前置放大和功率放大后，推动发射探头转换成声频机械振动，向被测构件发射声波。发射延时电路的作用是使送到发射电路（即方波发

生器、声波振荡器及放大电路)的同步触发脉冲进行适当延时。延时电路的时间延迟量可以在一定范围内连续调节,使发射脉冲的起始时间对准时标的整数刻度,便于读取声波在被测构件中的传播时间。由发射探头向被测构件中发射的脉冲声波在介质中传播一段距离以后,由接收探头接收并转换成声信号,再由射极换能器转换为低阻抗,经过衰减器衰减,再经放大器放大后,送至示波管的垂直偏转板进行显示。同步信号分频器输出的周期为 T 的另一路同步信号,经扫描延时电路延迟后,触发扫描锯齿波信号发生器。发生的锯齿波加到示波管水平偏转板,使光点在脉冲持续时间内从左向右扫描,此时加到垂直偏转板上的示波信号及时标信号随着时间延长而展开。扫描延时电路的作用是使接收的声波信号到达接收点之前,光点才开始扫描。通过对延迟时间的调节,可以使接收到的声波波形在荧光屏上移动,从而可以选择最有利的观测位置,对于声波穿透的距离很大时特别有用。声波仪的主要技术性能指标见表 9.1。

表 9.1　声波仪的主要技术性能指标

序号	性 能	说　明
1	增益	增益指放大器在中心频率处的畸变输出电压 V_0 与输入电压 V_i 之比 k,$k = V_0/V_i$(倍),或 $k = 20\lg(V_0/V_i)$ dB
2	带宽	放大器可以有效地对不同频率信号进行放大,一般把增益下降 3 dB 的频率称为"半功率"点。带宽 $\Delta f = f_H - f_L$ Hz。注意,带宽之外声波仪仍能对信号进行放大,但灵敏度下降
3	噪声	噪声一般采用折合到输入端的短路噪声电压 V_{ni} 表示,$V_{ni} \approx V_{n0}/k$,V_{n0} 是放大器输出端噪声电压。增益和噪声决定了放大器的灵敏度。如果仪器的增益很高,而噪声并不因此而增大,说明仪器的接收灵敏度高
4	输入阻抗 Z_i	放大器的输入阻抗应比信号源内阻抗高,以便将信号源的信号有效地传递给放大器的输入端。一般要求放大器的输入阻抗大于信号源内阻抗 10 倍以上
5	发射脉冲和幅度	理想情况下脉冲宽度 $\tau = T/2$ s,T 为发射换能器谐振周期。发射幅度指发射电路输出的脉冲电压 V_m 的大小,一般发射电压大,发射的声功率相应增大

9.3.4　声波测试的工作方式

声波测试的工作方式主要有双孔孔间穿透法、单孔声波量测法和剖面法等。现分别介绍如下:

(1)双孔孔间穿透法(简称双孔法)

双孔法是使用较多的一种工作方法,如图 9.7 所示。测试时,同时钻凿两个平行钻孔。钻孔直径为 42～46 mm,孔深根据量测要求一般在 8 m 以内,两孔间距多为 1.5～2 m。将发射换能器和接收换能器分别安设在两个钻孔内,并使换能器与钻孔岩壁有较好的耦合。采用点测法时,将发射换能器和接收换能器同时在钻孔内向里移动 20 cm,测读一次,测得纵波在 L 间距的传播时间 t_P,如此连续量测直至钻孔底部,从而可以求出在钻孔不同深度的纵波波速的变化。在横波能辨别的条件下,测横波到达的时间 t_S,并做好波形记录或扫描。随即也可得到 v_S、衰减系数等声波参数,这种方法可用于地下工程围岩松动范围的测定,围岩分类、岩体物理力学参数的测定和大体积混凝土构件质量的检验等。

双孔孔间穿透法灵敏度高，波形单纯、清晰，干扰较小，各类波形易于辨认，是一种使用较为广泛的方法。但是该法对两钻孔的平行度、两换能器的安装的相对准确性要求较高。

为了尽量减少双孔法孔间距 L 在不同孔深带来的误差，两孔尽可能打在同一平面内。不同深度的误差可采用梯形校正法，先量测两孔口间距，再插入直杆在孔口外 1 m 处测两杆间距，并将直杆每转动 90°测一次间距，取测得各次间距的平均值作为孔间距数值，校正后的数值精度应小于 3 mm，换能器与钻孔壁之间可通过注满水来耦合。

(2)单孔声波量测法(简称单孔法)

单孔法每次测试只需要一个钻孔，也可以直接利用锚杆孔。这种方法操作简便，准备工作量小，单孔测试时有两种工作方式，如图 9.8 所示。一种是“一发一收”(在钻孔内安装一个发射换能器、一个接收换能器，两换能器间保持一定间距)，即量测发射至接收间的声波传播时间，将保持一定间距的发射换能器与接收换能器逐次向钻孔底移动，并量测各自的传播时间，从而可以求得声波的传播速度。

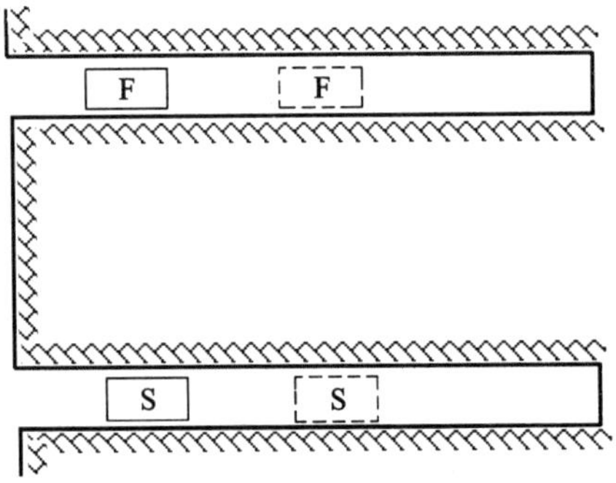

图 9.7　双孔法

F—发射换能器；S—接收换能器

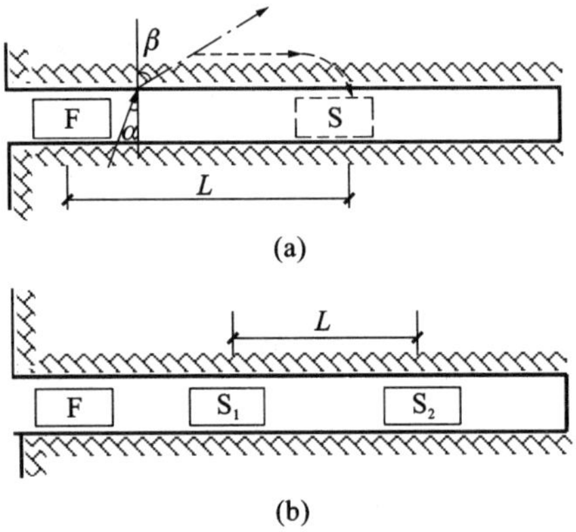

图 9.8　单孔法

F—发射换能器；S—接收换能器

——→反射波；—·—·→折射波；- - →滑行波

另一种是“一发双收”，即量测两个接收换能器之间的声波传播时间。在测试时，将发射换能器 F 和接收换能器 S 插入钻孔内，并在钻孔内注满水，用于与孔壁的耦合。F 向各方向发射声波，根据声波的折射和反射原理，声波在水中和岩体内的传播速度分别为 v_1 和 v_2，一般 $v_2 > v_1$。当声波到达水与岩壁的界面时，即产生反射波和折射波，如图 9.8(a)所示。假设声波对岩面入射角为 α，折射角为 β，则有如下关系：

$$\frac{\sin\alpha}{\sin\beta} = \frac{v_1}{v_2}$$

由于 $v_2 > v_1$，则 $\beta > \alpha$。α 增大，β 也随之增大，当 α 增大到某一角度 i 时，β 达到 90°，这时折射波在岩体内钻孔壁周围滑行，即形成滑行波。$\alpha = i$ 时，称之为入射临界角，此时则有：

$$\sin i = \frac{v_1}{v_2}$$

当发射换能器向各方向发射声波时，透过水向岩体内发射声波的过程中，总会有一束波的临界角 i 入射到岩壁上，于是就产生钻孔壁周围的滑行波，那么接收换能器就能接收到声波，从而实现了单孔声波的量测。

(3)剖面法

剖面法用平面发射换能器或锤击激发方式在岩体表面发射声波，同时沿岩体表面移动平面接收换能器，接收岩体内各个岩层面的反射波，即可在示波器的屏面直接显示波形或显示接收声波的到达时间。通过对比分析，可确定反射层面的位置，或从发射声波到接收声波的路程中了解岩体的变化状况，如图 9.9 所示，同时还可接收沿岩体表面的滑行波，了解表面岩石状况。这种量测法既可用于了解岩体内部破坏状况的相对变化，也可用于快速测定顶板岩层分类的指标。

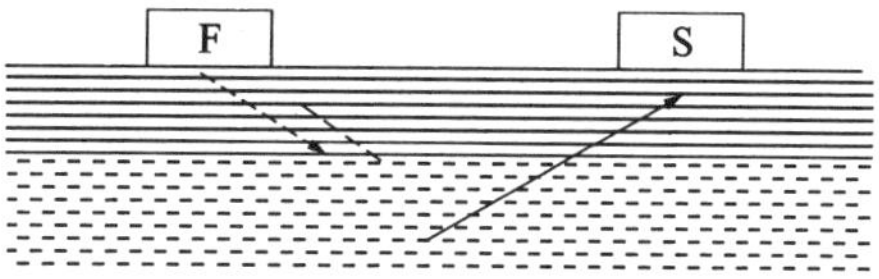

图 9.9 剖面法

F—发射换能器；S—接收换能器

除了以上三种工作方法以外，尚有环形法、扇形法、穿透法等，可根据量测的目的和要求进行选择。

上述各种声波测试法，主要是量测纵波到达的时间 t_P，有时也测纵波波幅 A_P，在某种情况下也可测到横波到达的时间 t_S 和横波波幅 A_S。

纵波和横波可以从以下三个方面识别：

①在理想的弹性介质中，当纵波延续时间小于 $0.7t_P$，泊松比 $\mu=0.25$ 时，由于 $\frac{v_P}{v_S}=\sqrt{\frac{2(1-\mu)}{1-2\mu}}=1.75$，则 $t_S=1.75t_P$。在坚硬完整的岩体中，纵波和横波的到达时间关系与上式相近，也就是横波一定在纵波之后到达，二者可以清楚地分开，纵波和横波到达的差距 ΔL 可按下式估算：

$$T \leqslant 0.75t_P = 0.75\frac{\Delta L}{v_P}$$

所以

$$\Delta L \geqslant \frac{T \cdot v_P}{0.75}$$

式中 T——纵波延续时间，s。

②从横波与纵波的波形对比来看，横波波幅 A_S 比纵波波幅 A_P 大，周期长，横波比较稀疏，因此可从示波器屏面上清楚辨认出纵波和横波的接收情况，波幅 A_S 和 A_P 可直接在示波器屏面上读取。

③横波与纵波的相位差为 180°。

9.3.5 声波测试中应注意的几个问题

(1)测试地点的选择

根据测试目的的不同，所选择的测试地段应能代表某一地段的地质情况，测点或测孔应布置在岩性比较均匀、表面平坦、没有局部断裂破碎的地方，防止因局部的地质因素对声波的干扰。采用双孔法时，两孔应选择在地质条件比较相似的地方，并有量测要求所规定的足够间距。

(2)对测孔的要求

孔壁要圆滑、顺直、清洁，孔径大小要适当。双孔成一组联合测试时，要求两孔打在一个平面内并应相互平行。精确量测和记录孔位的坐标、倾角、孔距，并画好测孔周围的地质素描图和地质剖面图。

(3)测点处的表面处理

测点处的表面要清理干净,粗糙不平的地方要打磨平整,如果岩石坚硬且具有不易凿平的表面,可用环氧胶泥把测点处抹平,硬化后再涂上耦合剂。量测时,换能器应使耦合剂尽量薄,以减少耦合剂对声波传播时间和波幅的影响。

(4)耦合剂的应用

为了提高换能器的效率,使声能大量地辐射到岩体中去,并使声波尽可能传递到接收换能器,则要求换能器和岩壁面之间保持良好的声阻抗匹配。理想的状态是换能器与岩面之间不存在波阻抗界面,但这在技术上是困难的,通常在换能器与岩壁面之间加一层中间介质,来填补换能器与岩壁面所未能接触到的空间,这种介质称为耦合剂。水、黄油是现场常用的耦合剂材料。用水作为耦合剂时,在向下倾斜 3°～5°的钻孔内可以将其注满水。当钻孔水平或倾斜向上时,为使钻孔内注满水,并使换能器在钻孔内移动时水不外溢,必须采用封孔器封孔。若采用黄油作为耦合剂时,还必须使换能器对岩壁面有一定的机械挤压力,应注意量测时所使用的耦合剂不能影响岩体的力学性质。

(5)探测频率的选择

为了在测距短、波速较高的情况下保证有较高的量测精度,要求有足够的探测频率,在岩体破碎、吸收衰减严重时所使用的频率应小一些。频率越低,传播距离越远,穿透深度也越大,但如果频率过低,就会使分辨率降低,并使指向性变差。测试岩石、混凝土类介质时,所采用的频率一般在 20 kHz 左右,其最高频率上限为 100 kHz。

9.3.6 声波(弹性波)在岩体中的传播规律

岩体是一种复杂的介质,因此,声波在岩体中的传播特性远比均匀完整的理想弹性介质要复杂得多。岩体中各种地质物理因素和地应力的作用,对声波传播的行程和振幅,将产生一系列影响。因此,岩体中声波传播的特征是岩体性质的客观反映。而岩体中声波传播速度与其内部的结构特征有着密切联系,随着岩体的种类、弹性参数、结构面、断层和破碎带、密度、孔隙率、应力状态、风化程度和含水率等不同而有显著变化。一般来说,声波在岩体中传播有以下规律:

(1)弹性模量降低时,岩体声波传播速度也相应降低。弹性模量越高,声波传播速度越大。

(2)岩石越致密,岩体声波传播速度越高。在波速公式中,波速与密度成反比,但因密度增大,弹性模量将有大幅度的增大,因而波速也将增大。常见的几种完整岩石的纵波波速:变质岩为 5500～6000 m/s;火成岩、石灰岩及胶结较好的砂岩为 5000～5500 m/s;沉积岩、胶结较差的碎屑岩为 1500～3000 m/s 。

(3)岩体中结构面的存在使声波传播速度降低,声波在传播过程中遇到结构面、裂隙、夹层和破碎带,其声波传播速度依这些结构面的性质、宽度、充填物而异,裂隙的数目越多,夹层越厚,其声波传播速度明显越小。另外由于结构面的存在,声波在岩体中传播时产生各向异性,垂直于结构面方向声波传播速度小,平行于结构面方向声波传播速度大。平行于结构面的声波传播速度与垂直于结构面声波传播速度的不同称为声波传播速度的各向异性,其比值随岩性和层面结合程度而不同,对于黏土层其比值为 1.12～1.3,中粒砂岩为 1.39～1.55,石灰岩为 1.53～2.28。

(4)裂隙不发育、风化程度低的岩体,声波传播速度较大,反之声波传播速度较小。

(5)岩石的含水性对声波传播速度也有明显的影响。试验研究表明,当干燥岩石的纵波波

速 $v_P \geqslant 3000$ m/s 时，随着含水率增加，声波传播速度相应增大；如砂岩含水率从 0.2%增加到 0.4%时，声波传播速度增长率约 7%；当 $v_P < 3000$ m/s 时，声波传播速度随含水率增加而降低，如泥质长石英砂岩的 $v_P = 1600 \sim 1820$ m/s，在强制阻隔下声波传播速度下降到 1300～1700 m/s。

(6)岩体在压力作用下，随着荷载增加，声波传播速度增大，而波幅衰减减少；反之，岩体在拉力作用下，声波传播速度降低，而波幅衰减增大。

声波传播速度的增大或降低反映岩体的孔隙、裂隙的闭合或张开。加压后发生的孔隙和裂隙闭合，增强了岩体弹性性能。当压力超过某一限度时，出现新的裂隙，使声速降低。

(7)岩体孔隙率和孔隙度不同时，声波传播速度也不同，一般来说，孔隙率和孔隙度小、密度大、弹性常数大的岩体，声波传播速度较大。声波传播过程中遇到孔隙度大的空洞时，若裂隙空洞中充填空气，声波不能通过裂隙空洞，而是绕过裂隙端点传播；若裂隙中充填液体或其他固体物质，那么声波可部分地或全部通过。另外，随测线长短不同，声波绕过同一裂隙的传播速度也不同，测线越短，绕射能力越强；测线越长，绕射能力越弱。

声波振幅同样与岩体特性有关，当岩体破碎、节理裂隙发育时，声波振幅小；反之，声波振幅大。垂直于结构面方向传播的声波振幅较平行方向小。

9.3.7 声波测试在岩体工程中的应用

9.3.7.1 围岩松动圈(带)的测定

在岩体开挖洞室后，洞室周围岩体产生应力重新分布，形成次生应力场，周围岩体将依次出现应力降低区、应力升高区和原岩应力区。

处于应力降低区的岩体由于开挖被破碎，加以施工爆破等影响，是不稳定的，这样就在洞室周边形成一定厚度的松动圈(带)。松动圈范围的测定，是评价岩体稳定性和支护结构设计的重要依据。

理论和实践证明，声波传播速度和振幅随岩体裂隙增多、破碎程度增大和应力降低而分别降低和减小。反之，岩体完整，应力集中，声波传播速度和波幅就增高和增大。这样，在洞室壁的各个部位布置适量的测孔，量测距洞壁不同深度的各点声波传播速度的变化，绘制波速距洞壁不同深度的变化曲线，即 v_P-L 曲线，并结合岩体正常的波速和地质情况，即可区分洞室围岩中波速小于原岩波速范围的松动圈(应力降低区)，大于原岩波速范围的压密圈(应力升高区)和不受开挖影响的岩体正常波速的原岩应力区。

围岩松动圈(带)的测定一般是在被测洞室内的横断面上布置测孔，并选取量测横断面，应考虑以下原则：

①洞室围岩的力学性质应尽可能均匀。

②避免通过大裂隙发育带(如小断层、节理发育地段等)，要选择围岩具有代表性的地段。

③使测孔布置在洞室围岩易破坏的部位(如拱顶、拱脚处等)及其影响围岩稳定的关键部位。

对于在横断面上布置的测孔，各部位测孔倾角：拱顶为 90°，拱脚为 45°，两边墙为 −5°。如图9.10 所示，可采用双孔法或单孔法进行测试。

测孔间距的选取，要求能真实准确地反映围岩深部各点的波速变化。为了提高量测精度，在仪器发射功率或发射方式允许的情况下，距离加长更为有利，能具有较好的代表性。但是岩体破碎时，由于波形波幅衰减快，穿透距离将受到限制。采用人工换能器发射，穿透距离一般取 1.5～2 m，岩性较差时取 1 m。

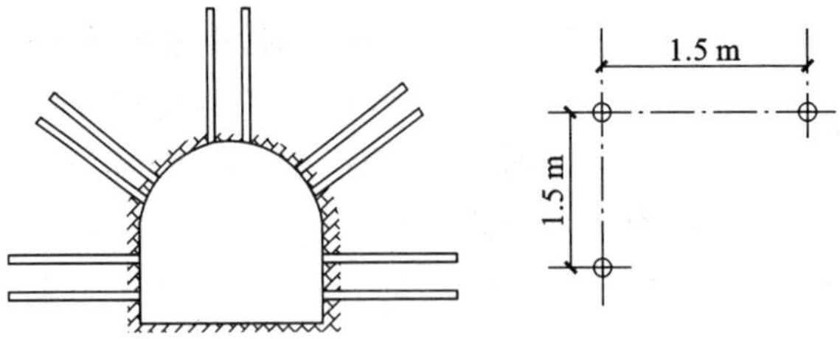

图 9.10　松动带测孔布置图

实测的纵波波速与测孔深度的关系曲线（v_P-L 曲线）可归纳为以下几种：

①平缓型曲线：波速与孔深关系曲线上的波速基本上保持在原岩正常波速值，说明岩体完整性好，强度高，洞室开挖后围岩的完整性未受破坏，应力没有明显变化，于是，可以认为围岩没有松动带出现，如图 9.11(a)所示。

②增高型曲线：曲线前段波速较低，后段波速增高，且接近于原岩正常波速值，说明洞室围岩表面有松动，因而有应力下降区产生，如图 9.11(b)所示。

③衰减型曲线：曲线前段波速比原岩正常波速值高，而后段波速逐渐接近于原岩正常波速值，表明围岩完整坚硬，围岩无松动带产生，由于岩体强度高，因而有应力升高区出现，如图 9.11(c)所示。

④峰值型曲线：曲线前段波速较低，而中段波速却高于原岩正常波速值，而后段波速接近于原岩正常波速值，说明围岩表层出现松动带，应力降低，而中部为压密带，形成应力升高区，而后部为原岩应力带，形成原岩应力区，如图 9.11(d)所示。

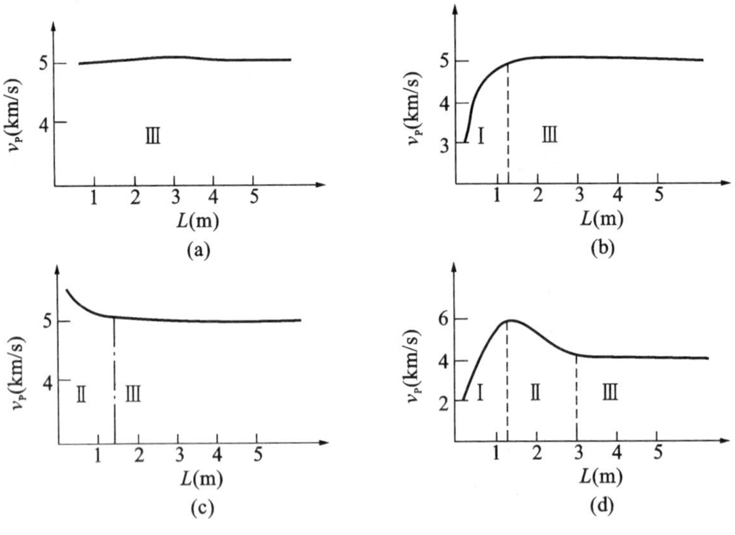

图 9.11　纵波波速与测孔深度关系曲线

Ⅰ—应力下降区；Ⅱ—应力升高区；Ⅲ—原岩应力区

必须指出：波速与测孔深度关系曲线，当节理裂隙比较发育时，会出现比较复杂的曲线形态，应注意其总的趋势。当测孔深度内有几种岩层时，应注意岩性和各向异性对波速的影响，正确地确定围岩松动带，区分压密带和原岩应力带。判断围岩的稳定性，为支护设计与施工安全提供依据。

9.3.7.2 利用声波法研究岩体的性质

利用声波法研究岩体节理、裂隙发育情况，判断岩体的完整性，求得准岩体强度。

试验得知，声波穿过岩体时，遇到裂隙便发生绕射或被吸收，其传播速度将有所降低。岩体中裂隙越多，声波的传播速度降低越多。小尺寸的岩石试件含裂隙少，甚至不含裂隙，其传播速度大。

岩石试件在实验室进行强度试验的结果，并不能代表真正的岩体强度，而进行现场岩体强度试验又较困难，人力、物力耗费较大。因此，从岩石的强度出发，结合能反映裂隙状态的弹性参数，求得岩体的强度指标，是探索的一个途径。

日本学者池田和彦提出，将岩石试件的抗压（或抗拉）强度乘以龟裂系数（即岩体完整性系数），称此值为准岩体抗压（或抗拉）强度，以此来表示将裂隙考虑在内的岩体的强度。具体的做法是，先在现场采集岩样，做成试件后，测定岩石试件中声波的传播速度 v_c，再在采样地点岩体一定区域内测定声波的传播速度 v_m。根据声波在岩体和该岩石试件中的传播速度比，可了解岩体中裂隙的发育程度，进而判断岩体的完整性，称此比值的平方为龟裂系数，以 K 表示。评价岩体完整性程度的指标如表 9.2 所示。

表 9.2 K 与岩体完整程度的对应关系

K	>0.75	0.75～0.55	0.55～0.35	0.35～0.15	≤0.15
完整程度	完整	较完整	较破碎	破碎	极破碎

岩体完整性系数确定后，便可根据以下关系式计算出准岩体抗压强度 S_{Mc}：

$$S_{Mc} = KS_c \tag{9.17}$$

准岩体抗拉强度 S_{Mt}：

$$S_{Mt} = KS_t \tag{9.18}$$

式中 S_c——岩石试件的单向抗压强度，MPa；

S_t——岩石试件的单向抗拉强度，MPa。

9.3.7.3 应用声波法测定岩体的弹性常数

利用声波仪测出岩体的纵波波速 v_P 和横波波速 v_S 后，当已知岩体密度 ρ 时，联解式(9.13)和式(9.14)，即可求出岩体的动弹性模量和动泊松比，即：

$$E_d = \rho v_P^2 \frac{(1+\mu_d)(1-2\mu_d)}{1-\mu_d} \tag{9.19}$$

$$\mu_d = \frac{v_P^2 - 2v_S^2}{2(v_P^2 - v_S^2)} \tag{9.20}$$

式中 E_d——岩体的动弹性模量，MPa；

μ_d——岩体的动泊松比。

9.3.7.4 测定岩体张开裂隙的延伸深度

已知岩体表面有一张开裂隙，并知其倾向和倾角 α，如图 9.12 所示，先在裂隙一侧由已知间距测得岩体波速 v_c，随后将发射换能器 S_1 与接收换能器 S_2 置于张开裂隙的两侧，由于裂隙的存在，声波将沿绕过张开裂隙的最短路径在岩体内传播。在现场可利用这种绕射现象来推测张开裂隙在岩体中的延伸深度。

设声波在裂隙岩体内传播速度为 v，绕过裂隙传播时间为 t，则经过的路程长为 $L=vt$。由几何学知：动点与某两定点的距离之和为常数，其轨迹是椭圆。因此以发射点 S_1 和接收点 S_2 为椭圆的两焦点，L 为椭圆长轴，作一椭圆，由张开裂隙的位置及倾角 α 按延伸方向作一直线，直线与椭圆的交点，即为张开裂隙的最深点。于是 h 即为张开裂隙的延伸深度，l_1 为发射点至张开裂隙最深点的距离；l_2 为接收点至张开裂隙最深点的距离。为了检验其准确性，可以改变 S_1 点和 S_2 点的位置，作出另一个椭圆而进行对比，以便求得准确的裂隙延伸深度。

9.3.7.5　测定洞室围岩主应力方向

因岩体所受的应力状态将影响声波传播速度，因此，可以通过量测岩体内各方向声波传播速度，来推断岩体的主应力方向。

量测的具体方法是，选择岩性和结构较为单一的地段，取某一点为声波发射点，以发射点为中心，在圆周不同方位处布置若干个接收点，测定发射点至各接收点的声波传播速度，绘制图 9.13 所示的速度椭圆。由于波速随岩体应力而变化，所以速度椭圆的长轴方向与短轴方向分别是最大主应力方向和最小主应力方向。

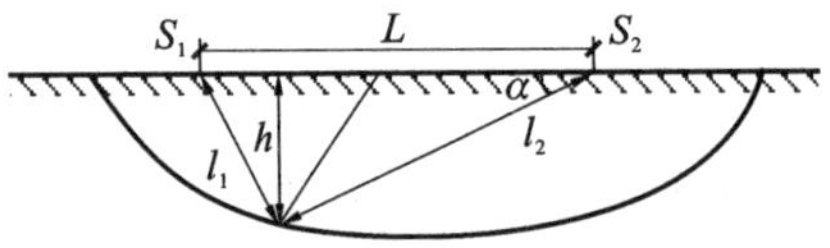

图 9.12　张开裂隙延伸深度测定

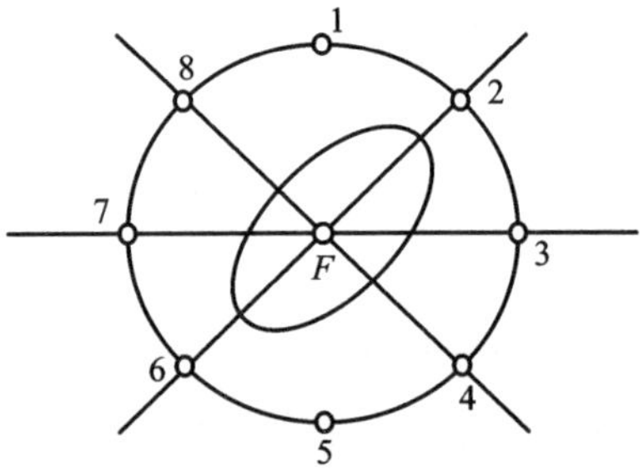

图 9.13　测定主应力方向

F—发射点；1，2，…，8—接收点

9.3.7.6　检测围岩加固的效果

用声波法量测围岩加固前后的波速、波幅等参数的变化，可以检测喷锚支护的效果。喷锚支护的特点在于喷锚支护可以有效地阻止围岩继续变形破坏，并在围岩应力调整过程中使原已松动的围岩有压密的趋势，从而发挥围岩的自承能力，进而达到支护的目的。图 9.14 所示为隧洞支护前与支护后效果好、坏时的声波波速与测孔深度的关系曲线（v_P-L 曲线）。曲线 1 为未支护时的波速曲线，说明隧洞围岩表层有松动带出现。曲线 2 为支护后支护效果好的波速曲线，松动带围岩有所压密，衰减段波速明显减小，说明喷锚支护起到了支护作用。曲线 3 为支护后支护效果差的波速曲线，松动带发展到一定范围后才稳定下来。

9.3.7.7　检测爆破对围岩稳定性的影响

因爆破振动形成的裂隙带，实质上是原有裂隙的扩展和新裂隙的产生形成的。由于爆破导致的这种后果，可以从声波传播速度和波幅的变化反映出来，并由此确定爆破对岩体的破坏范围和不同爆破方法对岩体稳定性的影响程度。

爆破振动强度及其对岩体稳定性的影响与爆破方法有关。在隧洞施工中不断采用一些新的爆破技术，目的是减轻对围岩的破坏。对于同一爆破方法而言，坚硬岩体较软弱岩体的破坏范围要小；对于同一岩体而言，光面爆破和预裂爆破较一般的普通爆破的破坏范围要小，如图 9.15 所示。

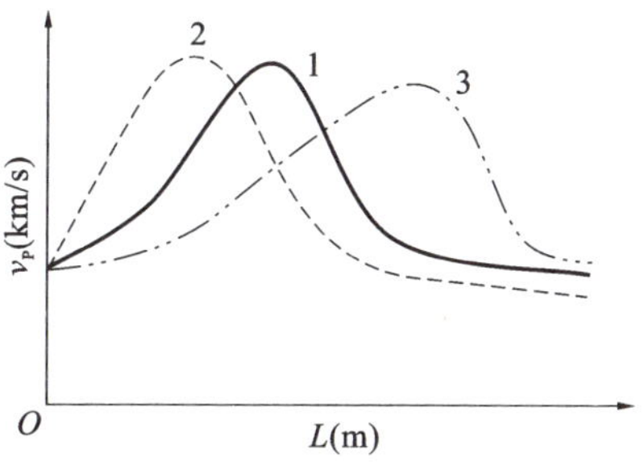

图 9.14　支护效果示意图

1—支护前；2—支护效果好；

3—支护效果差，围岩松动带继续发展

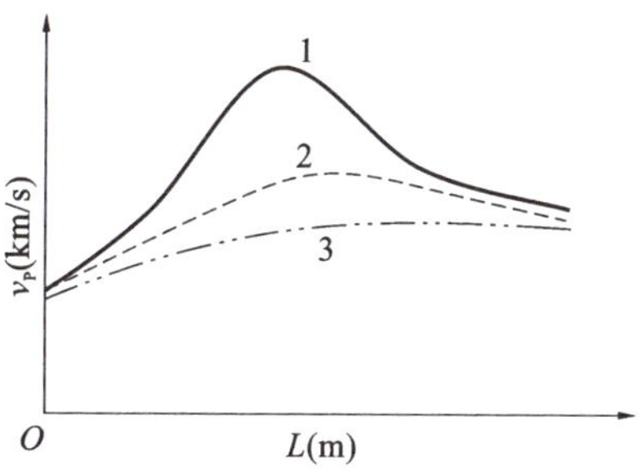

图 9.15　爆破法对围岩破坏的影响示意图

1—预裂爆破；2—光面爆破；

3—普通爆破

本章小结

(1)基本概念

①声发射：当受力岩体内部发生破坏时，同时会发出声响，即所谓声发射，通常称为岩音或地音。

②声测法：声波测试技术是利用声波在岩体内传播性能进行的一种量测方法，亦称声测法，或弹性波法。

③P 波法：利用 P 波到达的时间进行岩音定位的方法称为 P 波法。

④S-P 波法：利用 P 波和 S 波到达每一个探头的时差进行岩音定位的方法称为 S-P 波法。

⑤纵波：当声波在弹性介质中传播时，由于体变和其内部法向张力和压应力相互作用的结果，各质点间发生膨胀式压缩，这种随时间变化的膨胀和压缩互相交替，并以振动的形式传播而形成的波，即为纵波，简称 P(Primary)波，表示初始波的意思。纵波的特点是质点的振动方向与波的传播方向互相平行。

⑥横波：当弹性介质受到外部的剪切应力作用时，由于剪切变形和剪切应力的相互作用，质点间的位置发生相对错动，并以振动的形式传播而形成波，这种波即为横波，简称 S(Secondary)波，表示次至波的意思。横波的特点是质点的振动方向与波的传播方向互相垂直。

(2)基本理论

①声波检测技术可分为声发射技术和声波测试技术。

②声发射仪器按通道的数量多少可分为：单通道声发射仪和多通道声发射仪。

③单通道声发射仪可进行声发射信号多种分析，而多通道声发射仪则可进行多种分析和声源定位。

④各种岩石的声发射与岩石组织有如下关系：结晶发育的岩石易发声，隐晶质岩石声发射较差；粒状组织岩石声发射频度高；结晶的且孔隙度大的岩石，在受荷初期即发生声发射，致密的隐晶质岩石多在接近破坏时才发生。因此可知：用声发射作为预报地压活动的信息时，多晶质坚硬岩石效果较好，松软岩石效果较差。当出现声发射频度高时，说明释放能量大，那么岩体破坏严重程度大。

⑤产生弹性波必须具备两个条件，即有初始扰动，如加力、锤击、爆破等；介质具有弹性。

⑥声波的测试设备主要有声波换能器、岩石声波测定仪。

⑦声波测试的工作方式主要有双孔孔间穿透法、单孔声波量测法和剖面法等。

(3)基本公式

①纵波波速：

$$v_{\mathrm{P}}=\sqrt{\frac{E}{\rho}\frac{1-\mu}{(1+\mu)(1-2\mu)}}$$

②横波波速：

$$v_{\mathrm{S}}=\sqrt{\frac{E}{\rho}\frac{1}{2(1+\mu)}}$$

③波幅：

$$A_R=A_0\mathrm{e}^{-2\alpha R}$$

④介质的吸收系数：

$$\alpha=\frac{1}{\Delta R}\ln(\frac{A_1}{A_2})$$

10 地下工程的无损检测技术

10.1 概　　论

地下工程是为了更好地开发和利用地下空间资源而深入地面以下所建造的构筑物。因其将构筑物建造在岩土体当中，其所处的地质条件不仅决定了地下工程的设计与施工，更影响了工程的长期使用。因构筑物建成之后被岩土材料或地面构筑物所覆盖，因此对建筑材料进行检测并且不破坏其结构状态是十分必要的。

无损检测技术就是在不破坏（或微破损）结构构件材料内部结构、不影响结构整体工作性能和不危及结构安全的情况下，利用和依据物理学的力、声、电、磁和射线等原理、技术和方法，测定与结构材料性能有关的各种物理量，并以此推定结构构件材料强度和检测内部缺陷的一种测试技术。其检测的目的是评定结构构件的质量，控制施工进度和质量，诊断已建结构构件的承载能力和耐久性，评定已建结构的可靠度等级和估算剩余寿命。

无损检测技术在地下工程领域中已得到了广泛的应用，如在隧道与地下工程施工期间的地质预报与预测方面。采用矿山法或盾构法施工的煤矿巷道、水电隧洞、水下隧道等，由于地质条件的复杂多变，必须预先掌握掘进面前方的土层状况，如含水量、密度、颗粒级配，以及是否存在流砂、断层、破碎带、沼气等不利构造，并提前采取措施或改变施工方法，以减少对施工带来的不利影响。现已有相当多成功经验，将声发射或地质雷达技术应用于隧道开挖，对前方几十米甚至几百米的地质条件进行探测和剖析，不仅可以确保地下开挖万无一失，而且可以有效地保证工程的质量。

通常地下工程采用的无损检测方法有回弹法、超声波法、超声回弹综合法。这些方法具有不可替代的优势，在今后的地下工程建设中也将发挥越来越重要的作用。

10.2 回弹法检测

回弹法检测是指以在结构或构件混凝土上测得的回弹值和碳化深度来评定结构或构件混凝土强度的方法。通常，在对试块试验有疑问时，回弹法检测的结果可作为混凝土强度检验的依据之一。采用回弹法检测不会影响结构与构件的力学性质和承载能力，因而被广泛应用于工程验收的质量检测中。

【扫码演示】

结合回弹法在工程结构无损检测中的应用，我国于 2011 年修订了《回弹法检测混凝土抗压强度技术规程》（JGJ/T 23—2011）。

10.2.1 基本原理与标定

【扫码演示】

回弹法检测需要的仪器就是回弹仪。1948 年瑞士斯密特（E Schmidt）发明了回弹仪。图 10.1 所示为常用的指针直读式混凝土回弹仪，其工作原理为：将弹击杆 11 顶住

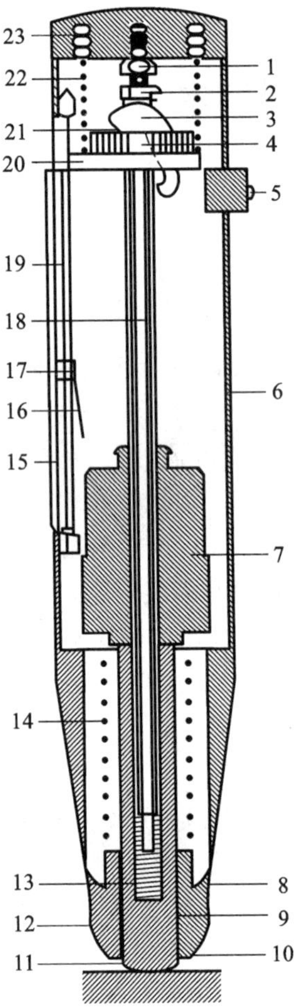

图 10.1　回弹仪构造和工作原理

1—紧固螺母；2—调零螺钉；3—挂钩；4—挂钩销子；5—按钮；6—机壳；7—弹击重锤；8—拉簧座；9—卡环；10—密封毡圈；11—弹击杆；12—盖帽；13—缓冲压簧；14—弹击拉簧；15—刻度尺；16—指针片；17—指针块；18—中心导杆；19—指针轴；20—导向法兰；21—挂钩压簧；22—压簧；23—尾盖

混凝土的表面，轻压仪器，使按钮 5 松开，弹击杆缓慢伸出，使缓冲压簧 13 挂上弹击重锤 7。使回弹仪对混凝土表面缓慢均匀施压，待弹击重锤脱钩，冲击弹击杆后，弹击重锤即带动指针向后移动直至到达一定位置时，指针块 17 的刻度线即在刻度尺 15 上指示某一回弹值。使回弹仪继续顶住混凝土表面，进行读数并记录回弹值。如果条件不利于读数，可按下按钮，锁住机芯，将回弹仪移至其他处读数。逐渐对回弹仪减压，使弹击杆自机壳 6 内伸出，挂钩挂上弹击重锤，待下一次使用。回弹仪必须经过有关检定单位检定并获得检定合格证后在检定有效期内使用。

每次现场测试前后，回弹仪应在洛氏硬度 $H_{RC}=60\pm2$ 的标准钢砧上，在室温（20±5）℃的条件下进行标定。标定时，钢砧应稳固平放在刚度大的混凝土地坪上，回弹仪向下弹击，弹击杆分四次旋转，每次旋转 90°，弹击三次后计算平均回弹值。每旋转一次标定的平均回弹值应在 80±2 范围内，否则须送检定单位重新检定。累计弹击次数超过 6000 次或回弹仪的主要零件被更换后，应送检定单位重新检定。

10.2.2　回弹值的量测

10.2.2.1　试样、测区、测面和测点的布置

被测试构件和测试部位应具有代表性，试样的抽样原则为：当推定单个结构或构件的混凝土强度时，可根据混凝土质量的实际情况确定抽样数量。当用抽样法推定整个结构或成批构件的混凝土强度时，随机抽取的试样数量不少于结构或构件总数的 30％。

测点布置采用测区和测面的概念。在每个试样上均匀布置测区，测区数不少于 10 个，相邻测区的间距不宜大于 2 m。每个测区宜分为两个测面，通常布置在结构或构件的两相对浇筑测面上，如果不能满足这一要求，一个测区允许只有一个测面，测区的大小以能容纳 16 个回弹测点为宜，一般取为 400 cm^2。

混凝土的回弹表面应清洁、平整、干燥、结实，不应有裂缝、接缝、饰面层、粉刷层、浮浆、油垢以及蜂窝、麻面等，必要时可用砂轮打磨清除表面上的杂物和不平整处，测面上不应有残留的粉末或碎屑。结构或构件的试样、测区均应标有清晰的编号，测区在试样上的位置和外观质量均应进行详细记录。

10.2.2.2　测读回弹值

在测试时，应使回弹仪的轴向与测试面垂直，每一测区弹击 16 点。当一个测区有两个测面时，则每一个测面弹击 8 点。测点应在测面上均匀分布，避开外露的石子和气孔，相邻测点间距不小于 3 cm。测点距构件边缘或外露钢筋、铁件的距离一般不小于 5 cm，同一个测点只允许弹击一次。

10.2.2.3　整理回弹值

当测完一个测区的 16 个测点后，将其中三个最大和三个最小的回弹值剔除，然后按式(10.1)计算测区内的平均回弹值：

$$R_{\mathrm{m}} = \frac{\sum_{i=1}^{10} R_i}{10} \tag{10.1}$$

式中　R_{m}——测区平均回弹值，mm，精确到 0.1 mm；

R_i——第 i 个测点的回弹值，mm。

当回弹仪非水平方向测试混凝土表面时，根据回弹仪轴线与水平方向的夹角 α，应将该测区平均回弹值加上角度修正值 ΔR_α，再按下列公式换算为水平方向测试时的测区平均回弹值：

$$R_{\mathrm{m}} = R_{\mathrm{m}\alpha} + \Delta R_\alpha \tag{10.2}$$

式中　$R_{\mathrm{m}\alpha}$——回弹仪与水平方向成 α 角测试时测区的平均回弹值，mm，按式(10.1)进行计算；

ΔR_α——不同测试角度的回弹值修正量，mm，具体的修正要求可按照《回弹法检测混凝土抗压强度技术规程》(JGJ/T 23—2011)中的规定进行。

10.2.3　碳化深度值的测量

回弹值测量完毕后，用凿子等工具在测点内凿出直径约 15 mm、深度约 6 mm 的孔洞，除去孔洞中的粉末和碎屑，建议不用水冲洗孔洞。然后先用浓度为 1%～2%的酚酞酒精溶液滴在孔洞内壁的边缘处，再用碳化深度测量仪测量自混凝土表面至未碳化混凝土的距离，即已呈紫红色部分的垂直深度 d，测量精度至 0.25 mm。平均碳化深度小于 0.4 mm 时，取 $d=0$，即按无碳化考虑。平均碳化深度大于 6 mm 时，取 $d=6$ mm。

测区的平均碳化深度值 d_{m} 为：

$$d_{\mathrm{m}} = \frac{\sum_{i=1}^{n} d_i}{n} \tag{10.3}$$

式中　d_i——第 i 次测量的碳化深度值，mm；

n——测区的碳化深度测量次数。

10.2.4　混凝土强度评定

10.2.4.1　测强基准曲线与测区混凝土强度值

回弹值与混凝土抗压强度的相关关系曲线称为测强基准曲线，为了使用方便，通常以测区混凝土强度值换算表的形式给出，即按测区平均回弹值 R_{m} 及平均碳化深度 d_{m} 查换算表得出测区混凝土强度值 R_{n}。国家住房和城乡建设部标准给出的非泵送混凝

【扫码演示】

土的全国通用测强曲线关系式为：

$$R_n = 0.025R_m^{2.0108} \times 10^{-0.035}d_m \tag{10.4}$$

式中，R_m 和 d_m 分别按照式(10.1)和式(10.3)计算。

根据测区的平均回弹值 R_m 和平均碳化深度 d_m，可由《回弹法检测混凝土抗压强度技术规程》(JGJ/T 23—2011)中附录 A 查得测区混凝土强度值 R_n。

而对于泵送混凝土，其测强曲线采用幂指数的表达式，具体为：

$$R_n = 0.034488R_m^{1.9400} \times 10^{-0.0173}d_m \tag{10.5}$$

对于泵送混凝土，根据测区的平均回弹值 R_m 和平均碳化深度 d_m，可由《回弹法检测混凝土抗压强度技术规程》(JGJ/T 23—2011)查得测区混凝土强度值 R_n。

10.2.4.2 混凝土试样强度评定

混凝土试样的强度平均值 $\bar{R}_n$ 按下式进行计算：

$$\bar{R}_n = \frac{\sum_{i=1}^{n} R_{ni}}{n} \tag{10.6}$$

式中 R_{ni}——第 i 测区的混凝土强度值，MPa；

n——测区数，对于单个评定的结构或构件，取一个试样的测区数；对于抽样评定的结构或构件，取各个抽检试样测区数之和。

试样混凝土强度第一条件值 R_{n1} 和第二条件值 R_{n2} 按以下各式分别进行计算：

$$R_{n1} = 1.18(\bar{R}_n - KS_n) \tag{10.7}$$

$$R_{n2} = 1.18(R_{ni})_{min} \tag{10.8}$$

式中 $\bar{R}_n$——试样混凝土强度平均值，MPa，按式(10.6)计算；

S_n——试样混凝土强度标准差，MPa，按式(10.9)计算，精确至两位小数：

$$S_n = \sqrt{\frac{\sum_{i=1}^{n}(R_{ni}^2) - n(\bar{R}_n)^2}{n-1}} \tag{10.9}$$

$(R_{ni})_{min}$——各测区混凝土强度值中的最小值，MPa；

K——合格判定系数值，按表 10.1 取值。

表 10.1 合格判定系数值 K

n	10～14	15～24	≥25
K	1.70	1.65	1.60

结构或构件混凝土强度值 R_n 的评定应按以下规定进行：

①对于单个评定的结构或构件，取第一条件值式(10.7)和第二条件值式(10.8)中的较低值。

②对于抽样评定的结构或构件，在各抽检试样中取式(10.7)和式(10.8)中的较低值。

10.2.5 评定报告和有关表格

采用回弹法检测最终以评定报告的形式提交检测结果，评定报告应包括以下内容：

(1)建设单位名称；

(2)工程名称；

(3)施工日期；

(4)检测原因；

(5)试样抽检范围及试样名称编号，如果有必要，列出测区的位置及其强度值；

(6)出具报告的单位名称、测试负责人、报告审定人；

(7)测试及出具报告的日期；

(8)其他需要说明的事项。

报告应包括回弹法测试原始记录表和结构或构件试样混凝土强度计算表。

10.3 超声波检测

10.3.1 超声波检测仪

超声波是弹性介质中频率高于20000Hz的一种机械波，它的传播过程代表能量的传递过程。超声波的纵波可以在固体、液体以及气体中传播，横波可以在固体中传播，而表面波仅在固体表面传播。在超声波检测中，需测得的基本参量为声速、声幅(声压与声强)、频率，而在混凝土检测中最常用的参数为声速。

超声波在混凝土中传播时，其纵波速度的平方与混凝土的弹性模量成正比，与混凝土的密度成反比。声波振幅随其传播距离的增大而减弱；声波遇到空洞、裂缝时，界面产生波的折射、反射，边缘产生波的绕射，使接收的声波振幅减小，传播时间加长，产生畸形波等。据此特征可以判断混凝土的强度和质量。

超声波检测系统包括超声波检测仪和换能器(即探头及耦合剂)，如图10.2所示。工程中常用的检测仪为汕头超声波仪器厂生产的CTS-25型非金属超声波检测仪，声时范围为0.5～9999 μs，测读精度为0.1 μs，电压为220 V。换能器频率为50～100 kHz，常用耦合剂为黄油。

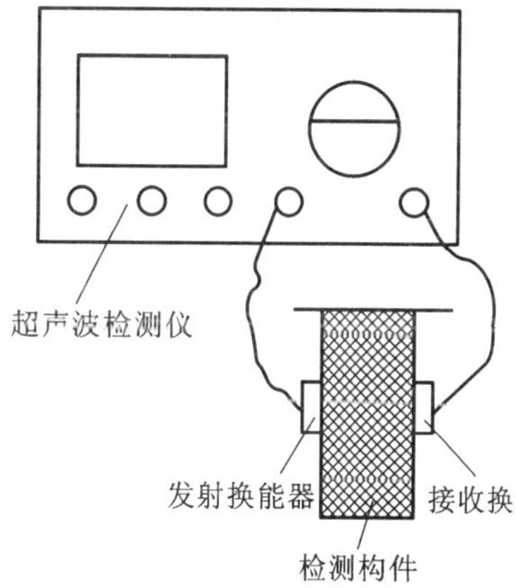

图10.2 超声波检测系统

在进行超声波测试前，应了解设计施工情况，包括构件尺寸、配筋种类、混凝土组成、施工方法和混凝土龄期等。选择探头频率，如采用500KC探头并将仪器置于“自振”工作频率一挡，已能满足要求。测试应选择在配筋少，表面干燥、平整及有代表性的部位上，将发射与接收探头测点互相对应画在构件两侧，编号并涂黄油，即可测试。测试时，要注意零读数和掌握超声波传播时间精确读法。测定超声波在混凝土内的传播时间时，将仪器中“增益”调节到最大，容易取得较精确的时间读数。

10.3.2 回弹值量测

超声波检测的现场准备及测区布置与回弹法相同。在每个测区相对的两测面选择相对的呈梅花状的五个测点。对测时，要求两探头的中心同置于一条轴线上。涂于探头与混凝土检测面之间的黄油是为了保证两者之间具有可靠的声耦合。测试前，应将仪器预热10 min，并用标准棒调节首波幅度至30～40 mm后，将测读的声速值作为初读数。实测中，应将探头置于测点并压紧，接收信号值扣除初读数后即为各测点的实际声速值。

10.3.3 测区声速值计算

取各测区五个声速值中三个中间值的算术平均值作为测区声速值，得测试值 t_m（μs），则测区声速值 v 为：

$$v=\frac{L}{t_m} \tag{10.10}$$

式中 L——超声波的传播距离，mm，可用钢尺直接在构件上测量。

10.3.4 混凝土强度评定

根据混凝土材料强度 R 与声速 v 的标定曲线，可以按检测所得的声速查得测区混凝土强度值，进而推断结构或构件的混凝土强度。图10.3和图10.4分别为卵石混凝土和碎石混凝土的 R-v 标定曲线，可以供实际检测中参考。

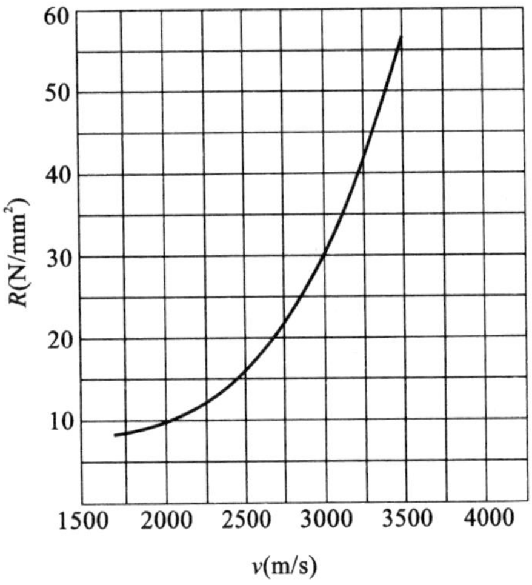

图10.3 卵石混凝土的 R-v 标定曲线

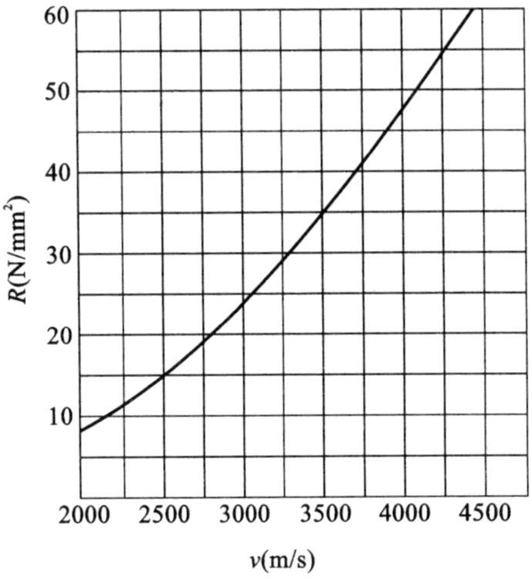

图10.4 碎石混凝土的 R-v 标定曲线

标定曲线的制作是一项十分重要又相当繁重的工作，需要通过大量不同配合比和不同龄期混凝土试件的超声波测试与抗压试验，由数理统计方法对测试数据进行回归、整理和分析后才能得到。由于受材料性质离散性的影响，标定曲线具有一定的误差，同时还受到检测仪器种类的限制。对于一般检测人员，应尽可能参照与检测对象和条件较为一致的标定曲线，同时还应结合其他检测手段，如试块强度测试、回弹法检测等综合判定。

10.4 超声回弹综合检测

【扫码演示】

从工程检测的实例可以看出，同一结构采用回弹法检测和超声法检测所得到的混凝土强度值相差较多。究其原因，回弹法检测反映的主要为构件表面或浅层的强度状况，回弹值受构件表面影响较大，因此构件表面应清洁、平整、干燥、结实，不应有裂缝、接缝、饰面层、粉刷层及残留碎屑等。超声法检测反映的是构件内部强度状况，但声速值受骨料粒径、砂浆等影响较大。通过对这两种检测方法的综合分析可认为，以超声波声速值和回弹值为基础综合反映出的混凝土抗压强度，对于反映材料的强度更为全面和真实，同时具有相当的测量精度。与单一方法相比，超声回弹综合法的优点是精度高，适应范围广，对混凝土工程无任何破坏，故在我国混凝土工程中已被广泛使用。目前国内已正式颁布有关超声回弹综合法检测混凝土强度的地方标准。

10.4.1 测试仪器

超声回弹综合法检测的测试仪器及现场准备分别与超声法和回弹法的要求相同。超声波测点布置在回弹测试的同一测区内，先进行回弹测量，后进行超声测量。测区数量及抽样的要求与回弹法相同。

10.4.2 回弹值的测量与计算

在测区内，混凝土回弹值的测量、计算及其修正均与回弹法相同。

10.4.3 声速的测量与计算

测区声速值的测量及计算方法与超声法完全相同。当在混凝土结构的顶面和底面测试时，测区声速值的修正公式为：

$$v_a = \beta v \tag{10.11}$$

式中 v——测区声速值，km/s；

v_a——修正后的测区声速值，km/s；

β——超声测试面修正系数，在混凝土结构顶面和底面测试时，$\beta=1.034$，在混凝土侧面测试时，$\beta=1$。

10.4.4 测区混凝土强度换算值

根据测区修正后的回弹值 R_{ai} 及测区修正后的超声波声速值 v_{ai}，优先采用专用的或地区的综合法测强曲线推定测区混凝土强度换算值。

当无该类测强曲线时，计算公式为：

$$f^c_{cu,i} = \begin{cases} 0.0038(v_{ai})^{1.23}(R_{ai})^{1.95}, \text{粗骨料为卵石} \\ 0.008(v_{ai})^{1.72}(R_{ai})^{1.57}, \text{粗骨料为碎石} \end{cases}$$

式中 $f^c_{cu,i}$——第 i 个测区混凝土强度换算值，MPa；

v_{ai}——第 i 个测区修正后的超声波声速值，km/s；

R_{ai}——第 i 个测区修正后的回弹值，mm。

10.4.5 结构或构件的混凝土强度推定值

当按单个构件检测时，取该构件各测区中最小的混凝土强度换算值作为构件混凝土强度推定值 $f_{cu,\theta}$；当按批抽样检测时，该批构件的混凝土强度推定值按式(10.12)和式(10.13)计算，并取两者中较大值作为该批构件的混凝土强度推定值：

$$f_{cu,\theta} = mf^c_{cu} - 1.645sf^c_{cu} \tag{10.12}$$

$$mf^{c}_{cu,min} = \frac{1}{m}\sum_{i=1}^{m} f^{c}_{cu,min,i} \tag{10.13}$$

式中 mf^{c}_{cu}——所有测区混凝土强度换算值的平均值,MPa;

sf^{c}_{cu}——所有测区混凝土强度换算值的标准差,MPa;

$f^{c}_{cu,min,i}$——第 i 个构件中的最小测区混凝土强度换算值,MPa;

n——抽取构件的测区总数;

m——抽取的构件数。

其中

$$mf^{c}_{cu} = \frac{1}{n}\sum_{i=1}^{n} f^{c}_{cu,i} \tag{10.14}$$

$$sf^{c}_{cu} = \sqrt{\frac{\sum_{i=1}^{n}(f^{c}_{cu,i})^2 - n(mf^{c}_{cu})^2}{n-1}} \tag{10.15}$$

10.5 地质雷达检测技术

地质雷达是近年来发展得非常迅速的一项探测新技术,以其高分辨率和高工作效率的优势,正逐渐成为地下隐蔽工程调查的一种有力工具。随着信号处理技术和电子技术的发展以及实践操作经验的积累,地质雷达测试技术也不断发展。地质雷达仪器不断更新,应用范围也不断扩大,现已广泛应用于工程地质勘察、建筑结构调查、无损检测、水文地质调查、生态环境等众多领域。

10.5.1 地质雷达原理及特点

地质雷达(Ground Probing/Penetrating Radar,GPR)是一种对地下或物体内不可见目标体或界面进行定位的电磁技术。其工作原理如下:高频电磁波以宽频带脉冲形式,通过发射天线被定向送入地下或目标体,经存在电性差异的地下地层或目标体反射后返回地面,由接收天线所接收。高频电磁波在介质中传播时,其路径、电磁场强度与波形将随所通过介质的电性特征及几何形态而发生变化。故通过对时域波形的采集、处理和分析,可确定地下界面或目标体的空间位置及结构。

地质雷达的特性主要表现在以下几个方面:

(1)高分辨率。地质雷达的工作频率可高达 5000 MHz,分辨率可达数厘米。

(2)无损性。地质雷达是一种非破损性的探测技术。它通过从地表向地下或目标体发射高频电磁波,处理、分析回波信号来达到探测目的。对地表和目标体没有任何损伤与破坏。

(3)高效率。地质雷达仪器轻便,从数据采集到成像处理一体化,所需人员少,因此效率高。

(4)抗干扰能力强。地质雷达可在各种环境下工作。

但是,由于高频电磁波在介质中的高衰减性,地质雷达的探测距离受到一定的限制。

10.5.2 地质雷达仪器及其发展

地质雷达与探空或通信技术相类似,但它是从地表向地下发射电磁波来实现探测,故称之为地质雷达。它的产生和发展经历了将近一个世纪。Hulgmeyer(1904)首先使用电磁信号来确定地下金属目标体的存在。Leimbach 和 Lowy(1910)在一项德国专利中第一次描述了用电磁波来定位埋藏的物体。Hulsenbeck 第一次使用脉冲技术确定地下物体的结构,他指出:地表下任何介电常数的变化将导致电磁波的反射。他的这一结论成了目前地质雷达工作的物理基础。但鉴于地下介质具有较强的电磁波衰减特性,加之地质情况的复杂多样,很长时间以来,地质雷达仅作为冰、淡水、盐层、沙漠地带的应用工具。在 20 世纪 60 年代末期,阿波罗登月计划的实施及研究月球表面岩性地质构造的需要给地质雷达技术的发展带来了新的动力。20 世纪 80 年代以来,A P Annan 等许多学者先后做了大量的理论研究及试验工作,为这项技术的进步奠定了基础。仪器的发展使得地质雷达实践应用范围不断扩大,尤其是在工程地质探测、工程无损检测及生态环境保护等方面取得了较大的进展,而且地质雷达的应用又有力地推动了地质雷达设备的更新和完善。现在市场上有多种商用地质雷达,如美国地球物理公司(GSSI)的 SIR 系列、瑞典地质公司(SGAB)的 RAMAC 系列等。这些雷达使用的中心频率为 25～1000 MHz,时窗范围为 0～2000 ns,雷达脉冲宽度为 0.5～10 ns,脉冲间隔为 1×10^4～5×10^4 ns,脉冲幅值达 100～150 V。目前,地质雷达仪器又有了长足的发展,如变频天线的雷达系统、多道地质雷达系统和步进频率信号雷达系统。

国内地质雷达仪器发展较慢,主要有电子工业部第 22 研究所的 LTD-3 型地质雷达、北京爱迪尔国际探测技术有限公司的 CBS-9000 型地质雷达。

10.5.3 地质雷达数据采集的最优化分析

地质雷达数据的采集是地质雷达应用的首要工作,它直接影响到图像的质量,有时甚至决定了地质雷达应用的成败。地质雷达的探测距离与分辨率是应用中的两个重要参数,直接受天线中心频率的影响。而地质雷达应用中最常用的测量方法为单次覆盖剖面法,因此正确选择天线频率与设置天线发射-接收距离是双天线地质雷达数据采集中最重要的问题。其最优化分析包括在高噪声的环境中获得最佳信号及增强深部弱信号两个方面。

10.5.3.1 地质雷达的技术参数

地质雷达的技术参数包括地质雷达的探测距离和地质雷达的分辨率。它是由地质雷达方程决定的。

(1)地质雷达方程

在衰减介质中地质雷达方程为:

$$P_{\mathrm{R}} = \frac{P_{\mathrm{T}} G_{\mathrm{T}} G_{\mathrm{R}} \lambda^2 g \mathrm{e}^{-2\alpha R}}{(4\pi)^3 R^4} \tag{10.16}$$

式中 P_{R},P_{T}——接收天线与发射天线的功率,kW;

G_{R},G_{T}——接收天线与发射天线的增益,一般 $G_{\mathrm{R}}=G_{\mathrm{T}}$;

λ——电磁波在介质中的波长,m;

g——目标体的电磁波散射截面因子,m^2;

α——介质的衰减系数;

R——天线到目标体的距离,m。

系统的信噪比为:

$$\frac{s}{N} = \frac{2P_{\mathrm{R}}}{N_0} = \frac{2P_{\mathrm{T}} G_{\mathrm{T}} G_{\mathrm{R}} \lambda^2 g \mathrm{e}^{-2\alpha R}}{(4\pi)^3 R^4 N_0} \tag{10.17}$$

式中 N_0——背景噪声的功率谱密度，W/Hz。

功率谱密度依赖于雷达接收天线的系统噪声，定义为：

$$\frac{N_0}{2} = K_B T_0 F_N \tag{10.18}$$

式中 K_B——Boltzman 常数，1.38×10^{-13} J/K；

T_0——系统温度，290 K；

F_N——系统噪声系数。

如果接收天线不完全匹配，耦合系数 $C_M<1$；如果接收天线完全匹配，耦合系数 $C_M=1$，则信噪比可表示为：

$$\frac{s}{N} = \frac{P_T C_M}{F_N K_B T_0} \cdot \frac{\lambda^2 g e^{-2\alpha R}}{(4\pi)^3 R^4} = A \cdot B \tag{10.19}$$

式中，A、B 分别与雷达系数、介质性质有关。

(2)地质雷达的探测距离

地质雷达所能探测到的目标体的深度称为地质雷达的探测距离，当 $s/N=11$ 时达到最大探测距离。由式(10.19)可知，当一个地质雷达系统选定后，因子 A 也就随之确定了。因此地质雷达波在介质中传播的距离 R，主要由电磁波长 λ、目标体的电磁波散射截面因子 g 和介质的衰减系数 α 决定。下面定性地分析同一目标体的电磁波在衰减介质中传播的距离。

在均匀的衰减介质中，电磁波传播的波长 λ 与衰减系数 α 分别为：

$$\lambda = \frac{v}{f} = \frac{c}{f\sqrt{\mu_r \varepsilon_r}} \tag{10.20}$$

$$\alpha = \frac{\sigma z_0}{2\omega R \varepsilon_r} \tag{10.21}$$

式中 c——电磁波在自由空间中的传播速度，m/ns；

f——电磁波在自由空间中的频率，Hz；

μ_r——介质的相对磁导率，H/m；

ε_r——介质的相对介电常数，F/m；

σ——电导率，ns/m；

z_0——自由空间的波阻抗，Ω；

ω——能量衰减系数。

由式(10.19)、式(10.20)和式(10.21)可知，地质雷达的探测距离仅与介电常数、磁导率、电导率以及电磁波的频率有关。

相关试验表明，地质雷达磁导率的影响可忽略，电磁波在介质中的传播距离实际仅由介电常数、电导率与电磁波的频率决定。电磁波在介质中的传播距离可由能量衰减系数 ω 来表示，具体为：

$$\omega = 2\pi f \varepsilon \sigma \tag{10.22}$$

当电磁波的频率越高，它在介质中衰减越快，传播距离越短。当电磁波的频率一定，介质的相对介电常数较大、电导率较大时，地质电磁波会很快衰减，传播距离短，地质雷达探测的深度浅。反之，介质的相对介电常数较小、电导率也较小时，地质雷达波衰减慢，传播距离远，地质雷达探测的深度较深。表 10.2 列出了一些常见介质的相对介电常数、电导率、电磁波在介质中的传播速度与吸收系数。据此可知，地质电磁波在金属中传播会很快衰减，而在空气中几乎不会衰减。

表 10.2　介质的相对介电常数、电导率、电磁波在介质中的传播速度与吸收系数

介质	相对介电常数 ε_r(F/m)	电导率 σ(ns/m)	传播速度 v(m/ns)	吸收系数 β(dB/m)
空气	1	0	0.0	0
淡水	80	0.5	0.033	0.1
海水	80	3×10^4	0.01	1000
干砂	3～5	0.01	0.15	0.01
饱和砂	20～30	0.1～1.0	0.06	0.03～0.3
石灰岩	4～8	0.5～2.0	0.12	0.4～1.0
泥岩	5～15	1～100	0.09	1～100
粉砂	5～30	1～100	0.07	1～100
黏土	5～40	2～1000	0.06	1～300
花岗岩	4～6	0.01～1.0	0.13	0.01～1.0
盐岩	5～6	0.01～1.0	0.13	0.01～1.0
冰	3～4	0.01	0.16	0.01
金属	300	10^{10}	0.017	10^8
PVC 塑料	3.3	1.34	0.16	0.14

(3)地质雷达的分辨率

分辨率是指分辨最小异常体的能力，分辨率可分为垂向分辨率与横向分辨率。垂向分辨率是指地质雷达剖面上能够区分一个以上反射界面的能力。一般把地层厚度 $b=\lambda/4$ 作为垂向分辨率的下限，当地层厚度 $b<\lambda/4$ 时，复合反射波形变化很小，其振幅正比于地层厚度，这时已无法从时间剖面上确定地层厚度。横向分辨率是指地质雷达在水平方向上所能分辨的最小异常体的尺寸。根据波的干涉原理，横向分辨率 r_r 通常由第一菲涅尔带确定，即

$$r_r=\sqrt{\frac{\lambda h}{2}} \tag{10.23}$$

式中　λ——电磁波的波长，m；

h——异常体的埋藏深度，m。

首先，地质雷达对于单个异常体的横向分辨率要远小于第一菲涅尔带半径。然后，区分两个水平的相邻异常体所需的最小横向距离要大于第一菲涅尔带半径。在噪声较强的场地环境中，地质雷达分辨率将减小。

10.5.3.2　地质雷达的信号采集方案分析

地质雷达的信号采集方案涉及场地环境分析、测量方式分析及测量参数的优选。

(1)场地环境分析

每接受一个地质雷达测量任务都要对目标体特征与所处环境进行分析，以确定地质雷达测量能否取得预期效果。目标体的电性，即相对介电常数与电导率等必须明确，地质雷达应用的成功与否取决于目标介质是否有足够的反射与散射能量为系统所识别。当围岩与目标体相对介电常数分别为 ε_h 和 ε_t 时，目标体的功率反射系数 P_r 的估算式为：

$$P_r = \left| \frac{\sqrt{\varepsilon_h} - \sqrt{\varepsilon_t}}{\sqrt{\varepsilon_h} + \sqrt{\varepsilon_t}} \right|^2 \tag{10.24}$$

围岩的不均一性尺度必须有别于目标体的尺度，否则目标体的响应将淹没在围岩变化特征之中而无法识别。测区的工作环境必须明确，当测区内存在大范围金属体或无线电射频源时，将对地质雷达的探测产生严重干扰。由于地质雷达信号在介质中以指数衰减，在空气中以几何级数衰减，地面上大的物体，如大石块、树等会形成较强的散射。此外测区的地形、地貌、温度、湿度等条件也将影响到测量能否顺利进行，测试时必须考虑其影响。

(2)测量方式分析

按研究内容及目的的不同，地质雷达通常可以采取三种方式探测，如图 10.5 所示，图中 T 为发射天线，R 为接收天线。

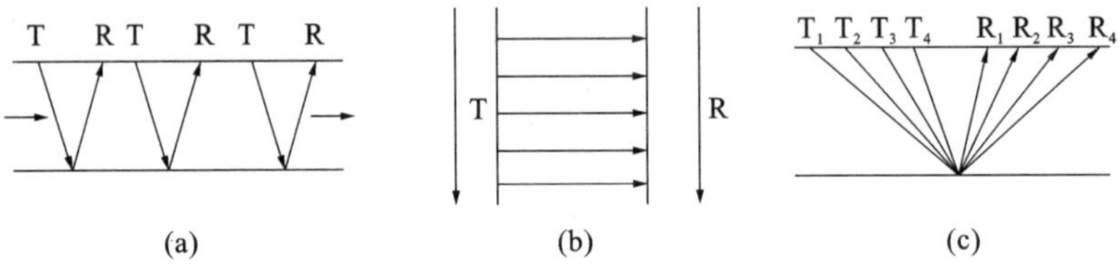

图 10.5　地质雷达的三种探测方式

(a)反射探测方式；(b)透射探测方式；(c)共中心点探测方式

①反射探测方式，其原理与反射地震方法相似。按接收天线相对发射天线位置的不同可分为平行排列、正交排列等多种组合。

②透射探测方式，主要用于对介质进行透射研究。其原理类似于无线电波透视法。由于信号频率高、衰减快，一般只用于古建筑物、桥梁等的状态监测以及近距离的孔间透射。

③共中心点探测方式，主要用于获取地质雷达波在地下介质中的传播速度。其应用前提是地下介质相对均匀并存在近于水平的反射界面。

从以上各种测量方式定义可知，不同的测量方式有不同的应用目的。然而地质雷达检测的最终目的是获取地下地层结构相关信息，因此反射探测方式用得最多。由于介质对电磁波的吸收，来自深部界面的反射波会由于信噪比过小而不易识别，同时由于地面上物体散射的强干扰常掩盖了正常的地面信息，因此提取地下有用的弱信号是地质雷达今后需要提高的技术。

多次叠加技术是提高信噪比的有力手段，有助于识别地表散射，所达到的深度是单道采集的 2～3 倍。在多次叠加技术中影响地质雷达分辨率的主要参数有：最大反射-接收距、最小发射-接收距、叠加次数。然而，在实践应用中多次叠加技术的低频率常常限制了地质雷达的应用。

(3)测量参数的优选

测量参数选择合适与否关系到地质雷达测量的应用效果。选取的测量参数包括天线中心频率、发射-接收天线间距、时窗、采样率、测点点距等。大量的工程实践表明，选择合适的天线中心频率与发射-接收天线间距是极其重要的。

①天线中心频率的选择

天线中心频率的选择应兼顾目标体深度、最小尺寸以及天线尺寸是否符合场地要求。一般而言，当满足分辨率且场地条件又许可时，应该尽量使用中心频率较低的天线。如果要求的空间分辨率为 x_m，围岩相对介电常数为 ε_r，则天线中心频率 f 可由下式初步选定，即：

$$f = \frac{150}{x_m \sqrt{\varepsilon_r}} \tag{10.25}$$

根据初选频率，利用雷达探测距离方程式，可计算出探测深度。如果探测深度小于目标深度，则需降低频率以获得适宜的探测深度。

②发射-接收天线间距的选择

a.电偶极子天线辐射方向图

不同介电常数地表面的电偶极子天线辐射方向图如图 10.6 所示。

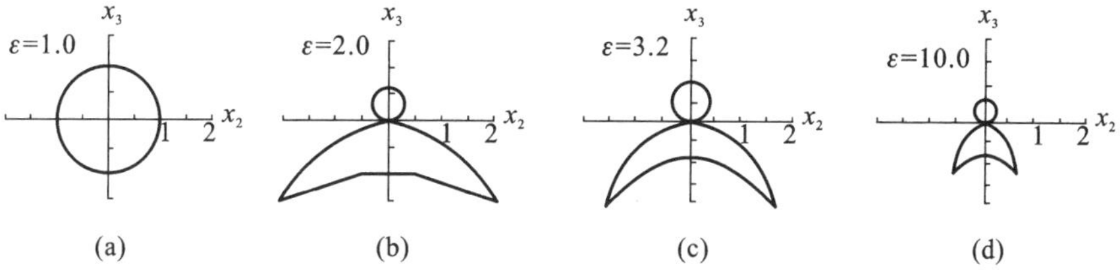

图 10.6　不同介电常数地表面电偶极子天线辐射方向图

从图 10.6 中可以看出，地下介质的介电常数越大，电偶极子的辐射功率就越往地下集中；地下辐射场在临界角方向上的辐射强度最大。

b.线间距选择

在设计地质雷达探测方案时，发射-接收天线间距是一个很重要的参数。适当选取发射、接收天线间的距离可使来自目标体的回波信号增强。由图 10.6 可知，在介电折射率随深度而增大的情况下，反射振幅系数随入射角度增大而增大，在临界角时达到最大。地质雷达的记录振幅由于几何波前扩散与衰减项增大的影响会趋于减小，存在一个使反射振幅最大的最优天线间距。在不同地区，由于地层衰减不同，最优发射-接收天线间距一般是不同的。

c.天线的极化方向

电偶极子接收天线对地下目标体散射波的极化方向比较敏感，它依赖于入射电磁波的极化方向。这意味着在设计测量方案、数据处理、地质解释中，极化是一个须考虑的重要因素。天线的取向要保证电场的极化方向平行于目标体的长轴方向或走向方向。在某些情况下，当目标体的长轴方向不明或要提取目标体的方向特性时，最好使用两组正交方向的天线分别进行测量。

【扫码演示】

本 章 小 结

（1）基本概念

无损检测技术：是在不破坏（或微破损）结构构件材料内部结构、不影响结构整体工作性能和不危及结构安全的情况下，利用和依据物理学的力、声、电、磁和射线等原理、技术和方法，测定与结构材料性能有关的各种物理量，并以此推定结构构件材料强度和检测内部缺陷的一种测试技术。

回弹法检测：指以在结构或构件混凝土上测得的回弹值和碳化深度来评定结构或构件混凝土强度的方法。

测强基准曲线：指回弹值与混凝土抗压强度的相关关系曲线。

超声波：弹性介质中频率高于 20000 Hz 的一种机械波，它的传播过程代表能量的传递过程。

(2)基本理论

①回弹法检测需要的仪器是回弹仪(图 10.1),工作原理为:将弹击杆 11 顶住混凝土的表面,轻压仪器,使按钮 5 松开,弹击杆缓慢伸出,使缓冲压簧 13 挂上弹击重锤 7。使回弹仪对混凝土表面缓慢均匀施压,待弹击重锤脱钩,冲击锤击杆后,弹击重锤即带动指针向后移动直至到达一定位置时,指针块的刻度线即在刻度尺 15 上指示某一回弹值。使回弹仪继续顶住混凝土表面,进行读数并记录回弹值,如果条件不利于读数,可按下按钮,锁住机芯,将回弹仪移至其他读数处。逐渐对回弹仪减压,使弹击杆自机壳 6 内伸出,挂钩挂上弹击重锤,待下一次使用。回弹仪必须经过有关检定单位检定并获得检定合格证后在检定有效期内使用。

②回弹法检测要点包括:回弹值的量测(试样、测区、测面和测点的布置,测读回弹值,整理回弹值)、碳化深度值的量测、混凝土强度评定。

③超声法检测要点包括:超声传播时间的测量、测区声速值计算、混凝土强度评定。

④超声回弹综合检测要点包括:回弹值的测量与计算、超声值的测量与计算、测区混凝土强度换算值计算、混凝土强度推定值计算。

⑤地质雷达特性为:高分辨率、无损性、高效率、抗干扰能力强。

⑥地质雷达(Ground Probing/Penetrating Radar,GPR)是一种对地下或物体内不可见目标体或界面进行定位的电磁技术。其工作原理如下:高频电磁波以宽频带脉冲形式,通过发射天线被定向送入地下或目标体,经存在电性差异的地下地层或目标体反射后返回地面,由接收天线所接收。高频电磁波在介质中传播时,其路径、电磁场强度与波形将随所通过介质的电性特征及几何形态而发生变化。故通过对时域波形的采集、处理和分析,可确定地下界面或目标体的空间位置及结构。

⑦地质雷达探测方式可采取反射探测、透射探测、共中心点探测三种方式。

(3)基本公式

回弹检测非泵送混凝土强度值:

$$R_{\mathrm{n}} = 0.025R_{\mathrm{m}}^{2.0108} \times 10^{-0.035}d_{\mathrm{m}}$$

回弹检测泵送混凝土强度值:

$$R_{\mathrm{n}} = 0.034488R_{\mathrm{m}}^{1.9400} \times 10^{-0.0173}d_{\mathrm{m}}$$

回弹检测混凝土试样的强度平均值:

$$\bar{R}_{\mathrm{n}} = \frac{\sum_{i=1}^{n} R_{\mathrm{n}i}}{n}$$

超声波检测测区声速值:

$$v = \frac{L}{t_{\mathrm{m}}}$$

11 模型试验

地下工程是介质性质、受力条件和边界条件都很复杂的力学作用体。多年来，数学力学方法只能为形状简单的地下工程（例如圆形或椭圆形等巷道）提供围岩应力场与位移场的理论解，许多分析性的预见大多来自现场实测与模拟研究的成果。近几十年来，尽管有限元、边界元和离散元等数值分析方法与计算机的结合为地下工程的分析与计算提供了有力的工具，但模型试验因具有直观性及全场逐点给出结论的优点，因而在解决地下工程力学问题时至少在如下两个方面起着重大作用：

(1)探索目前用数学分析方法尚不易解决的许多问题，诸如岩体在弹性、塑性、黏性状态破坏的机理；

(2)用模型试验验证数值分析的正确性，然后用一系列不同的参数进行数值分析，这种数学模型与物理模型互为验证的研究方法，既保存了模型试验的优点，又可充分发挥数学模型快速、高效率的计算功能，减少重复进行模型试验的工作量。

通过模型试验可实现如下四个方面的研究内容：

(1)研究地下工程在各种荷载作用下的应力分布特征与变形、位移规律；

(2)研究地下工程在荷载作用下的破坏形式及其原因，通过逐级加载试验可以估计原型的总安全系数和稳定程度；

(3)研究地下工程中结构的最佳方案、围岩与衬砌的相互作用等设计中需要解决的问题；

(4)研究各类岩土结构的变形与强度特征及其与结构的相互作用。

11.1 相似理论

11.1.1 相似及相似条件

11.1.1.1 相似的概念

如果表征一个系统中的物理现象的全部量（如线性尺寸、力、位移等）的数值，可由第二个系统中相对应的诸量乘以不变的无量纲数得到，这两个系统的物理现象就是相似。属于力学现象的叫作力学相似。根据相似现象的意义，相似现象有如下两个性质：

(1)相似现象的两个系统中，各对应物理量之比应当是无量纲的常数，称之为相似系数，或相似比。

(2)相似现象的两个系统均可用一个基本方程式描述，各物理量的相似常数间的制约关系可由此基本方程式导出。

11.1.1.2 弹性力学问题的相似条件

若两个弹性力学问题是力学相似的，以下标 p 和 m 分别表示原型和模型的物理量，则原型和模型都应满足弹性力学的基本方程，由弹性力学知识可知：

(1)平衡方程式

原型：

$$\left.\begin{aligned}\frac{\partial(\sigma_x)_p}{\partial x_p}+\frac{\partial(\tau_{xy})_p}{\partial y_p}+X_p=0\\ \frac{\partial(\sigma_y)_p}{\partial y_p}+\frac{\partial(\tau_{xy})_p}{\partial x_p}+Y_p=0\end{aligned}\right\}\tag{11.1a}$$

模型：

$$\left.\begin{aligned}\frac{\partial(\sigma_x)_m}{\partial x_m}+\frac{\partial(\tau_{xy})_m}{\partial y_m}+X_m=0\\ \frac{\partial(\sigma_y)_m}{\partial y_m}+\frac{\partial(\tau_{xy})_m}{\partial x_m}+Y_m=0\end{aligned}\right\}\tag{11.1b}$$

(2)相容方程式

原型：

$$\left(\frac{\partial^2}{\partial x_p^2}+\frac{\partial^2}{\partial y_p^2}\right)[(\sigma_x)_p+(\sigma_y)_p]=0\tag{11.2a}$$

模型：

$$\left(\frac{\partial^2}{\partial x_m^2}+\frac{\partial^2}{\partial y_m^2}\right)[(\sigma_x)_m+(\sigma_y)_m]=0\tag{11.2b}$$

(3)物理方程式

原型：

$$\left.\begin{aligned}(\varepsilon_x)_p&=\frac{1+\mu_p}{E_p}[(1-\mu_p)(\sigma_x)_p-\mu_p(\sigma_y)_p]\\ (\varepsilon_y)_p&=\frac{1+\mu_p}{E_p}[(1-\mu_p)(\sigma_y)_p-\mu_p(\sigma_x)_p]\\ (\gamma_{xy})_p&=\frac{2(1+\mu_p)}{E_p}(\tau_{xy})_p\end{aligned}\right\}\tag{11.3a}$$

模型：

$$\left.\begin{aligned}(\varepsilon_x)_m&=\frac{1+\mu_m}{E_m}[(1-\mu_m)(\sigma_x)_m-\mu_m(\sigma_y)_m]\\ (\varepsilon_y)_m&=\frac{1+\mu_m}{E_m}[(1-\mu_m)(\sigma_y)_m-\mu_m(\sigma_x)_m]\\ (\gamma_{xy})_m&=\frac{2(1+\mu_m)}{E_m}(\tau_{xy})_m\end{aligned}\right\}\tag{11.3b}$$

(4)几何方程式

原型：

$$\left.\begin{aligned}(\varepsilon_x)_p&=\frac{\partial u_p}{\partial x_p}\\ (\varepsilon_y)_p&=\frac{\partial v_p}{\partial y_p}\\ (\gamma_{xy})_p&=\frac{\partial u_p}{\partial y_p}+\frac{\partial v_p}{\partial x_p}\end{aligned}\right\}\tag{11.4a}$$

模型：

$$\left.\begin{aligned}(\varepsilon_x)_m &= \frac{\partial u_m}{\partial x_m}\\(\varepsilon_y)_m &= \frac{\partial v_m}{\partial y_m}\\(\gamma_{xy})_m &= \frac{\partial u_m}{\partial y_m} + \frac{\partial v_m}{\partial x_m}\end{aligned}\right\} \tag{11.4b}$$

(5)边界条件

原型：

$$\left.\begin{aligned}X_p &= (\sigma_x)_p\cos\alpha + (\tau_{xy})_p\sin\alpha\\Y_p &= (\sigma_y)_p\sin\alpha + (\tau_{xy})_p\cos\alpha\end{aligned}\right\} \tag{11.5a}$$

模型：

$$\left.\begin{aligned}X_m &= (\sigma_x)_m\cos\alpha + (\tau_{xy})_m\sin\alpha\\Y_m &= (\sigma_y)_m\sin\alpha + (\tau_{xy})_m\cos\alpha\end{aligned}\right\} \tag{11.5b}$$

式中，α 为边界面的法线与 x 轴所成的角。

设各物理量之间的相似比定义如下：

几何相似比：

$$C_l = \frac{x_p}{x_m} = \frac{y_p}{y_m} = \frac{u_p}{u_m} = \frac{v_p}{v_m} = \frac{l_p}{l_m} \tag{11.6}$$

应力相似比：

$$C_\sigma = \frac{(\sigma_x)_p}{(\sigma_x)_m} = \frac{(\sigma_y)_p}{(\sigma_y)_m} = \frac{(\tau_{xy})_p}{(\tau_{xy})_m} = \frac{\sigma_p}{\sigma_m} \tag{11.7}$$

应变相似比：

$$C_\varepsilon = \frac{(\varepsilon_x)_p}{(\varepsilon_x)_m} = \frac{(\varepsilon_y)_p}{(\varepsilon_y)_m} = \frac{(\tau_{xy})_p}{(\tau_{xy})_m} = \frac{\varepsilon_p}{\varepsilon_m} \tag{11.8}$$

弹性模量相似比：

$$C_E = \frac{E_p}{E_m} \tag{11.9}$$

泊松比相似比：

$$C_\mu = \frac{\mu_p}{\mu_m} \tag{11.10}$$

边界力相似比：

$$C_{\bar{x}} = \frac{\bar{x}_p}{\bar{x}_m} = \frac{\bar{y}_p}{\bar{y}_m} \tag{11.11}$$

体积力相似比：

$$C_X = \frac{X_p}{X_m} = \frac{Y_p}{Y_m} \tag{11.12}$$

位移相似比：

$$C_\delta = \frac{\delta_p}{\delta_m} \tag{11.13}$$

重度相似比：

$$C_\gamma = \frac{\gamma_p}{\gamma_m} \tag{11.14}$$

将式(11.9)～式(11.14)中的有关部分代入式(11.1a)中，并在等式两边各乘以 C_X，得到：

$$\left.\begin{aligned}\frac{C_X C_l}{C_\sigma}\left[\frac{\partial(\sigma_x)_p}{\partial x_p}+\frac{\partial(\tau_{xy})_p}{\partial y_p}\right]+X_p=0\\ \frac{C_X C_l}{C_\sigma}\left[\frac{\partial(\sigma_y)_p}{\partial y_p}+\frac{\partial(\tau_{xy})_p}{\partial x_p}\right]+X_p=0\end{aligned}\right\} \tag{11.15}$$

为了使模型的应力状态能反映原型的应力状态，必须使得式(11.15)与式(11.1a)一致，则必须有：

$$\frac{C_X C_l}{C_\sigma}=1 \tag{11.16}$$

同理，将式(11.9)～式(11.14)中的有关部分代入式(11.2b)、式(11.3b)、式(11.4b)、式(11.5b)，可得下列各种相似关系：

$$\left.\begin{aligned}C_\sigma&=C_l C_X\\ C_\sigma&=C_\varepsilon C_E\\ C_\mu&=1\\ C_\varepsilon&=1\\ C_{\bar{x}}&=C_\sigma\end{aligned}\right\} \tag{11.17}$$

由式(11.17)与式(11.1a)可知，唯有 $\frac{C_X C_l}{C_\sigma}=1$ 时，两个力学模型的基本方程才相同，在相似理论中，称这个约束各相似常数的指标 $K=\frac{C_X C_l}{C_\sigma}=1$ 为相似指标。

另一方面，根据相似指标，有

$$\frac{X_p L_p}{\sigma_p}=\frac{X_m L_m}{\sigma_m}=\pi \tag{11.18}$$

上式说明原型与模型中某些物理量之间的组合是相等的，且都等于 π，在相似理论中，称这种组合为相似判据。在相似系统中，相似判据应该相等。

通常地下工程中体积力即为重力，故有：

若 $Y=\gamma, X=0$，则 $C_X=C_\gamma$，从而可得到如下相似关系：

$$\frac{\sigma_p}{\sigma_m}=\frac{l_p\gamma_p}{l_m\gamma_m} \tag{11.19}$$

$$\mu_p=\mu_m \tag{11.20}$$

$$\frac{\varepsilon_p}{\varepsilon_m}=\frac{l_p\gamma_p E_m}{l_m\gamma_m E_p}=1 \tag{11.21}$$

$$\frac{\delta_p}{\delta_m}=\left(\frac{l_p}{l_m}\right)^2\frac{\gamma_p}{\gamma_m}\frac{E_m}{E_p} \tag{11.22}$$

利用以上这些相似关系，可以由模型模拟反映出原型的弹性力学状态。此外，模型材料与原型材料强度包络线也必须相似，具体的就是要求模型材料的抗拉强度 $(\sigma_t)_m$、抗压强度 $(\sigma_c)_m$、抗剪强度(C_m、φ_m 为抗剪强度两个指标)等都要与原型材料的对应参数相似，即：

$$\frac{(\sigma_t)_p}{(\sigma_t)_m}=\frac{(\sigma_c)_p}{(\sigma_c)_m}=\frac{C_p}{C_m}=\frac{\sigma_p}{\sigma_m}=\frac{l_p\gamma_p}{l_m\gamma_m} \tag{11.23}$$

$$\varphi_p=\varphi_m \tag{11.24}$$

研究地下工程破坏情况的模型设计，原则上应当满足上述相似关系，但在实际试验时，要全部满足这些关系是非常困难的，一般只能满足其中的一部分主要关系。

11.1.2 量纲分析法(π 定律)

物理量所属的种类，称为这个物理量的量纲，一个物理量可采用不同的单位，但只能有一个量纲。在科学界，选定某些基本量的量纲为基本量纲，基本量纲是彼此独立的。由基本量纲所导出的量纲称为导出量纲。在动力学问题中，有长度 L、质量 M 和时间 T 三个基本量纲。在静力学问题中，则只有长度 L 和质量 M 两个基本量纲。不同量纲的物理量不能进行加减运算，任何一个正确的物理方程中，各项量纲一定相同，这就是物理方程量纲的和谐性，量纲的和谐性是量纲分析的基础。

量纲分析可用于：①检查所建立的方程是否正确；②变换单位；③确定正确表征物理现象的有关物理量的合理形式；④设计系统的试验，并分析试验结果。

量纲分析法用于相似模型的试验研究，可用来确定相似判据，进行模型设计。具体的方法就是 π 定律，其内容是：若物理方程

$$f(x_1, x_2, \cdots, x_p) = 0 \tag{11.25}$$

共含有 p 个物理量，其中有 r 个基本量，并且保持量纲的和谐性，则这个物理方程可以简化为

$$F(\pi_1, \pi_2, \pi_3, \cdots, \pi_{p-r}) = 0 \tag{11.26}$$

式中，$\pi_1, \pi_2, \pi_3, \cdots, \pi_{p-r}$ 是由方程中的物理量所构成的无量纲集，即相似判据。

由此可知，把式(11.26)中的参数 $\pi_1, \pi_2, \pi_3, \cdots, \pi_{p-r}$ 看作新的变量，则变量的数目将比原方程所包含的减少 r 个。

确定相似判据 π 的方法是：从式(11.25)所有的物理量 $x_1, x_2, x_3, \cdots, x_p$ 中，按不同的量纲，选择 r 个。要求所选出的 r 个物理量的量纲是独立的基本量纲或不能相互导出的量纲，每个基本量纲在所选的 r 个物理量中至少要出现一次。将所选的 r 个物理量组成基本量群，将此基本量群的幂乘积作为分母，未入选基本量群的余下的每个物理量作为分子，逐个地与基本量群的幂乘积构成分式，此分式之值以 π 表示。设此分式的分子的量纲与分母的量纲相等，则 π 就是一个无量纲参数，即相似判据。

现以弹性力学相似模型为例进行分析：

(1)首先列出弹性力学模型相关参数表达式：

$$f(\sigma, \varepsilon, E, \mu, X, \bar{x}, l, \delta, \nu) = 0 \tag{11.27}$$

上式中参数总数 $p=8$，基本量纲数目 $r=2$(静力学问题，基本量纲为 L、M)，根据 π 定律，独立的 π 项有 6 个。

(2)选出以体积力 X 和长度 l 作为基本量群的物理量，它们的量纲是 X：FL^{-3}，l：L，满足“相互独立，基本量纲至少出现一次”的原则。

$$\pi_1 = \frac{\sigma}{X^\alpha l^\beta} = \frac{\mathrm{FL}^{-2}}{[\mathrm{FL}^{-3}]^\alpha \mathrm{L}^\beta} \tag{11.28}$$

要使此式成为无量纲参数，则必须满足：$\alpha=1$；$-3\alpha+\beta=-2$，解得：$\beta=1$。故有：

$$\pi_1 = \frac{\sigma}{X \cdot l} \tag{11.29}$$

同理可得：

$$\pi_2 = \varepsilon; \pi_3 = \frac{E}{Xl}; \pi_4 = \mu; \pi_5 = \frac{\bar{x}}{Xl}; \pi_6 = \frac{\delta}{l}$$

根据两个力学现象相似则相似判据相等，有

$$\frac{\sigma_p}{x_p l_p}=\frac{\sigma_m}{x_m l_m};\varepsilon_p=\varepsilon_m;\frac{E_p}{x_p l_p}=\frac{E_m}{x_m l_m};\mu_p=\mu_m;\frac{\bar{x}_p}{x_p l_p}=\frac{\bar{x}_m}{x_m l_m};\frac{\delta_p}{l_p}=\frac{\delta_m}{l_m}$$

或

$$\frac{C_\sigma}{C_X C_l}=1;C_E=1;\frac{C_E}{C_X C_l}=1;C_\mu=1;\frac{C_{\bar{x}}}{C_X C_l}=1;\frac{C_\delta}{C_l}=1$$

上述结论与根据弹性力学基本方程导出的相似判据是一致的。

11.1.3 单值条件

两个力学模型相似的必要和充分条件是：无量纲函数或相似判据不变，单值条件相似。单值条件如下：

(1)原型和模型的几何条件相似；

(2)在所研究的过程中具有显著意义的物理常数成比例；

(3)两个系统的初始状态相似；

(4)在研究期间，两个系统的边界条件相似。

几何相似是将模型与原型各部分按同样的比例尺缩小或放大。对于二维模型或可简化为平面问题来考虑的三维模型，只要求保持平面尺寸的几何相似，而模型的厚度可按稳定条件选取。定性模型的相似比一般取 100～200，定量模型的相似比一般取 10～50。在制作小模型时，某些构件可采用非几何相似的方法来模拟，但必须以不影响模型整体的相似为前提。

初始应力状态是指原型的自然状态。对于岩体来讲，最重要的初始状态是岩体结构特征、分布规律及其力学性质。通常，对主要的不连续面，应当按几何相似条件单独模拟；对系统的成组结构面，应按地质调查统计所得的优势结构面的方位和间距模拟；对次要的不连续面，可一并考虑在岩土材料的特性之中，用降低弹性模量及强度的方法来加以调整。

关于边界条件相似，平面模型应满足“平面应变”要求，须采取各种措施保证前后表面不产生变形，这一要求对松软岩层或膨胀性岩层尤其重要。采用平面应力模型代替平面应变模型时，由于在前后表面上没有满足原边界条件，模型中介质具有的刚度将低于原型，在设计中可采用 $\left(\frac{E}{1-\mu^2}\right)_m$ 代替原来的 E_m 值。用外加载方法研究地下工程开挖后的应力、应变分布，模拟的范围应大于地下工程开挖范围的 3 倍。

11.2 相似材料模型试验

相似材料模型试验是用与原型力学性质相似的材料按几何常数缩制成模型，在模型上模拟各种加载和开挖过程，以观察与研究地下工程围岩内的变形和破坏等的力学现象，或加载至模型破坏以模拟得到地下工程的安全系数等。模型内量测到的位移、应力、应变分别乘以相应的相似比即得到原型的位移、应力和应变。

11.2.1 相似材料

所选用的相似材料一般应符合下列基本要求：

(1)主要力学性质与模拟的岩层或结构相似；

(2)试验过程中材料的力学性能稳定，不易受温度、湿度等外界条件的影响；

(3)改变材料配比，可调整材料的某些性质以满足相似条件的需要；

(4)制作方便，成型容易，凝固时间短；

(5)成本低，来源丰富。

实际上，要选择一种满足以上所有要求的材料是不现实的，通常是只满足一些最基本的要求。目前采用的相似材料大多数是混合物，这种混合物由两类材料组成，一类是作为胶结物质的材料，另一类是作为骨架物质的惰性材料。这两种材料通常选用：

(1)骨料：砂、黏土、铁粉、铅丹、重晶石粉、铅粉、云母粉、软木屑、硅藻土和聚苯乙烯颗粒等。

(2)胶结材料：石膏、水泥、石灰、水玻璃、碳酸钙、石蜡、树脂等。

选好胶结材料和惰性材料后，应当采用各种不同的配合比进行一系列试验。为减少试验次数和工作量，可采用正交设计选择材料配合比，得出模型的若干种物理力学性能指标随着配合比而变化的规律，由此选择出模型材料合适的配合比。

此外，在混合材料中掺入少量添加剂可以改善相似材料的某些性质。如在以石膏为胶结材料的相似材料中，加入硅藻土，可改变相似材料的水膏比，使其软硬适中，便于制作和测试；加入砂土，可提高相似材料的强度和弹性模量；加入橡皮泥，可以提高相似材料的变形性；加入钡粉，可以增大相似材料的重度等。

相似材料的选择是费时、费钱的事，前人已在这方面做了许多工作，积累了许多经验，选择时，参考已有的配方和经验是最为合算的。

通常，模拟混凝土的相似材料有纯石膏、石膏硅藻土、水泥浮石砂浆等；模拟岩石的相似材料有石膏胶结材料、石膏铅丹砂浆、环氧树脂胶结材料等。此外，用油脂类涂料，可模拟黏土夹层的黏滞滑动，而滑石涂料可模拟塑性滑动。各种纸质面层、石灰粉、云母粉、滑石粉等可模拟岩石节理面和分层面，也可用人工锯缝来模拟接触面和断层面。

11.2.2 物理相似及相似比的选择

根据相似条件和量纲分析法，量纲相同的物理量的相似比相同，无量纲的物理量，如应变 ε、泊松比 μ、内摩擦角 φ 的相似比为 1，即模型与原型的相应物理量相等。根据量纲相同则相似比相同这一要求，在力学模型中，弹性模量、应力和强度的相似比都应相等，即 $C_E=C_\sigma=C_c$。事实上，要选择一种相似材料，既要使其弹性模量满足选定的相似比要求，又要使其强度满足同样的相似比要求是很困难的，这就要根据所研究问题的需要来选择首先满足哪个物理量的相似比要求。如研究模型在破坏前的弹性阶段，则首先应使弹性模量满足选定的相似比要求；如研究模型的破坏特性，则首先应使强度满足选定的相似比要求。因此，下面分弹性模型和破坏模型来分析。

(1)弹性模型

地下工程在自重作用下的弹性力学模型所要确定的相似比有：几何相似比 C_l、重度相似比 C_γ、应力相似比 C_σ、应变相似比 C_ε、弹性模量相似比 C_E、泊松比相似比 C_μ、位移相似比 C_δ。根据相似条件，各相似比之间有如下关系：

$$C_E = C_\sigma \tag{11.30a}$$

$$\frac{C_\sigma}{C_l C_\gamma} = 1 \tag{11.30b}$$

$$C_\varepsilon = C_\mu = 1 \tag{11.30c}$$

$$C_\delta = C_l \tag{11.30d}$$

通常，C_l 是根据试验需要及试验架大小首先选取的，然后再根据试验的加载条件选取 C_σ。从而由式(11. 30a)、式(11. 30b)确定 C_γ 和 C_E。然后进行相似材料配合比试验选定材料，获得实际的弹性模量相似比和重度相似比。再由式(11. 30b)确定实际的几何相似比 C_l，并由式(11. 30a)确定应力相似比 C_σ，据此设计加载量级。模型试验结果通常为应力、应变和位移，原型的应变与模型的应变相等，其余物理量可乘以相应的相似比得到。

但不计自重时，则不受式(11. 30a)的限制，弹性模量相似比的选取只取决于加载架的能力。

(2)破坏模型

在研究破坏的相似模型时，应在强度相似的前提下，尽可能地满足模型变形性质相似的要求。要使模型材料与原型材料的强度曲线完全相似是很难的，通常将强度曲线简化为直线。因此，为保证直线形强度曲线的相似，只要求材料的抗压强度和抗拉强度的相似比满足相似条件，或黏结力和内摩擦角的相似比满足相似条件。破坏问题涉及运动学，可根据牛顿第二定律 $F=Ma$ 及量纲分析，推导出与弹性力学平衡微分方程中推出的结果完全一致的相似比约束条件 $C_l C_\gamma = C_\sigma$，因此，研究模型破坏时的相似比制约关系与研究弹性变形时的相同。由于量纲相同的物理量的相似比相等，故抗压强度相似比应等于抗拉强度相似比并等于应力相似比。当取黏结力相似比等于应力相似比时，摩擦角的相似比应为 1，即模型与原型的摩擦角相等。

11.2.3 荷载的模拟和加载系统

地下工程的荷载主要来自自重应力、构造应力和工程荷载。利用相似材料本身的重量模拟自重是最基本的方法，当模拟的地层很深而所要研究的问题仅涉及洞室附近一部分围岩时，常用施加的表面力来代替研究范围以外的岩土介质的自重。在立体模型和大的平面模型中，可采用分块加载的方法模拟自重，它是利用加载钢丝将载荷悬挂在模型下部，为此常将模型划分成许多立方体，并将载荷分散施加在每个立方块的重心处，这种均匀分布于结构内部的垂直力系与自重力系最接近，因而适用于研究应力-应变特征的模型。利用离心机旋转产生的离心力，可获得均匀分布的自重应力场，这就是离心机模型试验的理论基础。对于较深的平面模型，可利用平面摩擦力来模拟自重应力，它是将模型平放在粗糙的纸带上，使砂纸带不断移动，即在模型面上产生摩擦力，从而模拟重力。对于构造应力和工程荷载，在设计模型时，应当采用双向或三向加载的系统来模拟。图 11.1 所示是英国皇家采矿学校的液压式双向加载装置，该装置采用油压系统控制压力，油压通过四个盒式胶皮囊与规则排列的钢质加载片传到平面模型上。在模型试验中采用气囊式、杠杆式和千斤顶等加载装置。

模型试验可在一般的或专用的框架型静力台架上进行，一般的静力台架可将预制好的模型安装在台架上进行试验，因而可对不同的模型进行试验。专用的台架则是为某一模型试验特制的，通常模型就在台架上浇注制作，因而试验周期较长。

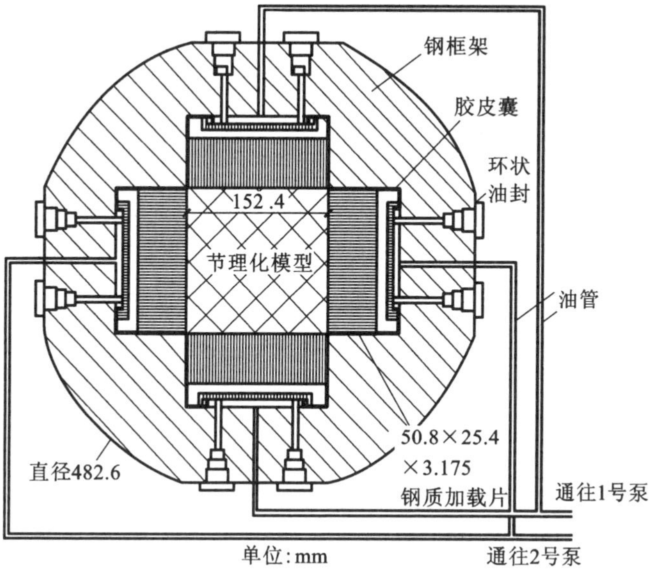

图 11.1　液压式双向加载装置

11.2.4　量测系统

在模型试验中，通常要量测的物理量是应变、位移和应力，同时要对试验过程中模型的变形和破坏的宏观现象进行观测、描述和记录。

模型表面的应变一般采用粘贴电阻应变片的方法测试，模型内的应变则可用应变砖测试。位移的量测可采用的方法有在模型表面安设机械式应变计，在模型上安设位移传递片，用磁性表座将千分表和位移传感器固定在基准梁或模型架上测试。还可以用照相法测量模型上各点的绝对位移，它是在模型上设置水平与垂直标尺，同时在模型上设置测标，组成平行于固定标尺的方格网，测点密度取决于观察目的与照相条件。试验时，对不同加载或开挖阶段的模型表面及测量系统进行系统拍照，然后在比长仪上比较各照相胶片上测标的距离，就可求得绝对位移，也可利用读数显微镜读出不同时间所拍胶片上测标的距离。模型中的应力的测量，在弹性范围内可采用应变片和应变计测量出应变，再由应变用胡克定律求出应力。当需要测量模型中超出弹性极限后的应力值时，就要采用应力计或小型压力传感器。应用素描和照相法，可记录模型在不同加载或开挖阶段的变化或破坏情况。

11.2.5　相似材料模型试验实例

江阴长江公路大桥是六车道单跨悬索桥，跨中长度为 1385 m，该桥由主梁、缆索、塔墩和锚碇四大部分结构组成。北锚碇承受的主缆合力为 640 MN，按主缆轴向与水平向的夹角 25.39°计算，承受的主缆水平力为 590 MN。为满足北塔墩以及整个桥梁体系的稳定要求，北锚碇的最大水平位移必须小于 10 cm，最大垂直沉降小于 20 cm。在工程初步设计阶段提出了地下连续墙结构和沉井结构两种方案。地下连续墙方案采用 78.5 m×61.5 m 的矩形格构式现浇钢筋混凝土框架结构，墙体长度为 40 m，开挖深度为 21 m，内衬按逆作法施筑，基底以下和相邻土层进行压密注浆和旋喷桩加固。沉井方案采用 65.3 m×59 m 的矩形结构，内分 49

个隔舱，下沉标高为－55 m，埋深 58 m，封底厚 12 m，按 5 m 为接高段高度分级下沉。

11.2.5.1　试验目的和内容

作为桥梁受力体系的一部分，锚碇结构的作用是将北塔墩传递过来的主缆锚拉力分布到相邻土层中去，利用本身自重产生的基底摩阻力以及相邻土层，特别是前侧土层所提供的被动土压力，克服水平拉力并达到整个桥梁体系的静力平衡。开展北锚碇结构的室内模型试验的目的就是根据试验中的相似理论，设计模拟现场结构，观测不同结构形式在不同荷载条件下的变位和转动、相邻土层的侧移和隆起、上层附加应力的分布，以及土层最终破坏和失稳状态等。试验中针对结构变位和稳定起控制作用的主要因素进行多次重复测试，施加的荷载可以大于设计荷载 P_0，直至土层发生破坏和滑移为止。通过试验，可观测锚拉力施加后锚碇结构的水平位移、垂直沉降以及刚性转动，锚碇结构和相邻土层在极限荷载下的破坏和失稳状态。观测者对土层加固区域提出建议。

为达到上述试验目的，试验中对四种结构形式，即沉井、浅地下连续墙（埋置深度－37.5 m）、浅地下连续墙加固地层、深地下连续墙（埋置深度－59 m）进行加载试验。表 11.1 所示为本项试验所实施的试验内容和测试次数。

表 11.1　试验内容和测试次数

结构形式	测试次数	施加的最大荷载（MN）
沉井	5	$2.5P_0$
浅地下连续墙	5	$3.5P_0$
浅地下连续墙加固地层	5	$3.5P_0$
深地下连续墙	6	$3.5P_0$

11.2.5.2　模型设计与试验方法

（1）模型设计的基本思想

①锚碇结构在施工期与运营期的变位和稳定与锚碇体以及相邻土层有关。相比之下，结构本身无论是刚度还是强度，均较土层高得多。不论采用何种结构形式，决定锚碇结构安全与稳定的关键因素是相邻土层能否提供足够的抗力以限制结构位移。

②锚碇结构的施筑是一个很复杂的过程，所承受的荷载可分为施工荷载和运营荷载，就其所需完成的功能而言，锚碇结构在锚拉力和自重应力下的变化状态是主要的。

③锚碇结构承受的最大锚拉力设计值为 $P_0=640$ MN，但在锚碇结构设计中，结构抗力应具有一定量的安全储备，模型试验中最大锚拉力可施加至 P_0 的 3.5 倍。通过试验可大致估算结构具有的安全度以及在极限荷载作用下土层的破坏状况。

（2）锚碇结构模拟

根据试验条件和模拟范围，按静力学问题的相似理论，取几何比例系数为 1∶100，即令 $C_l=100$。按结构方案计算锚碇结构的实体体积和锚碇基底与土层的接触面积，从而计算得出实体的总质量及其受到的基底正应力。令模型与原型对基底土层的应力符合应力相似比 C_σ，重度相似比为 C_γ，则由下式计算出荷载比：

$$C_N=\frac{N_{\mathrm{p}}}{N_{\mathrm{m}}}=\frac{\sigma_{\mathrm{p}}l_{\mathrm{p}}^2}{\sigma_{\mathrm{m}}l_{\mathrm{m}}^2}=C_\sigma\cdot C_l^2$$

由弹性模型的相似条件得：

$$C_\sigma = C_E = C_\gamma C_l \tag{11.31a}$$

$$C_N = C_\sigma C_l^2 = C_\gamma C_l^3 \tag{11.31b}$$

故：

$$N_m = \frac{N_p}{C_\gamma C_l^3} \tag{11.31c}$$

在 C_l 已确定的情况下，只要选定相似材料，则 C_E 和 C_γ 就确定了，并可由式(11.31c)确定模型的锚索拉力。由式(11.31a)可知，提高相似材料密度，可降低重度相似比 C_γ 和弹性模量相似比 C_E，但由此会增大模型锚索的拉力。因此，应寻找在满足弹性模量相似比的条件下，密度尽量低的材料，能使模型锚索的拉力较小，从而简化加载系统。

试验中选择的主要模型参数列于表 11.2，其中相似材料的重度相似比为 1.37，计算的荷载相似比为 1.37×10^6，因此，当加载到设计荷载时，模型锚索的拉力为：

$$N_m = \frac{N_p}{C_N} = \frac{64\times10^6}{1.37\times10^6} = 467\ \text{N}$$

表 11.2　模型设计参数

模型类型	几何相似比 C_l	应力相似比 C_σ	重度相似比 C_γ	荷载相似比 C_N	基底应力 σ_m(kPa)	模型重量(N)	充填重量(N)
沉井	100	137	1.37	1.37×10^6	7.5	1970	500
地下连续墙	100	137	1.37	1.37×10^5	7.0	2560	620

加到 3.5 倍的设计荷载时，模型锚索的拉力为 1635 N，因此，可设计用砝码加载系统。

(3)土层模拟

按加权平均方法计算出实际土层主要物理力学参数的平均值，按设定的模型试验各物理量的相似比，求得模型试验中的土层相似材料的物理参数。通过大量比较，采用粉质红砂作为模拟实际土层的相似材料，其力学特性与所要求的相似参数基本一致，误差控制在 10% 以内。

锚碇结构所处地层为半无限体，为了尽可能减小模型试验边界效应对模拟真实性的影响，将土箱规格设计成 2.6 m×2.5 m×1.5 m，使得锚碇模型外缘至土箱内侧之间的距离远大于模型半宽，锚碇前侧土层宽度为模型半宽的 3.5 倍，并在土箱内侧采用砂浆抹面打光处理。

土箱的具体尺寸和装置如图 11.2 中 B—B 剖面图所示。按照所设定的几何相似比 $C_l=100$ 换算，土层模拟的范围为 166 m(前侧)、94 m(左右两侧)、20 m(后侧)和 89 m(基底以下)。83 m 以下的基岩通过将材料锤击夯实进行模拟。

(4)土层加固模拟

在所设计的浅地下连续墙方案中，拟对锚碇结构相邻土层及基底土层进行加固，加固方法是在土层中浇筑 ϕ1800 mm 的低标号混凝土桩或旋喷桩，加固深度至－59 m。按所取定的相似关系，试验中在锚碇模型相邻土层中设置直径为 18 mm、壁厚 2 mm 的 PVC 管，平面分布参照原型方案取定，结构底面以下注浆区以混凝土模拟，内插 PVC 管模拟加固桩，深度均达－59 m标高。

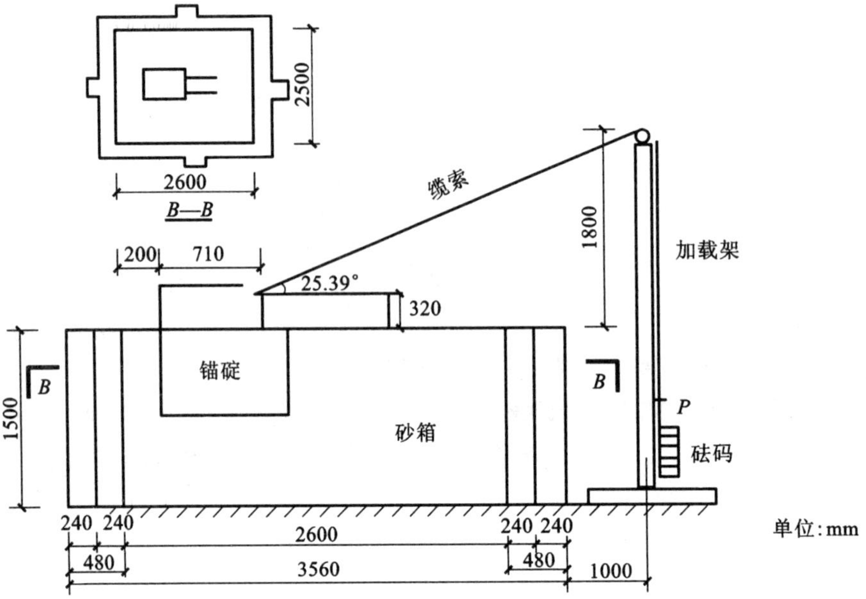

图 11.2　采用沉井方案施筑的锚碇结构

(5)加载系统

试验中,除锚碇结构本身重量外,荷载主要来自锚拉力,荷载通过在两根平行钢丝绳上设置砝码施加,由门式加载架作为转向支点,将锚拉力作用在锚碇结构上,锚拉力作用方向与水平轴相交角度为25.39°。在与锚碇相交处的钢丝绳上,并排串联两个平行的弹簧测力计,以测定锚索在克服了摩阻力后实际施加在锚碇结构上的拉力。在整个加载系统中,门式加载架相当于大桥的北塔墩,两根钢丝绳相当于设置于大桥两侧的锚索,加载系统见图11.2。

(6)量测系统

试验中观测的物理量为锚索荷载、锚碇结构和相邻土层的水平位移和垂直沉降、土层中和结构侧壁的附加应力与基底应力。水平位移和垂直沉降通过设置的百分表观测,土压力通过在土层中埋设微型压力盒测定。

试验按以下步骤进行:

第一步:锚碇结构就位;第二步:测试元件设置;第三步:加载试验;第四步:卸载与重复试验。卸载后撤除所有测点,提升锚碇模型,取出所有扰动土层,然后按上述第一步开始进行重复试验。相同结构形式的加载测试一般重复五次以上,以避免土工试验的离散性,从而获得准确的数据。锚碇结构施锚点在不同荷载条件下的位移见表11.3。

表 11.3　锚碇结构施锚点在不同荷载条件下的位移

项目	结构形式	P_0(kN)	$2P_0$(kN)	$3P_0$(kN)
水平位移(mm)	沉井	129	824	破坏
	浅墙	17	70	223
	浅墙加固	12	42	105
	深墙	14	48	108

续表 11.3

项目	结构形式	P_0(kN)	$2P_0$(kN)	$3P_0$(kN)
垂直沉降(mm)	沉井	10/－67	107/－332	破坏
	浅墙	8/－4	21/－9	127/－42
	浅墙加固	6/－2	19/－6	47/－14
	深墙	7/－3	19/－9	48/－21
刚体转动(rad)	沉井	0.0580	0.3360	破坏
	浅墙	0.0106	0.0249	0.0500
	浅墙加固	0.0068	0.0205	0.0500
	深墙	0.0078	0.0236	0.0560

注:正值表示上抬,负值表示下沉。

11.2.5.3 试验成果

通过四种方案共 21 次试验,得到了如下试验成果:

①不同锚拉力下锚碇结构与相邻土层的水平位移和垂直沉降分布;

②不同锚拉力下基底与土中附加应力分布;

③锚碇结构失稳破坏的形式及安全系数。

根据对这些试验成果进行分析,认清了该北锚碇结构的受力机理,提出了较合理的锚碇方案与建议。同时获得了浅地下连续墙加固效果,及增大地下连续墙埋置深度对减小水平侧移、减小垂直沉降、降低土层附加应力间的定量关系。

11.3 结构模型试验

11.3.1 结构模型试验原理

结构模型试验是采用与实体结构相同的材料制作的、几何尺寸按一定比例缩小的结构模型进行的力学试验。

由于制作模型的材料与原型的材料相同,故有

$$\frac{(\sigma_t)_p}{(\sigma_t)_m}=\frac{(\sigma_c)_p}{(\sigma_c)_m}=\frac{C_p}{C_m}=\frac{\sigma_p}{\sigma_m}=\frac{\tau_p}{\tau_m}=C_\sigma=1 \tag{11.32}$$

$$\frac{E_p}{E_m}=C_E=1 \tag{11.33}$$

且不计体积力,故不受 $C_\sigma=C_lC_X$ 的约束,即 C_l 可任选,但须使得 $C_E=C_\sigma$,则模型与原型的强度、弹性模量、泊松比、黏结力、内摩擦角都相同。若取几何相似比为 C_l,则模型与原型各参数之间的关系如下:

含钢率 $$\rho_m=\rho_p \tag{11.34a}$$

钢筋直径 $$d_m=\frac{d_p}{C_l} \tag{11.34b}$$

几何尺寸 $$l_m=\frac{l_p}{C_l} \tag{11.34c}$$

均布荷载 $$q_m = q_p \tag{11.35a}$$

轴向力 $$N_m = \frac{N_p}{C_l^2} \tag{11.35b}$$

剪力 $$S_m = \frac{S_p}{C_l^2} \tag{11.35c}$$

弯矩 $$M_m = \frac{M_p}{C_l^3} \tag{11.35d}$$

模型中量测到的数据与实体结构的换算关系如下：

应变 $$\varepsilon_p = \varepsilon_m \tag{11.36a}$$

正应力 $$\sigma_p = \sigma_m \tag{11.36b}$$

剪应力 $$\tau_p = \tau_m \tag{11.36c}$$

位移 $$\delta_p = \delta_m C_l \tag{11.36d}$$

截面转角 $$\theta_p = \theta_m \tag{11.36e}$$

显然，结构模型试验是相似材料模型试验在 $C_\sigma = C_E = 1$ 时，并不计体积力情况下的特例。这种试验可以在地下工程现场进行，从而可使模型与原型的工程地质条件尽量一致，充分显示其优越性，也可以把岩土介质对结构的作用简化为荷载，试验在实验室内进行。

11.3.2 结构模型试验实例

同济大学曾做过地下连续墙垂直接头抗剪强度试验和圆形隧道管片接头试验等大量的结构模型试验。在此介绍广东虎门大桥东锚碇现场结构模型试验。

广东虎门大桥东航道是主跨长度为 888 m 的悬索桥，由主梁、缆索、塔墩和锚碇四大部分结构组成。东航道锚碇设计方案之一是采用隧道式锚碇（图 11.3），锚碇构筑在一山体内。按国家标准综合分级和围岩分类的人工智能专家系统程序软件的分析结果，检索得锚碇位置的工程岩体属Ⅳ类，当地下水发育时为Ⅴ类。设计主钢缆最大拉力为 158 MN，巨大的主缆拉力通过锚碇结构传递到锚碇区岩体上，所以，工程岩体的稳定性是该大桥成败的关键。另一方面，为满足主塔及整个桥梁体系的稳定要求，东锚碇的最大水平位移和最大垂直沉降都必须控制在一定的数值范围内。因此，通过现场结构模型试验应达到如下目的：

①获得锚碇结构在设计荷载作用下山体的变形量，研究山体变形的力学机制及稳定状态，分析山体变形的敏感部位。

②通过超载试验，获得锚碇的实际安全系数及可能的破坏模式。

研究结果既可与数值分析结果相互补充、互为印证，为锚碇方案的选择和优化提供依据，也可为以后施工及运营过程中的长期监测方案的设计提供依据。

选定模型的几何相似比为 $C_l = 50$，则模拟锚索的拉拔力为：

$$N_m = \frac{N_p}{C_l^2} = \frac{158000}{50^2} = 63.20 \text{ kN}$$

模型试验中量测到的数据与实体结构的换算关系可采用式(11.36)。

(1)试验选点与制备

经反复从地质条件、岩体结构、模拟荷载量级等各方面进行比较论证，选择了在威远山脚处距东锚碇较近的人防洞内进行现场试验，洞内岩体质量与锚碇区岩体十分相近。先按平行于桥轴线的方向定出隧道锚模型轴线，按 1∶50 的比例在洞底平面开挖出与实际地形相似的模

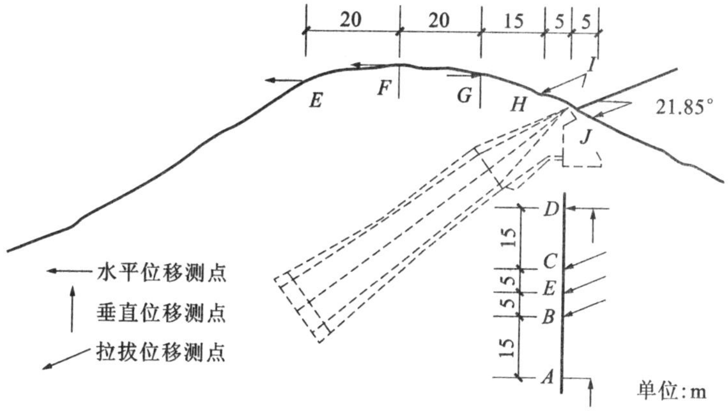

图 11.3 隧道锚方案的锚碇结构

拟山脊和坡面,再开挖隧道锚模拟洞室。安装好锚固件后浇筑混凝土,在隧洞口装好挡板和转角鞍,修整好洞口,浇水养护 28 d 后再进行试验。锚索用五根钢绞线模拟,用工具锚锚固在锚碇底部,在内侧装一块厚 3 cm、直径 30 cm 的传力板,钢绞线的拉拔力是通过锚固头由传力板传向锚碇结构及其周围的岩体的。

(2)加载和测量系统

采用液压千斤顶加载。加载系统由上、下横梁和反力墩及两个相同的千斤顶组成,上、下横梁中间都开有直径 10 cm 的孔,模拟锚索从中间穿过,上横梁用两根长 1 m 的 10 号槽钢对合焊制,做成梯形。两个千斤顶放在上、下横梁中间,锚索位于它的中间,锚索在上横梁上用工具锚锚固,试验加载时,千斤顶向上顶上横梁,横梁通过锚固件拉拔锚索实现力的传递。在设计加载系统时,从强度和刚度两个方面一起考虑,设计的加载最大值为 320 kN,即大于设计锚索拉拔力的 5 倍。

位移量测采用百分表和千分表,分别在过锚碇锚索出口的中心沿锚碇受力轴线及垂直于受力轴线的两个剖面线上布置测点,横轴线上有 A、B、E、C、D 五个测点,纵轴线上有 E、F、G、H、I、J 六个测点,测点与锚索出口中心的位置关系见图 11.3,图中标出了各测点上的位移测试内容。各测点上埋设位移传递片,测量位移用的千分表和百分表用磁性表座固定于模拟山体上面的钢梁上,钢梁与山体不直接接触以保证测得的位移的精确性。

试验时,先详细地检查各仪表并记录初始读数,试验过程中,按每次 10 kN 的拉拔力间隔加载,当荷载加到 120 kN(约为设计荷载的两倍)后,每隔 30 kN 加载一次。拉拔力缓慢地施加,尽量保持准静态,当加载到预定荷载后,立即读千分表和百分表的读数,保持该荷载恒定不变,持续 10 min 后再测读一次,然后继续加载,如此重复,最大拉拔力加到 320 kN。试验时,在模拟山体上的各测点上测得的位移量见图 11.4～图 11.6。

(3)研究成果

①试验荷载达到 290 kN 时,锚碇口附近岩体开始进入塑性状态,它相当于锚碇设计荷载的4.8倍。

②锚碇口的位移量最大值:达到设计荷载时为 6.5 mm,达到弹性极限荷载时为95 mm。距离锚碇口越远,位移量越小。

③当荷载达到一定值时,锚碇口下部的位移以垂直位移为主,其他部位锚碇周围岩体的位移均以水平位移为主。

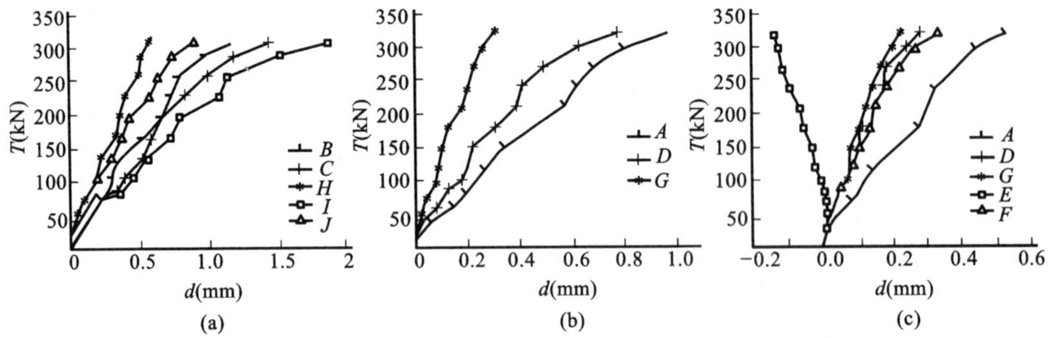

图 11.4　各测点实测位移

(a)总体位移;(b)水平位移;(c)垂直位移

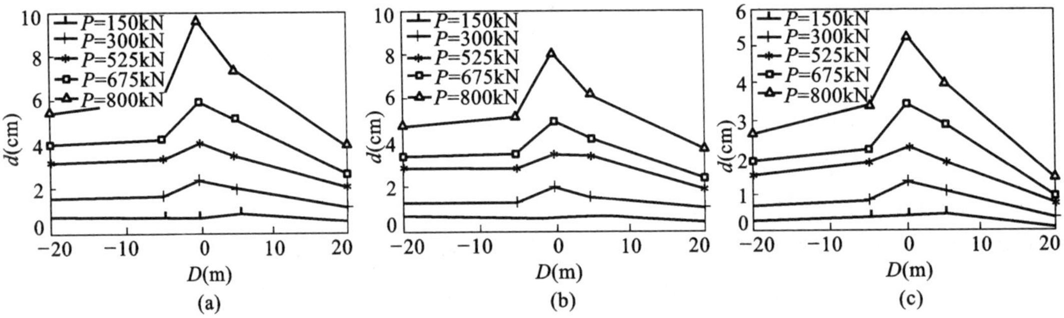

图 11.5　横剖面上各测点位移

(a)总体位移;(b)水平位移;(c)垂直位移

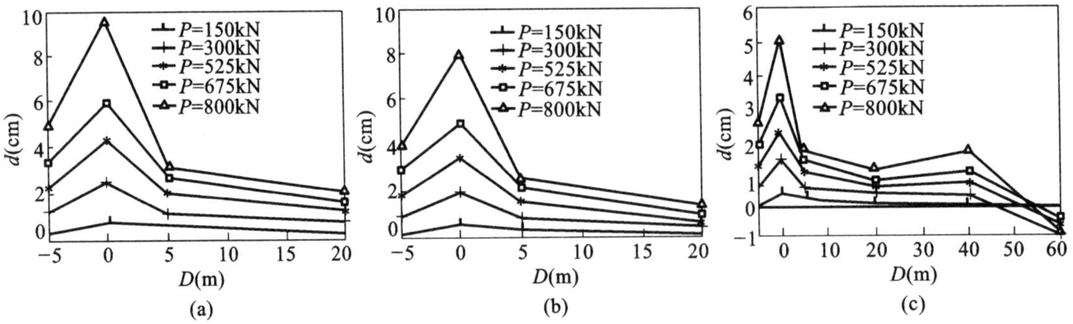

图 11.6　纵剖面上各测点位移

(a)总体位移;(b)水平位移;(c)垂直位移

④锚碇口附近的位移量与其岩性、岩层关系、岩体构造和风化程度有关,也与岩体所受的应力状态有关。

⑤山体顶部在加载过程中是上抬的,相当于实际山体的上抬量:达到设计荷载时为 0.8 mm,达到弹性极限荷载时为 16.5 mm。距山体顶部 20 m 的山后背的岩体,在荷载达到一定值时呈现出下沉趋势,当达到弹性极限荷载时,实际山体下沉量约为 6.85 mm。

⑥今后锚碇施工和运营过程中,应重点监测的是锚碇口中心、锚碇口下部、锚碇上部岩层,

以及锚碇口附近较软弱、风化程度较高的岩层。其中,锚碇口下部应重点监测垂直位移,其他部位则应重点监测水平位移。

在地下工程的试验研究中,也进行一些忽略岩土介质影响的结构构件试验,试验构件的材料一般与实体结构相同,试样尺寸常小于实体结构(也可等于实体结构),且两者不必成比例。因这种忽略介质、缩小尺寸的试验结构与实体结构有差别,故该试验结构多数仅用于结构力学性能及破坏机理的研究,然而,这种试验方法所得的结论在研究工作中也常常很有价值,试验资料经过分析与比较,也常用于建立经验公式。结构试验本身就是结构工程的一门专业课程。

11.4 离心模型试验

11.4.1 原理

岩土工程问题中,自重产生的应力场常对工程结构及周围介质的变形、强度和稳定性起主导作用,而在考虑自重的相似材料模型试验中,必须使模型与原型在材料强度、重度、几何尺寸、变形性质、应力状态等方面都相似,并且各相似比之间要满足一定的约束条件,但要同时满足这些相似条件很困难。同时,岩土体的物理力学性质又很复杂,因此,通常只能放松约束条件,这样的试验成果很难用来评价工程原型的实际力学行为和工程特性。如果采用原型材料将工程原型按一定比例 C_l 缩制成模型,则模型与原型的物理力学性质完全相同。为了使模型的应力状态能反映原型的应力状态,当体积力只有重力时,须满足以下条件:

$$\frac{C_\tau C_l}{C_\sigma} = \frac{C_\gamma C_l}{C_E} = 1 \tag{11.37}$$

因原型与模型的材料相同,故有 $C_E=1$,则有:

$$C_\gamma = \frac{1}{C_l} = \frac{\gamma_p}{\gamma_m} \tag{11.38}$$

即:

$$\gamma_m = C_l \gamma_p \tag{11.39}$$

所以,为使模型与原型的力学状态完全相似,模型的重度须为原型重度的 C_l 倍。因离心加速度场与重力场有完全相同的力学效果,因此,若将模型置于 C_l 倍重力加速度的离心加速度场中,模型中的应力场与原型中的应力场将完全相似。

根据式(11.37),离心模型的几何相似比越大,其所需要的离心加速度越大,即重度相似比越小。根据相似原理,在离心模型试验中,模型中任意点的应力、应变与实体中对应点的应力、应变均相等,而实体的位移即为模型对应点位移的 C_l 倍。

11.4.2 试验

离心模型试验的概念是法兰西科学院的 Philips 于 1869 年提出的,20 世纪 30 年代在苏联首先进行相应的岩土工程试验。国外曾利用离心机进行过斜面稳定、承载力、自重压密、填土和开挖稳定等模型试验,也进行过土层中悬臂板桩的变形与破坏、地下洞室的破坏等试验。离心模型试验一般附有拍照量测装置和电子计算机数据处理系统,用以达到指定的功能要求。

图 11.7 所示是南京水利科学院土工和光弹结构试验两用的离心试验机，有对称臂和摆动式挂斗，有效半径为 3 m，最大试验荷载为 1000 N，最大加速度为 300 g，但通常限制在 200 g。离心机的容量通常以模型质量与加速度的乘积表示，单位为 g·kN，所以该机的额定容量为 200 g·kN，电信号集流环为 24 环。离心机的机坑上方有一窗口，用来安装一台 35 mm SLR 照相机，并配有一个专门研制的闪光灯，闪光历时 3 μs，从而可进行垂直向摄影，闭路电视摄像镜头安放在靠近离心机主轴的位置，用来监测运转中的模型情况。在离心机运转过程中，进行手工量测是不可行的，因而须将量测的各种物理量自动记录下来，一般通过集流环用微机采集测量信号。

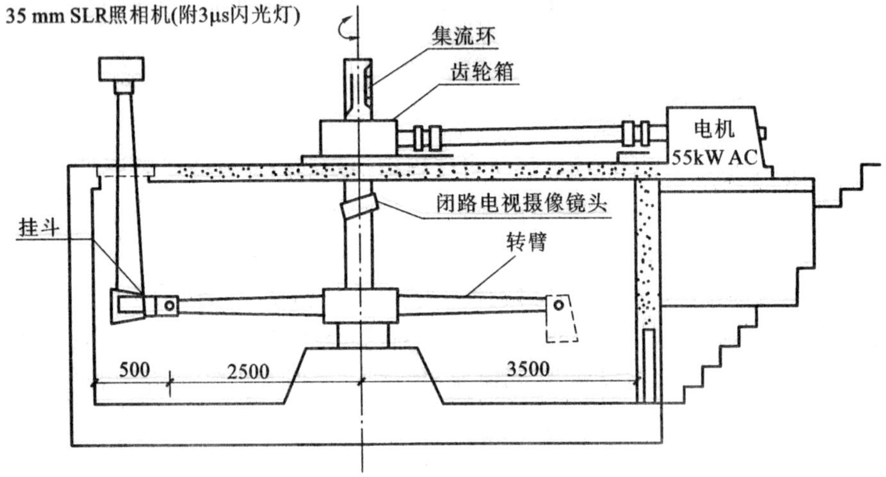

图 11.7　离心试验机结构简图

模型箱尺寸也是离心机的重要技术指标，对于相同的工程，模型箱较小则几何相似比就较大，所需离心加速度就较大，但模型不好制作和观测。所以，对于额定容量的离心机，模型箱大，荷载就大，所需离心加速度就要减小，因此，要选定合适的模型箱。模型箱较大，则几何相似比就较小，所需离心加速度就较小，模型容易制作和观测，但因离心力与质点离圆心的距离有关，故在模型的顶面与底面上的离心力将有较大的误差，其相对误差等于模型高度与离心机有效半径之比。

由于离心模型试验能解决其他模拟试验无法解决的问题，它已成为衡量岩土工程物理模型试验水平的标志。世界上容量最大的离心试验机的容量已达 10000～20000 g·kN，并将最新的电子仪器设备及计算机控制系统等现代技术用于离心机。

离心模型试验的优点是可采用实体材料，试验数据很容易换算为实体的数据，并能在变形和破坏的全过程中保持与实体相似，但是离心机的投资费用昂贵，某些试验也不能在离心机中实现。此外，离心模型试验还存在着诸如模型与容器间存在着摩擦，当地层含水时水分会分离，空气阻力可导致模型温度上升等技术问题。另外，当实体地层土粒粒径较大时，模型材料的选择也存在问题。

11.5 光弹性模型试验

11.5.1 原理

由弹性力学知识可知，在不计体积力或体积力为常量的情况下，在弹性力学平面问题中，决定应力分布的各方程并不包含材料的弹性常数，所以应力分布将与材料的弹性常数无关。换句话说，只要所研究对象的几何形状相同，承受的荷载相同，那么，在所有各向同性材料中，其应力分布规律将是相同的。因此，可以采用透明材料做成的模型进行试验，来得到模型中的应力分布，并可将其直接应用到岩石、混凝土等材料的模型试验中，这是光弹性模型试验的力学基础。

当一束光线进入某些透明的各向同性材料后，在受有应力或应变时，将分成两束光线沿不同的方向折射，这就是所谓的双折射现象。随着应力或应变的消失，双折射现象也就消失，所以是暂时双折射。由试验得到，光线进入透明模型平面应力场中某一点时，双折射的方向和该点两个主应力的方向相同，而且沿着一个主应力方向的传播比沿着另一个主应力方向的传播要快些，从而引起了光程差。这种光程差与该点的两个主应力之差成正比，可以用下式表示：

$$R_t = kt(\sigma_1 - \sigma_2) \tag{11.40}$$

式中 R_t——光程差，m；

k——与材料性质有关的常数，称为应力-光学常数，kPa^{-1}；

t——模型厚度，m；

σ_1，σ_2——模型内某点的最大主应力和最小主应力，kPa。

式(11.40)是建立了光学量与力学量之间关系的试验定律，称为应力-光学定律，它是光弹性模型试验的物理基础。由光源、起偏镜、检偏镜所组成的系统称为单式偏振光镜，观测时，将透明材料做成的模型放在起偏镜和检偏镜之间(图 11.8)，其光学效应过程可说明如下：

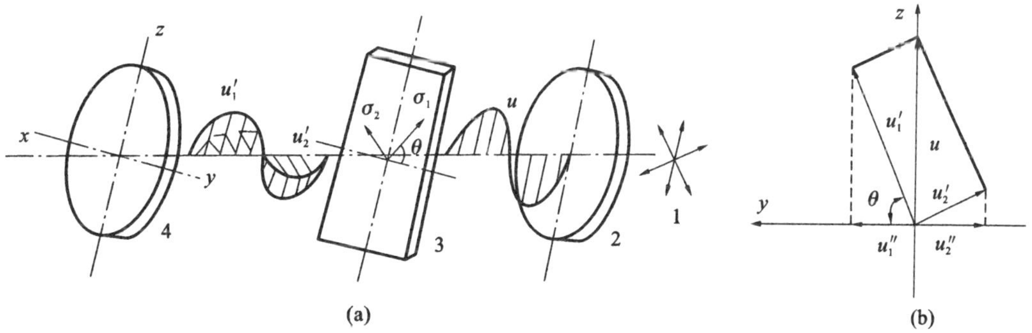

图 11.8 光弹性模型试验的光学系统

1—光源；2—起偏镜；3—模型；4—检偏镜

(1)天然光经过起偏镜后成为与 z 轴方向相平行的平面偏振光 u，可用下式表示：

$$u = A\sin\frac{2\pi}{\lambda}vt \tag{11.41}$$

式中 A——振幅，m；

λ——波长，m；

v——传播速度，m/s；

t——时间，s。

(2)偏振光 u 通过受力模型内某一点时，产生沿主应力 σ_1、σ_2 方向的双折射，成为两组相互垂直的分量 u_1 和 u_2：

$$\left.\begin{aligned} u_1 &= A\sin\frac{2\pi}{\lambda}vt\sin\theta \\ u_2 &= A\sin\frac{2\pi}{\lambda}vt\cos\theta \end{aligned}\right\} \tag{11.42}$$

式中　θ——主应力 σ_1 与 σ_2 的夹角。

由于产生了光程差，因此 u_1 与 u_2 射出模型后成为 u_1' 和 u_2'：

$$\left.\begin{aligned} u_1' &= A\sin\theta\sin\frac{2\pi}{\lambda}vt \\ u_2' &= A\cos\theta\sin\frac{2\pi}{\lambda}(vt - R_t) \end{aligned}\right\} \tag{11.43}$$

式中　R_t——所产生的光程差，m。

(3)偏振光分量 u_1' 和 u_2' 经过检偏镜时，由于起偏镜光轴沿 z 轴方向，而检偏镜光轴沿 y 轴方向，它只允许 u_1'' 和 u_2'' 通过：

$$\left.\begin{aligned} u_1'' &= u_1'\cos\theta = A\sin\theta\cos\theta\sin\frac{2\pi}{\lambda}vt \\ u_2'' &= u_2'\sin\theta = A\cos\theta\sin\theta\sin\frac{2\pi}{\lambda}(vt - R_t) \end{aligned}\right\} \tag{11.44}$$

由图 11.8 可知，u_1'' 和 u_2'' 又可合成为 u_3：

$$u_3 = u_1'' - u_2'' = A\sin\theta\cos\theta\left[\sin\frac{2\pi}{\lambda}vt - \sin\frac{2\pi}{\lambda}(vt - R_t)\right] \tag{11.45}$$

利用三角公式可化简为：

$$u_3 = A\sin2\theta\sin\frac{\pi R_t}{\lambda}\cos\frac{2\pi}{\lambda}(vt - R_t) \tag{11.46}$$

由上式可知，u_3 的振幅 A' 为：

$$A' = A\sin2\theta\sin\frac{\pi R_t}{\lambda} \tag{11.47}$$

由弹性力学可知，已知某单元主应力 σ_1 和 σ_2 后，则该单元所受的最大剪应力为：

$$\tau_{\max} = \frac{\sigma_1 - \sigma_2}{2} \tag{11.48}$$

代入式(11.40)，则得：

$$\tau_{\max} = \frac{R_t n}{2k\delta} = \frac{\lambda n}{2k\delta} = \frac{f}{\delta}n \tag{11.49}$$

式中　λ——光波波长，m；

n——条纹级数(即波长的倍数)；

f——$f=\lambda/(2k)$材料条纹值，kN/m。

材料条纹值的物理意义为：光通过 1 cm 的材料形成的光程差正好等于 1 个波长时，材料所受的最大剪应力值。

因而，在应力光学系数 k 和模型厚度 δ 为已知量时，只要测得模型上的光程差 R_t 或条纹级数 n，就可求得模型上各点的最大剪应力。

根据光学原理，射到检偏镜后面幕布上的光强度 I 与偏振光 u_3 的振幅 A'的平方成正比：

$$I = CA'^2 = CA^2\sin^2 2\theta\sin^2 \frac{\pi R_t}{\lambda} \tag{11.50}$$

式中 C——一个比例常数。

由上式可知，凡符合下述条件之一者，光强度为零，即射到幕布上呈现黑色：

① $\sin 2\theta = 0$，即 $\theta = \frac{n\pi}{2}(n = 0,1,2,\cdots)$，满足该条件所产生的黑色条纹，称为“等倾线”，在这些条纹上的各点，其主应力方向与偏振方向相一致；

② $\sin \frac{\pi R_t}{\lambda} = 0$，即 $R_t = n\lambda(n = 0,1,2,\cdots)$，满足该条件所产生的黑色条纹，称为“等差线”，在这些条纹上的各点，其主应力差相等。

事实上，从式(11.50)也可以看出，光强度 I 和主应力方向(以倾角 θ 反映)以及主应力差值(以光程差 R_t 反映)直接相关。换句话说，主应力方向和主应力的差值这两个因素直接影响光强度 I。当光强度为零时，在幕布上将呈现黑色条纹，由条件①所产生的即为等倾线，由条件②所产生的即为等差线。根据式(11.48)，等差线又称为最大剪应力线。

模拟实体所制作的透明模型，是按照相似原理进行制作的，模型的几何形状与原型的相似，而且所加载荷亦成一定比例。光弹性模型方法的优点如下：

①不受模型形状及载荷方式的限制；

②能全面了解应力情况，直接观测到应力集中或应力甚小的部位；

③已经从定性了解发展到定量分析，与弹性理论互为补充。

其缺点是只能给出等倾线及等差线，必须经过理论分析或辅助试验才能给出最后结论。

光弹性方法在地下工程中有两个方面的应用：一是在现场利用光弹性元件进行实测(光应力计、光应变计)；二是在实验室内进行光弹性模型试验。

11.5.2 试验

11.5.2.1 材料与制模

光弹性模型所用材料的性能和质量将直接影响试验的顺利进行及其测量精度。对于光弹性模型所用材料的要求是：无色透明且均质各向同性，光学灵敏度高，即所加载荷小而出现的条纹级数多；服从胡克定律且力学和光学比例极限比较高；性能稳定，制作加工容易且价格低廉。

常用的光弹性材料是环氧树脂和明胶。环氧树脂可浇筑成平板及立体模型，满足光弹性材料的各项要求。近年来又出现了聚碳酸酯的新型光弹性材料，它具有更高的光学灵敏度和透明度，因而是室温下进行光弹性试验的优良材料。

明胶具有很高的光学灵敏度，由于其弹性很低，其自重产生的应力状态就可获得明显的光学效应，因而适用于模拟自重产生的应力场的模型。

环氧树脂模型通常是用环氧树脂加一定配合比的固化剂和增塑剂，调好后在模具中浇筑而成。图 11.9 所示是制造平板模型的玻璃模具，用于制造尺寸为 300 mm×300 mm×(6～8) mm 的平板材料。模具玻璃常用 5～7 mm 厚的玻璃，要求玻璃表面完整，在光照下检查无水纹。模具两侧边和底边所用玻璃隔条的厚度等于平板材料所需的厚度。为防止树脂混合液渗漏，用套有铅丝的橡皮管衬在玻璃隔条内侧，橡皮管的直径比隔条的厚度大，直径 2～3 mm 的铅丝起定位作用，整个模具用螺钉压板压紧，压板与玻璃间衬以薄橡皮以利于压紧。要浇筑环氧树脂的部位均需用清洗剂清洗干净，并涂上脱膜剂。形状简单的立体模型可用厚度为 0.3～0.7 mm的白铁皮焊制而成。将环氧树脂混合液浇筑在模具中，先使其在较低温度(42～50 ℃)下固化成胶凝状，随后拆去模具，在高温(100～110℃)下再继续固化直至最后。由于在第二次固化时，光弹性模型可在没有外界约束的情况下进行收缩，同时，第二次固化又相当于一个退火过程，所以，模型初应力大为减小。对于厚度小于 10 mm 而形状比较简单的模型或平板模型，可采用一次固化法，再做退火处理。浇筑好的平板材料，用专门的车床、铣床、钻床或工具将其加工成所需模拟的模型。平板材料的尺寸为 20 cm×30 cm，几何相似比受此尺寸的限制。

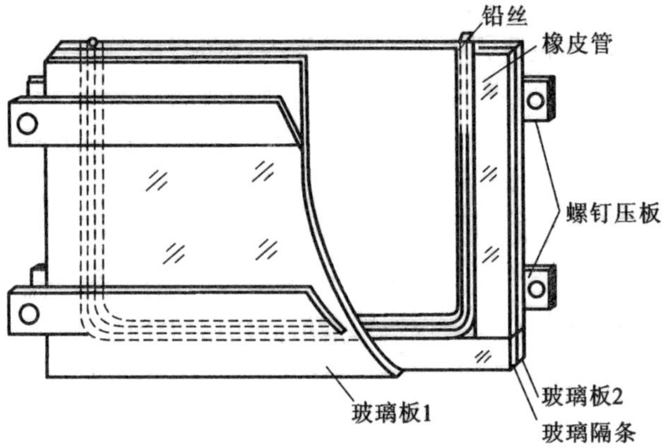

图 11.9　制造平板模型的玻璃模具

模型浇筑好后，须测试模型材料的主要光力学性质，须测试的参数主要有材料条纹值 f (kN/m)、光学比例极限 σ_{op}(kPa)、弹性模量 E(kPa)和泊松比 μ 等。测试这些光力学性质的试件用与所浇筑模型相同的材料制作。

由于材料条纹值为 $f=\frac{\tau_{max}}{n}\delta$，与模型的形状、尺寸及受力方式无关。因此，只要制作一简单形状的试件，测量其厚度后，并在加载过程中测出该试件上某点的最大剪应力 τ_{max} 和条纹级数 n，就能求得这种光弹性材料的材料条纹值。实际采用的有拉伸试件、纯弯试件、纯压缩试件和对径受压圆盘试件。现以对径受压圆盘试件为例进行说明。

将材料加工成直径为 30～40 mm、厚度为 3～10 mm 的圆盘，沿对径方向加载荷 P，并读出圆盘中心处的条纹级数 n。因径向圆盘中心点主应力的理论解为：

$$\sigma_1=\frac{2P}{\pi d\delta};\sigma_2=-\frac{6P}{\pi d\delta} \tag{11.51}$$

故有：

$$f=\frac{\tau_{max}}{n}\delta=\frac{\delta}{n}\frac{\sigma_1-\sigma_2}{2}=\frac{4P}{n\pi D} \tag{11.52}$$

测量结果必须注明单色光源的波长和测试温度，并转动一相同角度后重复测试。

弹性模量和泊松比可采用轴向拉伸试件或弯曲试件进行测定。

11.5.2.2 试验与观测

模型制作好后放到光弹仪上加载后进行观测。加载设备对应力分布图精确性的影响很大，除了一些典型的光弹性试验可以采用光弹仪上的加载设备外，大部分模型需要专门设计加载设备，或者制作与标准加载设备配合的夹具装置。常用的加载方法有杠杆砝码加载、液压加载、气压加载、水银加载及离心机加载等。

为计算出模型上各点的应力，需要模型试验的观测原始资料，即等差线图和等倾线图。

(1)等差线图的观测

等差线图上的条纹代表各点的主应力差。同一级条纹上各点的主应力差相等，即各点的最大剪应力相等。当材料条纹值已知时，为确定每点的最大剪应力，须首先确定条纹的级数。根据受力模型中应力变化的连续性，可以断定等差线条纹级次也是连续的，因此，只要确定了零级条纹就可按顺序确定其他级次。零级条纹的判断方法如下：

①在零级条纹上，$\sigma_1=\sigma_2=0$ 或 $\sigma_1-\sigma_2=0$，因此，零级条纹是没有光程差的黑点或黑线，称为各向同性点。可借助如下各点判断各向同性点：

a. 自由边界方角上，若主应力 σ_1 和 σ_2 都等于零，则该处一定是各向同性点。

b. 空边上主应力符号改变的过渡点必是各向同性点。

c. 模型内部的各向同性点周围经常出现封闭的条纹圈。

以上三类黑点又称永久性黑点，在确定零级条纹时，应注意区别永久性黑点与暂时性黑点(发源点和隐没点)。暂时性黑点并非零级点，它随外载荷的增加或减少，时而变暗时而变亮。

②非零级条纹级数根据如下几点确定：

a. 先用白光观察，非零级条纹线由彩色条纹带组成，颜色相同的条纹级数相等。每一级条纹由低向高的色序为黄、红、绿，每循环一次，条纹提高一级，但级别越高，颜色越淡。以零级条纹与各向同性点为基准，顺着由黄至绿的方向，可以确定条纹级数升降的规律。

b. 由于应力分布是连续的，所以，如已确定条纹图中某一条纹为 n 级，则其相邻条纹只有 $n+1$ 级、n 级或 $n-1$ 级这三种可能。相邻的同级条纹在转动检偏镜时相互靠拢，而 $n+1$ 级与 $n-1$ 级条纹则可按色序区别。

c. 当模型上无零级条纹时(如受均匀压应力或拉应力的板)，可用动态载荷法来确定，它是由零开始一边加载一边观察图内形成的条纹，可直接数出模型在某载荷下的条纹级数。

(2)等倾线的特征

不承受外荷载作用的边界称为自由边界，自由边界上各点的切线或法线方向即为该点的主应力方向，如图 11.10 所示，自由直线边界本身即为等倾线。等倾线的参数由直线边界与水平轴夹角决定，如对角线方向受压的方板，四条边界即为 45°等倾线。角边界放大便是曲边界，在该角处，将有 0°～90°的等倾线汇集。自集中力作用点所作的每一条辐射线都是等倾线，这是因为集中力作用点的周围各点只有径向主应力作用。几何形状和荷载都对称的应力模型，由于对称轴上各点无剪应力，所以对称轴必为应力主轴。对称轴本身就是等倾线，该轴两侧的等倾线图形对称，在各向同性点上，$\sigma_1=\sigma_2=\sigma_0$，所以各向同性点上任一方向都是主应力方向，所有不同方向的等倾线都通过它。因此，等倾线除各向同性点、集中力作用点以及自由边界方角处可以相交外，其他任何地方都不能相交，且相邻两等倾线的角度变化是连续的。

(3)等倾线的描绘

通常采用白光来描绘等倾线。将模型放在平面偏振场中，以水平轴作为基准轴，并将其定

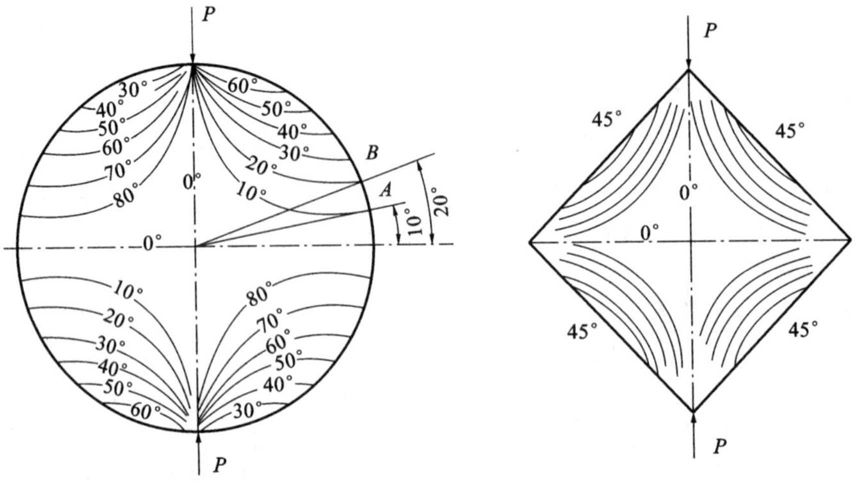

(a) (b)

图 11.10　等倾线

(a)径向受压圆盘;(b)自由直线边界

为 0°。观察加载的模型,可看到一组彩色条纹图和一组黑色条纹图,前者是等差线,后者是 0°等倾线。然后按逆时针方向同步旋转起偏镜与检偏镜,隔 10°～15°停一次,相应的黑色条纹即为该度数下的等倾线。等倾线的变化以 90°为周期。

(4)主应力迹线的绘制

主应力迹线是用以表示主应力方向的曲线簇,在该曲线上,每一点的切线方向即为该点的一个主应力方向。因此,主应力迹线总是由两组彼此正交的曲线组成,通常用实线簇表示 σ_1 方向,虚线簇表示 σ_2 方向。等倾线的主应力迹线的绘制步骤通常为:

①设已获得一组 $\theta=15°,30°,45°,60°,\cdots$ 的等倾线;

②取水平轴作为基准线,并在基准线上画出 15°,30°,45°,60°,…的斜线,分别与同度数的等倾线相交;

③在各条等倾线上作一系列平行短线,平行于相应的斜线;

④以这些短线为切线连成一条光滑曲线,即得一条主应力迹线,以 S_1 表示;

⑤再作一系列与 S_1 正交的曲线簇(图 11.11 中的虚线簇),即得另一簇主应力迹线,以 S_2 表示。

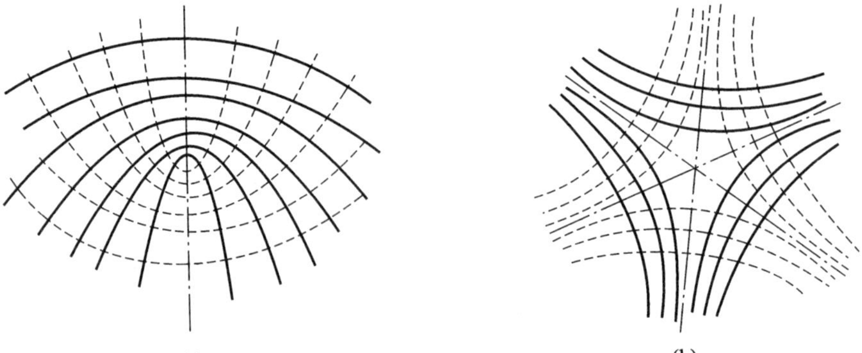

(a) (b)

图 11.11　正交各向同性点周围的主应力迹线

(5)主应力迹线的特点及应用

主应力迹线有如下特点，据此可在模型观测和设计中应用：

①两簇曲线呈正交。

②无各向同性点的自由边界及对称轴本身就是一条主应力迹线。

③正各向同性点附近的两簇主应力迹线是闭合的，如图 11.11(a)所示；负各向同性点附近的两簇主应力迹线是不闭合的，如图 11.11(b)所示。

④主应力迹线是土建工程结构中钢筋布置方向的依据。

本章小结

(1)基本概念

相似：如果表征一个系统中的物理现象的全部量(如线性尺寸、力、位移等)的数值，可由第二个系统中相对应的诸量乘以不变的无量纲数得到，这两个系统的物理现象就是相似。属于力学现象的，叫作力学相似。

量纲：物理量所属的种类，称为这个物理量的量纲。

结构模型试验：是采用与实体结构相同的材料制作的、几何尺寸按一定比例缩小的结构模型进行的力学试验。

(2)基本理论

①模型试验可明确：地下工程在各种荷载作用下的应力分布特征与变形、位移规律；地下工程在荷载作用下的破坏形式及其原因，通过逐级加载试验可以估计原型的总安全系数和稳定程度；地下工程中结构的最佳方案、围岩与衬砌的相互作用等设计中需要解决的问题的处理；各类岩土结构的变形与强度特征及其与结构的相互作用。

②模型试验主要有：相似材料模型试验、结构模型试验、离心模型试验、光弹性模型试验。

③量纲分析可用于：a. 检查所建立的方程是否正确；b. 变换单位；c. 确定正确表征物理现象的有关物理量的合理形式；d. 设计系统的试验，并分析试验结果。

参考文献

[1] 钱难能.当代测试技术[M].上海:华东化工学院出版社,1993.
[2] 梁德沛.机械参量动态测试技术[M].重庆:重庆大学出版社,1987.
[3] 李造鼎.岩体测试技术[M].北京:冶金工业出版社,1983.
[4] 王云宜,杨邦容.微型机组成原理及程序设计[M].长沙:中南工业大学出版社,1988.
[5] 钱福元.土层地下建筑施工[M].北京:中国建筑工业出版社,1980.
[6] 曾辉,余尚江.岩土应力传感器设计和使用原则[J].岩土工程学报,1994,16(1):93-98.
[7] 林韵梅.实验岩石力学[M].北京:煤炭工业出版社,1984.
[8] 林圣华.结构试验[M].南京:南京工业学院出版社,1987.
[9] 佟景伟.实验应力分析[M].长沙:湖南科学技术出版社,1988.
[10] 蒋宗文.自动显示记录仪器[M].武汉:华中工学院出版社,1985.
[11] 纪树赓.自动显示技术及仪器[M].北京:机械工业出版社,1987.
[12] 江正战.常用电子测试仪器[M].北京:水利电力工业出版社,1988.
[13] 朱之芳.刚性试验机[M].北京:煤炭工业出版社,1985.
[14] 唐春安.岩石破裂过程中的灾变[M].北京:煤炭工业出版社,1993.
[15] 骆涵秀.试验机的电液控制系统[M].北京:机械工业出版社,1991.
[16] 重庆建筑工程学院,同济大学.岩体力学[M].北京:中国建筑工业出版社,1980.
[17] 徐志英.岩石力学[M].北京:水利电力出版社,1986.
[18] 周亨达.工程流体力学[M].北京:北京钢铁学院出版社,1980.
[19] 林韵梅.地压讲座[M].北京:煤炭工业出版社,1980.
[20] 徐芝伦.弹性力学简明教程[M].北京:人民教育出版社,1980.
[21] 孙钧,侯学渊.地下结构(上、下册)[M].北京:科学出版社,1988.
[22] 李民庆.岩体力学的力学基础[M].长沙:湖南科学技术出版社,1979.
[23] 唐有职.单桩完整性及承载力的无破损试验[M].北京:地震出版社,1993.
[24] 吴慧敏.结构混凝土现场检测技术[M].长沙:湖南大学出版社,1988.
[25] 徐攸在.桩的动测新技术[M].北京:中国建筑工业出版社,1989.
[26] 袁振明.声发射技术及其应用[M].北京:机械工业出版社,1985.
[27] 蒋泽汉.土木工程电测技术[M].北京:人民交通出版社,1985.
[28] 吴世明,唐有职.岩土工程波动勘测技术[M].北京:煤炭工业出版社,1990.
[29] 布雷尔.岩石力学及其在采矿中的应用[M].北京:煤炭工业出版社,1990.
[30] 王兴泰.工程与环境物探新方法新技术[M].北京:地质出版社,1996.
[31] 林宗元.岩土工程试验监测手册[M].沈阳:辽宁科学技术出版社,1994.
[32] 谷兆祺.地下洞室工程[M].北京:清华大学出版社,1994.
[33] 杨林德.岩土工程问题的反演理论与工程实践[M].北京:科学出版社,1996.
[34] 夏才初,李永盛.地下工程测试理论与监测技术[M].上海:同济大学出版社,1999.
[35] 王奎华.岩土工程勘察[M].北京:中国建筑工业出版社,2005.
[36] 廖红建,赵树德.岩土工程测试[M].北京:机械工业出版社,2012.
[37]《工程地质手册》编委会.工程地质手册[M].北京:中国建筑工业出版社,2014.
[38] 龚晓南.地基处理手册[M].北京:中国建筑工业出版社,2013.
[39] 史沛栋.桩基工程手册[M].北京:人民交通出版社,2012.
[40] 高大钊.土力学与岩土工程师[M].北京:人民交通出版社,2014.
[41] 蔡美峰.岩石力学与工程[M].北京:科学出版社,2002.
[42] 周晓军.地下工程监测和检测理论与技术[M].北京:科学出版社,2015.